ALGORITMOS E PROGRAMAÇÃO
DE COMPUTADORES

O GEN | Grupo Editorial Nacional – maior plataforma editorial brasileira no segmento científico, técnico e profissional – publica conteúdos nas áreas de ciências exatas, humanas, jurídicas, da saúde e sociais aplicadas, além de prover serviços direcionados à educação continuada e à preparação para concursos.

As editoras que integram o GEN, das mais respeitadas no mercado editorial, construíram catálogos inigualáveis, com obras decisivas para a formação acadêmica e o aperfeiçoamento de várias gerações de profissionais e estudantes, tendo se tornado sinônimo de qualidade e seriedade.

A missão do GEN e dos núcleos de conteúdo que o compõem é prover a melhor informação científica e distribuí-la de maneira flexível e conveniente, a preços justos, gerando benefícios e servindo a autores, docentes, livreiros, funcionários, colaboradores e acionistas.

Nosso comportamento ético incondicional e nossa responsabilidade social e ambiental são reforçados pela natureza educacional de nossa atividade e dão sustentabilidade ao crescimento contínuo e à rentabilidade do grupo.

Dilermando Piva Jr
Angela de Mendonça Engerbrecht
Gilberto Shigueo Nakamiti
Francisco Bianchi

ALGORITMOS E PROGRAMAÇÃO DE COMPUTADORES

■ **Atendimento ao cliente: (11) 5080-0751 | faleconosco@grupogen.com.br**

■ Direitos exclusivos para a língua portuguesa
Copyright © 2019 (Elsevier Editora Ltda) © 2024 (2ª impressão) by
GEN | GRUPO EDITORIAL NACIONAL S.A.
Publicado pelo selo LTC | Livros Técnicos e Científicos Editora Ltda.
Uma editora integrante do GEN | Grupo Editorial Nacional
Travessa do Ouvidor, 11
Rio de Janeiro – RJ – 20040-040
www.grupogen.com.br

■ Editoração eletrônica: Thomson Digital
■ Ficha catalográfica

CIP-BRASIL. CATALOGAÇÃO NA PUBLICAÇÃO
SINDICATO NACIONAL DOS EDITORES DE LIVROS, RJ

A385
2. ed.

Algoritmos e programação de computadores / Dilermando Piva Jr ... [et al.]. - 2. ed. [2ª Reimp.] - Rio de Janeiro : GEN | Grupo Editorial Nacional. Publicado pelo selo LTC, 2024.
528 p. ; 24 cm.

Inclui glossário
ISBN 9788535292480

1. Algoritmos. 2. Estruturas de dados (Programação). 3. Programação (Computadores). I. Piva Jr, Dilermando.

| 19-54953 | CDD: 005.1 |
| | CDU: 004.421 |

Meri Gleice Rodrigues de Souza - Bibliotecária CRB-7/6439
30/01/2019   04/02/2019

*Esta obra é dedicada às nossas famílias e às pessoas que se
dedicam à democratização do saber científico e do cotidiano
e à disseminação de novos métodos de ensino-aprendizado.*

Agradecimentos

Agradecemos às nossas famílias, que sempre nos apoiaram incondicionalmente.

Aos mestres, que nos instigam, e aos estudantes, que nos ofertam a possibilidade de crescimento pessoal na busca contínua do conhecimento.

Nota dos autores

Este livro tem como objetivo ser o primeiro contato do estudante de cursos de computação com a área de programação. Sem trabalhar receitas prontas, o conteúdo instiga o aluno a pensar em ações e formas de estruturar soluções computacionais.

As aplicações computacionais são apresentadas em linguagem algorítmica, bem como em quatro linguagens de programação: Pascal, C, Java e PHP. Este leque de opções permitirá que os professores escolham a linguagem mais conveniente ao curso.

Por estar centrado em tecnologias muito dinâmicas, conteúdo adicional atualizado poderá ser encontrado no Ambiente de aprendizagem do GEN. Exercícios, desafios, temas para discussão e indicações de aprofundamento possibilitarão a participação ativa dos leitores, promovendo, assim, a atualização constante do livro.

Boa leitura!

Material Suplementar

Este livro conta com os seguintes materiais suplementares:

Material de acesso livre:

- Resposta dos Exercícios Propostos
- Resposta dos Exercícios para Fixar (capítulos 1 ao 4)
- Exercício proposto em Algoritmos do Cotidiano (capítulo 1)
- Sugestões de links
- Sugestão de bibliografia complementar

Material restrito a docentes:
- Slides (exclusivo para professores)

O acesso ao material suplementar é gratuito. Basta que o leitor se cadastre, faça seu *login* em nosso *site* (www.grupogen.com.br) e, após, clique em Ambiente de aprendizagem.

O acesso ao material suplementar online fica disponível até seis meses após a edição do livro ser retirada do mercado.

Caso haja alguma mudança no sistema ou dificuldade de acesso, entre em contato conosco (gendigital@grupogen.com.br).

Prefácio

Mesmo quando não é percebido, o conhecimento está implícito nas pequenas tarefas do cotidiano. Quando se trata da demanda do educador, entende-se a necessidade de um exercício permanente a fim de romper barreiras para criar um ambiente favorável à construção do conhecimento na sala de aula. De nada adianta o discurso competente do educador, se este não estiver permeável às mudanças que ocorrem no âmbito da tecnologia e na maneira como os estudantes compreendem esse universo.

Em cursos de informática, a maior dificuldade encontrada por estudantes continua sendo o primeiro contato com a programação de computadores. A razão principal é que, pela primeira vez, o estudante será solicitado a pensar de forma detalhada sobre quais os passos necessários para a solução de um problema e, ainda, construir uma abstração que represente estes passos de forma que possa ser processado por um computador.

Assim, o desafio de "ensinar" programação não é pequeno. Não pela complexidade do assunto, mas pela dificuldade em apresentá-lo de forma que sua "aprendizagem" ocorra de forma satisfatória.

É neste contexto que se insere este livro. A preocupação dos autores está focada tanto na organização dos capítulos, que podem ser facilmente associados às aulas num curso de graduação, quanto na forma de apresentação do conteúdo.

A sequência de capítulos proposta corresponde exatamente ao conteúdo abordado numa disciplina introdutória de programação. Organizado em dezesseis capítulos, cada unidade pode ser explorada num conjunto de aulas normalmente verificado numa semana dentro do período letivo.

Porém, a grande contribuição deste livro consiste principalmente na apresentação do conteúdo. Usando conceitos de linguagem dialógica, os autores procuram estabelecer um diálogo com o leitor e, ao iniciar cada capítulo com uma reflexão, oferecem um convite estimulante à leitura. Na sequência, apresentam de forma bastante explícita os objetivos de aprendizagem, informando ao leitor quais capacidades/habilidades serão desenvolvidas.

Em seguida, a proposição de um problema permite ao leitor contextualizar o assunto antes de conhecer os conceitos envolvidos. Dessa forma, o leitor assimila com maior facilidade os conceitos explorados, uma vez que já entendeu o contexto de aplicação. Dicas e conceitos são apresentados de forma destacada, o que facilita a leitura e fixação do conteúdo. Depois que os conceitos foram apresentados, aborda-se a programação em si. Neste ponto, um destaque importante é que os problemas são resolvidos usando: uma linguagem algorítmica (VisuAlg), linguagem Pascal, linguagem C, linguagem Java e linguagem PHP. Essa variedade permite que o livro possa ser usado para o aprendizado, não apenas de lógica de programação, mas também das diferentes linguagens mencionadas. O capítulo continua com a proposta de exercícios e indicativos de material complementar ao estudo realizado. Por fim, tem-se uma sinalização do que será visto no próximo capítulo, o que instiga o leitor à continuidade da leitura.

Com estrutura didática e contribuições significativas, este livro aproxima-se do leitor para tornar o processo de aprendizagem de programação de computadores menos traumático, tornando a tarefa até mesmo prazerosa.

PROF. DR. RICARDO LUIS DE FREITAS

Diretor do Centro de Ciências Exatas, Ambientais e de Tecnologias (CEATEC)
da Pontifícia Universidade Católica (PUC) de Campinas.
Doutor em Engenharia Elétrica – Sistemas Eletrônicos pela Escola Politécnica da USP

Apresentação

Nossa viagem começa pelo Capítulo 1, onde é apresentado ao leitor o que é lógica e qual a sua relação com a construção de algoritmos. São apresentadas as características dos algoritmos e a sequência de passos necessária para a construção de soluções algorítmicas. Por fim, os diversos ambientes de desenvolvimento, específicos de cada linguagem de programação que será utilizada ao longo deste livro, são ilustrados e mostrados os passos para instalá-los e utilizá-los.

No Capítulo 2 são mostrados os passos e as ferramentas utilizadas para a resolução de problemas. Este capítulo mostra uma das ferramentas mais usadas para ilustrar a resolução de problemas: o fluxograma. Por fim, é ilustrada a relação existente entre fluxograma e linguagem algorítmica.

A maioria dos problemas que se tenta resolver na área computacional tem um fundo matemático. A forma de descrição das soluções matemáticas é diferente da forma algorítmica. O Capítulo 3 mostra como compatibilizar a descrição algorítmica com a matemática, ilustrando processos de linearização de expressões matemáticas.

O Capítulo 4 apresenta as diversas estruturas de dados existentes, sua importância e como utilizá-las para otimizar ao máximo o desenvolvimento de aplicações algorítmicas.

No Capítulo 5 sao apresentados os primeiros comandos para construção de programas. Com os comandos iniciais para a entrada e saída de dados, começaremos a escrever e executar um conjunto grande de programas nas linguagens de programação. Os comandos de entrada e saída são os responsáveis pela comunicação dos dados entre o usuário e o programa. Isto é, a partir dos dados de entrada o programa executará cálculos e os resultados obtidos poderão ser mostrados.

Avançando um pouco mais no aprendizado dos comandos, vamos encontrar no Capítulo 6 os comandos condicionais. Eles são comandos que permitem fazer desvios no fluxo do programa utilizando-se, para isso, uma determinada condição. Junto com esse capítulo aprenderemos também, para a construção da condição, o uso de expressões lógicas e relacionais.

Complementando os comandos condicionais, no Capítulo 7 vamos aprender comandos condicionais mais complexos em que são combinados com outros comandos condicionais. Além desses, vamos aprender um comando condicional que permite, a partir de uma condição, listar um conjunto de opções a ser escolhida (uma ou mais). Esse comando é conhecido como comando de seleção.

No Capítulo 8 veremos os últimos comandos, de um conjunto de sete, necessários para a construção dos programas: os comandos repetitivos. Com os comandos repetitivos será possível construir programas que possuem um conjunto de ações que se deseja repetir de maneira controlada. Eles são comandos que, junto com os demais, propiciarão a construção da maior parte dos seus programas.

Os Capítulos 9 e 10 estendem os conceitos sobre variáveis, estudados até o momento. Os algoritmos já desenvolvidos utilizaram variáveis simples, todavia, temos o recurso das variáveis compostas que serão objetos de estudos nesses capítulos. As variáveis compostas são estruturas de dados capazes de armazenar dados e representar seu estado fluente, ou seja, suas dimensões.

No Capítulo 9 apresentamos os conceitos sobre variáveis compostas homogêneas unidimensionais, também conhecidas como vetor. Esse tipo de variável tem como característica armazenar e representar dados linearmente, ou em uma dimensão somente.

No Capítulo 10 apresentamos os conceitos e exemplos de variáveis compostas homogêneas multidimensionais, também conhecidas como matriz. Neste livro, devido à complexidade de manipular e representar dados em várias dimensões, trataremos esse tipo de variável considerando somente duas dimensões, no caso, exercitaremos a matriz bidimensional, ou matriz linha x coluna.

O Capítulo 11 trata da modularização de algoritmos, onde descrevemos a construção de módulos, ou subalgoritmos ou sub-rotinas, que são porções de código-fonte. Os módulos na construção de algoritmos atendem objetivos menores, porém, quando encadeados solucionam problemas complexos. Neste capítulo serão apresentados e exemplificados os conceitos sobre modularização, escopo de variáveis em sub-rotinas, e passagem de parâmetros entre elas.

No Capítulo 12 temos um assunto muito importante no escopo da programação de computadores, que é a manipulação de cadeias de caracteres, ou strings. Em algumas linguagens de programação as strings são tratadas como variáveis simples, porém, para as linguagens mais atuais, devido à sua importância, elas são tratadas como classes ou mesmo como um vetor. Neste capítulo estudaremos e exercitaremos essas várias formas de definição e uso de strings.

O Capítulo 13 apresenta os registros, que são estruturas de dados extremamente úteis para agrupar informações sobre um determinado conceito ou objeto. Seu uso facilita o desenvolvimento de aplicações que incluem cadastros de informações e servem de base para a compreensão e uso de sistemas complexos, como bancos de dados relacionais.

No Capítulo 14 veremos que os ponteiros são variáveis que, em vez de armazenarem dados, armazenam endereços de variáveis que, por sua vez, armazenam os dados. Veremos como ponteiros e variáveis relacionam-se e experimentaremos formas de acessar seus conteúdos.

No Capítulo 15 estudaremos e experimentaremos o uso de arquivos. Como sabemos, os arquivos permitem o armazenamento de informações de longo prazo. É importante sabermos criar, acessar e modificar o conteúdo de arquivos.

Após estudarmos tantos conceitos, é importante desenvolvermos aplicações e sistemas aplicando esses conceitos. O Capítulo 16 propõe alguns desafios e instiga o estudante a aplicar os conhecimentos adquiridos na solução de diferentes problemas. O capítulo traz comentários sobre os problemas propostos, ajudando o estudante a refletir e desenvolver habilidades para a implementação de suas soluções.

Desejamos a você uma excelente viagem pelos capítulos!

Sumário

1

A lógica e os algoritmos

"Quanto maior a dificuldade, tanto maior o mérito em superá-la."

H. W. BEECHER

É sempre assim, quanto mais difícil e complicado um problema, maior é a satisfação que sentimos quando finalmente resolvemos. Nunca desista de seus sonhos!

OBJETIVOS DO CAPÍTULO

- Compreender a origem e o significado do termo "Algoritmo".
- Aplicar esse conceito às ações cotidianas e aos problemas mais complexos que temos que resolver.
- Entender a relação dos algoritmos com os programas de computadores.

Para começar

"Mãããããeeee!!!! Onde está o algoritmo para fazer esse refogado?"

Você já deve ter passado por várias situações difíceis, resolvendo problemas cotidianos. Sem dúvida, nem todo mundo chama a sequência de passos ou a receita da mamãe de algoritmo, mas, no fundo, é isso que uma receita é: uma sequência de passos que resolve um determinado problema (como fazer determinado prato).

Estamos constantemente tomando decisões, calculando, resolvendo problemas. Para tudo isso, mesmo que inconscientemente, obedecemos a certa sequência de passos, ou a uma certa racionalidade. Também se fala de lógica! Seguimos uma certa lógica! É muito frequente ouvirmos que, para desenvolver algoritmos, temos que ter um bom "raciocínio lógico". A lógica está enraizada em nossas vidas.

Voltando à sequência de passos. Fazemos o que o dito popular nos indica: "pense antes de fazer!" ou então aquilo que nossa mãe nos falou algumas vezes: "quando a cabeça não pensa, o corpo padece!".

Ao longo do tempo, o termo algoritmo passou a designar essas sequências, mais ou menos aplicadas ou específicas. No princípio designava a forma de resolver problemas matemáticos, depois princípios e teorias matemáticas, migrando finalmente para a área computacional, depois da invenção e consolidação dos computadores.

Para programarmos um computador, devemos conhecer e entender o que são algoritmos, e como utilizá-los para determinar a sequência de passos necessários para resolvermos determinados problemas ou, em outras palavras, encontrarmos a solução, ou a melhor solução, para a implementação em uma linguagem de programação.

Papo técnico

1.1

Linguagem de Programação é uma linguagem artificial desenvolvida para expressar sequências de ações que podem ser executadas por uma máquina, em particular um computador. Linguagens de programação podem ser usadas para criar programas que controlam o comportamento de uma máquina e/ou para expressar algoritmos com precisão. Existem muitas linguagens de programação. Assembly, C, Pascal, Java, Visual Basic são alguns exemplos de linguagem de programação.

Depois de conhecer um pouco da história dos algoritmos, conhecer um pouco de lógica e sua aplicação no desenvolvimento de algoritmos, vamos verificar como eles devem ser escritos para que possamos utilizá-los para construir programas utilizando linguagens computacionais.

Vamos lá! Esse é só o início, mas é fundamental para a construção do pensamento algorítmico, habilidade fundamental para construir programas computacionais.

 ## Conhecendo a teoria para programar

Hoje, mesmo que não muito comum, as pessoas utilizam a palavra "Algoritmo" com muita naturalidade, mas para a grande maioria sua exata definição ainda é um mistério.

Vamos tentar, ao longo deste capítulo, mostrar as diversas fases pelas quais passou a definição da palavra "algoritmo", qual a relação com a lógica e como devem ser construídas as soluções algorítmicas para a implementação em linguagens comerciais de computadores.

E assim surgiu o termo Algoritmo...

Os algoritmos têm uma longa história, e a utilização da palavra "algoritmo" pode ser vista desde o século IX. Foi nesta época que o cientista, astrônomo e matemático persa Abdullah Muhammad Bin Musa al-Khwarizmi usou pela primeira vez o termo "algoritmo". Além dessa criação, muitos o chamam de "o Pai da Álgebra".

No século XII Adelardo de Bath introduziu o termo "algoritmo", levando em conta a tradução de um dos livros de al-Khwarizmi, no qual o termo foi traduzido para o latim como "Algorithmi". Tal palavra originalmente se referia apenas às regras da realização de aritmética utilizando algarismos indoarábicos. O uso da palavra permitiu sua evolução, incluindo, assim, todos os procedimentos definidos para resolver problemas ou realizar tarefas.

Na história dos estudos matemáticos, o trabalho dos antigos geômetros gregos, do matemático persa Al-Khwarizmi, dos matemáticos chineses e ocidentais culminaram na noção de Leibniz do "calculus ratiocinator", uma álgebra da lógica.

Muitos são os trabalhos relacionados a algoritmos ao longo da história. Um dos mais conhecidos algoritmos é conhecido como "Algoritmo Euclidiano". Euclides criou um algoritmo que serve para calcular o máximo divisor comum (mdc). Ele pode ser resumido em:

- Dividir um número a por b, o resto é r
- Substituir a por b
- Substituir b por r
- Continuar a divisão de a por b até que um não possa ser mais dividido. Neste caso, a é o mdc.

Exemplo:

mdc (480, 130)

Temos:

a	b	x
$480 = 130 \times 3 + 90$ (o resto é 90)
$130 = 90 \times 1 + 40$ (r = 40)
$90 = 40 \times 2 + 10$ (r = 10)
$40 = 10 \times 4 + 0$ (r = 0)
$10 = 0$

mdc (480, 130) = 10

Muitos outros algoritmos foram criados: o algoritmo de Arquimedes, que dá uma aproximação do número Pi. Eratóstenes definiu um algoritmo para recuperar números primos. Averróis (1126-1198) estava usando métodos algorítmicos para os seus cálculos.

As evidências históricas indicam que a primeira formalização de algoritmos computacionais ocorreu em 1936 nos trabalhos de Alan Turing e

Papo técnico

1.2

Máquina de Turing é uma máquina de estado finito com a habilidade de ler suas entradas mais de uma vez e também de apagar ou substituir os valores de suas entradas. Possui uma memória auxiliar ilimitada, o que permite superar as deficiências das máquinas de estado finito. Uma possível definição: uma máquina de Turing consiste de uma máquina de estado finito, dividida em células, cada uma delas contendo no máximo um símbolo de um alfabeto disponível. Em um dado momento, apenas algumas células contêm algum valor. A unidade de estado, que lê a cada momento o conteúdo das células que estão em uma fita, pode, no momento seguinte e de acordo com o valor lido no momento anterior, parar ou fazer uma dentre três opções:

- Imprimir um símbolo do alfabeto.
- Passar ao estado seguinte.
- Mover para a célula da direita (D) ou esquerda (E).

Alonzo Church. Esse algoritmo é conhecido como "Máquina de Turing", o qual formou a base da ciência da computação.

Mas afinal, o que é um algoritmo?

De forma bastante simples, um algoritmo pode ser definido como "um conjunto de instruções para resolver um problema".

Segundo o dicionário Houaiss, a definição de algoritmo é:

1. Em aritmética: "sistema de numeração decimal assimilado dos árabes".
2. Em matemática: "sequência finita de regras, raciocínios ou operações que, aplicada a um número finito de dados, permite solucionar classes semelhantes de problemas (p.ex.: algoritmo para a extração de uma raiz cúbica)".

    2.1 "processo de cálculo; encadeamento das ações necessárias ao cumprimento de uma tarefa; processo efetivo, que produz uma solução para um problema num número finito de etapas. Por exemplo, o a. que permite obter o seno de x com uma certa precisão".
3. Em gramática generativa, matemática: "mecanismo que utiliza representações análogas para resolver problemas ou atingir um fim, noutros campos do raciocínio e da lógica. Por exemplo, pode-se considerar a gramática como um a., na construção das frases".

4. Em informática: "conjunto das regras e procedimentos lógicos perfeitamente definidos que levam à solução de um problema em um número finito de etapas".

Knuth (1968, 1973), uma das pessoas mais respeitadas na área de algoritmos computacionais, indicou uma lista de cinco propriedades que são amplamente aceitas como requisitos para um algoritmo:

- **Finitude**: "Um algoritmo deve sempre terminar após um número finito de etapas".
- **Definição**: "Cada passo de um algoritmo deve ser definido com precisão; as ações a serem executadas deverão ser especificadas rigorosamente e sem ambiguidades para cada caso".
- **Entrada**: "Valores que são dados ao algoritmo antes que ele inicie. Estas entradas são tomadas a partir de conjuntos de objetos especificados".
- **Saída:** "...os valores resultantes das ações do algoritmo relacionadas com as entradas especificadas".
- **Eficácia**: "...todas as operações a serem realizadas no algoritmo devem ser suficientemente básicas que podem, em princípio, ser feitas com precisão e em um período de tempo finito por um homem usando papel e lápis".

Knuth admite que, embora sua descrição de um algoritmo possa ser intuitivamente clara, falta-lhe rigor formal, uma vez que não é exatamente claro o que "definidos com precisão", "especificadas rigorosamente e sem ambiguidades", "suficientemente básicas", e assim por diante, significam exatamente.

Atenção

Note que um algoritmo não é especificamente a solução do problema, pois, se assim fosse, **cada problema só teria um único algoritmo**. Portanto, um algoritmo é um caminho ou os passos que se deve seguir para se chegar à solução de um problema. Dessa forma, existem muitos caminhos que levam a uma solução satisfatória.

Minsky (1967), um dos cientistas mais respeitados na área de inteligência artificial, afirma que um algoritmo é um procedimento eficaz. O termo também é usado por Knuth. Aqui está a definição de Minsky de procedimento efetivo:

"Um conjunto de regras que nos diz, de momento a momento, precisamente como se comportar".

Existem muitas e muitas outras definições para o termo algoritmo. Algumas mais complexas e outras mais superficiais e aplicadas.

O importante é entender que um algoritmo é uma sequência lógica de passos, com começo, meio e fim. Cada passo desse algoritmo deve ser expresso de forma clara, utilizando, muitas vezes, um formalismo específico, justamente para que não deixe qualquer dúvida, ou seja, não haja ambiguidade na sua interpretação. Essa sequência de passos tem um objetivo específico, que geralmente é a resolução de um problema. Para tanto, esse algoritmo pode receber dados de entrada, muitas vezes chamados de variáveis, e como visa a resolução de um problema, essa resposta do algoritmo visando a solução do problema gera dados de saída.

Dica

Calma! Se ainda não está vendo uma relação com os algoritmos computacionais, certamente depois da definição de lógica e dos passos de construção você terá mais subsídios para a correta compreensão. Se necessário, pesquise outras fontes e teóricos!

O esquema a seguir ilustra essa sequência de atividades de forma mais abstrata, representando também o princípio de funcionamento dos sistemas computacionais: entrada – processamento – saída.

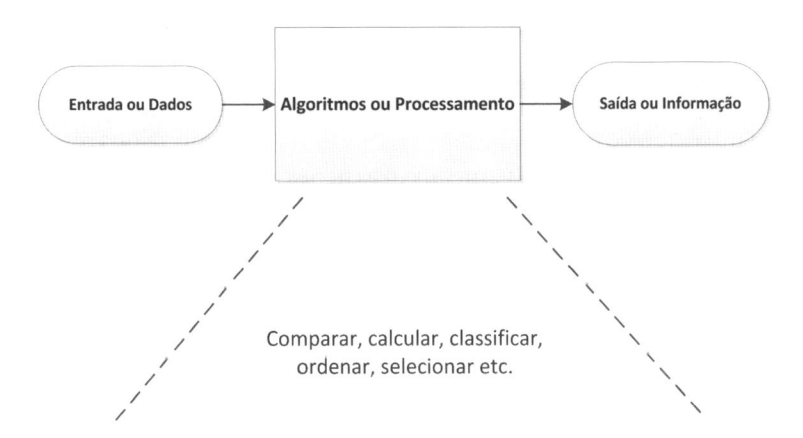

No resumo da definição de algoritmo, foi usada a expressão: "*sequência lógica de passos*".

Os passos, as etapas, as ações que devem ser realizadas ou executadas, devem seguir uma **sequência lógica**! Mas o que é lógica, afinal?

De forma bem simples, lógica pode ser definida como "uma forma coerente de encadear ações, seguindo uma determinada convenção ou regra".

Lógica é uma parte da filosofia que estuda os fundamentos, as estruturas e as expressões humanas do conhecimento. É atribuída a Aristóteles (séc. IV a.C.) a sua criação. Por isso, ele é considerado o pai da lógica. O objetivo de Aristóteles era estudar o pensamento humano e distinguir interferências e argumentos certos e errados.

Segundo o dicionário Houaiss, a definição de lógica é:

1. Em filosofia: "parte da filosofia que trata das formas do pensamento em geral (dedução, indução, hipótese, inferência etc.) e das operações intelectuais que visam à determinação do que é verdadeiro ou não".

2. Uma derivação por extensão de sentido: "maneira rigorosa de raciocinar" ou "forma por que costuma raciocinar uma pessoa ou um grupo de pessoas ligadas por um fato de ordem social, psíquica, geográfica etc." ou "maneira por que necessariamente se encadeiam os acontecimentos, as coisas ou os elementos de natureza efetiva".

3. "coerência, fundamento".

4. Uma derivação por extensão de sentido: "encadeamento coerente de alguma coisa que obedece a certas convenções ou regras".

5. Em informática: "organização e planejamento das instruções, assertivas etc. em um algoritmo, a fim de viabilizar a implantação de um programa".

Na última definição de lógica, vemos a relação de lógica com o mundo computacional. As instruções seguem assim uma sequência que obedece uma determinada ordem, possuem um estado inicial, são realizadas em um período de tempo finito, e nesse período são produzidos resultados esperados e bem definidos. Assim, tais instruções e ordem são escritas na forma de um Algoritmo que utiliza o conceito da **Lógica Formal** para fazer com que o computador produza uma série sequencial de entrada, processamento e saída.

A Lógica Formal, que também é conhecida como **Lógica Simbólica**, foca a estrutura do raciocínio, trabalhando assim com a relação entre conceitos, e fornece um meio de compor provas de declarações.

Na Lógica Formal, os conceitos são rigorosamente definidos, e as orações são transformadas em notações simbólicas precisas, compactas e não ambíguas. Lembra-se da definição de algoritmo de Knuth? Se não lembra, volte e leia novamente.

Tomando como convenção, a definição de proposições geralmente é feita utilizando as letras minúsculas p, q e r, em fonte itálica. Um exemplo poderia ser:

```
p:1 + 2 = 3
```

A declaração anterior define que *p* representa 1 + 2 = 3 e que isso é verdadeiro.

Duas ou mais proposições podem ser combinadas por meio dos chamados **operadores lógicos binários**, formando conjunções, disjunções ou condicionais. Essas proposições combinadas são chamadas proposições compostas. Por exemplo:

```
p: 1 + 1 = 2
r: 2 + 1 = 3
q: p e r
```

Neste caso, **e** é uma conjunção. As duas proposições (*p* e *r*), como são verdadeiras, produzem uma proposição *q*, também verdadeira.

Mais à frente, no capítulo 3, retornaremos a essa definição da lógica formal ou lógica simbólica para definirmos mais detalhadamente os operadores lógico-matemáticos.

Como você pode ter percebido, a lógica formal ou simbólica fornece os princípios para formalização do processo de construção dos algoritmos.

Mas como podemos utilizar todas essas definições para construir algoritmos apropriadamente?

Voltando ao início do capítulo, na ilustração em que a jovem cozinheira pergunta sobre o algoritmo ou receita para fazer um determinado prato, você conseguiria pensar em uma sequência de passos para fazer um sanduíche simples, de presunto, queijo e alface? Certamente você deverá utilizar algum tipo de pão. Que tal pão de forma?

Dica

Comece pensando da forma mais simples. Depois coloque o que pensou em uma ordem que todos possam entender e fazer o sanduíche!

Existem muitas formas de expressar esse algoritmo ou receita de sanduíche. Uma possível solução poderia ser a seguinte:

```
Pegue duas fatias de pão e coloque-as separadamente sobre
 o prato.
Coloque duas fatias de queijo sobre uma das fatias de
 pão.
```

```
Coloque uma fatia de presunto sobre as fatias de queijo.
Coloque duas folhas de alface sobre a fatia de presunto.
Acrescente uma pitada de sal e um fio de azeite.
Coloque a fatia de pão vazia sobre as alfaces.
```

Seu sanduíche está pronto!

Conceito

Esse tipo de algoritmo é conhecido como "algoritmo não computacional", pois não teríamos como implementá-lo em um computador de forma real. Para melhor entender: as entradas são fatia de pão, queijo, presunto etc. A saída, o sanduíche pronto. Não seria possível que as entradas fossem inseridas no computador para que o algoritmo funcionasse e montasse o sanduíche. Pelo menos nos computadores que conhecemos atualmente.

Notem que essa é uma das possíveis soluções para o problema. Existem outras formas de resolver e de informar as etapas. Mas note que cada uma das etapas é dependente das etapas que foram realizadas anteriormente. Primeiro devo pegar o pão para depois colocar o queijo sobre a fatia de pão.

É isso que chamamos de organização ou sequência lógica. Além dessa relação de dependência, uma coisa se encaixa logicamente ou racionalmente na outra. Por exemplo: não tem lógica alguma acrescentar uma pitada de sal e o fio de azeite no prato para depois colocar o queijo e sobre ele as duas fatias de pão, e por fim o presunto e a alface. O sanduíche iria ficar bem esquisito e difícil de ser segurado, não é mesmo?

No momento prático existem mais alguns exemplos de algoritmos do nosso cotidiano. Tente resolvê-los. As respostas estão no site do livro.

Agora vamos partir para problemas que exigem um pouco mais de raciocínio lógico-matemático. Algoritmos que envolvem a resolução de problemas matemáticos ou que requeiram conhecimentos de conceitos matemáticos para serem resolvidos. Note que aqui só iremos apresentar dois exemplos de algoritmos matemáticos. Esse tema será visto com mais profundidade no Capítulo 2, que trata especificamente das metodologias de resolução de problemas.

Usando os conceitos observados de Lógica Formal ou Simbólica, descartando a utilização dos identificadores das preposições *p*, *q* e *r*, mas mantendo a necessidade de cada linha identificar uma preposição, vamos construir uma sequência de passos para somar dois números inteiros.

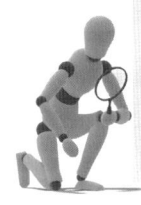

Atenção

Observe que quando vamos somar dois números, primeiro precisamos receber ou saber quais números devemos somar.

Depois que somamos os números é preciso que o resultado se torne visível para quem for utilizar o algoritmo que soma os dois números.

Dizemos que os números que serão somados são as ENTRADAS e o resultado da soma é a SAÍDA do algoritmo.

Como faremos a soma de dois números, e que para cada caso esses números podem variar, vamos utilizar um conceito matemático de variável.

Mais à frente vamos identificar com mais precisão o que é uma variável em um algoritmo ou em uma linguagem comercial de programação. Nesse momento, vamos utilizar uma variável como sendo uma letra, escrita em letra minúscula, que identificará um possível valor.

De forma textual, teremos que dar entrada em dois valores (x e y), somá-los, e o resultado dessa soma será colocado em uma terceira variável (s). O valor contido nessa variável (s) será mostrado como saída.

De forma bem simplificada, o algoritmo para somar dois números poderia ser expresso da seguinte forma:

```
X ← 5
Y ← 4
S ← X + Y
S = 9
```

Essa forma resolve o problema parcialmente, pois ele realmente soma dois números inteiros; entretanto, quando atribuímos um valor específico para x (5) e outro para y (4), deixamos de ter valores variáveis e temos agora valores constantes.

Assim, para ilustrar como esse algoritmo poderia ser melhorado, vamos utilizar duas instruções (comandos) que indicam que um valor deve ser inserido em uma dada variável (instrução LEIA) ou o valor contido em uma determinada variável deve ser mostrado (instrução ESCREVA).

Dica

Não se preocupe com as instruções LEIA e ESCREVA. Elas serão amplamente explicitadas nos capítulos seguintes.

Apenas observe que LEIA(X) indicará que um valor será colocado em X (será armazenado em X) e que o comando ESCREVA(X) fará com que o valor contido na variável X seja exibido.

Assim, o nosso algoritmo que soma dois números ficaria da seguinte forma:

```
LEIA(X)
LEIA(Y)
S ← X + Y
ESCREVA(S)
```

Conceito

Esse tipo de algoritmo é conhecido como "algoritmo computacional", pois ele é passível de implementação real em um computador.

Agora vamos trabalhar com mais um problema.

Vamos descrever um algoritmo que recebe dois números inteiros e retorna como saída o maior deles.

De forma textual, teremos que dar entrada em dois valores (x e y) e depois compará-los. Se x for maior que y, devemos mostrar x, caso contrário, devemos mostrar y.

De forma bem simplificada, o algoritmo para encontrar o maior de dois números poderia ser expresso da seguinte forma:

```
LEIA(X)
LEIA(Y)
SE (X > Y) ENTAO
 ESCREVA(X)
SENAO
 ESCREVA(Y)
```

Agora é com você, resolva os exercícios propostos no final do capítulo, consulte as referências extras e todo o resto. Lembre-se que o aprendizado de algoritmos se baseia na prática. Quanto mais você pratica, mais você aprende. Sucesso!

Vamos programar

Vamos abordar, nessa seção, a implementação da teoria em diversas linguagens: Algoritmo, Pascal, C, Java e PHP.

Para tanto, independente da linguagem escolhida, você terá que instalar um ou mais softwares que permitam que você possa implementar todos os exemplos trabalhados neste livro.

Para cada linguagem escolhemos um ambiente que fosse o mais simples (em recursos) e o mais didático possível. A simplicidade aqui tem um motivo. Quanto menos interferência ocorrer do ambiente de desenvolvimento, mais você conseguirá focar as linguagens, suas nuanças e, assim, fixar melhor os comandos e processos necessários.

Todos os links necessários para baixar e instalar os softwares que utilizaremos ao longo do livro você pode encontrar no Ambiente de Aprendizagem. Lá também foram colocados vídeos com tutoriais de instalação das ferramentas, servidores e frameworks necessários para você poder acompanhar os exemplos deste livro, além de praticar e resolver os exercícios propostos. Não deixe de acessar o site do livro e utilizar todas as dicas para obter o melhor do(s) ambiente(s) escolhido(s).

Vamos lá. Faça a instalação e bons estudos!

VisuAlg

O ambiente VisuAlg foi construído para executar programas escritos em algoritmo ou português estruturado para fins didáticos. É um ambiente onde o código é interpretado comando a comando, provendo entradas e saídas, e informando os erros quando existirem.

Depois de instalado, você pode executar o programa VisuAlg. A Figura 1.1 é a tela inicial do ambiente de desenvolvimento.

Como pode ser visto, existe uma área de escrita do código fonte (algoritmo). Logo abaixo uma área de visualização das variáveis do algoritmo e ao lado uma área de entrada e saída do algoritmo.

No topo existem os principais comandos do ambiente. Fique tranquilo. Ao longo dos capítulos desse livro iremos mostrar como utilizar os principais recursos existentes nesse ambiente de programação.

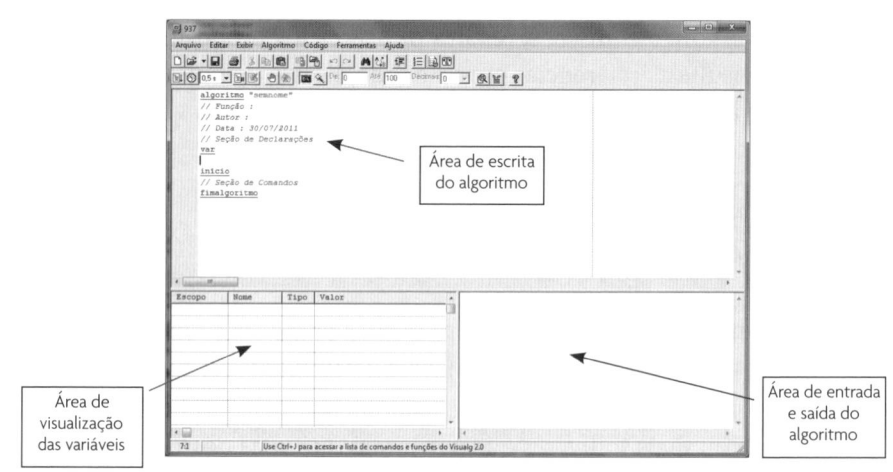

FIGURA 1.1: Tela inicial do VisuAlg

Agora demonstraremos como nosso primeiro algoritmo, mostrado no final da parte teórica, poderia ser implementado nesse ambiente.

Vamos digitá-lo, com o acréscimo de alguns comandos. Já no Capítulo 2, iremos mostrar com mais detalhes a estrutura e funcionamento dos algoritmos. Não percam!

O algoritmo que tratamos no final da parte teórica versava sobre a entrada em dois valores (x e y), sua comparação e, se x fosse maior que y, deveríamos mostrar x, caso contrário, deveríamos mostrar y.

O algoritmo era:

```
LEIA(X)
LEIA(Y)
SE (X > Y) ENTAO
 ESCREVA(X)
SENAO
 ESCREVA(Y)
```

Acrescentando alguns comandos, o algoritmo que deve ser digitado na área de edição do VisuAlg é o seguinte:

```
ALGORITMO "MAIOR"
VAR
X,Y:INTEIRO
INICIO
```

```
LEIA(X)
LEIA(Y)
SE (X > Y) ENTAO
 ESCREVA(X)
SENAO
 ESCREVA(Y)
FIMSE
FIMALGORITMO
```

Se você digitou corretamente, deve ter obtido algo semelhante à Figura 1.2 a seguir:

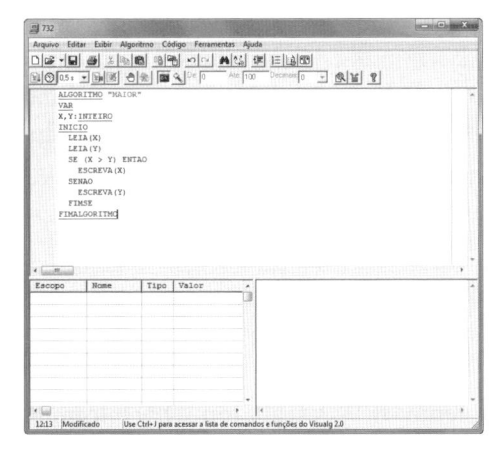

FIGURA 1.2: Resultado obtido após a digitação do algoritmo no ambiente

Depois de digitar, você pode salvar o seu código, clicando na opção "arquivo" – "salvar".

Em seguida, vamos executar o algoritmo. Clique em "Algoritmo" – "Executar", ou simplesmente pressione a tecla "F9".

Será exibida uma tela "DOS", onde estará sendo solicitada a entrada de um número (o valor da variável X). Digite 3 e tecle enter. Agora será solicitada a entrada de outro número (o valor da variável Y). Digite 7 e tecle enter. Será exibido em seguida novamente o valor 7. Feche a janela "DOS". A tela resultante será como a mostrada na Figura 1.3, a seguir.

Note que na área das variáveis estão sendo mostradas duas: X e Y. São do tipo I (Inteiro) e possuem respectivamente os valores 3 e 7.

Ao lado, na área que ilustra as entradas e saídas do algoritmo é mostrado o início e o final da execução do algoritmo. Quando o algoritmo é iniciado,

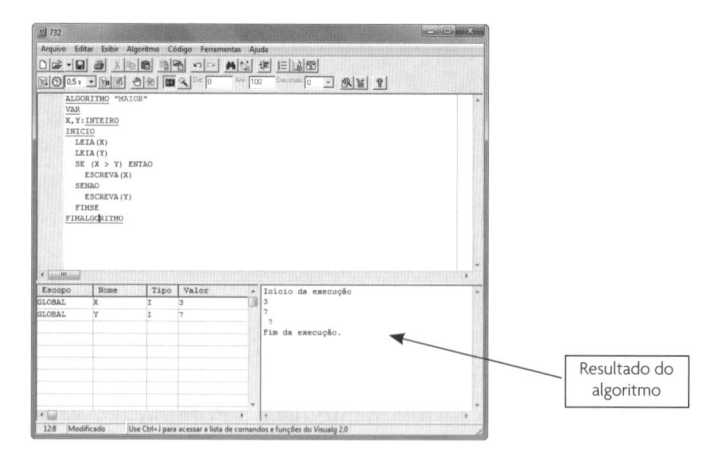

FIGURA 1.3: Resultado final da execução de um algoritmo exemplo em VisuAlg

é solicitada a entrada de um valor (3). Logo em seguida de outro (7). Depois o maior valor (dentre os dois que foram digitados) é mostrado (7). Depois disso, a execução do algoritmo chega ao seu final.

Bem, por enquanto, vamos parar por aqui. Veja a seguir a implementação em outras linguagens de programação. Bons estudos!

Pascal

Para as implementações na linguagem Pascal, vamos utilizar o ambiente DEV-Pascal.

O ambiente DEV-Pascal é um IDE (*Integrated Development Environment* ou Ambiente Integrado de Desenvolvimento) onde você pode construir programas utilizando a linguagem Pascal. Existem muitos IDEs que utilizam a linguagem Pascal. O DEV-Pascal foi escolhido por ser simples, estar no ambiente Windows e pela objetividade dos comandos e recursos disponíveis. Isso é fundamental para que você possa se concentrar no desenvolvimento da linguagem de programação.

Depois de instalado, você pode executar o programa DEV-Pascal. A Figura 1.4 é a tela inicial do ambiente de desenvolvimento.

Como pode ser visto, existe uma área de escrita do código fonte (programa em Pascal). Logo abaixo, uma área de visualização das mensagens de erro ou controle do programa e acima, os atalhos para as principais ações que podem ser executadas no ambiente.

Agora iremos demonstrar como nosso primeiro algoritmo, mostrado no final da parte teórica, poderia ser implementado em Pascal.

Vamos digitá-lo, alterando as instruções algorítmicas para a linguagem Pascal.

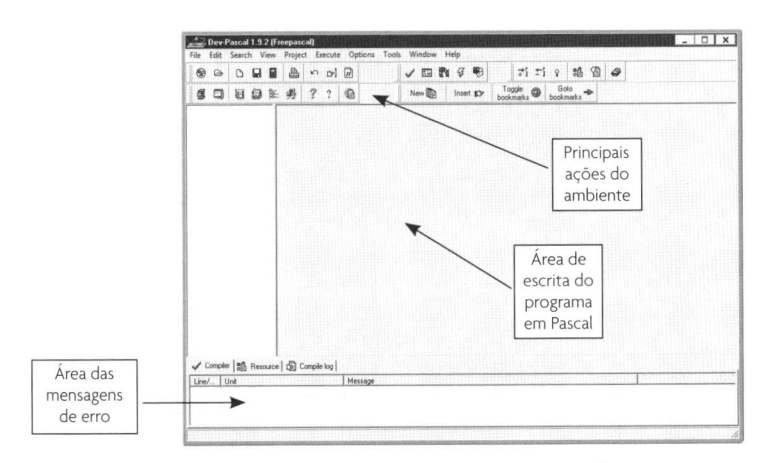

FIGURA 1.4: Tela inicial do DEV-Pascal

O algoritmo que tratamos no final da parte teórica versava sobre a entrada em dois valores (x e y), sua comparação e, se x fosse maior que y, deveríamos mostrar x, caso contrário, deveríamos mostrar y.

O algoritmo era:

```
LEIA(X)
LEIA(Y)
SE (X > Y) ENTAO
 ESCREVA(X)
SENAO
 ESCREVA(Y)
```

Convertendo para a linguagem Pascal, ficará da seguinte forma:

```
PROGRAM MAIOR;
VAR
X,Y:INTEGER;
BEGIN
 READLN(X);
 READLN(Y);
 IF (X > Y) THEN
  WRITELN(X)
 ELSE
  WRITELN(Y);
END.
```

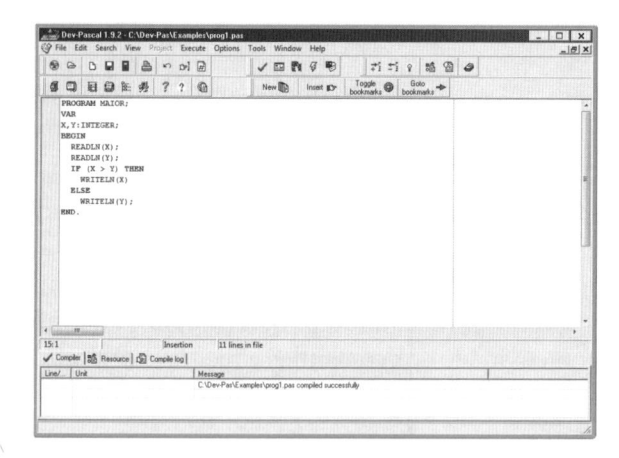

FIGURA 1.5: Resultado obtido após a digitação do programa
em Linguagem Pascal no IDE

Se você digitou corretamente, deve ter obtido algo semelhante à Figura 1.5 a seguir:

Depois de digitar, você pode salvar o seu código, clicando na opção "file" – "save unit".

Em seguida, vamos executar o programa. Clique em "Execute" – "Run", ou simplesmente pressione a tecla "F9".

Será exibida uma tela "DOS", onde será solicitada a entrada de um número (o valor da variável X). Digite 3 e tecle enter. Agora será solicitada a entrada de outro número (o valor da variável Y). Digite 7 e tecle enter. Será exibido em seguida novamente o valor 7. A tela resultante será como a mostrada na Figura 1.6, a seguir. Ao final, feche a janela "DOS".

FIGURA 1.6: Resultado final da execução de um programa
em Pascal no ambiente DEV-Pascal

Bem, por enquanto, vamos parar por aqui. Veja a seguir, mais implementações em outras linguagens de programação. Bons estudos!

C

Para as implementações na linguagem C, vamos utilizar o ambiente DEV-C/C++.

O ambiente DEV-C/C++ é um IDE (*Integrated Development Environment* ou Ambiente Integrado de Desenvolvimento) onde você pode construir programas utilizando a linguagem C ou C++ (que é a linguagem C orientada a objetos). Existem muitos IDEs que utilizam a linguagem C ou C++. O DEV-C/C++ foi escolhido por ser simples, estar no ambiente Windows e pela objetividade dos comandos e recursos disponíveis. Isso é fundamental para que você possa se concentrar no desenvolvimento da linguagem de programação.

Depois de instalado, você pode executar o programa DEV-C/C++. A Figura 1.7 é a tela inicial do ambiente de desenvolvimento.

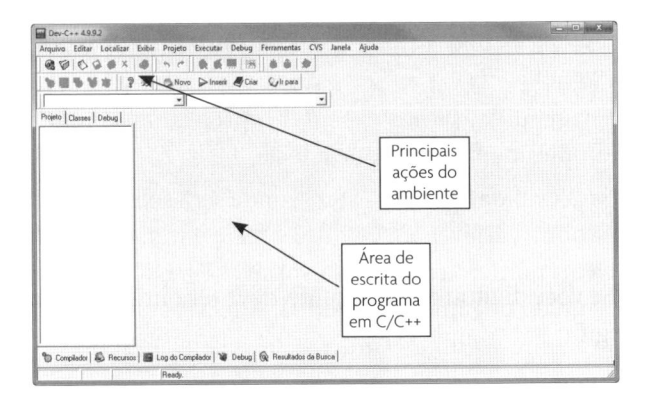

FIGURA 1.7: Tela inicial do DEV-C/C++

Como pode ser visto, existe uma área de escrita do código fonte (programa em C). Logo acima os atalhos para as principais ações que podem ser executadas no ambiente.

Agora iremos demonstrar como nosso primeiro algoritmo, mostrado no final da parte teórica, poderia ser implementado em Linguagem C.

Vamos digitá-lo, alterando as instruções algorítmicas para a linguagem C.

O algoritmo que tratamos no final da parte teórica versava sobre a entrada de dois valores (x e y), sua comparação e, se x for maior que y, deveríamos mostrar x, caso contrário, deveríamos mostrar y.

O algoritmo era:

```
LEIA(X)
LEIA(Y)
SE (X > Y) ENTAO
 ESCREVA(X)
SENAO
 ESCREVA(Y)
```

Convertendo para a linguagem C, ficará da seguinte forma:

```
#include <stdio.h>
main() {
 int X,Y;
 scanf("%d", &X);
 scanf("%d", &Y);
 if (X > Y) {
  printf("%d", X);
 } else {
  printf("%d", Y);
```

Se você digitou corretamente, deve ter obtido algo semelhante à Figura 1.8 a seguir:

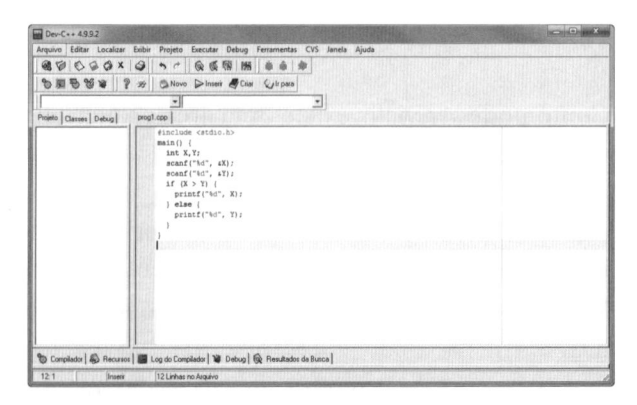

FIGURA 1.8: Resultado obtido após a digitação do programa em Linguagem C no IDE

Depois de digitar, você pode salvar o seu código, clicando na opção "arquivo" – "salvar".

Em seguida, vamos executar o programa. Clique em "Executar" – "Executar", ou simplesmente pressione a tecla "F9".

Será exibida uma tela "DOS", onde será solicitada a entrada de um número (o valor da variável X). Digite 3 e tecle enter. Agora será solicitada a entrada de outro número (o valor da variável Y). Digite 7 e tecle enter. Será exibido em seguida, novamente o valor 7. A tela resultante será como a mostrada na Figura 1.9, a seguir. Ao final, feche a janela "DOS".

FIGURA 1.9: Resultado final da execução
de um programa em C no ambiente DEV-C/C++

Bem, por enquanto, vamos parar por aqui. Veja, a seguir, mais implementações em outras linguagens de programação. Bons estudos!

Java

Para as implementações na linguagem Java, vamos utilizar o ambiente JCreator LE. Para tanto, o SDK deve estar instalado.

O ambiente JCreator LE é um IDE (*Integrated Development Environment* ou Ambiente Integrado de Desenvolvimento) no qual você pode construir programas utilizando a linguagem Java. Existem muitos IDEs que utilizam a linguagem Java. O JCreator LE, assim como todos os demais IDEs apresentados neste livro, foi escolhido por ser simples, estar no ambiente Windows e pela objetividade dos comandos e recursos disponíveis. Isso é fundamental para que você possa se concentrar no desenvolvimento da linguagem de programação.

Depois de instalado, você pode executar o programa JCreator LE. Ao executar o programa, escolha a opção File, depois New, e em seguida Project.

Serão apresentadas várias janelas. Siga a seguinte sequência: escolha a opção "Basic Java Application" e clique em next. Coloque um nome para o projeto, digamos Prog1, e tecle "Next". Certifique-se que na próxima janela a opção JDK está selecionada. Clique em "Next". Na próxima janela tecle em "Finish".

Se tudo deu certo, a tela que será apresentada é semelhante à Figura 1.10 a seguir:

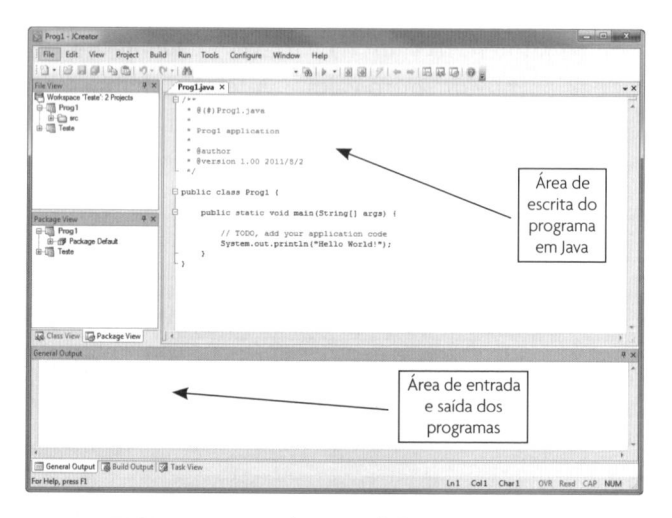

FIGURA 1.10: Tela inicial do JCreator LE

Como pode ser visto, existe uma área de escrita do código fonte (programa em Java). Logo abaixo está uma área destinada à apresentação das entradas e saídas dos programas em Java.

Agora iremos demonstrar como nosso primeiro algoritmo, mostrado no final da parte teórica, pode ser implementado em Linguagem Java.

Vamos digitá-lo, alterando as instruções algorítmicas para a linguagem Java.

O algoritmo que tratamos no final da parte teórica versava sobre a entrada em dois valores (x e y), sua comparação e, se x for maior que y, deveríamos mostrar x, caso contrário, deveríamos mostrar y.

O algoritmo era:

```
LEIA(X)
LEIA(Y)
SE (X > Y) ENTAO
 ESCREVA(X)
SENAO
 ESCREVA(Y)
```

Convertendo para a linguagem Java, ficará da seguinte forma:

```java
import java.util.*;
public class Prog1 {
 public Prog1() {
 }
 public static void main(String[] args) {
  int x, y;
  Scanner entrada;
  entrada = new Scanner(System.in);
  x = entrada.nextInt();
  entrada = new Scanner(System.in);
  y = entrada.nextInt();
  if (x > y){
System.out.println(x);
  }else {
System.out.println(y);
  }
 }
}
```

Se você digitou corretamente, deve ter obtido algo semelhante à Figura 1.11 a seguir:

FIGURA 1.11: Resultado obtido após a digitação do programa em Linguagem Java no IDE

Depois de digitar, você pode salvar o seu código, clicando na opção "File" – "Save".

Em seguida, vamos executar o programa. Clique em "Run" – "Project", ou simplesmente pressione a tecla "F5".

Na área de entrada e saída (área inferior do IDE), será solicitada a entrada de um número (o valor da variável X). Digite 3 e tecle enter. Agora será solicitada a entrada de outro número (o valor da variável Y). Digite 7 e tecle enter. Será exibido em seguida, novamente o valor 7. A tela resultante será como a mostrada na Figura 1.12, a seguir.

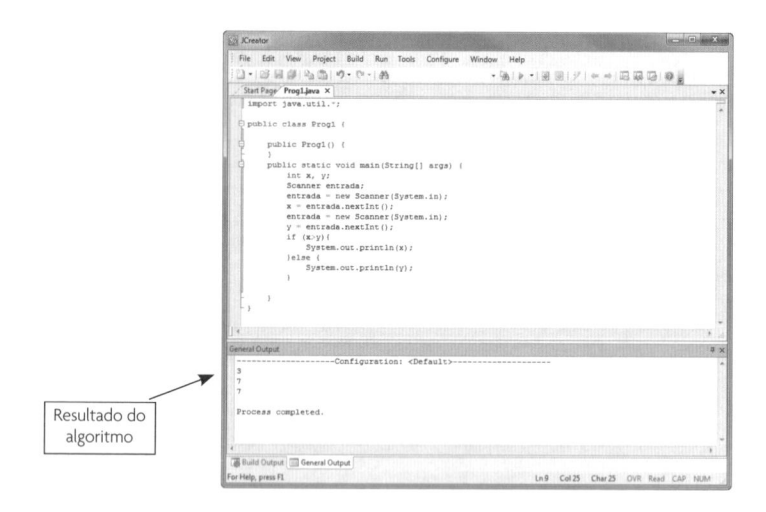

FIGURA 1.12: Resultado final da execução
de um programa em Java no ambiente JCreator LE

Bem, por enquanto, vamos parar por aqui. Por fim, veja a seguir a implementação na linguagem de programação PHP. Bons estudos!

PHP

Para as implementações na linguagem PHP, vamos utilizar o ambiente DEV-PHP. Para tanto, o servidor de aplicações deve estar instalado e em execução. Recomendamos o pacote XAMPP. Ele instala o servidor Apache e os demais sistemas necessários para a execução de scripts em PHP.

O ambiente DEV-PHP é um IDE (*Integrated Development Environment* ou Ambiente Integrado de Desenvolvimento) no qual você pode construir programas utilizando a linguagem PHP. Existem muitos IDEs que utilizam a linguagem PHP. O DEV-PHP, assim como todos os demais IDEs apresentados neste livro, foi escolhido por ser simples, estar no ambiente Windows e pela objetividade dos comandos e recursos disponíveis. Isso é fundamental para que você possa se concentrar no desenvolvimento da linguagem de programação.

Depois de instalado, você pode executar o programa DEV-PHP. Não se esqueça de executar o XAMPP e colocar em execução o servidor Apache e o banco de dados MySQL.

Se tudo deu certo, a tela que será apresentada é semelhante à Figura 1.13 a seguir:

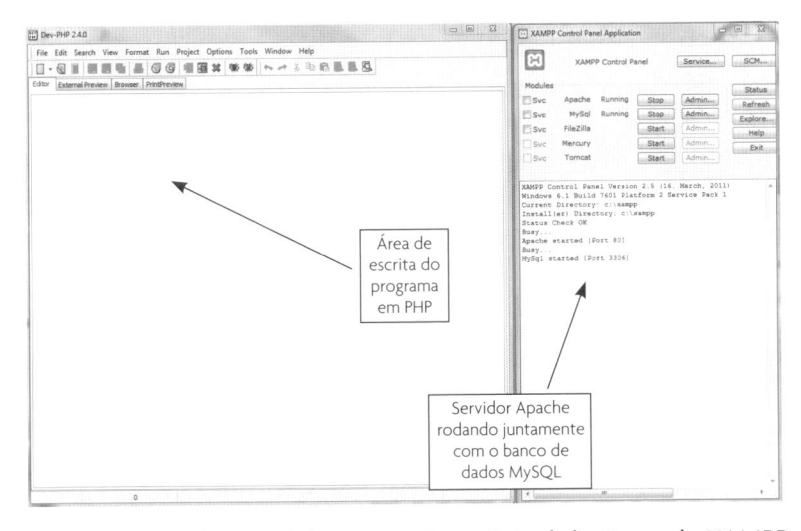

FIGURA 1.13: Tela inicial do DEV-PHP e o Painel de Controle XAMPP

Como pode ser visto, existe uma área de escrita do código fonte (programa em PHP).

Agora demonstraremos como nosso primeiro algoritmo, mostrado no final da parte teórica poderá ser implementado em Linguagem PHP.

Vamos digitá-lo, alterando as instruções algorítmicas para a linguagem PHP.

O algoritmo que tratamos no final da parte teórica versava sobre a entrada em dois valores (x e y), sua comparação e, se x for maior que y, deveríamos mostrar x, caso contrário, deveríamos mostrar y.

O algoritmo era:

```
LEIA(X)
LEIA(Y)
SE (X > Y) ENTAO
 ESCREVA(X)
SENAO
 ESCREVA(Y)
```

Convertendo para a linguagem PHP, ficará da seguinte forma:

```
<?
$X = 3;
$Y = 7;
print $X;
print $Y;
if ($X>$Y) {
 print $X;
} else {
 print $Y;
}
?>
```

Se você digitou corretamente, deve ter obtido algo semelhante à Figura 1.14 a seguir:

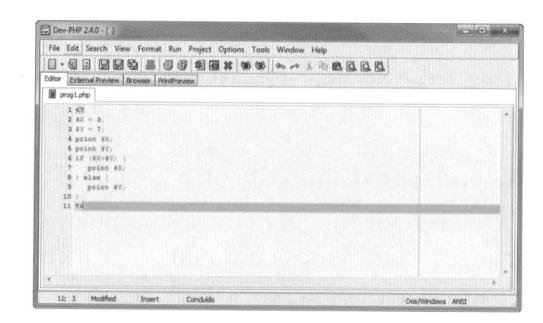

FIGURA 1.14: Resultado obtido após a digitação
do programa em Linguagem PHP no IDE

Depois de digitar, você pode salvar o seu código, clicando na opção "file" – "save". Salve com o nome "prog1.php".

A escolha do local é fundamental para que a execução ocorra corretamente.

Você deve salvar o arquivo, com extensão .php dentro do diretório htdocs, que é um subdiretório da pasta xampp (que por padrão é criada na raiz C:).

Em seguida, vamos executar o programa. Clique na aba Browser e digite o seguinte endereço:

http://localhost/prog1.php

Na área de entrada e saída (antes ocupada pelo programa em PHP), será exibida a saída do programa: 377 (X = 3, Y = 7 e o maior 7). A tela resultante será como a mostrada na Figura 1.15, a seguir.

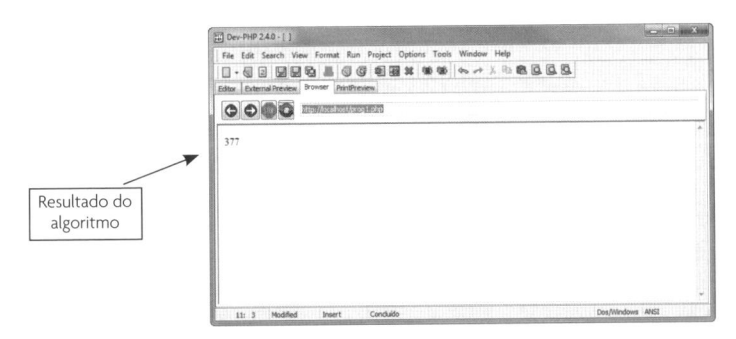

FIGURA 1.15: Resultado final da execução de um programa em PHP no ambiente DEV-PHP

Bem, por enquanto, vamos parar por aqui. Agora chegou a hora de praticar! Tente instalar, executar os diversos IDEs e implementar novamente os algoritmos. Lembre-se que a prática é a melhor de todas as formas de fixar e aprender uma linguagem de programação.

Para fixar

Tente construir os seguintes algoritmos:

- Faça um algoritmo para trocar um pneu de um carro.

Resposta:

```
1. Início do algoritmo.
   a. Pegue as ferramentas no porta-malas.
   b. Coloque o triângulo em lugar bem visível.
   c. Desaperte os parafusos da roda (apenas uma volta).
   d. Coloque o macaco e suba o carro.
   e. Tire todos os parafusos da roda.
   f. Retire a roda com o pneu furado.
   g. Coloque a roda com o pneu estepe.
   h. Coloque os parafusos e os aperte.
   i. Baixe o carro e retire o macaco.
   j. Aperte os parafusos com força.
   k. Guarde as ferramentas.
2. Fim do algoritmo.
```

- Uma agência de previsão do tempo armazena diariamente a temperatura média de uma determinada região. Cada uma dessas temperaturas fica arquivada em um cartão, com a data e o horário da coleta. Você deve desenvolver um algoritmo que irá descobrir qual é a menor temperatura registrada nos arquivos da agência. Lembrar que temperaturas podem ser negativas ou positivas.

Resposta:

```
1. Início do algoritmo.
   a. Pegue a primeira temperatura registrada.
   b. Anote esta temperatura como a menor de todas as
      temperaturas.
   c. Enquanto ainda houver registros de temperaturas,
      execute repetidamente e em ordem todas as
      instruções numeradas abaixo:
      i.  Pegue a próxima temperatura.
      ii. Se esta temperatura for menor que aquela
          registrada no momento como a menor então,
     iii. jogue fora a anteriormente registrada e anote
          a nova temperatura como a menor de todas.
   d. Leia a temperatura que está anotada como a menor.
      Esta é a temperatura que estávamos procurando.
2. Fim do algoritmo.
```

- Você está dirigindo um ônibus que vai do Rio de Janeiro para Fortaleza. No início temos 32 passageiros no ônibus. Na primeira parada, 11 pessoas saem do ônibus e 9 entram. Na segunda parada, 2 pessoas saem do ônibus e 2 entram. Na parada seguinte, 12 pessoas entram e 16 pessoas saem. Na próxima parada, 5 pessoas entram no ônibus e 3 saem. Qual a cor dos olhos do motorista do ônibus?

Resposta:

```
A chave para entender o problema é prestar atenção na
informação certa. Se nos preocupamos com o número de pes-
soas que entram e saem do ônibus, estamos dando atenção à
informação desnecessária. Ela nos distrai da informação
importante. A resposta para o problema está na primeira
sentença. VOCÊ está dirigindo o ônibus, então a cor dos
olhos do motorista é a cor dos SEUS olhos. Se você não
```

acertou, não se preocupe. A maioria das pessoas não responde corretamente. Se você acertou, você tem uma excelente
habilidade para resolver problemas. Parabéns.

 ## Algoritmos no cotidiano

Segundo as lendas, existe um problema de lógica muito difícil, onde pouco
mais de 2% da população consegue resolvê-lo. Segundo essas lendas, esse
problema foi criado por não menos que Albert Einstein. E esse problema é
genial, pois não tem quaisquer "pegadinhas" ou que precise de um grande
número de conhecimento extra. Para resolver esse problema, você deve, de
fato, aplicar a lógica e ter muita perseverança!

Vamos ao problema:[1]

Foram pintadas cinco casas com cinco cores diferentes. Em cada casa mora
uma pessoa de nacionalidade diferente. Cada um dos proprietários dessas casas
bebe uma bebida diferente, tem um animal de estimação diferente e pratica um
determinado esporte. Essas três características: bebidas, animais de estimação e
esportes são únicos para cada proprietário, não existe repetição.

Os fatos que devem ser considerados são os seguintes:
- O inglês mora na casa vermelha.
- O sueco tem cães.
- O dinamarquês bebe chá.
- A casa verde fica à esquerda da casa branca.
- O dono da casa verde bebe café.
- A pessoa que joga futebol cria pássaros.
- O dono da casa amarela joga beisebol.
- O homem que mora na casa do centro bebe leite.
- O norueguês mora na primeira casa.
- O homem que joga vôlei mora ao lado da pessoa que tem gatos.
- O homem que tem um cavalo mora ao lado do homem que joga beisebol.
- A pessoa que joga tênis bebe cerveja.
- O alemão joga hóquei.
- O norueguês mora ao lado da casa azul.
- O homem que joga vôlei tem um vizinho que bebe água.

---

1. Adaptado de STANGROOM, J. *O Enigma de Einsten*. São Paulo: Marco Zero, 2010.

O problema é: Qual proprietário tem como animal de estimação o peixe?

Vamos lá, tente resolvê-lo. A solução está no site do livro. Mas só veja a solução depois que tiver tentado!

Dica

Comece criando um quadro dividido em linhas e colunas. Uma coluna para cada casa e cinco linhas, uma para nacionalidade, outra para a cor, outra para a bebida, outra para o esporte e por fim, a última linha para o animal de estimação.

Navegar é preciso

CRUZ, A. J. O. *Apostila de Algoritmos*. 1997. Disponível em: <http://equipe.nce.ufrj.br/adriano/c/apostila/algoritmos.htm>. Acesso em: 24/07/2011.

WIKIPEDIA. *Algoritmo*. Disponível em: <http://pt.wikipedia.org/wiki/Algoritmo>. Acesso em: 24/07/2011.

Exercícios propostos

Resolva os problemas a seguir, construindo os algoritmos necessários para encontrar uma possível solução:

1. Faça um algoritmo que calcule a área de uma mesa de jantar.

2. Dois caçadores estão perdidos em uma floresta, sem munição e prestes a morrer de fome. Um deles, conhecedor da flora, conseguiu achar uma planta muito nutritiva. Entretanto, para comê-la, eles têm de esquentá-la por 30 segundos exatos senão ela os matará. Porém, para marcar o tempo, eles só têm duas ampulhetas, uma que marca 22 segundos e outra que marca 14 segundos. Como eles conseguirão marcar o tempo?

3. Você acaba de encontrar uma caixa. Ao abri-la, você encontra nove moedas de ouro idênticas e um bilhete que diz que uma das moedas é falsa (foi forjada com um metal que possui um peso diferente do ouro, mas que é imperceptível pela comparação unitária feita pelas mãos). Você também dispõe de uma balança de dois pratos. Como descobrir qual a moeda diferente usando apenas três vezes a balança e ainda dizer se ela é mais leve ou mais pesada? Você conseguiria com apenas duas pesagens?

4. Em um lado de uma ponte estão quatro pessoas que precisam atravessá-la. Está escuro e elas possuem apenas uma lanterna que deve ser sempre utilizada durante a travessia da ponte que suporta a passagem de apenas duas pessoas simultaneamente. Essas pessoas possuem idades diferentes, levando, portanto, tempos diferentes para atravessar a ponte: uma delas leva 2 minutos; outra, 4 minutos; a terceira, 10 minutos e a última leva 20 minutos. Como elas devem fazer para que todos atravessem a ponte em menos de 19 minutos?

5. Em um lado de um rio se encontram: três missionários e três canibais. Existe apenas uma canoa capaz de levar apenas duas pessoas de cada vez. Sabendo que, caso o número de canibais seja maior do que o de missionários em qualquer uma das margens esses serão devorados por eles. Como fazer para atravessar todos eles em segurança para a outra margem do rio? Lembre-se que, para que outros entrem no barco, os que estão lá precisam descer. Conte a quantidade de viagens. Quanto menor, melhor! A canoa nunca faz qualquer viagem (seja de ida ou de volta) sozinha.

Referências

KNUTH, D. E. *The art of computer programming*. v.1. Reading, MA: Addison-Wesley, 1968.

MINSKY, M. *Computation:* Finite and Infinite Machines. New Jersey: Prentice-Hall, 1967.

STANGROOM, J. *O Enigma de Einsten*. São Paulo: Marco Zero, 2010.

WIKIVERSIDADE. *O que é computação e ciência da computação?* Disponível em: <http://pt.wikiversity.org/wiki/Introdução_à_Ciência_da_Computação>. Acesso em: 07/08/2011.

Exercícios adicionais

Resolva os exercícios a seguir, construindo os algoritmos necessários para encontrar uma possível solução.

1. Um pastor diz para outro: "dê-me um de seus carneiros que ficaremos com igual número de carneiros". O outro responde: "nada disso... dê-me um de seus carneiros que ficarei com o dobro dos seus". Quantos carneiros tem cada um dos pastores?

2. Você consegue determinar quais os dois números cujo resultado, quando multiplicados entre si, resulta em valores iguais quando os mesmos são somados? E outro par? Agora, consegue encontrar três números diferentes cujo resultado seja semelhante? Pense em números inteiros.

3. Quatro cientistas sentam-se a jantar. Os nomes são Shelly, Frank, Corbin e Mel. Os quatro colocam cartas na mesa com apenas os seus apelidos: Infinito, Radiano, Tissue e Ósmio. Será capaz de relacionar os nomes aos apelidos dos cientistas, sabendo apenas que:

a. Nenhum cientista tem apelido em que apareça a inicial do primeiro nome.

b. O apelido de Corbin é também um elemento.

c. O primeiro nome de Radiano contém um R.

? O QUE VEM DEPOIS

Vimos nesse capítulo o que são algoritmos, sua relação com a lógica e as formas de construção de soluções algorítmicas (computacionais e não computacionais).

No próximo capítulo vamos nos ater ao processo de resolução de problemas e as duas principais formas de construção de algoritmos: fluxograma e português estruturado.

2

O raciocínio e as formas de resolução de problemas

Quando o único instrumento que você tem é um martelo, todo problema que aparece você trata como um prego.

MARK TWAIN

Saber as fases e as estratégias de resolução de um problema auxilia a construir novas ferramentas mentais para compreender e resolver novos problemas. Quanto mais você praticar, mais ferramentas terá e mais problemas conseguirá resolver. É uma bola de neve!

OBJETIVOS DO CAPÍTULO

- Compreender e utilizar, implícita ou explicitamente, as fases típicas para resolução de problemas.
- Desenvolver estratégias específicas para tratar cada tipo de problema.
- Resolver problemas simples e complexos, utilizando o formalismo algorítmico apropriado.

Para começar

Você já parou para pensar na situação onde tem que decidir sobre um determinado caminho ou na escolha de um médico ou especialista para resolver um problema grave?

Na ilustração, qual médico a mãe com a filha doente escolherá? Um médico mais experiente com anos de atendimento, ou um jovem recém-formado que acabou de instalar sua clínica?

Em mais de 90% dos casos, a escolha é a do médico mais experiente.

Você já pensou em por que isso ocorre?

Nós nos sentimos mais seguros quando recorremos a pessoas que possuem mais experiência. Pessoas que já passaram por muitas situações, problemas e casos conseguem resolver uma gama maior de problemas, com mais assertividade, em virtude da vivência, ou melhor, da prática.

Isso também ocorre na área de computação, em desenvolvimento de algoritmos e programas de computador. Quanto mais você pratica, mais variedade de problemas consegue resolver. A prática leva à excelência.

O que descreveremos nesse capítulo é que a resolução de problemas passa por uma série de etapas. Saber reconhecê-las e utilizá-las, mesmo que implicitamente, traz mais segurança à solução.

Em seguida, será visto que existem várias formas de expressar a solução algorítmica de um problema.

Por fim, serão apresentados alguns problemas e suas soluções.
Vamos em frente!

Conhecendo a teoria para programar

Quando examinamos uma série de livros de programação ou algoritmos, nos deparamos frequentemente com uma série de orientações dos passos necessários para resolvermos problemas ou encontrarmos soluções algorítmicas. Uma das mais encontradas é a seguinte sequência de passos:

1. Compreender o problema.
2. Identificar as entradas do problema, ou seja, as informações necessárias ou fornecidas para resolvermos o problema.
3. Identificar os dados de saída, ou as informações que respondem ou resolvem o problema.
4. Determinar o que é preciso para transformar dados de entrada em dados de saída.
5. Construir o algoritmo ou a sequência de passos possibilita a transformação do passo 4.
6. Testar o algoritmo em várias situações.

Ao ler a sequência de passos descrita para a resolução de problemas, dificilmente uma pessoa que tenha dificuldades em resolver problemas conseguirá êxito apenas lendo essa receita.

Precisamos de um pouco mais

Uma sequência um pouco mais detalhada poderia ser a seguinte:

1. Leitura superficial ou mais profunda do enunciado, com a finalidade de compreender exatamente o que se deseja resolver.
2. Levantamento das hipóteses de resolução.
3. Experimentar cada hipótese de resolução.
4. Concluir se alguma hipótese resolve a questão.
   4.1. Aplicar o inverso no caso de se tratar de um problema lógico (p. ex.: 2 x 2 = ? ; 2 x 2 = 4 ; 4 / 2 = ? ; 4 / 2 = 2).
5. Rever todos os passos anteriores. É fundamental que, para cada hipótese, sejam registrados os passos realizados para tentar resolver o problema.
6. Concluir com a resolução mais adequada.

Parece um pouco mais completo, mas ainda é difícil. Na verdade, o processo de resolução de problemas é uma subdivisão do que chamamos de pensamento crítico. Enquanto o pensamento crítico trabalha com estratégias de longo prazo, o processo de resolução de problemas trabalha com questões mais imediatas. Isso implica que, ao resolvermos um determinado problema, devemos nos ater apenas às variáveis e ao contexto sugerido. Foco é a palavra-chave.

Muitas vezes podemos pensar que as pessoas que possuem boa capacidade de resolver problemas o fazem, pois faz parte de sua intuição. Mas isso não é verdade. Já foi provado que a utilização sistemática de passos para resolver problemas traz soluções mais precisas e bem sucedidas do que pessoas que as encontram intuitivamente.

Mas quais seriam esses passos? Podemos dividir em dois conjuntos. Um primeiro conjunto seriam os passos genéricos que serviriam para quaisquer tipos de problemas a serem resolvidos. Um segundo conjunto seriam os problemas matemáticos, que frequentemente necessitam de passos mais específicos para sua solução.

Passos para resolução genérica de problemas[1]

1. **Saiba o que deve ser feito:** identificar o problema certo a resolver é frequentemente onde as pessoas se deparam com as maiores dificuldades. Entender exatamente o que deve ser feito não é tão simples quanto pode parecer. Pense em um problema complexo. Pode haver algumas centenas de possibilidades para se resolver esse problema. Fazer as perguntas certas e ser um bom detetive ajuda a enquadrar o problema com precisão. Essa etapa envolve o entendimento correto do que se espera resolver. Não avance se você não entendeu completamente o problema. O bom resolvedor de problemas faz muitas perguntas sobre qual é de fato o problema, em vez de adivinhar e já tomar decisões rápidas. Vá com calma!

2. **Imagine a(s) solução(ões):** é o que muitos autores falam do processo de abstração. Abstrair é formar as imagens mentais do problema e dos possíveis passos para resolvê-lo. Faça uma lista reduzida do que o problema pode ser e sobre todas as possíveis soluções. Este não é o momento de avaliar as soluções... apenas identificá-las. O processo cognitivo de gerar ideias não é o mesmo para avaliá-las e ambos não podem funcionar ao mesmo tempo. Ambos são processos críticos. Faça um, depois o outro.

---

[1]. Adaptado de *A Arte de Resolver Problemas*, de George Polya. Editora Interciência, Rio de Janeiro, 1978.

3. **Avalie as soluções listadas:** agora sim você avalia as ideias que surgiram na fase de levantamento de alternativas de solução. Avalie primeiramente com base no impacto de cada ideia em direção ao objetivo e, em seguida, com base na complexidade da ideia. Lembre-se que quanto mais simples, melhor será a implementação da solução.

4. **Reavaliar:** o último passo é checar o progresso da solução e determinar se ele ainda é o mais apropriado. Haverá momentos nos quais a complexidade é muito elevada, em que o problema continuará sem resolução, ou seja, a solução identificada não resolveu por completo o problema. Nesse momento, deve-se voltar ao segundo passo e identificar outras soluções.

Seguindo esses passos, e colocando todas as possíveis soluções em sequência lógica, você conseguiria resolver a maioria dos problemas propostos. Entretanto, existe uma categoria específica de problemas que são os que envolvem soluções matemáticas. Para tanto, você pode utilizar uma outra sequência de passos para resolução deste tipo de problema.

Passos para resolução de problemas matemáticos

Os passos descritos anteriormente são úteis para qualquer tipo de problema, mas, com relação a problemas que envolvam resolução matemática, é melhor estender os 4 passos para 9, especializando alguns deles. De toda forma, tudo deve começar pela leitura do enunciado (e seu correto entendimento). Sua interpretação é fundamental, e não se pode passar para os passos seguintes, sem que o segundo esteja completamente compreendido.

Veja que, até o segundo passo, estamos no mundo concreto, e vamos, passo a passo, migrando para o mundo matemático, sendo que alguns dos passos ficam na interseção entre os dois mundos.

O mundo concreto contém os símbolos e as imagens essenciais para a extração dos significados. Já o mundo matemático contém a teoria e as propriedades para a resolução do problema.

Os passos e a sequência de resolução estão descritos a seguir, na Figura 2.1.

Para exemplificar essa sequência de passos, vamos resolver um problema simples: *"Um buquê de flores com 6 rosas e 4 margaridas custou R$ 50,00. Sabendo que cada margarida custou R$ 3,00 a mais do que uma rosa, determine o preço de cada rosa e de cada margarida."*

Dado o problema acima, vamos resolvê-lo seguindo os 9 passos (adaptado de Simões, 2006):

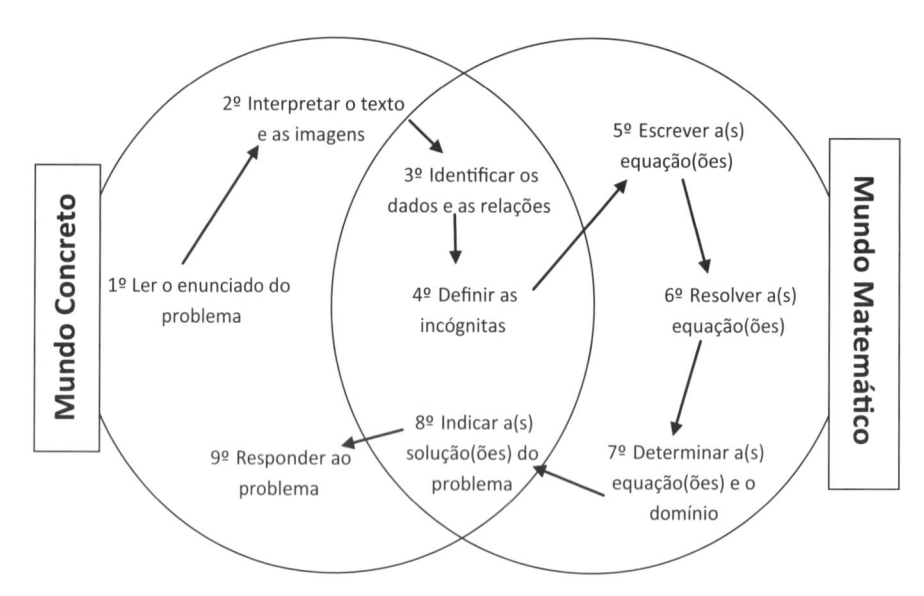

FIGURA 2.1: Passos para resolução de problemas matemáticos. Adaptado de Simões (2006)

1° Ler o enunciado do problema

Um buquê de flores com 6 rosas e 4 margaridas custou R$ 50,00. Sabendo que cada margarida custou R$ 3,00 a mais do que uma rosa, determine o preço de cada rosa e de cada margarida.

2° Interpretar o texto e as imagens

Nesse momento, deve-se pensar no buquê, com 10 flores, sendo 6 rosas e 4 margaridas. Esse buquê custou R$50,00. Também deve-se interpretar e entender que uma margarida custou 3 reais a mais do que cada rosa.

3° Identificar os dados e as relações

6 rosas   4 margaridas   R$50,00   R$3,00

4° Definir as incógnitas

R = preço de uma rosa e M = preço de uma margarida

5° Escrever as equações

$$\begin{cases} 6R + 4M = 50 \\ M = R + 3 \end{cases}$$

6° Resolver o sistema de equações

$$\begin{cases} 6R + 4M = 50 \rightarrow 6R + 4 * (R + 3) = 50 \rightarrow \\ 6R + 4R + 12 = 50 \rightarrow 10R = 50 - 12 \rightarrow 10R = 38 \\ R = 38/10 \rightarrow R = 3,8 \\ M = R + 3 \rightarrow M = 3,8 + 3 \rightarrow M = 6,8 \end{cases}$$

7° Indicar as equações e o domínio

V = valor do buquê
D = diferença entre rosas e margaridas
R = valor da rosa
M = valor da margarida

Equações:
$R = (V - (D * 4))/10$
$M = R + D$

8° Indicar a solução do problema

$S = \{(3.8, 6.8)\} \rightarrow$ Sistema possível e determinado.

9° Responder ao problema

Cada rosa custou R$ 3,80 e cada margarida custou R$ 6,80.

Pronto! Problema resolvido!

Note que o entendimento do enunciado e o conhecimento matemático de sistemas lineares são imprescindíveis para o êxito na resolução do problema.

Sem a base matemática, torna-se quase impossível a resolução do problema, e consequente montagem do algoritmo que a resolve.

Agora, uma vez que resolvemos o problema, vamos escrever, passo a passo, as etapas de resolução na forma algorítmica.

Existem várias formas de escrever a solução algorítmica. Vamos utilizar, nesse capítulo, duas formas básicas: fluxograma e português estruturado.

Vamos começar com fluxograma. A princípio, temos que saber o que é um fluxograma, as suas formas básicas e para que serve cada uma delas, e só então como utilizá-lo.

Fluxograma

Segundo o dicionário Houaiss, fluxograma pode ser entendido como:

1. Uma representação gráfica de um procedimento, problema ou sistema, cujas etapas ou módulos são ilustrados de forma encadeada por meio de símbolos geométricos interconectados; diagrama de fluxo.

2. Um diagrama para representação de um algoritmo; diagrama de fluxo.

Trata-se da representação esquemática de um **processo ou uma sequência de passos**, muitas vezes feita através de gráficos que ilustram de forma descomplicada a transição de informações entre os **elementos** que o compõem.

Portanto, podemos entender que o fluxograma, na prática, torna-se uma documentação dos passos necessários para a execução de um processo ou algoritmo qualquer.

Em um fluxograma, cada operação ou passo é representado por um desenho (mais especificamente, uma forma geométrica – elipse, retângulo, losango etc.). O grande potencial dos fluxogramas é permitirem uma visualização global do processo de resolução do problema. Entretanto, podem se tornar grandes para problemas mais complexos. Os principais elementos de um fluxograma são descritos no quadro a seguir.

Quadro 2.1: Elementos mais utilizados de um fluxograma

ELEMENTO (signo)	SIGNIFICADO E UTILIZAÇÃO
⬭	Terminal: demarca os pontos de início e fim de um algoritmo. O símbolo é uma elipse.
▱	Entrada ou saída de dados: mostra dados trocados (recebidos ou fornecidos) entre o algoritmo e o ambiente externo.
→ ← ↑↓	Fluxo: indica o sentido (direção) dos passos do algoritmo.
▭	Processo: um passo (operação) do algoritmo.
◇	Condição: indica uma situação na qual o algoritmo deve seguir em uma ou outra direção, conforme o resultado de uma condição.

Vocês devem estar lembrados dos dois algoritmos que desenvolvemos no Capítulo 1: o primeiro era para somar dois números inteiros e o outro para determinar o maior entre dois números inteiros.

Vamos mostrar a solução do primeiro algoritmo (somar dois números) utilizando fluxograma.

Uma possível solução seria:

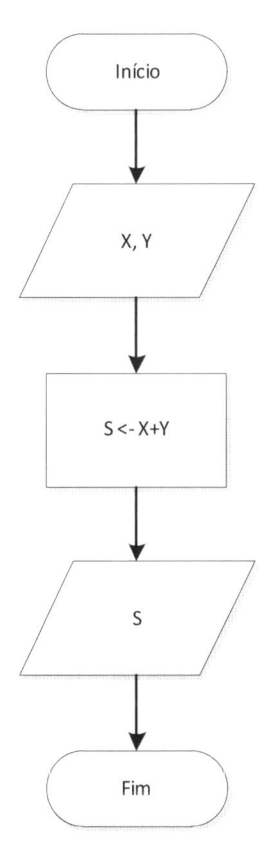

Agora vamos mostrar uma solução para o segundo problema: encontrar o maior entre dois números, utilizando fluxograma.

Uma possível solução seria:

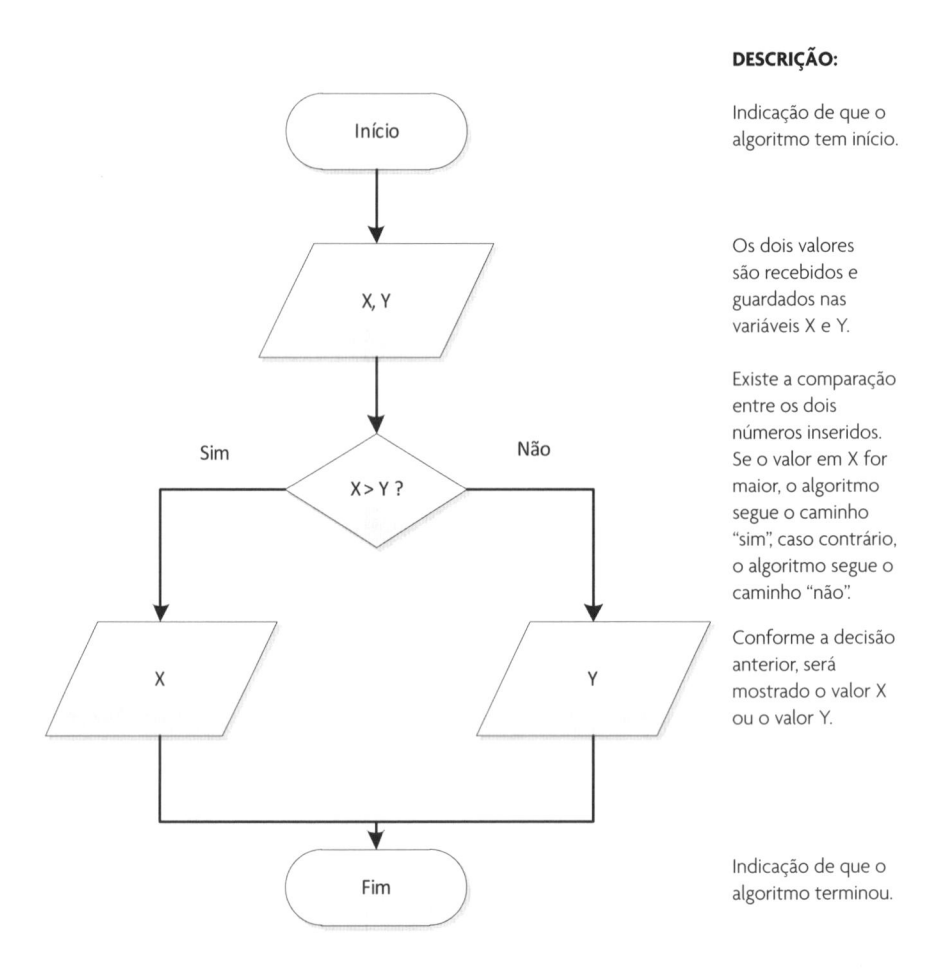

DESCRIÇÃO:

Indicação de que o algoritmo tem início.

Os dois valores são recebidos e guardados nas variáveis X e Y.

Existe a comparação entre os dois números inseridos. Se o valor em X for maior, o algoritmo segue o caminho "sim", caso contrário, o algoritmo segue o caminho "não".

Conforme a decisão anterior, será mostrado o valor X ou o valor Y.

Indicação de que o algoritmo terminou.

Como você pode ter notado, existe uma relação muito grande entre os comandos utilizados em português estruturado e os elementos utilizados em um fluxograma. Vamos identificar essa relação.

Português estruturado ou portugol

Da mesma forma que o fluxograma, o português estruturado possui elementos (comandos) que possibilitam uma representação linear de um processo ou uma sequência de passos, mostrando a transição de informações entre os comandos, dados de entrada e saída.

Ao invés de utilizar formas geométricas, em português estruturado utilizamos comandos específicos para cada situação.

Tomando como base a descrição dos elementos de um fluxograma, vamos identificar os principais comandos que utilizaremos para descrever algoritmos em português estruturado. Observe o Quadro 2.2 a seguir.

Quadro 2.2: Relação existente entre os elementos do fluxograma e os comandos de português estruturado

ELEMENTO (signo)	COMANDOS EM PORTUGUÊS ESTRUTURADO	SIGNIFICADO E UTILIZAÇÃO
⬭	INÍCIO FIM	Terminal: demarca os pontos de início e fim de um algoritmo. O símbolo é uma elipse.
▱	LEIA() ESCREVA()	Entrada ou saída de dados: mostra dados trocados (recebidos ou fornecidos) entre o algoritmo e o ambiente externo.
→ ← ↑ ↓	Ordem dos comandos identifica o fluxo.	Fluxo: indica o sentido (direção) dos passos do algoritmo.
▭	Qualquer operação	Processo: um passo (operação) do algoritmo.
◇	SE ENTÃO SENÃO	Condição: indica uma situação na qual o algoritmo deve seguir em uma ou outra direção, conforme o resultado de uma condição.

Vamos, tomando os dois exemplos de solução algorítmica ilustrada em fluxograma, mostrar como seria a mesma solução em português estruturado. Uma possível solução do primeiro algoritmo (somar dois números) poderia ser:

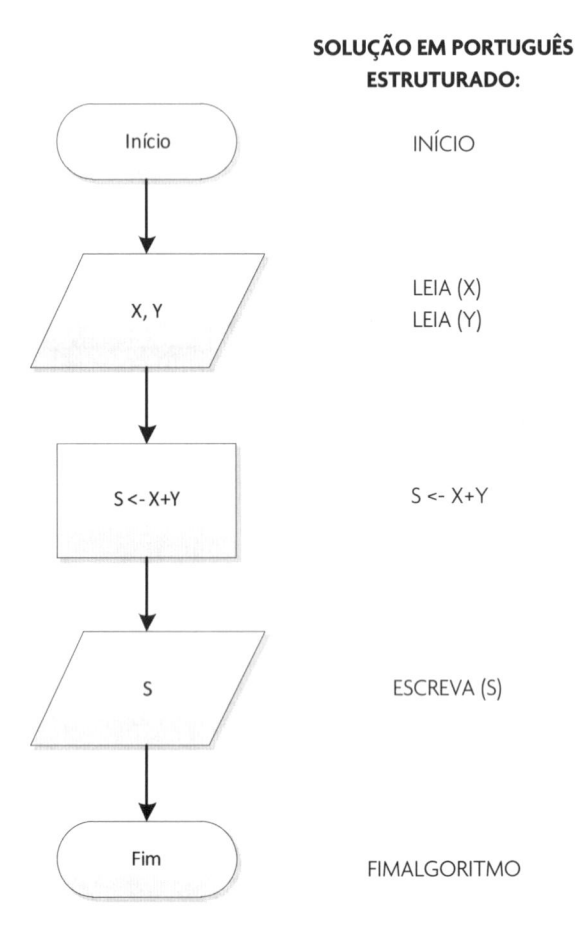

SOLUÇÃO EM PORTUGUÊS ESTRUTURADO:

INÍCIO

LEIA (X)
LEIA (Y)

S <- X+Y

ESCREVA (S)

FIMALGORITMO

Deixando tudo junto, ficaria da seguinte forma:

```
INICIO
 LEIA (X)
 LEIA (Y)
 S <- X + Y
 ESCREVA (S)
FIMALGORITMO
```

Agora vamos mostrar uma solução ao segundo problema: encontrar o maior entre dois números, utilizando português estruturado. Uma possível solução seria:

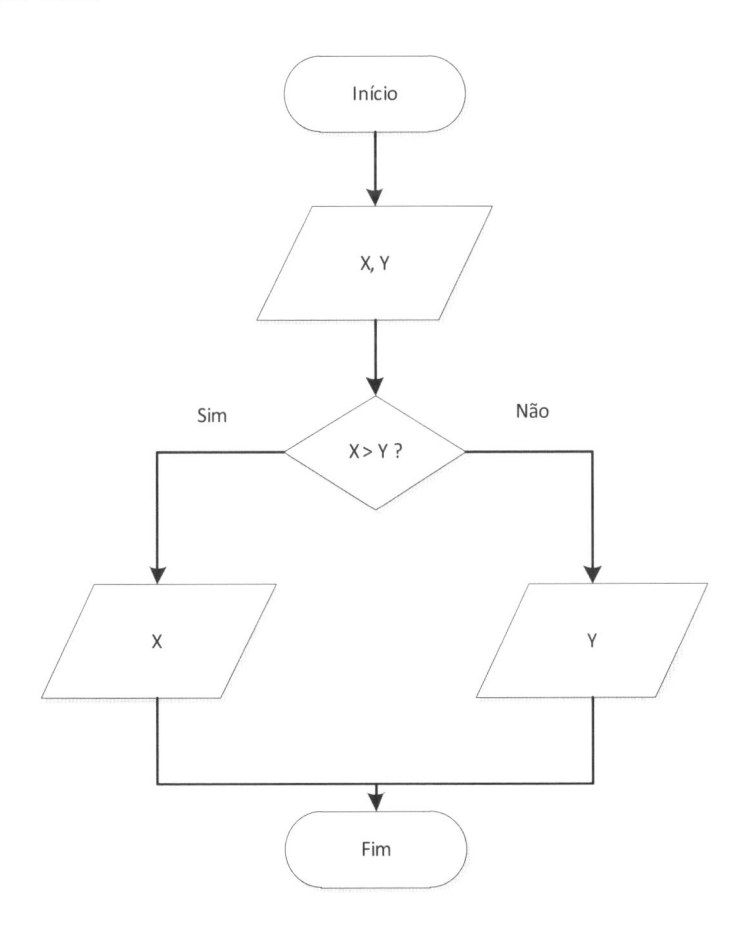

Deixando tudo junto, ficaria da seguinte forma:

```
INICIO
 LEIA (X)
 LEIA (Y)
 SE (X > Y) ENTAO
  ESCREVA (X)
 SENAO
  ESCREVA (Y)
 FIMSE
FIMALGORITMO
```

Agora é com você. Veja os exemplos e exercícios propostos. Faça! Exercite!

Vamos programar

VisuAlg

As implementações em VisuAlg são bem semelhantes ao desenvolvido em Português Estruturado. Como qualquer linguagem, existe uma estrutura a ser seguida. Em VisuAlg a estrutura é a seguinte:

```
ALGORITMO "nome do algoritmo"
VAR
 <declaração das variáveis que serão utilizadas ao longo
 do algoritmo>
INÍCIO
 <comandos do algoritmo>
FIMALGORITMO
```

Os dois exemplos que tratamos ao longo do capítulo e suas implementações em VisuAlg ficariam da seguinte forma:

Primeiro:

```
ALGORITMO "SOMA"
VAR
 X,Y: INTEIRO
INICIO
 LEIA (X)
 LEIA (Y)
 S <- X + Y
 ESCREVA (S)
FIMALGORITMO
```

Segundo:

```
ALGORITMO "MAIOR"
VAR
 X,Y,S: INTEIRO
INICIO
```

```
LEIA (X)
LEIA (Y)
SE (X > Y) ENTAO
 ESCREVA (X)
SENAO
 ESCREVA (Y)
FIMSE
FIMALGORITMO
```

Note que o nome do algoritmo deve ser o mais sucinto possível, e deve expressar o que o algoritmo vai fazer.

O espaço reservado para a declaração das variáveis (VAR) vem antes do início efetivo do algoritmo, pois o interpretador deve saber todos os símbolos ou rótulos que serão utilizados ao longo do algoritmo para não confundir ou fazer uma má interpretação, podendo indicar um erro de digitação.

Tente executar o VisuAlg e implementar os códigos acima. Execute e veja o que acontece.

Note que tais estruturas serão melhor explicadas ao longo dos próximos capítulos. Bom estudo!

Pascal

As implementações em Linguagem Pascal trazem uma boa semelhança ao desenvolvido em Português Estruturado. Entretanto são comandos em língua inglesa. Também, como qualquer linguagem de programação, existe uma estrutura a ser seguida. Em linguagem Pascal a estrutura é a seguinte:

```
program <nome do programa>
var
 <declaração das variáveis que serão utilizadas ao longo
 do programa>
begin
 <comandos em linguagem Pascal>
end.
```

Os dois exemplos que tratamos ao longo do capítulo e suas implementações em linguagem Pascal ficariam da seguinte forma:

Primeiro:

```
program SOMA
var
 X,Y,S: integer;
begin
 readln(X);
 readln(Y);
 S := X + Y;
 writeln(S);
end.
```

Segundo:

```
program MAIOR
var
 X,Y: integer;
begin
 readln(X);
 readln(Y);
 if (X > Y) then
 writeln(X)
 else
 writeln(Y);
end.
```

Note que o nome do programa, assim como em VisuAlg, deve ser o mais sucinto possível, e deve expressar o que o programa vai fazer.

O espaço reservado para a declaração das variáveis (var) funciona da mesma forma que em VisuAlg, informando para o compilador que tais rótulos serão utilizados ao longo do programa.

Tente executar o DEV-Pascal e implementar os códigos acima. Execute e veja o que acontece.

Note que tais estruturas serão melhor explicadas ao longo dos próximos capítulos. Bom estudo!

C

As implementações em Linguagem C trazem certa semelhança ao desenvolvido em Português Estruturado e Linguagem Pascal. Entretanto, na Linguagem C, o compilador trabalha com funções (veremos esses conceitos nos capítulos a seguir). Dessa forma, existe uma função especial chamada **main** (principal), pela qual a execução do programa em Linguagem C é iniciada. Assim, também, como qualquer linguagem de programação, existe uma estrutura a ser seguida. Em linguagem C a estrutura é a seguinte:

```
#include <definição das bibliotecas a serem utilizadas>
main()
 {
 <comandos em linguagem C, inclusive a declaração das
 variáveis>
 }
```

Os dois exemplos que tratamos ao longo do capítulo e suas implementações em linguagem C ficariam da seguinte forma:

Primeiro:

```
#include <stdio.h>
main()
{
 int X,Y,S;
 scanf("%d", &X);
 scanf("%d", &Y);
 S = X + Y;
 printf("%d", S);
}
```

Segundo:

```
#include <stdio.h>
main()
{
 int X,Y;
 scanf("%d", &X);
 scanf("%d", &Y);
 if (X > Y) {
  printf("%d", X);
 } else {
  printf("%d", Y);
 }
}
```

Note que não existe um espaço específico para a declaração das variáveis, como em VisuAlg ou Pascal. A regra é: antes de utilizar uma determinada variável, ela deve ser declarada.

Tente executar o DEV-C/C + + e implementar os códigos acima. Execute e veja o que acontece.

Note que tais estruturas serão melhor explicadas ao longo dos próximos capítulos. Bom estudo!

Java

As implementações em Linguagem Java trazem uma certa semelhança às desenvolvidas em Linguagem C. Entretanto, na Linguagem Java, estamos trabalhando com uma linguagem orientada a objetos, e assim, tudo deve ser transformado em objetos. Para tanto, as construções devem ser desenvolvidas em classes (que no processo de instanciação são transformadas ou concretizadas em objetos). Existe sempre uma classe principal (que tem o nome do arquivo ou projeto). Dentro dessa classe, uma função principal (main) por onde a execução é iniciada.

Vamos trabalhar com a forma mais simples, focando sempre o desenvolvimento do raciocínio algorítmico. Assim, a estrutura que vamos trabalhar da linguagem Java é a seguinte:

```
import <definição das bibliotecas a serem utilizadas>
public class <nome da classe> {
 public static void main (String[] args) {
 <comandos em linguagem Java, inclusive a declaração das
 variáveis>
 }
}
```

Os dois exemplos que tratamos ao longo do capítulo e suas implementações em linguagem Java ficariam da seguinte forma:

Primeiro:

```
import java.util.*;
 public class Prog1 {
 public Prog1() {
 }
 public static void main(String[] args) {
  int x, y, s;
```

```
Scanner dado;
dado = new Scanner(System.in);
x = dado.nextInt();
dado = new Scanner(System.in);
y = dado.nextInt();
s = x + y;
  System.out.println(s);
 }
}
```

Segundo:

```
import java.util.*;
public class Prog1 {
 public Prog1() {
 }
 public static void main(String[] args) {
   int x, y;
Scanner dado;
dado = new Scanner(System.in);
x = dado.nextInt();
dado = new Scanner(System.in);
y = dado.nextInt();
if (x > y){
System.out.println(x);
}else {
System.out.println(y);
   }
 }
}
```

Note que em Java, assim como em C, não existe um espaço específico para a declaração das variáveis. A regra é a mesma: antes de utilizar uma determinada variável, ela deve ser declarada.

Tente executar o JCreator LE e implementar os códigos acima. Execute e veja o que acontece.

Note que tais estruturas serão melhor explicadas ao longo dos próximos capítulos. Bom estudo!

PHP

As implementações em Linguagem PHP trazem uma certa semelhança às desenvolvidas em Linguagem C. Entretanto, na Linguagem PHP, os comandos são interpretados linha a linha e o foco são sempre os resultados a serem exibidos no navegador. Lembre-se que os programas em PHP são executados no servidor e o resultado é exibido no navegador (browser).

Como qualquer linguagem de programação, existe uma estrutura a ser seguida. Em linguagem PHP a estrutura é a seguinte:

```
<?

<comandos em linguagem PHP, inclusive a declaração das
variáveis>
?>
```

Os dois exemplos que tratamos ao longo do capítulo e suas implementações em linguagem PHP ficariam da seguinte forma. Note que os valores não serão inseridos pelo usuário, mas pela atribuição dos valores às variáveis. Mais à frente mostraremos como isso pode ser feito, utilizando formulários HTML.

Primeiro:

```
<?
$X = 3;
$Y = 7;
print $X;
print $Y;
$S = $X + $Y;
print $S;
?>
```

Segundo:

```
<?
$X = 3;
$Y = 7;
print $X;
print $Y;
if ($X > $Y) {
```

```
 print $X;
} else {
 print $Y;
}
?>
```

Note que a primeira vez que se utiliza uma variável e o valor que a ela é atribuído, acontece a declaração (ou o registro) da mesma.

Tente executar o DEV-PHP e implementar os códigos acima. Execute e veja o que acontece.

Não se esqueça de executar e colocar o servidor Apache rodando antes de executar os programas em PHP.

Note que tais estruturas serão melhor explicadas ao longo dos próximos capítulos. Bom estudo!

Para fixar

Dados os problemas a seguir:

1) Um furgão de um frigorífico tem a capacidade de transportar 200 peças de frios ou 500 potes de manteiga. Você acabou de ser contratado pelo dono do frigorífico para desenvolver um algoritmo que possibilite o planejamento adequado do transporte dos produtos. Geralmente, se tem uma quantidade do pedido (frios ou potes). O algoritmo deve calcular e fornecer a quantidade do segundo produto (para que o furgão sempre transporte sua capacidade máxima).

2) Um fazendeiro acabou de montar um cercado. Nele, o fazendeiro colocou galinhas e coelhos compartilhando o mesmo espaço. O fazendeiro gostaria que você fizesse um algoritmo que determinaria a quantidade de coelhos e a quantidade de galinhas, apenas informando os números totais de cabeças e de pés existentes no cercado.

Resolva-os, usando os 9 passos:

1º Ler o enunciado do problema.

2º Interpretar o texto e as imagens.

3º Identificar os dados e as relações.

4º Definir as incógnitas.

5º Escrever as equações.

6º Resolver o sistema de equações.

7º Indicar as equações e o domínio.

8º Indicar a solução do problema.

9º Responder ao problema.

Em seguida, faça os algoritmos em fluxograma e em português estruturado.

Algoritmos no cotidiano

Biologicamente, nosso organismo, assim como todos os organismos vivos, tentam fazer ou tomar ações que resultem no menor caminho e no menor desgaste possível, seja a curto ou longo prazo. Fazem sempre as coisas mais simples possíveis.

O lógico e frade franciscano inglês William de Ockham, no século XIV, postulou um princípio conhecido como "A Navalha de Ockham". Nesse princípio, Ockham afirma que a explicação para qualquer fenômeno deve assumir apenas as premissas estritamente necessárias à explicação do fenômeno e eliminar todas as que não causariam qualquer diferença aparente nas predições da hipótese ou teoria.

Quando você for desenvolver seus algoritmos, tente aplicar esse princípio. Comece sempre pela resolução mais simples. Só depois tente melhorá-la.

Navegar é preciso

WIKIPEDIA. *Fluxograma*. Disponível em: <http://pt.wikipedia.org/wiki/Fluxograma>. Acesso em: 02/08/2011.

Você já viu o filme "**A Rede Social**"? Se não, assista-o e veja como saber programar é fundamental para o desenvolvimento de soluções algorítmicas que podem, além de resolver problemas, se transformar em grandes sistemas utilizados por pessoas de todo o mundo, como é o Facebook.

Exercícios propostos

Resolva os problemas a seguir, construindo os algoritmos necessários para encontrar uma possível solução.

1. Faça um algoritmo que leia dois números e escreva (devolva como resultado) o menor deles.

2. Faça um algoritmo que receba o salário de um funcionário, calcule e mostre o novo salário, sabendo-se que este sofreu um aumento de 15,3%.

3. Sabe-se que o valor de cada 1.000 litros de água corresponde a 2% do salário mínimo. Faça um algoritmo que receba o valor do salário mínimo e a quantidade de água consumida em uma residência por mês. Calcule e mostre:

a) O valor da conta de água.

b) O valor a ser pago com desconto de 15%.

4. Faça um algoritmo que receba dois valores nas variáveis A e B respectivamente, troque o valor contido na variável A pelo valor em B, e o valor em B pelo valor em A, isto é, ao final do algoritmo, A e B terão os valores trocados.

5. Num triângulo retângulo, segundo Pitágoras, o quadrado da hipotenusa (a) é igual a soma dos quadrados dos catetos (b e c), isto é, $a^2 = b^2 + c^2$. Faça um algoritmo, receba os valores dos catetos e imprima o valor da hipotenusa.

Referências

KNUTH, D. E.. *The art of computer programming*, ano v.1. Reading, MA: Addison-Wesley, 1968.

MIZRAHI, V. V. *Treinamento em linguagem C*. São Paulo: Pearson Prentice Hall, 2008.

SIMÕES, A. (2006) Os alunos não sabem resolver problemas? Disponível em: <http://www.prof2000.pt/USERS/folhalcino/ideias/ensinacao/resolvaproblemas.htm>. Acesso em: 10/12/2011.

Exercícios adicionais

Resolva os exercícios a seguir, construindo os algoritmos, na linguagem de programação de sua preferência, que encontrem uma possível solução.

1. Faça um algoritmo que receba o ano de nascimento de uma pessoa e o ano atual, calcule e mostre:

a. a idade dessa pessoa em anos;

b. a idade dessa pessoa em meses;

c. a idade desta pessoa em dias;

d. a idade dessa pessoa em semanas.

2. João recebeu seu salário e precisa pagar duas contas que estão atrasadas. Como as contas estão atrasadas, João terá de pagar multa de 2% sobre cada conta. Faça um algoritmo que receba os valores do salário e os valores iniciais de cada uma das contas. O algoritmo deve calcular e mostrar quanto restará do salário de João após pagar as duas contas.

3. Sabe-se que para iluminar de maneira correta os cômodos de uma casa, para cada m², deve-se utilizar 18W de potência. Faça um algoritmo que receba as duas dimensões de um cômodo (em metros), calcule e mostre a sua área (em m²) e a potência de iluminação que deverá ser utilizada.

O QUE VEM DEPOIS

Neste capítulo você viu que a resolução de problemas deve seguir uma sequência de passos e evitar ao máximo o processo de tentativa e erro. Viu também que, quando se trata de problemas que utilizam fundamentação matemática, existe uma forma de resolvê-los envolvendo os nove passos. Por fim, você viu que o desenvolvimento de um algoritmo pode ser feito de diversas formas, mas as mais utilizadas são o português estruturado (portugol) e o fluxograma. Ambos podem ser facilmente transpostos para quaisquer linguagens de programação.

No capítulo seguinte, veremos que, quando resolvemos problemas que envolvem conceitos matemáticos, devemos implementar as soluções em um formato específico. Chamamos esse processo de linearização de expressões matemáticas. Bons estudos!

Expressões matemáticas e lógicas e seus operadores

> ❝ *Os números governam o mundo.* ❞
>
> PITÁGORAS

Além de governar o mundo, os números também são responsáveis pela estruturação e operacionalização dos algoritmos computacionais. Conhecer os números, as relações e as equações e como representá-las em linguagens algorítmicas-computacionais será fundamental para a construção de programas computacionais.

OBJETIVOS DO CAPÍTULO

- Linearizar as expressões matemáticas para sua utilização em algoritmos e linguagens de computação.
- Construir e operacionalizar expressões lógico-matemáticas em algoritmos e linguagens de programação.
- Compreender e utilizar as funções lógico-matemáticas existentes nas principais linguagens de programação.

 Para começar

Você já pensou por que os números arábicos, aqueles que utilizamos em nosso dia a dia, têm a forma que é utilizada?

Como você já deve ter deduzido olhando a ilustração acima, os números, no formato que conhecemos e utilizamos hoje, surgiram do formato que traduziria a quantidade de ângulos existentes em cada figura ao valor que gostariam de expressar. Por exemplo, o número 2, como pode ser visto na ilustração, possui dois ângulos, o número 3, três ângulos, e assim por diante.

Assim como os números, que em algum momento da história tiveram sua forma e utilização padronizados, aconteceu a mesma coisa com as expressões matemáticas quando utilizadas em algoritmos ou linguagens de programação computacionais.

As expressões matemáticas (e lógicas) como conhecemos e utilizamos, não podem ser implementadas no computador nesse formato. Elas devem sofrer um processo conhecido como linearização. Além disso, existe um conjunto de operações matemáticas que deve ser implementado para possibilitar que instruções gráficas, como raiz quadrada, possam ser devidamente utilizadas. A maioria dessas operações será implementada como funções.

Assim, neste capítulo iremos aprender a linearizar operações matemáticas e lógicas, saber os símbolos e funções que possibilitam a implementação das operações lógicas-matemáticas e verificar todas as variações existentes nas diversas linguagens de programação.

Conhecendo a teoria para programar

A esmagadora maioria dos algoritmos trabalha com números e uma grande parcela com fórmulas e equações matemáticas. Para que possamos construir os algoritmos que realizam algum tipo de cálculo matemático ou lógico, devemos realizar a linearização das expressões matemáticas.

No processo de linearização é feita a substituição dos símbolos, operadores e funções necessários para realização das operações pelas linguagens de programação e que correspondem ao que aprendemos na escola.

Vamos ver um exemplo. Supondo a atribuição a uma variável x da seguinte expressão matemática:

$$x = \frac{3y}{5y + 7} + 2y$$

Os operadores matemáticos em linguagem algorítmica ou linguagem de programação diferem um pouco do que utilizamos na notação matemática que aprendemos na escola. Por exemplo, a operação de multiplicação, aprendemos que é representada por um ponto, que nas expressões matemáticas fica subentendido. No exemplo acima, 3y significa 3 vezes y. Em notação algorítmica, o operador de multiplicação é representado por um asterisco (*). A mesma operação ficaria: 3 * y.

As principais operações matemáticas em linguagem algorítmica são:

Tabela 3.1: Principais operadores matemáticos em linguagem algorítmica

Operações	Operador	Exemplo
Adição	+	a + b (a mais b)
Subtração	-	a − b (a menos b)
Multiplicação	*	a * b (a vezes b)
Divisão	/	a / b (a dividido por b)

Tomando como base a expressão matemática anterior, e substituindo os operadores, a expressão linearizada ficaria, em linguagem algorítmica, da seguinte forma:

$$x \leftarrow ((3 * y)/(5 * y + 7)) + (2 * y)$$

Atenção

Note que em expressões linearizadas (ou em linguagem algorítmica ou em linguagem de programação), só os parênteses são utilizados como delimitadores. Em expressões matemáticas convencionais, além dos parênteses, também são utilizados colchetes "[ ]" e chaves "{ }".

Como você pode notar, o processo de linearização é bem fácil, e, para conseguirmos fazê-lo de forma adequada, temos que prestar muita atenção, não só nas operações que devem ser substituídas, mas principalmente na ordem de execução das mesmas.

Uma expressão linearizada é executada sempre da esquerda para a direita. Primeiro as operações mais prioritárias (segue a mesma ordem que aprendemos na escola, por exemplo, multiplicação é mais prioritária que a adição). Também executará primeiro o que está dentro dos parênteses e depois o que está fora, e assim por diante.

Vamos ver mais um exemplo para fixar:

$$y = \frac{x + 3b}{2x + c}$$

Essa mesma expressão linearizada, ficaria da seguinte forma:

$$y \leftarrow (x + 3 * b)/(2 * x + c)$$

Muito bem! Mas isso não é tudo. Existem expressões mais complexas, envolvendo raiz quadrada, um número elevado a outro, tangente de um determinado ângulo, e assim por diante.

Essas operações mais complexas são mapeadas em linguagem algorítmica utilizando funções ou operadores específicos. A seguir, segue uma lista de funções e operadores utilizados em português estruturado:

Tabela 3.2: Operadores e funções para operações matemáticas mais complexas em linguagem algorítmica

Operações	Operador	Exemplo
Exponenciação	^	a ^ b (a elevado a b)
Divisão inteira	\	a \ b (valor inteiro resultante da divisão de a por b)
Módulo (resto da divisão)	%	a % b (resto da divisão de a por b)
Inversão de sinal	-	-a (-(-a) resulta em a)

Operações	Funções	Explicação
Raiz quadrada	Raizq(x)	Raiz quadrada de x
Exponenciação	Exp(x,y)	x elevado a y
Valor absoluto (sem sinal)	Abs(x)	Valor absoluto de x
Arco Cosseno	ArcCos(x)	Retorna o ângulo (em radianos) cujo cosseno é representado por x
Arco Seno	ArcSen(x)	Retorna o ângulo (em radianos) cujo seno é representado por x
Arco Tangente	ArcTan(x)	Retorna o ângulo (em radianos) cuja tangente é representada por x
Cosseno	Cos(x)	Retorna o cosseno do ângulo x (expresso em radianos)
Cotangente	CoTan(x)	Retorna a cotangente do ângulo x (expresso em radianos)
Parte inteira de um número	Int(x)	Retorna a parte inteira do número x
Logaritmo	Log(x)	Retorna o logaritmo de x na base 10
Logaritmo Neperiano	LogN(x)	Retorna o logaritmo neperiano de x (base e)
Valor Pi (π)	Pi	Retorna o valor 3.141592
Quadrado	Quad(x)	Retorna o quadrado de x (x elevado a 2)

(Continua)

Tabela 3.2: Operadores e funções para operações matemáticas mais complexas em linguagem algorítmica *(Cont.)*

Operações	Funções	Explicação
Valor aleatório (randômico)	Rand	Retorna um valor aleatório (randômico) entre 0 e 1
Seno	Sen(x)	Retorna o seno do ângulo x (expresso em radianos)
Tangente	Tan(x)	Retorna a tangente do ângulo x (expresso em radianos)

Com essas definições, agora podemos fazer a linearização de expressões matemáticas mais complexas. Vamos ver dois exemplos:

(1)

$$y = \frac{a^2 + \sqrt{3b}}{5x^3}$$

(2)

$$x = y + \sqrt{\frac{2b}{a+b}}$$

Linearizando a primeira expressão, ela ficaria da seguinte forma:

$$y \leftarrow (quad(a) + raizq(3 * b))/(5 * exp(b, 3))$$

Linearizando a segunda expressão, ela ficaria da seguinte forma:

$$X \leftarrow y + raizq((2 * b) / (a + b))$$

Muito bem! Agora vamos partir para as expressões lógicas. As expressões lógicas são aquelas em que o resultado varia entre dois valores possíveis: verdadeiro ou falso.

Para a composição das expressões lógicas, podemos utilizar dois tipos de operadores: operadores relacionais e operadores lógicos.

Na Tabela 3.3, apresentamos os operadores relacionais e seus significados. Note que o resultado da comparação ou relação é sempre verdadeiro ou falso.

Tabela 3.3: Operadores relacionais em linguagem algorítmica

Operações	Operador	Exemplo
Igual	=	a = b (a é igual a b?)
Diferente	<>	a <> b (a é diferente de b?)

Tabela 3.3: Operadores relacionais em linguagem algorítmica *(Cont.)*

Operações	Operador	Exemplo
Maior que	>	a > b (a é maior que b?)
Menor que	<	a < b (a é menor que b?)
Maior ou igual que	>=	a >= b (a é maior ou igual a b?)
Menor ou igual que	<=	a <= b (a é menor ou igual a b?)

Além dos operadores relacionais, quando construímos expressões lógicas geralmente utilizamos os operadores lógicos. Esses operadores são descritos na Tabela 3.4 e detalhados na sequência.

Tabela 3.4: Operadores lógicos em linguagem algorítmica

Operadores	Significado
nao	Operador unário de negação. Tem a maior precedência entre os operadores lógicos. nao (VERDADEIRO) = FALSO, e nao (FALSO) = VERDADEIRO.
ou	Operador que resulta VERDADEIRO quando um dos seus operandos lógicos for verdadeiro.
e	Operador que resulta VERDADEIRO somente se seus dois operandos lógicos forem verdadeiros.
xou	Operador que resulta VERDADEIRO se seus dois operandos lógicos forem diferentes, e FALSO se forem iguais.

Para que você possa entender um pouco melhor as expressões que utilizam operadores lógicos, vamos detalhar, utilizando alguns princípios da lógica matemática.

Como já dissemos no Capítulo 1 — falamos sobre lógica e, na oportunidade, falamos sobre os operadores lógicos binários — quando trabalhamos com expressões lógicas existem proposições. Os operadores lógicos verificam os valores destas proposições e assim indicam uma de duas possíveis situações: verdadeiro ou falso. Os valores das proposições poderão ser verdadeiros ou falsos. Assim, se tivermos duas proposições, teremos quatro possíveis situações:

Tabela 3.5: Situações possíveis para duas proposições

Proposição 1 (indicaremos como uma variável A)	Proposição 2 (indicaremos como uma variável B)	Situação
Falso	Falso	1
Falso	Verdadeiro	2
Verdadeiro	Falso	3
Verdadeiro	Verdadeiro	4

Dessa forma, tomando como base as situações possíveis, dadas duas proposições (A e B), podemos, mudando os operadores, encontrar todas as possibilidades de resultado.

Conceito

Em lógica, essas tabelas que identificam todas as situações possíveis e as respostas para cada situação são chamadas de TABELA VERDADE.

Vamos montar assim as tabelas verdades dos operadores lógicos, representados na Tabela 3.4.

Operador E

Como dito, o operador "E" resulta VERDADEIRO somente se seus dois operandos lógicos (ou proposições) forem verdadeiros. A Tabela 3.6 a seguir apresenta a tabela verdade do operador "E".

Expressão: S = A e B

Tabela 3.6: Tabela Verdade do operador "E"

A	B	S = A e B
Falso	Falso	Falso
Falso	Verdadeiro	Falso
Verdadeiro	Falso	Falso
Verdadeiro	Verdadeiro	Verdadeiro

Operador OU

Como dito, o operador "OU" resulta VERDADEIRO quando pelo menos um dos operandos lógicos (ou proposições) forem verdadeiros. A Tabela 3.7 a seguir apresenta a tabela verdade do operador "OU".

Expressão: S = A ou B

Tabela 3.7: Tabela Verdade do operador "OU"

A	B	S = A ou B
Falso	Falso	Falso
Falso	Verdadeiro	Verdadeiro
Verdadeiro	Falso	Verdadeiro
Verdadeiro	Verdadeiro	Verdadeiro

Operador XOU

Como dito, o operador "XOU" resulta VERDADEIRO quando os dois operandos lógicos (ou proposições) forem diferentes. A Tabela 3.8 a seguir apresenta a tabela verdade do operador "XOU".

Expressão: S = A xou B

Tabela 3.8: Tabela Verdade do operador "XOU"

A	B	S = A xou B
Falso	Falso	Falso
Falso	Verdadeiro	Verdadeiro
Verdadeiro	Falso	Verdadeiro
Verdadeiro	Verdadeiro	Falso

Operador NAO

Como dito, o operador "NAO" nega (ou inverte) o valor do operandos lógicos (ou proposições). A Tabela 3.9 a seguir apresenta a tabela verdade do operador "NAO".

Expressão: S = nao A

Tabela 3.9: Tabela Verdade do operador "NAO"

A	S = nao A
Falso	Verdadeiro
Verdadeiro	Falso

Uma vez conhecidos os operadores relacionais e lógicos, podemos agora representar situações reais que necessitaram do processo de transformação em expressões lógicas para a consequente implementação em algoritmos computacionais.

Situação 1: Se Ana tiver mais que 18 anos e Pedro tiver menos que 25 anos:

```
Supondo que A = Ana e B = Pedro, temos:
S = ( ( A > 18 ) e ( B < 25 ) )
```

Situação 2: Um aluno obterá aprovação em uma determinada disciplina se sua média final for igual ou superior a 7 e se a sua frequência for igual ou superior a 75%.

```
Supondo que M = Média final e F = Frequência, temos:
S = ( ( M >= 7 ) e ( B >= 75 ) )
```

Tomando agora uma expressão numérica utilizando os operadores relacionais e lógicos, vamos determinar o valor de S:

(1)

```
S = ( (5 > 3) ou (4 < 2) ) e (1 < 7)
```

Vamos fazer por etapa, sempre obedecendo a ordem de precedência e as operações dentro dos parênteses.

```
S = ( (5 > 3) ou (4 < 2) ) e (1 < 7)
   (5 > 3) ou (4 < 2)
      V ou F
      V e (1 < 7)
      V e F
```

```
        V e F
           F
Assim, S = F.
```

Note que utilizamos (V) para expressar VERDADEIRO e (F) para expressar FALSO.

Vamos resolver mais uma expressão:

(2)

```
S = ( nao(5 >= 3) ou (1 < 2) ) e ( nao(1 < 7) )
```

Vamos fazer por etapa, sempre obedecendo a ordem de precedência e as operações dentro dos parênteses.

```
S = ( nao(5 >= 3) ou (1 < 2) ) e ( nao(1 < 7) )
          (5 >= 3)      (1 < 2)
              V            V
        nao ( V )
            F         ou       V
                       V        e        (1 < 7)
                       V
        nao( V )
            V                        e       F
            F
Assim, S - F.
```

As implementações das expressões matemáticas e lógicas nas diversas linguagens de programação podem sofrer uma ou outra variação. A seguir, na sessão "implementação", essas nuanças são identificadas e exemplificadas. Bons estudos!

Vamos programar

VisuAlg

Seguem as mesmas regras e estruturas informadas na sessão de fundamentos. Ressaltamos apenas que em VisuAlg não existe diferenciação entre letras maiúsculas ou minúsculas.

Pascal

Pode-se dizer que a maioria dos operadores matemáticos e lógicos utilizados em Português Estruturado (VisuAlg) se repetem nesta linguagem, devendo apenas ser feita a tradução para o idioma nato da linguagem (o inglês).

A seguir, mostraremos, com mais ênfase, o que diverge do que vimos na sessão Fundamentos.

Uma primeira diferença é o comando de atribuição. Em algoritmo utilizávamos uma seta (←). Em Pascal, utilizamos dois pontos igual (: =) para indicar a atribuição de valores. Exemplo:

```
Em Algoritmo: A ← X + Y
Em Pascal: A := X + Y
```

Tabela 3.10: Operadores e funções matemáticas na linguagem Pascal

Operadores e/ou Funções em VisuAlg	Operadores e/ou Funções em Pascal	Observação
+, -, * e /	+, -, * e /	São todos iguais!
\	div	Divisão inteira
%	mod	Resto da divisão
abs(x)	abs(x)	
exp(x)	exp(x)	
sin(x)	sin(x)	
cos(x)	cos(x)	
arctan(x)	arctan(x)	
LogN(x)	ln(x)	Logaritmo neperiano
Int(x)	trunc(x)	
Não existe similar	round(x)	Arredonda o valor para o valor inteiro mais próximo

Tabela 3.10: Operadores e funções matemáticas na linguagem Pascal *(Cont.)*

Operadores e/ou Funções em VisuAlg	Operadores e/ou Funções em Pascal	Observação
Não existe similar	frac(x)	Retorna apenas a parte fracionária de um número
Raizq(x)	sqrt(x)	
Quad(x)	sqr(x)	
pi	pi	
Não existe similar	inc(x, y)	Incrementa o valor de x somando o valor de y
Não existe similar	dec(x, y)	Decrementa o valor de x subtraindo o valor de y

Dica

Em Pascal (padrão) não existe um operador ou função específico para potenciação. Dessa forma, temos que utilizar as funções EXP e LN para compor o que precisamos.

Supondo A^B, teríamos: EXP(B * LN(A))

Tabela 3.11: Operadores e funções lógicas na linguagem Pascal

Operadores e/ou Funções em VisuAlg	Operadores e/ou Funções em Pascal	Observação
=, < > , >, <, >= e <=	=, < > , >, <, >= e <=	São todos iguais!
nao	not	
e	and	
ou	or	
xou	xor	

As formas de organização das expressões matemáticas e lógicas são similares a VisuAlg, apenas tomando cuidado para fazer as substituições necessárias de operandos e funções.

C

Também, se pode dizer que a maioria dos operadores matemáticos e lógicos utilizados em Pascal e VisuAlg se repetem nesta linguagem, devendo apenas fazer alguns ajustes em virtude da singularidade da linguagem C.

A seguir, mostraremos, com mais ênfase, o que diverge do que vimos na sessão Fundamentos.

Uma primeira diferença é o comando de atribuição. Em algoritmo utilizávamos uma seta ($\leftarrow$). Em C, utilizamos o sinal de igual (=) para indicar a atribuição de valores. Exemplo:

```
Em Algoritmo: A ← X + Y
Em C: A = X + Y
```

Tabela 3.12: Operadores e funções matemáticas na linguagem C

Operadores e/ou Funções em VisuAlg	Operadores e/ou Funções em C	Observação
+, -, * e /	+, -, * e /	São todos iguais!
\	Não existe	Basta na divisão utilizar o modificador (cast) Exemplo: a = (int)(x/y) A receberá o resultado inteiro da divisão
%	%	Resto da divisão (só pode ser utilizado com operandos inteiros)
abs(x)	fabs(x)	
exp(x,y)	pow(x,y)	x elevado a y
sin(x)	sen(x)	
cos(x)	cos(x)	
LogN(x)	log(x)	Logaritmo neperiano
log(x)	log10(x)	Logaritmo na base 10
Int(x)	floor(x)	

Tabela 3.12: Operadores e funções matemáticas na linguagem C *(Cont.)*

Operadores e/ou Funções em VisuAlg	Operadores e/ou Funções em C	Observação
Arredondamento para cima	ceil(x)	Arredonda o valor de x para o valor inteiro mais próximo (para cima)
Arredondamento para baixo	floor(x)	Arredonda o valor de x para o valor inteiro mais próximo (para baixo)
Não existe similar	frac(x)	Retorna apenas a parte fracionária de um número
Raizq(x)	sqrt(x)	
Quad(x)	pow(x,2)	
pi	pi	
incremento	x + +	Incrementa o valor de x somando 1
decremento	x--	Decrementa o valor de x subtraindo um

Tabela 3.13: Operadores e funções lógicas na linguagem C

Operadores e/ou Funções em VisuAlg	Operadores e/ou Funções em C	Observação
=	==	Observe que são dois sinais de igual
<>	!=	Lê-se (não igual)
=, < > , >, <, >= e <=	=, < > , >, <, >= e <=	São todos iguais!
nao	!	
e	&&	dois E comercial (&)
ou	||	Conhecido como pipe Geralmente fica localizado no canto inferior esquerdo do teclado
xou	Não existe	

As formas de organização das expressões matemáticas e lógicas são similares a VisuAlg e Pascal, apenas tomando cuidado para fazer as substituições necessárias de operandos e funções.

Java

Java se assemelha muito ao que vimos em linguagem C. Poucas são as modificações como você poderá notar.

A seguir, mostraremos, com mais ênfase, o que diverge do que vimos na sessão Fundamentos.

Uma primeira diferença é o comando de atribuição. Em algoritmo utilizávamos uma seta ($\leftarrow$). Em Java, similar a C, utilizamos o sinal de igual (=) para indicar a atribuição de valores. Exemplo:

```
Em Algoritmo: A ← X + Y
Em C: A = X + Y
```

Em Java, estamos trabalhando com orientação a objetos. A maioria das funções matemáticas foram colocadas em uma classe chamada Math. Dessa forma, as funções são precedidas do nome dessa classe.

Tabela 3.14: Operadores e funções matemáticas na linguagem Java

Operadores e/ou Funções em VisuAlg	Operadores e/ou Funções em Java	Observação
+, -, * e /	+, -, * e /	São todos iguais!
\	Não existe	Basta na divisão utilizar o modificador (cast). Exemplo: a = (int)(x/y) A receberá o resultado inteiro da divisão
%	%	Resto da divisão (só pode ser utilizado com operandos inteiros)
abs(x)	Math.abs(x)	
exp(x,y)	Math.pow(x,y)	x elevado a y
sin(x)	Math.sin(x)	
cos(x)	Math.cos(x)	

Tabela 3.14: Operadores e funções matemáticas na linguagem Java *(Cont.)*

Operadores e/ou Funções em VisuAlg	Operadores e/ou Funções em Java	Observação
tan(x)	Math.tan(x)	
arctan(x), arccos(x) e arcsin(x)	Math.atan(x), Math.acos(x) e Math.asin(x)	
LogN(x)	Math.log(x)	Logaritmo neperiano
Int(x)	Math.floor(x)	
Arredondamento para cima	Math.ceil(x)	Arredonda o valor de x para o valor inteiro mais próximo (para cima)
Arredondamento para baixo	Math.floor(x)	Arredonda o valor de x para o valor inteiro mais próximo (para baixo)
Raizq(x)	Math.sqrt(x)	
Quad(x)	Math.pow(x,2)	
pi	Math.PI	
incremento	x + +	Incrementa o valor de x somando 1
decremento	x--	Decrementa o valor de x subtraindo 1

Tabela 3.15: Operadores e funções lógicas na linguagem Java

Operadores e/ou Funções em VisuAlg	Operadores e/ou Funções em Java	Observação
=	==	Observe que são dois sinais de igual
< >	!=	Lê-se (não igual)
=, < > , >, <, >= e <=	=, < > , >, <, >= e <=	São todos iguais!
nao	!	
e	&&	E comercial (&)
ou	||	Conhecido como pipe. Geralmente fica localizado no canto inferior esquerdo do teclado
xou	Não existe	

As formas de organização das expressões matemáticas e lógicas são similares a C, apenas tomando cuidado para fazer as substituições necessárias de operandos e funções e, principalmente, incluir a classe **Math** antes das funções matemáticas que se queira utilizar.

PHP

Assim como Java, PHP se assemelha muito ao que vimos em linguagem C. Poucas são as modificações como você poderá notar. A seguir, mostraremos os principais operadores e funções lógico-matemáticas, dando ênfase ao que diverge do que vimos na sessão Fundamentos.

Uma primeira diferença é o comando de atribuição. Em algoritmo utilizávamos uma seta (←). Em PHP, similar a C e Java, utilizamos o sinal de igual (=) para indicar a atribuição de valores. Exemplo:

```
Em Algoritmo: A ← X + Y
Em PHP: $A = $X + $Y
```

Papo técnico

3.1

Em PHP, as variáveis iniciam com $. Isso serve de alerta ao interpretador, informando que o que vem depois de "$" é uma variável.

Tabela 3.16: Operadores e funções matemáticas na linguagem PHP

Operadores e/ou Funções em VisuAlg	Operadores e/ou Funções em PHP	Observação
+, -, * e /	+, -, * e /	São todos iguais!
\	Não existe	Basta na divisão utilizar o modificador (cast). Exemplo: $a = (int)($x/$y) $a receberá o resultado inteiro da divisão
%	%	Resto da divisão (só pode ser utilizado com operandos inteiros)
abs(x)	abs($x)	
exp(x,y)	pow($x,$y)	$x elevado a $y

Tabela 3.16: Operadores e funções matemáticas na linguagem PHP (Cont.)

Operadores e/ou Funções em VisuAlg	Operadores e/ou Funções em PHP	Observação
sin(x)	sen($x)	
cos(x)	cos($x)	
LogN(x) e log(x)	log($x, $b)	Calcula o logaritmo de $x na base $b
Int(x)	floor($x)	
Arredondamento para cima	ceil($x)	Arredonda o valor de $x para o valor inteiro mais próximo (para cima)
Arredondamento para baixo	floor($x)	Arredonda o valor de $x para o valor inteiro mais próximo (para baixo)
Não existe similar	fmod($x, $y)	Retorna o módulo em ponto flutuante do resultado da divisão de $x por $y, sendo esses números também em ponto flutuante
Raizq(x)	sqrt($x)	
Quad(x)	pow($x,2)	
pi	Não existe	
incremento	$x + +	Incrementa o valor de x somando 1
decremento	$x--	Decrementa o valor de x subtraindo 1

Existem muitas outras funções matemáticas. Você pode encontrar a lista completa em: http://www.php.net/manual/pt_BR/ref.math.php.

Algumas funções muito utilizadas são:

Operadores e/ou Funções em PHP	O que faz e forma de utilização
rand($min, $max)	Gera um número randômico (aleatório) entre $min e $max Exemplo: a$ = rand(1, 10) Este exemplo gera um número aleatório entre 1 e 10, armazenando-o em a$
hypot ($x, $y)	Retorna o valor da hipotenusa, num triangulo retângulo, com os lados de tamanho $x e $y

Tabela 3.17: Operadores e funções lógicas na linguagem PHP

Operadores e/ou Funções em VisuAlg	Operadores e/ou Funções em PHP	Observação
=	==	Observe que são dois sinais de igual
<>	!=	Lê-se (não igual)
=, < > , >, <, >= e <=	=, < > , >, <, >= e <=	São todos iguais!
nao	!	
e	&&	dois E comercial (&)
ou	||	Conhecido como pipe. Geralmente fica localizado no canto inferior esquerdo do teclado
xou	xor	

As formas de organização das expressões matemáticas e lógicas são similares às demais linguagens. Deve-se tomar alguns cuidados, principalmente observar as substituições necessárias de operandos e funções.

Agora chegou a hora de praticar! Vamos lá, a prática ajuda no processo de fixação.

Para fixar

1) Indique o resultado das seguintes expressões:
   a) 2 > 3
   b) (6 < 8) OR (3 > 7)
   c) (((10 DIV 2) MOD 6) > 5) XOR (3 < (2 MOD 2))
   d) NOT (2 < 3)
2) Escreva o comando de atribuição e resolva a expressão das seguintes expressões matemáticas (implemente o comando de atribuição em todas as linguagens vistas: VisuAlg, Pascal, C, Java e PHP).

   a) $X = \dfrac{A + \dfrac{B}{C}}{D - \dfrac{E}{F}}$ onde A= 2, B= 6, C = 3, D = 4, E = 8, F = 4

b) $Y = \dfrac{\dfrac{2X^2 - 3X^{(X+1)}}{2} + \dfrac{\sqrt{X+1}}{X}}{2^X}$ onde X = 2

3) Construa o algoritmo que calcule as seguintes expressões:

a) 2 + 3 * { 23 − 12 + [{ (123 / 34) + 10 } / 2 − 1 * (45 − 12)] / 3 }

b) [(2 * 3) ^2 − 1] ^ 4

c) (2 + [2 * 3 − (4 / 20) ^ 2])/ (10 * { [(7 * 3) − 2] ^ 3 })

4) Escreva os comandos de atribuição (em todas as linguagens vistas) para as seguintes expressões matemáticas linearização.

a) $X = \dfrac{\sqrt{2B - 4A + 2F^{-3}}}{3 - 2A}$

b) $Y = 2H - \left[\dfrac{45}{3X} - 4H(3 - H) \right]^{2H}$

c) $X = \dfrac{(a - b) + (e + f)}{(c - d) + (g + h)} * \dfrac{i}{j}$

Algoritmos no cotidiano

Já existiram na história muitos calculistas. Eram pessoas que conseguiam calcular mentalmente números enormes. Por exemplo, o americano Arthur Griffith efetuava mentalmente, em vinte segundos, a multiplicação de dois números quaisquer de nove algarismos cada um. O alemão Zacarias Dase conseguia fazer multiplicações de números com mais de 30 algarismos. E o inglês Jededish Buxton conseguia multiplicar números com 42 algarismos. Muitos outros surgiram e ainda existem, mas é uma habilidade restrita a poucos, quando comparamos com a população mundial.

Para auxiliar as pessoas normais, como nós, nesta tarefa de calcular, muitos instrumentos foram criados. Desde o ábaco, passando pelas calculadoras de Pascal e Leibniz, até chegar às calculadoras e computadores atuais, as pessoas foram criando uma certa dependência desses instrumentos.

Hoje, vivemos imersos em um ambiente onde a matemática está presente em todas as áreas.

Pode-se dizer que o desenvolvimento humano tem como base a matemática. Sem ela, toda a evolução, conquistas, desenvolvimento tecnológico não seriam possíveis. Por exemplo, as ondas eletromagnéticas que são responsáveis pela informação que chega ao nosso televisor, a informação binária que chega via banda larga a uma grande quantidade de lares, tiveram a sua existência descoberta, primeiramente, na Matemática. Após esta descoberta numérica, tentou-se, e com sucesso se descobriu ou se construiu a sua existência física. A informática, que revoluciona a nossa vida hoje, foi desenvolvida inicialmente (em seus aspectos teóricos) por matemáticos como Von Neuman e A. Turing.

Não só as grandes descobertas, mas também o uso cotidiano da Matemática é importante para as pessoas. E não apenas a utilização da aritmética simples nas atividades diárias, mas sim, e principalmente, o desenvolvimento do raciocínio trazido pela utilização dos princípios matemáticos em nossas ações diárias.

Grande parte da Matemática se baseia em deduções lógicas, dependentes umas das outras. Devemos ser capazes de "dividir" um problema em passos lógicos e resolvê-los um a um, usando técnicas e teoremas que muitas vezes são o resultado de anos de aprendizagem, ou, às vezes, simples deduções.

O raciocínio que temos de desenvolver para a resolução dos problemas matemáticos pode, e deve, ser utilizado em muitas outras áreas do conhecimento, e essa interdisciplinaridade aumenta e estimula um maior desenvolvimento nessas outras áreas do saber.

Estes são os grandes benefícios que a Matemática nos traz. Viva a Matemática!

Navegar é preciso

O VisuAlg apresenta uma página criada por seus idealizadores (Apoio Informática) que contém explicações detalhadas sobre o ambiente, navegabilidade e a linguagem VisuAlg.

APOIO INFORMÁTICA. *O VisuAlg*. Disponível em: <http://www.apoioinformatica.inf.br/o-visualg>. Acesso em: 10/08/2011.

Assim como o VisuAlg, a linguagem PHP apresenta muitos recursos disponíveis online. Uma página que deve ser visitada é a do site oficial da linguagem (php.net). A seguir, encontra-se o link do Manual do PHP, elaborado por um grupo de pessoas e certificado pelo site oficial do produto. Não deixe de conhecer.

PHP. *Manual do PHP*. Disponível em: <http://www.php.net/manual/pt_BR/index.php>. Acesso em: 10/08/2011.

Exercícios propostos

1. Indique qual resultado será obtido das seguintes expressões: (vale 0,20 ponto cada)

a) 1 / 2 =

b) 1 DIV 2 =

c) 1 MOD 2 =

d) (200 DIV 10) MOD 4 =

e) Quad(5) + 3 =

2. Como você implementaria as expressões do exercício 1, acima, nas linguagens Pascal, C, Java e PHP?

3. Linearize a equação a seguir e faça a implementação em todas as linguagens vistas nesse capítulo: VisuAlg, Pascal, C, Java e PHP.

$$Z = \frac{\dfrac{2X^2 - 3X^{(X+1)}}{2X} + \dfrac{\sqrt{X+1}}{4}}{\sqrt{4X + 2^X}}$$

4. Construa um algoritmo que, tendo como dados de entrada dois pontos quaisquer no plano, P(x1,y1) e P(x2,y2), escreva a distância entre eles. A fórmula que efetua tal cálculo é:

$$d = \sqrt{(x2 - x1)^2 + (y2 - y1)^2}$$

5. Escreva um algoritmo que leia três números inteiros e positivos (A, B, C) e calcule a seguinte expressão:

$$D = \frac{R+S}{2}, \text{ onde } \begin{array}{l} R = (A+B)^2 \\ S = (B+C)^2 \end{array}$$

Referências

ASCENCIO, A. F. G.; CAMPOS, E. A. V. *Fundamentos da Programação de Computadores:* algoritmos, Pascal e C/C + +. São Paulo: Prentice Hall, 2004.

BATES, B.; SIERRA, K. *Use a Cabeça:* Java. Rio de Janeiro: Alta Books, 2007.

CORMEN, T. H.; LISERSON, C. E.; RIVEST, R. L.; STEIN, C. *Introduction to Algorithms:* a creative approach. Addison Wesley, 1989.

KNUTH, D. E.. *The art of computer programming*, ano v. 1. Reading, MA: Addison-Wesley, 1968.

MIZRAHI, V. V. *Treinamento em linguagem C.* São Paulo: Pearson Prentice Hall, 2008.

TAHAN, M. *O homem que calculava.* 73. ed. Rio de Janeiro: Record, 2008.

Exercícios adicionais

Resolva os exercícios a seguir, construindo os algoritmos, na linguagem de programação de sua preferência, usando as funções matemáticas vistas ao longo desse capítulo.

1. Linearize as expressões a seguir. Em seguida, monte um algoritmo que receba os valores das variáveis de cada expressão, e apresente o resultado final.

a. $y = \dfrac{x+3b}{2x+c}$

b. $z = \dfrac{a^2+\sqrt{3b}}{5x^3}$

2. Faça um algoritmo para resolução de equações de segundo grau. O algoritmo deverá prever todas as possibilidades e variações de equações de segundo grau. Utilize as funções matemáticas apresentadas neste capítulo.

3. Indique o resultado das expressões a seguir:

a. $(6 < 8)$ OR $(3>7)$

b. $(((10 \text{ DIV } 2) \text{ MOD } 6) > 5)$ XOR $(3 < (2 \text{ MOD } 2))$

c. NOT $(2 < 3)$

? O QUE VEM DEPOIS

Neste capítulo, você viu as principais funções matemáticas e lógicas existentes nas linguagens trabalhadas nesse livro. Pôde verificar que, de uma linguagem para outra, pouca coisa muda. Os conceitos fundamentais, principais operadores e funções se mantêm, com poucas mudanças.

No próximo capítulo, veremos o complemento a esse assunto: os tipos de dados. Quando utilizamos uma função matemática ou lógica, estamos trabalhando com variáveis que devem ser declaradas (ou seja, ter um espaço alocado na memória para que possamos armazenar valores, e assim poder executar as funções e operações desejadas). Vamos aprender os principais tipos de dados, como fazer as declarações e quais as especificidades em cada linguagem. Vamos lá! Agora falta pouco para começarmos a criar algoritmos mais elaborados e que certamente motivarão você a aprender mais e mais. Bons estudos!

Tipo de dados

> 66 *Geralmente erra mais quem decide cedo do que quem decide tarde; mas, depois de tomada a decisão, é necessário recuperar o atraso da sua execução.* 99
>
> FRANCESCO GUICCIARDINI

Melhor gastar um pouco mais de tempo escolhendo melhor os tipos de dados no início, do que correr depois para arrumar as coisas!

OBJETIVOS DO CAPÍTULO

- Identificar e classificar os diversos tipos de dados que serão utilizados em seus programas e algoritmos.
- Criar e usar variáveis.
- Adaptar um tipo de dados a outro, da melhor maneira possível.

Para começar

Você já se perguntou por que os mágicos tiram de suas cartolas coelhos e não girafas?

Olhando para o coelho e para a girafa, percebemos que existem muitas características que os diferenciam. Além dos traços, cores e demais características estéticas, existem outras características que se relacionam mais proximamente com a questão inicialmente formulada. Essas características são: tamanho, peso, estrutura corporal entre outras.

Quando analisamos a cartola, percebemos que ela possui um espaço determinado, o que impediria de colocarmos algo que superasse suas limitações físicas. O coelho, além de mais elegante do que uma girafa (com o devido respeito às girafas), possui um tamanho, peso e estrutura corpórea que, além de caber dentro da cartola, não torna o trabalho do mágico tão árduo ao retirá-lo de lá.

Pensando em termos de dados utilizados nos programas, ou seja, valores, letras, nomes que servirão de "entrada" ou "matéria-prima" para realizarmos as tarefas/ações planejadas em nosso algoritmo/programa, deveremos levar em consideração o tamanho e as características de cada um. Dependendo de seu valor ou variedade desse dado, uma quantidade maior ou menor de memória deverá ser alocada para guardá-lo. A essa quantidade de memória reservada previamente, e devidamente rotulada com um nome, chamamos de variável.

Nesse capítulo, aprenderemos como fazer para identificar e classificar os dados em um programa/algoritmo.

Vamos lá!

A parte mais difícil para quem está começando a programar é pensar, antecipadamente, quais dados irá utilizar durante a execução de seu programa e quais poderiam ser as possíveis soluções resultantes desta execução. Isso tudo, após, é claro, pensar na sequência dos passos que resolverão o problema em questão.

Quando pensar em dados a serem processados pelo programa ou algoritmo, você deve pensar na forma e no tamanho que eles poderão ter. Serão numéricos, serão sequências de caracteres, serão apenas letras ou simplesmente poderão assumir um de dois possíveis valores.

Nesse sentido, se você tivesse que classificar os dados apresentados a seguir, como você os classificaria?

657 →

765.98 →

Falso →

"Pedro Luis" →

"A" →

"Verdadeiro" →

1500 x 10-2 →

50 / 10 →

E então?

Como se saiu no exercício de classificação? Conseguiu classificar todos os dados?

Em qual você teve dúvida? Escreva em uma folha o porquê de sua dúvida. Depois de passar pela parte conceitual, volte a essa dúvida e verifique se ela foi sanada.

Vamos lá... a prática leva ao conhecimento!

Conhecendo a teoria para programar

A elaboração de qualquer algoritmo ou programa de computador seria impossível se desconsiderasse as estruturas de dados envolvidas, pois todo o trabalho do computador está baseado na manipulação das informações contidas na sua memória. Além das instruções, ficam armazenados na memória os dados sobre os quais o computador deve atuar.

Para guardar esses dados de maneira adequada, a fim de recuperá-los posteriormente, devemos classificá-los de acordo com as características/ valores que esses dados representam. Chamamos isso de "tipos de dados".

Os tipos básicos de dados manipulados são os seguintes:

Tipo inteiro

Toda informação numérica que pertença ao conjunto dos números inteiros relativos (negativos, nulo, positivos).

Exemplos do tipo inteiro: 654, -4567, 89, 37000, 0, -1

Tipo real

Toda informação numérica que pertença ao conjunto dos números reais (negativos, nulo, positivos).

Exemplos do tipo real: 876.90, 1.5, 36548987.9987, 3.141618.[1]

Tipo caracter

Toda informação composta por um conjunto de caracteres alfanuméricos (0..9/A..Z/a..z) e/ou caracteres especiais (#, /, $, %, *, ?, ~, >, !, @, ...).

Atenção

O espaço em branco é considerado um caractere especial!

---

[1]. Note que utilizamos ponto (.), e não vírgula (,), para separar a parte inteira da parte fracionada.

Tipo lógico

Toda informação que pode assumir duas situações — verdadeiro ou falso.

Tipo de informações

As informações tratadas em algoritmo ou programas de computador podem ser classificadas em dois tipos:

CONSTANTES: Informações que não sofrem com o decorrer do tempo. As informações do tipo caractere devem ser representadas entre aspas.

VARIÁVEIS: Informações que têm a possibilidade de serem alteradas em algum instante no decorrer do tempo.

Regras para formação de identificadores

Identificadores são quaisquer nomes usados para identificar informações variáveis ou constantes dentro de um algoritmo ou programa de computador. A criação de um identificador deve respeitar as seguintes regras:

a) devem começar com um caractere alfabético;
b) podem ser seguidas por mais caracteres alfabéticos e/ou numéricos;
c) é permitido o uso do caractere especial "sublinha" (_);
d) não é permitido o uso de outros caracteres especiais.

Essas são as regras, mas existem alguns padrões de projeto atualmente adotados para a formação de identificadores um pouco mais legíveis. Ao invés de utilizar o identificador **i** para representar a idade de uma pessoa, utilize o identificador **idade**. Fica mais legível e, se o programa/algoritmo tiver que ser mantido por outro programador, esse não encontrará dificuldades em entender quais valores tal variável receberá e manipulará.

Conceito

Um identificador deve expressar em seu nome o que realmente irá manipular, não deixando dúvida ou ambiguidade.

Exemplos de identificadores

Não permitidos	1ABC, EF*GH, DT ANIVER
Permitidos	X, NOME, A12, SAL1
Aconselháveis	nome, salarioLiquido, variavel1

Dica

Pelos padrões de projeto (**design patterns**), as variáveis devem ser escritas em letras minúsculas. Caso exista a necessidade de expressá-las em 2 ou mais palavras, estas, a partir da 2ª, devem ter sua primeira letra escrita em maiúscula. Exemplos: dataDeNascimento ou salarioBruto.

Quando fazemos a definição de identificadores, chamamos esse processo de **declaração de variáveis.** Na maioria das linguagens comerciais, existe a necessidade de se fazer a declaração das variáveis antes de utilizá-las e, até mesmo, antes de iniciar o algoritmo (código do programa). Isso é importante para que o compilador ou interpretador da linguagem identifique tais nomes de variáveis ou constantes como palavras conhecidas.

Uma prática muito importante e que potencializa a qualidade de um código é a atribuição de um valor inicial a uma variável no momento de sua declaração. Isto é útil pois, além de permitir uma visualização do tipo da informação associada àquela variável (além do tipo de dados – ou seja, existe assim um reforço), o espaço reservado na memória para guardar as informações daquela respectiva variável é "limpo", isto é, é colocado nesse lugar da memória um valor conhecido.

Papo técnico

4.1

Quando fazemos a declaração de variáveis, existe um processo de alocação do espaço correspondente ao tipo de dados associado àquela variável em alguma posição da memória. Por exemplo, se associamos um tipo de dados "byte" a uma variável "letra", será reservado um espaço em memória de 1 byte (ou 8 bits), e a esse espaço será definido o rótulo (identificador) "letra". Como nas linguagens atuais esses espaços de memória são alocados e desalocados dinamicamente, pode ser que o espaço alocado para uma determinada variável já tenha sido ocupado anteriormente por outra (ou outras). Quando existe o processo de desalocação, não é feita a limpeza do local, ficando ali resquícios dos valores associados a essas variáveis passadas. Quando da alocação, é feita apenas uma identificação do local, também não é feita a limpeza no momento da alocação. Dessa forma, valores anteriores podem compor novas alocações. Por isso a importância de que, no momento da declaração de novas variáveis, seja atribuído um valor inicial à mesma.

Além de todas as regras e diretrizes anteriores, uma última que deve ser observada é que os nomes dos identificadores das variáveis devem ser diferentes dos comandos existentes em cada linguagem, conhecidos como **palavras reservadas**. Para cada linguagem, existe um conjunto de palavras reservadas. Na sessão seguinte, na implementação de cada linguagem, inserimos as palavras reservadas e que não podem ser utilizadas como identificadores. Sua utilização acarretará algum tipo de erro de compilação ou execução do algoritmo. Fique de olho e bons estudos!

 ## Vamos programar

VisuAlg

A definição das variáveis em Algoritmo (VisuAlg) acontece logo depois da definição do nome do programa. A definição é precedida da palavra *var*. Por exemplo: vamos declarar a variável idade, do tipo inteiro. Em seguida, faremos essa variável receber a idade igual a 15.

```
var
 idade:INTEIRO;
Inicio
 Idade←15;
 ...
```

Exemplo de declaração de variáveis no programa:

```
programa Exemplo1;
var
 idade:INTEIRO;
 ladoQuadrado:REAL;
 opcao: CHAR;
 decisao: LOGICO;
INICIO
 ESCREVER("Olá Mundo!");
FIM.
```

Tipos de dados em VisuAlg:

CARACTER	–	1 caractere qualquer	–	1 byte
LOGICO	–	verdadeiro ou falso	–	1 byte
INTEIRO	–	-32768 a +32767	–	2 bytes
REAL	–	2.9×10^{-39} a 1.7×10^{38}	–	6 bytes

As palavras reservadas em VisuAlg são:

aleatorio	exp	sen
e	log	cos
grauprad	radpgrau	fimpara
passo	asc	numerico
abs	faca	senao
eco	logico	cotan
inicio	raizq	fimprocedimento
pausa	ate	numpcarac
algoritmo	falso	timer
enquanto	logn	cronometro
int	rand	fimrepita
pi	carac	ou
arccos	fimalgoritmo	tan
entao	maiusc	debug
interrompa	randi	fimse
pos	caso	outrocaso
arcsen	fimenquanto	verdadeiro
escolha	mensagem	declare
leia	repita	funcao
procedimento	compr	para
arctan	fimescolha	xou
escreva	minusc	
literal	se	
quad	copia	
arquivo	fimfuncao	
	nao	

Pascal

A definição das variáveis em Pascal acontece logo depois da palavra da definição do nome do programa. A definição é precedida da palavra var. Por exemplo: vamos declarar a variável idade, do tipo inteiro. Em seguida, faremos essa variável receber a idade igual a 15.

```
var
 idade:INTEGER;
Begin
 idade: = 15;
...
```

Exemplo de declaração de variáveis no programa:

```
program Exemplo1;
var
 idade:INTEGER;
 ladoQuadrado:REAL;
 opcao: CHAR;
 decisao: BOOLEAN;
begin
 write("Olá Mundo!");
end.
```

Os principais tipos de dados em Pascal:

```
char      -     1 caracter qualquer    -     1 byte
boolean   -     true ou false          -     1 byte
integer   -     -32768 a +32767        -     2 bytes
real      -     2.9x10⁻³⁹ a 1.7x10³⁸   -     6 bytes
```

Além destes tipos de dados básicos existem outros, e sua utilização dependerá dos objetivos mais específicos determinados pelos dados a serem manipulados. São eles:

```
shortint  -     -128 a 127             -     1 byte
longint   -     -2.147.483.648 a       -     4 bytes
                2.147.483.647
byte      -     0 a 255                -     1 byte
```

```
word       -   0 a 65.535                    -   2 bytes
single     -   1.5x10⁻⁴⁵ a 3.4x10³⁸          -   6 bytes
double     -   5.0x10⁻³²⁴ a 1.7x10³⁰⁸        -   8 bytes
extended   -   3.4x10⁻⁴⁹³² a 1.1x10⁴⁹³²      -   10 bytes
string     -   qualquer conjunto                n bytes,
               de caracteres                 -   onde n é o número
                                                 de caracteres.
```

As palavras reservadas em Pascal são:

```
absolute            function            repeat
and                 goto                set
array               if                  shl
begin               in                  shr
case                inline              string
const               label               then
div                 mod                 to
do                  nil                 type
downto              not                 until
else                of                  var
end                 or                  while
external            packed              with
file                procedure           xor
for                 program
forward             record
```

C

A definição das variáveis em Linguagem C pode acontecer em praticamente qualquer local do programa. Entretanto, a convenção indica dois locais: logo antes da declaração das funções (variáveis globais) ou no início do código de cada uma das funções (variáveis locais). A definição é precedida do tipo de dado. Por exemplo: vamos declarar a variável idade, do tipo inteiro. Em seguida, faremos essa variável receber a idade igual a 15.

```
int idade;
idade = 15;
...
```

Em linguagem C, quando da declaração de uma variável, existe a possibilidade da atribuição de um valor. No nosso exemplo anterior ficaria:

```
int idade = 15;
```

Exemplo de declaração de variáveis no programa:

```
#include <stdio.h>
#include <conio.h>
main() {
 int idade;
 float ladoQuadrado;
 char opcao;
 int decisao;
 printf("Olá Mundo!");
 getch();
}
```

Note que em C não existe o tipo LÓGICO (Boolean do Pascal). Esse tipo de dado é representado por uma variável inteira. Se o valor for diferente de 0 (zero) ela é Verdadeira. Se for igual a zero é Falsa.

Observe que o tipo de dado REAL é representado pelo tipo FLOAT. Podendo também ser DOUBLE.

Os principais tipos de dados em C

```
char      –     -127 a 127         –     1 byte
int       –     -32768 a +32767 –        2 bytes
float     –     3.4E-38 a 3.4E+38  –     4 bytes
double    –     1.7E-308 a 1.7E308  –    8 bytes
```

Assim como em Pascal e em outras linguagens comerciais, em C, além destes tipos de dados básicos existem outros, e sua utilização dependerá dos objetivos mais específicos determinados pelos dados a serem manipulados. São eles:

```
signed char    –    -128 a 127        –    1 byte
unsigned char  –    0 a 255           –    1 byte
signed int     –    -32768 a 32767    –    2 bytes
unsigned int   –    0 a 65535         –    2 bytes
```

```
short int      -    -32768 a +32767            -    2 bytes
long int       -    -2.147.483.648 a           -    4 bytes
                    2.147.483.647
long double    -    3.4xE⁻⁴⁹³² a 1.1xE⁴⁹³²      -    10 bytes
```

As palavras reservadas em C são:

asm	float	signed
auto	for	sizeof
break	friend	static
case	goto	struct
catch	if	switch
char	inline	template
class	int	this
const	long	throw
continue	new	try
default	operator	typedef
delete	private	union
do	protected	unsigned
double	public	virtual
else	register	void
enum	return	volatile
extern	short	while

Java

A definição das variáveis em Java pode acontecer em qualquer local do programa. Coloca-se o tipo de dado e logo em seguida o identificador. Caso se queira atribuir um valor inicial à variável, coloca-se logo em seguida o comando de atribuição. Por exemplo: ao declarar a variável idade, já inicializamos com o valor 15.

```
int idade = 15;
```

Exemplo de declaração de variáveis no programa:

```
public class OlaMundo {
 public static void main() {
  int idade;
float ladoQuadrado;
```

```
char opcao;
int decisao;
  System.out.println("Olá Mundo!");
 }
}
```

Note que em Java, assim como em C, não existe o tipo LÓGICO (Boolean do Pascal). Esse tipo de dado é representado por uma variável inteira. Se o valor for diferente de 0 (zero) ela é Verdadeira. Se for igual a zero, é Falsa.

Observe que o tipo de dado REAL é representado pelo tipo FLOAT. Podendo também ser DOUBLE.

Os principais tipos de dados em Java

```
char     -   0 a 32767 (32768 caracteres dif.)  -   2 byte
int      -   -2.147.483.648 a +2.147.483.647    -   4 bytes
boolean  -   true ou false                      -   1 byte
float    -   3.4E⁻³⁸ a 3.4E⁺³⁸                   -   4 bytes
double   -   1.7E⁻³⁰⁸ a 1.7E³⁰⁸                  -   8 bytes
```

Assim como nas outras linguagens, em Java, além destes tipos de dados básicos existem outros, e sua utilização dependerá dos objetivos mais específicos determinados pelos dados a serem manipulados. São eles:

```
byte    -   -128 a +27                          -   1 byte
short   -   -32768 a +32767                     -   2 bytes
long    -   -9.223.372.036.854.775.808 a
            +9.223.372.036.854.775.807          -   8 bytes
```

As palavras reservadas em Java são:

```
abstract          class             extends
boolean           const             false
break             continue          final
byte              default           finally
case              do                float
catch             double            for
char              else              future
```

generic	null	switch
goto	operator	synchronized
if	outer	this
implements	package	throw
import	private	throws
inner	protected	transient
instanceof	public	true
int	rest	try
interface	return	var
long	short	void
native	static	volatile
new	super	while

PHP

Como já dito, as variáveis são endereços de memória nos quais podemos armazenar dados ou informações. As variáveis em PHP são peculiares por nos possibilitar guardar qualquer tipo de dado em uma variável, desde um simples caractere até um número decimal de grande precisão.

Assim como nas outras linguagens, toda variável tem um rótulo (nome) e devemos tomar alguns cuidados ao nomeá-las. Em PHP, sempre começamos o nome de uma variável com um cifrão ($). Por PHP ser case-sensitive (diferencia letras maiúsculas de minúsculas), declarar uma variável $var1 será diferente de $Var1, que por sua vez será diferente de $VAR1 que também não é a mesma coisa que $VaR1.

Em PHP existem diversos tipos de dados que uma variável pode armazenar. O que diferencia uma da outra é a forma como elas são compostas.

Os números inteiros são atribuídos diretamente:

```
$idade = 10;
```

Números decimais ou ponto flutuante são atribuídos diretamente, mas usam o formato americano para separar a parte decimal, ou seja, ao invés de vírgula (,) usamos ponto (.).

```
$decimal = 0.5;
```

Caracteres ou frases (também conhecidas como strings) devem ser delimitadas dentro de aspas (ou simples, ou duplas). Portanto, todos os exemplos abaixo são válidos.

```
$caracter1 = 'P';
$caracter2 = "P";
$palavra = 'Programação';
$frase = "Programação em PHP";
```

Existe um tipo de dado que serve apenas para tomada de decisão, que chamamos de tipo de dado booleano. Em tipos de dados booleanos, apenas dois valores são possíveis: verdadeiro ou falso. Sendo que *true* é verdadeiro e *false* é falso.

```
$logico = true;
```

PHP é uma linguagem fracamente tipada, portanto, uma variável pode ser de um tipo e virar de outro a qualquer momento que quisermos. Isso nos permite uma grande versatilidade, mas também nos deixa mais propensos a cometermos erros de programação, principalmente, de lógica.

```
$var1 = "TI Expert";    // Aqui, var1 é uma string (frase)
$var1 = 10;             // Agora, é uma variável do tipo
                        inteira que vale 10
$var1 = 0.75;          // Então, deixou de ser inteiro e
                        virou um decimal (float)
$var1 = false;         // Não é mais um número, agora é
                        booleana e vale apenas falso
```

Um exemplo de declaração em um programa poderia ser:

```
<HTML>
<HEAD>
 <TITLE > Exemplo 1 < /TITLE>
</HEAD>
<BODY>
 <?php
 $idade = 10;
 $ladoQuadrado = 6.4;
 $opcao = 'a';
 $decisao = true;
 echo ("Olá, Mundo!");
?>
</BODY>
</HTML>
```

Como em PHP as variáveis iniciam sempre com $, não existem palavras reservadas que não devem ser utilizadas como variáveis ou constantes.

Para fixar

Faça uma busca na internet e em livros especializados sobre cada uma das linguagens trabalhadas neste livro para saber mais sobre os vários outros tipos de dados existentes.

Depois disso, faça uma tabela contendo as seguintes colunas: Tipo de Dados, Faixa de Valores, Quantidade de Bits (ou bytes) reservados na memória e um exemplo de valor que poderia ser armazenado.

Indique, a cada um dos valores abaixo, o melhor tipo de dado, em cada uma das linguagens indicadas:

Valores	VisuAlg	Pascal	C	Java
127				
"Z"				
Falso				
0.556789075				
-456				
"Algoritmo"				

Levando em consideração as expressões matemáticas a seguir e a respectiva atribuição dos valores, qual seria o tipo de dado que você atribuiria às variáveis x e y nas linguagens VisuAlg, Pascal, C e Java?

```
X ← ( 4 / 5 + 5 * 6 ) / 2
```

```
Y ← RAIZQ (67) + 5
```

Linguagens	X	Y
VisuAlg		
Pascal		
C		
Java		

Levando em consideração o algoritmo a seguir, como você faria a declaração das variáveis utilizadas nas seguintes linguagens: VisuAlg, Pascal, C e Java?

```
INICIO
 ESCREVA("QUAL O VALOR DO BUQUE?")
 LEIA (V)
 ESCREVA("QUAL O VALOR DA DIFERENÇA ENTRE ROSAS E
 MARGARIDAS?")
 LEIA (D)
 R = (V - (D*4)) / 10
 M = R + D
 ESCREVA("O VALOR DA ROSA EH", R)
 ESCREVA("O VALOR DA MARGARIDA EH, M)
FIMALGORITIMO
```

Linguagens	Declaração
VisuAlg	
Pascal	
C	
Java	

Vamos lá! Você consegue!

Papo técnico

4.2

Cada uma das linguagens apresentadas neste livro utiliza uma forma de declaraçã dos tipos de dados, com tipos e tamanhos diferentes. Você deve compreender essa diferenças e aplicá-las conforme a necessidade!

Algoritmos no cotidiano

Muitas vezes, a especificação errônea de um tipo de dado, pode levar a enormes prejuízos.

Foguete Ariane 5 foi um projeto da Agência Espacial Europeia que custou uma quantia superior a US$ 8 bilhões e levou 10 anos para ser concluído. Este projeto garantiria a supremacia europeia no espaço. Em seu voo inaugural, em 04/06/1996, o foguete Ariane 5 explodiu 40 segundos após a sua decolagem. Destruição do foguete e carga avaliados em mais de US$ 500 milhões.

O que aconteceu? O veículo detonou suas cargas explosivas de autodestruição e explodiu no ar.

Por quê? Porque ele estava se quebrando devido às forças aerodinâmicas. Mas por quê? O foguete tinha perdido o controle de direção. Causa disso? Os computadores principais e o *backup* deram *shut-down* (desligaram-se) ao mesmo tempo.

Por que o *Shut-down*? Ocorrera um *run time error* (*out of range, overflow*) e ambos os computadores se desligaram. De onde veio este erro? Um programa que convertia um valor em ponto flutuante para um inteiro de 16 bits recebeu como entrada um valor que estava fora da faixa permitida.

Assim, uma declaração feita de maneira equivocada, ou a atribuição de um determinado valor a uma variável de tipo incompatível pode levar a um erro de execução (*run time error*), levando o programa a parar a sua execução.

Então, tenha cuidado na próxima vez que fizer uma declaração de variáveis!

Lembre-se

A definição de um tipo de dado para uma determinada variável indica a reserva de um determinado espaço em memória. Caso esse espaço seja insuficiente, ocorrerá um erro de **time mismatch** ou **overflow**, levando à interrupção da execução do programa.

Navegar é preciso

Acesse o Ambiente de Aprendizagem e navegue pelos links indicados para mais informações a respeito dos tipos de dados.

Não deixe de ver o link *para saber mais!* Lá existem muitas outras informações.

Depois, entre no blog do livro e deixe sua contribuição. Dúvidas, dicas, *feedbacks* são sempre muito bem-vindos.

Exercícios propostos

1. Como você declararia as variáveis nas linguagens Pascal, Java e Algoritmos, para receber os seguintes valores: 657 →

765.98 →

Falso →

"Pedro Luis" →

"A" →

"Verdadeiro" →

1500×10^{-2} →

50 / 10 →

2. Depois de fazer a declaração das variáveis acima, como você faria a definição do identificador para cada uma das seguintes informações a serem armazenadas? Faça também a definição do Tipo de Dado (nas linguagens Pascal, Java e Algoritmos. Idade da Maria →

Data de Nascimento do Joaquim →

Lado do Quadrado →

Base do Triângulo →

Valor PI →

Resposta à pergunta se deseja continuar a execução do programa →

Distância da Terra ao Sol →

3. Levando em consideração as expressões matemáticas a seguir e a respectiva atribuição dos valores, qual seria o tipo de dados que você atribuiria às variáveis x e y nas linguagens Visualg, Pascal, C e Java? X ← ((4 / 2) + (5 * 2)) / 2

Y ← RAIZQ (91) + 5

Z ← (3 / 4) + RAIZQ (21) + 5

Linguagens	X	Y	Z
Visualg			
Pascal			
C			
Java			

Referências

ASCENCIO, A. F. G.; CAMPOS, E. A. V. *Fundamentos da Programação de Computadores: algoritmos, Pascal e C/C++*. São Paulo: Prentice Hall, 2004.

BATES, B.; SIERRA, K. *Use a Cabeça: Java*. Rio de Janeiro: Alta Books, 2007.

CORMEN, T. H.; LISERSON, C. E.; RIVEST, R. L.; STEIN, C. *Introduction to Algorithms: a creative approach*. Addison Wesley, 1989.

MOKARZEL, F.; SOMA, N. *Introdução à Ciência da Computação*. Rio de Janeiro: Campus/Elsevier, 2008.

Exercícios adicionais

Resolva os exercícios em pelo menos duas linguagens de programação de sua preferência.

1. Faça o trecho de código que permita declarar as variáveis necessárias para receber os seguintes valores.

   a. #55

   b. -99,8

   c. "Cinco"

2. Como você faria a declaração das variáveis para receber os seguintes valores:

   a. Distância entre dois átomos

   b. Cateto de um triângulo retângulo

   c. Idade de uma pessoa

   d. Área de um cilindro

3. Ao longo de um algoritmo, você recebe um valor fracionário. Como você faria para isolar apenas o valor inteiro? E o contrário? Isolar apenas a fração? Apresente as soluções em pelo menos duas linguagens de programação.

? O QUE VEM DEPOIS

Agora que você já conhece os vários tipos de dados e sabe como declará-los, chegou a hora de aprender como estruturar seus algoritmos e programas sequencialmente. Para tanto, você aprenderá no próximo capítulo os principais comandos de entrada e saída de dados. Com eles, você poderá criar algoritmos e programas computacionais mais elaborados e com certo grau de interatividade. Bons estudos!

capítulo 5

Estrutura sequencial

> *Não é no silêncio que os homens se fazem,*
> *mas na palavra, no trabalho, na ação-reflexão.*
>
> PAULO FREIRE

Não há trabalho sem esforço. Assim é também o empenho e a dedicação para o aprendizado de uma linguagem de programação.

OBJETIVOS DO CAPÍTULO

- Executar programas que recebem informações, efetuam cálculos e produzem resultados.
- Conhecer e utilizar os operadores aritméticos oferecidos pelas linguagens de programação.
- Utilizar os principais comandos de entrada e saída nas linguagens de programação.

Para começar

Para que serve a linguagem, seja ela falada, escrita ou de sinais? Para se comunicar!!

Da mesma forma que os seres vivos possuem formas variadas para se comunicar, para conversarmos com o computador é necessário uma linguagem de programação. Como as demais, as linguagens de programação são compostas por um conjunto de palavras, regras e padrões, que permitem a construção de programas com o objetivo de resolver problemas, criar soluções informatizadas para atividades que são executadas manualmente, criar jogos e muitas outras aplicações que encontramos no dia a dia.

Para a construção de um programa utilizando uma linguagem de programação, o mais importante é conhecer e entender exatamente o que se deseja, isto é, qual o objetivo daquele programa e encontrar uma solução para o problema.

Inicialmente, não se preocupe em saber se a sua ideia é a melhor para a solução do problema. A melhor solução pode ser entendida de várias formas, de acordo com o crescimento de seu conhecimento e a prática no desenvolvimento de programas. A melhor solução pode ser simplesmente a condição necessária e suficiente para toda solução, aquela que executa corretamente o que se pretendia.

À medida que você vai programando mais e mais, também vai aprendendo sobre as melhores práticas da programação, em relação ao uso de memória, à economia do tempo de execução, aos algoritmos mais eficientes. Não se preocupe: neste momento, o mais importante é encontrar uma solução para o problema e fazer o programa executar corretamente, produzindo o resultado esperado.

Os programas escritos em uma linguagem de programação são interpretados e executados pelo computador. Como o computador executa o que pedimos, os elementos que compõem o programa são chamados de comandos ou instruções.

Conhecendo a teoria para programar

Os comandos que compõem seu algoritmo ou programa são executados um após o outro, seguindo a sequência que você construiu. Alguns comandos possibilitam que se criem caminhos diferentes, de acordo com alguma condição necessária ao problema. Os comandos que não possibilitam os desvios caracterizam-se como de estrutura sequencial.

Os comandos de estrutura sequencial são os comandos de atribuição, que executam basicamente operações aritméticas, comandos de entrada e de saída de dados.

Você já aprendeu, no capítulo anterior, sobre os tipos de dados e as variáveis. Nos exemplos, aprendeu a somar dois números e mostrar o resultado.

Vamos explorar um pouco mais esse comando de atribuição e os de entrada e saída de dados.

Expressões aritméticas

Reforçando o que já foi visto em capítulos anteriores, as expressões aritméticas são aquelas cujos operadores são aritméticos e cujos operandos são constantes e/ou variáveis numéricas; os operadores aritméticos básicos são: adição (+), subtração (-), multiplicação (*) e divisão (/).

As expressões aritméticas são utilizadas para os cálculos que nosso programa precisa efetuar e aparecem algumas vezes como auxiliares em outros comandos nas linguagens de programação.

O resultado de uma expressão aritmética, na maioria das vezes, precisa ser guardado em uma variável para uso posterior. Guardar o resultado de uma expressão aritmética significa um comando de atribuição. Assim, um comando de atribuição é apresentado a seguir.

Um comando de atribuição, de modo geral, pode ser definido como uma ação a ser executada. A representação abaixo mostra o comando para a atribuição de um valor ao identificador explicitado no lado esquerdo do símbolo =. O valor pode ser o resultado de uma expressão, o valor de uma variável ou uma constante.

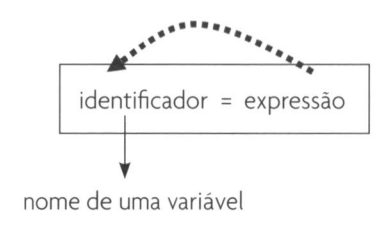

identificador = expressão

Significado: o resultado da expressão será armazenado no identificador

nome de uma variável

Atenção

Não se trata de uma igualdade matemática. É entendido como a atribuição de um valor para um identificador. O identificador por sua vez, não é um número, uma constante, mas sim um local onde será guardado um determinado valor.

Por exemplo: PI = 3.1416 → significa que à variável PI é atribuído o valor 3.1416.

Suponha a seguinte sequência de comandos de atribuição:

```
A = 5
B = 3
A = B
```

No primeiro comando de atribuição, temos que à variável A é atribuído o valor 5. No segundo comando, à variável B é atribuído o valor 3. No último comando, considerando-se as atribuições anteriores: à variável A é atribuído o valor 3, deixando assim, de conter o valor 5.

Para que esta atribuição (A = B) não resulte em um erro, é necessário que a variável B tenha valor, pois é seu valor que será atribuído à variável A.

Ao observar os comandos de atribuição em algumas linguagens de programação, você verá que há algumas variações na sintaxe delas.

Em VisuAlg, por exemplo, o símbolo de atribuição utilizado é uma seta (←), no Pascal é a combinação de dois símbolos: dois pontos e igual (: =). Nas demais apenas o sinal de igualdade (=).

A representação de uma expressão aritmética, em qualquer linguagem de programação, é feita em uma única linha. Assim, a operação de divisão, por exemplo, que na álgebra é apresentada em duas linhas, em programação é necessário representá-la em uma linha. A operação de multiplicação deve ser explicitada em todas as representações em que aparece.

Veja abaixo algumas expressões e suas representações:

1. Uma expressão do primeiro grau:

```
ax + b representada por a*x + b
```

2. A operação de divisão:

```
a
─ representada por a / b
b
```

3. Parênteses, chaves e colchetes:

```
{ a * [ b * ( c - d ) ] }          representada apenas
                                       por parênteses
                          ( a * ( b * ( c - d ) ) )
```

4. Potência:

```
a² representada por a*a
```

Algumas linguagens possuem um operador específico para o cálculo da potência. Já em outras linguagens há uma função para executar essa operação. Por exemplo, em VisuAlg há um operando especial: ^. Em C e Java há uma função chamada **pow**.

```
x^y e pow(x,y)   significam x elevado a y
```

5. Raiz quadrada:

```
√a            representada pela função sqrt (a)
```

As funções **pow** e **sqrt** funcionam como as funções trigonométricas que conhecemos: seno, cosseno, tangente. As trigonométricas também existem nas linguagens de programação. Vejam algumas outras, comuns às várias linguagens:

Função	Descrição	Exemplo
sin (x)	seno de x (x em radianos)	y = sin (x)
cos (x)	cosseno de x (x em radianos)	y = cos (x)
tan (x)	tangente de x (x em radianos)	y = tan (x)
logx()	logaritmo de x na base 10	y = log (x)
exp(x)	e elevado a x (e^x)	y = exp (x)

Ainda entre os comandos sequências, temos os comandos de Entrada e Saída. As unidades de entrada e saída são dispositivos que possibilitam a comunicação entre o usuário e o computador. Na maioria das linguagens os comandos de entrada de dados têm os seguintes elementos: nome do comando e/ou um conjunto de identificadores onde cada um deles receberá um valor que virá de alguma fonte de dados, podendo ser de um teclado (valores digitados), de um arquivo, de um formulário preenchido.

Para exemplificar, podemos representar o comando de entrada como:

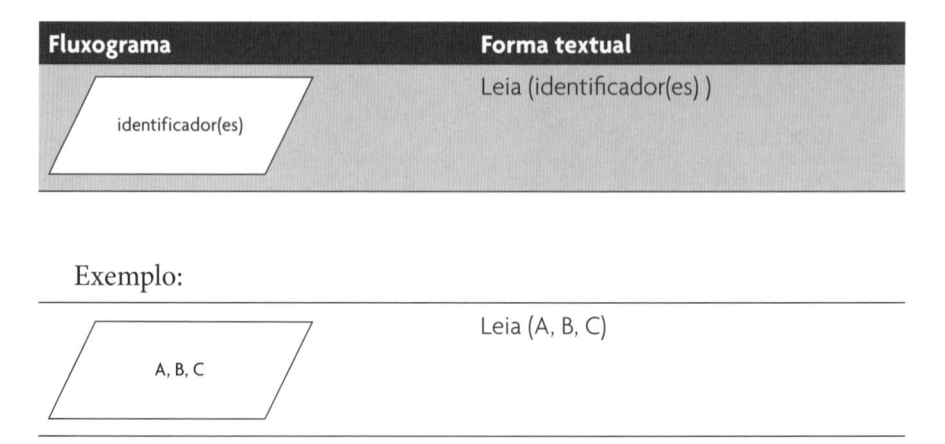

Fluxograma	Forma textual
identificador(es)	Leia (identificador(es))

Exemplo:

A, B, C	Leia (A, B, C)

No exemplo, o comando fará a leitura de três dados, o primeiro será atribuído à variável A, o segundo à variável B e o terceiro à variável C.

Da mesma forma podemos descrever o comando de saída de dados. Ele possui um nome e uma lista de identificadores e/ou constantes que se deseja imprimir. Para exemplificar isso, podemos representar o comando de saída como:

Fluxograma	Forma textual
identificador(es) e/ou constantes	Escreva(identificador(es)e/ou constantes)

Exemplo:

A, B, C, 20, "Nome", 'x'	Escreva (A,B,C,20, "Nome", 'x')

No exemplo, o comando fará a impressão de:

- conteúdo das variáveis: A, B e C;
- constante: 20;
- cadeia-de-caracteres: Nome;
- caractere: x.

Vamos analisar o exemplo mostrado na Figura 5.1, que calcula a área de um quadrilátero com dois lados iguais. Para isso, faz a leitura de dois

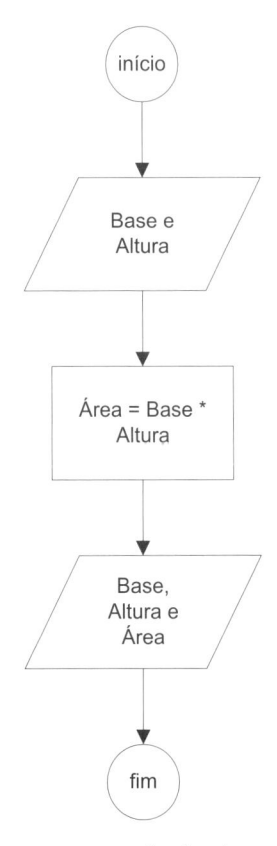

FIGURA 5.1: Fluxograma para o cálculo da área de um quadrilátero

números inteiros, representando os lados e imprime os valores lidos e a área calculada.

Transformando para a forma textual, temos a seguinte sequência de comandos:

```
Base, Altura, Área representam os nomes das variáveis
que vamos utilizar no algoritmo. Elas poderão ser do
tipo inteiro ou do tipo real.


    Leia(Base,Altura)
    Área = Base * Altura
    Escreva(Base, Altura, Área)
```

As sintaxes desses comandos, nas linguagens de programação, possuem detalhes que ajudam na entrada e na apresentação dos dados. Detalhes esses que passaremos a analisar na próxima seção de implementação. Vocês poderão observar a característica de cada uma das linguagens em relação às facilidades e complexidade que possuem. Observará também as diferenças em relação ao tipo de dispositivo utilizado para a saída de dados, por exemplo. Essas especificidades é que diferenciam as linguagens, suas facilidades ou dificuldades e suas aplicações.

Um recurso que está disponível em todas as linguagens é o que permite incluir comentários no programa, podendo ser colocado em qualquer lugar ao longo do algoritmo.

Dica

A inclusão de comentários nem sempre é uma prática executada pelos programadores, pois não é necessária para o funcionamento do programa e não afeta o resultado do programa. No entanto, os comentários são importantes à medida que trazem explicações e detalhes sobre variáveis, funções ou algoritmos complexos, utilizados dentro do programa.

Vamos programar

Começando a trabalhar com as linguagens de programação, vamos observar que o uso de sinais ortográficos – acentos, cedilha, til — não produzem o resultado esperado quando os empregamos em saídas de dados que utilizam a tela do DOS. O que acontece é que esses caracteres não fazem parte da linguagem desse sistema operacional. No entanto, há nas linguagens formas de se trabalhar com o código interno da máquina (ASCII) desses caracteres, possibilitando que as informações produzidas pelos comandos de saída na língua portuguesa fiquem mais claras. Quando utilizamos comandos de saída que utilizam recursos gráficos – como as janelas – podemos utilizar esses sinais normalmente.

Os três comandos discutidos neste capítulo – atribuição, entrada e saída de dados — são analisados juntos dentro de cada linguagem de programação, na seguinte a ordem: VisuAlg, Pascal, C, Java e PHP.

VisuAlg

Você já viu em capítulos anteriores que VisuAlg é uma linguagem de programação construída para o público da língua portuguesa, para ajudar no aprendizado de construção de algoritmos. A sintaxe dessa linguagem foi baseada na linguagem Pascal. Assim, vocês poderão observar as várias semelhanças que possuem.

Em VisuAlg, toda variável utilizada no desenvolvimento do algoritmo deve ter sido definida previamente. Isto é, ela deve estar declarada indicando qual o seu tipo: inteiro, real, lógico ou caractere.

Para a inclusão de comentários pode-se usar no início de cada linha duas barras, sem espaço entre elas, "//", como no exemplo a seguir:

```
// Linha de Comentário 1
// Linha de Comentário 2
```

Comando de atribuição é dado pela seguinte sintaxe:

```
identificador ← expressão
```

Análise do comando:

- identificador é uma variável e sempre aparecerá do lado esquerdo da atribuição;
- a seta (←) representando a atribuição do resultado da expressão para o identificador. Ela é formada pelos símbolos: menor (<) e subtração (-), colocados juntos, sem espaços entre eles.

Além dos operadores aritméticos básicos (+,-,*,/) a linguagem VisuAlg possui dois outros:

- MOD ou %: operador para a função matemática chamada: módulo – resto da divisão;
- ^ (acento circunflexo): operador potência.

Exemplos:

```
X ← 7 MOD 2
  O resultado da expressão aritmética é: 1 (resto da
divisão de 7 por 2)
Y ← 7 ^ 2
O resultado da expressão aritmética é: 49 (7 elevado ao
quadrado) ]
```

Papo técnico

5.1

No VisuAlg, a atribuição também pode ser feita utilizando (:=), como na linguagem Pascal.

Comando de entrada de dados

```
leia (<lista-de-variáveis > )
```

Análise do comando:

- **leia:** palavra-chave do comando para entrada de dados;
- *lista-de-variáveis:* identificadores que receberão os dados de entrada. Devem estar entre parênteses e separados por vírgula.

Exemplo:

```
A, B,C: inteiro
X,Y: real
leia(A,B,C,X,Y)
```

Comando de saída

A linguagem possui duas formas:

```
escreva (<lista-de-expressões > )
escreval (<lista-de-expressões > )
```

Análise do comando:

- **escreva** e **escreval**: palavras-chave do comando para saída de dados. A diferença entre os comandos é que o **escreval** muda de linha após terminar de executar o comando de saída. Já no comando **escreva** o cursor permanece na posição em que estava ao terminar a execução do comando;
- *lista-de-expressões:* as expressões são analisadas e os seus resultados são impressos na saída padrão. Devem estar entre parênteses e separadas por vírgula.

Exemplo:

```
algoritmo "saida"
// Seção de Declarações
var
A,B: inteiro
X,Y: real
Palavra: caractere
Letra_simbolo: caractere
inicio
A <- 5
B <- 6
X <- 1.5
Y <  5.5
Palavra <- "VisuAlg"
Letra_simbolo <- "!"

escreval ("A = ", A, " e B = ", B)
escreval ("X + Y = ", X + Y)
escreva ("Aprendendo ")
escreval (Palavra)
escreval (Palavra + Letra_simbolo)

fimalgoritmo
```

Resultado esperado:

```
A = 5 e B = 6
X + Y = 7
Aprendendo VisuAlg
VisuAlg!
```

O trecho do algoritmo possui 5 comandos de saída:

1. **escreval** ("A = ", A, " e B = ", B)

   A lista-de-expressão é formada de 4 elementos: dois textos – chamados de cadeia-de-caracteres e aparecem entre aspas – e dois identificadores – nomes de variáveis. As cadeias-de-caracteres são apresentadas como aparecem sem nenhuma interpretação por parte do compilador. Quanto as variáveis, são apresentados seus conteúdos. No exemplo: o conteúdo de A é 5 e o de B é 6. A pós a apresentação dos dados, por ter sido usado o comando com a letra l no final – **escreval** – o cursor muda para a próxima linha.

2. **escreval** ("X + Y = ", X + Y)

   A lista-de-expressão é formada de 2 elementos: uma cadeia-de-caracteres e uma expressão aritmética. A cadeia-de-caracteres é apresentada como aparece no comando. A expressão aritmética é executada e o resultado é apresentado. Da mesma forma, o cursor muda de linha.

3. **escreva** ("Aprendendo ")

   A lista-de-expressão é formada por apenas uma cadeia-de-caracteres. Após a apresentação da cadeia-de-caracteres, como foi utilizado o comando sem a letra l – escreva – o cursor permanece onde parou ao terminar a apresentação da expressão "Aprendendo ". Isto é, após o espaço que a expressão possui.

4. **escreval** (Palavra)

   A lista-de-expressão é formada pelo identificador Palavra. Como o cursor parou na linha de impressão anterior, o conteúdo da variável é apresentado. Assim, o conteúdo de Palavra completou a frase: "Aprendendo VisuAlg". Como o comando utilizado foi o escreval, após a impressão o cursor muda para a linha seguinte.

5. **escreval** (Palavra + Letra_simbolo)

   A lista-de-expressão é formada de uma expressão aritmética que "soma" o conteúdo da variável Palavra com o da variável Letra_simbolo.

Não é uma soma realmente. Quando o sinal " + " é utilizado entre conteúdos de cadeias-de-caracteres, o resultado é que os conteúdos são concatenados um após o outro. Veja outro exemplo:

```
Palavra1, Palavra2, Palavra3: caractere

     Palavra1 <- "Juntando "
     Palavra2 <- "palavras"
     Palavra3 <- Palavra1 + Palavra2
     escreval(Palavra3 + "!")
```

Resultado esperado:

```
Juntando palavras!
```

Observando novamente o segundo comando de saída do exemplo anterior: escreval ("X + Y = ", X + Y). O tipo das variáveis X e Y é real. O resultado da soma de 5.5 com 1.5 é apresentado sem a parte decimal. Mas, é possível formatar a apresentação dos números, tanto reais quanto inteiros. O formato é dado por:

```
identificador : número1 : número2
```

Analisando o formato:

- identificador é o nome da variável, cujo conteúdo será impresso;
- número1: é uma constante representando o número de dígitos que o valor deve ser apresentado, alinhado à direita;
- número2: é uma constante representando o número de casas decimais. Esse segundo número pode ser omitido, no caso de números inteiros.

Os comandos de saída 1 e 2 do exemplo acima poderiam ser substituídos por:

```
escreval ("A = ", A:7, " e B = ", B:2)
escreval ("X + Y = ", X + Y:5:1)
```

E o resultado para o trecho seria:

```
A = 5 e B = 6
X + Y = 7.0
```

Ao formatar a variável A com tamanho igual a 7, e sendo o seu conteúdo de apenas um dígito, o resultado é visto pela distância que o número 5 foi apresentado. Com tamanho igual a 2 para a variável B, o resultado apresentado traz o conteúdo da variável B mais próximo da cadeia-de-caracteres. E, quanto ao número real, resultado da operação aritmética: X + Y, são reservados 7 espaços e 1 casa decimal. Os espaços não utilizados pelo número são colocados antes do número e zero como parte decimal.

Pascal

A sintaxe da linguagem Pascal permite que se escrevam os comandos tanto em letras maiúsculas quanto em minúsculas. Alguns autores estabeleceram alguns padrões para a escrita dos programas em Pascal. Por exemplo: uns utilizam todas as palavras-chave da linguagem em letras maiúsculas e o nome das variáveis com a primeira letra em maiúscula. O objetivo é deixar mais claro o programa, diferenciando uma palavra-chave da linguagem de uma variável. Isso fica mais evidente quando se analisa um programa escrito com variáveis também em inglês.

A inclusão de comentários na linguagem Pascal pode ser feita utilizando-se um par de chaves "{ }", uma indicando o início dos comentários e outra encerrando, como pode ser visto a seguir:

```
{ Linha de Comentário }

{ Bloco de Comentário
 com
 Várias Linhas           }
```

Comando de atribuição

O comando de atribuição em Pascal é dado por:

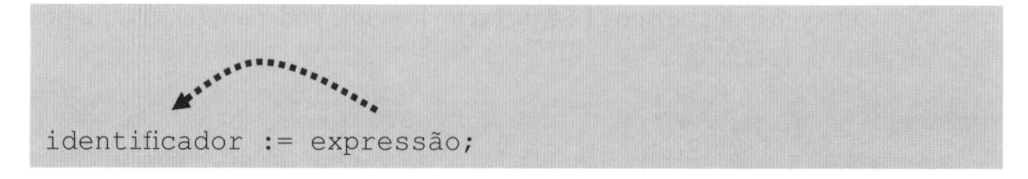

```
identificador := expressão;
```

Análise do comando:

- Identificador: é uma variável e sempre aparecerá do lado esquerdo da atribuição.
- A combinação dos sinais: dois-pontos e igualdade ": = ", representa a atribuição do resultado da expressão para o identificador.
- A linha de comando termina com ponto-e-vírgula.
- Além dos operadores aritméticos básicos (+,-,*,/), a linguagem Pascal possui também o operador: MOD para a função matemática chamada módulo – resto da divisão. Há ainda operações diferentes para as divisões entre reais e entre inteiros:

```
     / : usado para divisão entre números reais;
DIV: para divisão entre números inteiros.
```

Exemplo:

```
var {Declaração das Variáveis}
X,Y,Z: real;
A,B,Quociente,Resto: integer;
{ Início dos comandos }
    X := 6.3;
    Y := 5.8;
    A := 5;
    B := 2;
    Z := X/Y; {Z receberá o resultado da divisão de X
por Y}
    Quociente := A DIV B; {Quociente receberá o
quociente da divisão de A por B }


    Resto := A MOD B; {Resto receberá o resto da
divisão de A por B}
```

Os resultados das operações aritméticas atribuirão às variáveis:

- Z receberá 1.09 (valor arredondado para duas casas decimais).
- Quociente receberá 2.
- Resto receberá 1.

Comando de entrada de dados

O Pascal possui dois comandos para entrada de dados, com sintaxes semelhantes:

```
read (lista-identificadores);
readln (lista-identificadores);
```

Análise do comando:

- **read** e **readln** são palavras-chave que identificam o comando de entrada de dados via teclado. O **readln** após a execução do comando muda o apontador de leitura para a próxima linha. O **read** não muda o apontador de leitura para a próxima linha;
- lista-identificadores: nome das variáveis que receberão valores recebidos via teclado. Devem estar entre parênteses;
- a linha de comando termina com um ponto-e-vírgula.

Exemplo do uso do read e do readln. Supor a sequência de comandos de entrada de dados:

```
read (A,B,C,D);
readln (X,Y,Z,W);
```

O primeiro comando read lê dados digitados via teclado até que se esgotem as variáveis do comando, sejam eles digitados numa mesma linha separados por espaço ou digitados intercalados com a tecla <enter>, que é ignorada como dado de entrada. Assim, se forem digitados os números, separados por espaço:

```
11 22 33 44 55 66 77 <enter>
```

Ao digitar <*enter*> o comando atribui os 4 primeiros números: 11, 22, 33 e 44, às variáveis: A, B, C e D, respectivamente. Embora tenha sido usada a tecla <*enter*>, o apontador de leitura permanece apontando para o próximo número: 55. Ao executar o próximo comando de leitura, como ainda restam números já digitados, são atribuídos os números: 55, 66 e 77, para as variáveis: X, Y e Z, respectivamente. Como ainda existe uma variável no comando que ainda não recebeu valor, o programa fica esperando pela digitação de pelo menos um número. Assim, se na sequência forem digitados os números:

```
88 99 100 <enter>
```

Somente após a digitação do <enter> o comando atribui o número 88 à variável W e, como foi utilizado o comando readln, o apontador de leitura muda de linha e os números 99 e 100 são descartados.

Vamos analisar para esses mesmos dois comandos de entrada de dados outra opção de digitação dos números.

Supor que na primeira digitação de números sejam digitados 8 ou mais números separados por espaços:

```
1 2 3 4 5 6 7 8 9 0 <enter>
```

Ao digitar a tecla <enter> o comando read é executado, atribuindo os valores: 1, 2, 3 e 4 às variáveis: A, B, C e D respectivamente e, por ser o comando read, o apontador de leitura permanece onde parou, apontando para o próximo número, o número 5.

Ao terminar essa atribuição, o compilador passa a executar o próximo comando, o readln. Como na sequência há números esperando, o apontador de leitura indica isso. Passa-se a atribuir os números: 5, 6, 7 e 8 às variáveis: X, Y, Z e W, respectivamente. E, como foi utilizado readln, o apontador muda para o início da próxima linha, ignorando os demais números.

Comando de saída

Como o comando de entrada de dados, o de saída também utiliza duas formas:

```
write (lista-de-expressões);
writeln(lista-de-expressões);
```

Análise do comando:

- **write** e **writeln**: são palavras-chave para o comando de saída de dados. O **writeln**, depois de esgotada a lista-de-expressões, posiciona o cursor no início da próxima linha. O **write** mantém o cursor na posição que parou ao esgotar a lista-de-expressões;
- *a lista-de-expressões*: compõe o conjunto de dados a ser impresso na tela. Pode ser uma constante, uma variável, uma expressão aritmética ou lógica, uma cadeia-de-caracteres. Deve estar entre parênteses;
- a linha de comando termina com um ponto-e-vírgula.

Exemplo:

```
var
X,Y: real;
A,B: integer;
begin
     X := 6.3;
     Y := 5.8;
     A := 5;
     B := 2;
     writeln('X / Y = ', X/Y:5:2);
     writeln('A / B =', A/B:5:2);
     writeln('A DIV B =', A DIV B);
     writeln('A MOD B =', A MOD B);
end.
```

Resultado esperado:

```
X / Y= 1.09
A / B = 2.5
A DIV B = 2
A MOD B = 1
```

Observação – turbo Pascal 7.0:

- o operador "/" definido para divisões entre números reais, efetua a operação A/B, apesar de A e B serem inteiros. Porém o resultado pode ser impresso, como no exemplo, ou pode ser atribuído a uma variável do tipo real;
- o operador DIV não é aceito para operandos do tipo real.

Como no VisuAlg, a saída dos números também pode ser formatada como se pode observar no exemplo acima. A sintaxe é dada por:

```
identificador: número1: número2
```

No exemplo acima, o resultado da expressão aritmética X/Y:5:2 reservou 5 posições para a apresentação do número, alinhado da direita para a esquerda, sendo duas para as casas decimais.

Da mesma forma que em VisuAlg, o segundo número pode ser omitido para o caso de números inteiros. Caso não seja utilizada a formatação para a saída dos números reais o formato padrão é a notação científica – potência de dez, mostrada abaixo:

```
X/Y = 1.0862068966E + 00
A/B = 2.5000000000E + 00
A DIV B = 2
A MOD B = 1
```

C

A linguagem C, pela sua característica de ser mais próxima da máquina, exigirá mais detalhes para efetuar a entrada e saída de dados, enquanto que na linguagem Pascal estes detalhes não aparecem para o programador, eles estão embutidos nos comandos.

Na linguagem C também é necessário que todas as variáveis que são utilizadas no programa sejam previamente declaradas antes de seu uso.

A inclusão de comentários na linguagem C pode ser feita de duas formas:

- comentário em apenas uma linha: usa-se duas barras sem espaço entre elas: "//";
- comentário em uma ou mais linhas: "/*" para iniciar e " */" para terminar.

Exemplos:

```
// Linha de Comando 1
// Linha dc Comando 2


/* Bloco de comentários
    utilizando várias
    linhas              */


/* Pode ser utilizado para apenas uma linha */
```

Comando de atribuição

O comando de atribuição da linguagem C utiliza apenas o sinal de igualdade e é dado por:

```
identificador = expressão;
```

Análise do comando:

- identificador: nome de uma variável e deve estar do lado esquerdo;
- o sinal de igualdade é utilizado para representar a atribuição do resultado da expressão para o identificador;
- a linha de comando termina com um ponto-e-vírgula.

Destaca-se aqui que o sinal de igualdade utilizado no comando de atribuição não representa a igualdade matemática. Observe o seguinte comando de atribuição:

A = A + 1;

Na álgebra, essa igualdade não ocorre, pois não existe valor para A tal que somado 1 a esse valor resulte nele mesmo. O elemento neutro da soma é o zero. Para o zero essa afirmação é verdadeira: A = A + 0, para qualquer valor de A.

Assim sendo, não se pode interpretar o comando de atribuição com as regras da álgebra. O significado desse comando de atribuição é:

1) execute a expressão que está do lado direito do sinal de igualdade, que é: some um ao conteúdo da variável A;
2) atribua o resultado da expressão à variável que está do lado esquerdo do sinal de igualdade.

Operadores em C

Além dos operadores aritméticos básicos (+,-,*,/), a linguagem possui outros:

% : resto da divisão

Exemplo:

```
x = 4;
resto = x % 2;
```

A variável: resto receberá o valor zero, que é o resto da divisão de 4 por 2.

```
++ : Incremento (soma 1 ao operando)
--: Decremento (subtrai 1 do operando)
```

Exemplo:

```
x = x + 1; é o mesmo que x + +; ou ++x;
x = x-1; é o mesmo que x--; ou --x;
```

A diferença entre usar os operadores antes ou depois do operando aparecerá quando forem utilizados em uma expressão aritmética.

Por exemplo, o resultado da sequência de comandos:

```
x = 2;
y = x + +;
```

é diferente do resultado produzido pela sequência:

```
x = 2;
y = ++x;
```

No primeiro caso, y receberá 2 e no segundo caso y receberá 3.

Quando o operador ++ é colocado depois do operando, o C executará primeiro a atribuição do valor de x para y e depois incrementará em uma unidade ao valor de x. E, quando ele é usado na frente do x, o C incrementará primeiro o valor x e depois atribuirá o resultado para y.

Dica

Você deve utilizar os operadores ++ e -- sempre que possível, pois geram códigos-objeto mais rápidos.

Esses operadores possuem precedência maior do que as demais operações aritméticas. Veja abaixo a ordem de prioridade — da mais alta para mais baixa:

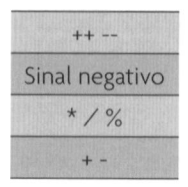

++ --
Sinal negativo
* / %
+ -

Operadores de atribuição

A linguagem C possui operadores de atribuição que facilitam a programação. A regra pode ser empregada para todos os operandos aritméticos. São eles: + = , - = , * = , /= e % = .

Exemplos:

Operador de Atribuição	Significado
a += b;	a = a + b;
a -= 5;	a = a − 5;
a *= b;	a = a * b;
a /= 4;	a = a / 4;
a %= 2;	a = a % 2;

Comando de entrada de dados

Como visto em capítulo anterior, a linguagem C exige o uso de bibliotecas para o uso de funções. O comando de leitura que vamos aprender inicialmente é uma função e precisa de uma biblioteca. A apresentação do comando **scanf** está na sua forma mais simples, com o objetivo de iniciarmos o aprendizado nesta linguagem. À medida que se obtém novos conhecimentos sobre as linguagens, vai-se detalhando mais cada uma delas.

```
biblioteca: <stdio.h>
uso: #include <stdio.h>
scanf("formato_dos_identificadores", lista_
identificadores);
```

Análise do comando:

- **scanf**: é palavra-chave que representa o comando de entrada pelo teclado;
- *formato_dos_identificadores*: lista de formatos um para cada identificador contido na lista. Cada tipo possui um formato próprio. Devem estar entre aspas;
- *lista_identificadores*: nome das variáveis para leitura;
- a linha do comando termina com um ponto-e-vírgula.

Como dito anteriormente, a linguagem C trabalha próximo à máquina. No caso do comando de leitura, o nome das variáveis da lista_identificadores usará junto a elas o símbolo especial: &. Esse símbolo, na linguagem C, é um operador e é utilizado junto com as variáveis. Por exemplo: &A. Representa o endereço da variável na memória de dados.

Isso é feito, pois o comando deve armazenar o valor lido direto no endereço de memória da variável.

Exemplo, sejam os comandos:

```
int X, Y;
scanf ("%d %d", &X, &Y);
```

No exemplo:

- &X e &Y: identificadores com o operador &, representando o endereço de X e de Y. São também chamados de ponteiros para inteiros;
- "%d %d", são os formatos dos identificadores do tipo inteiro. Veja que foram usados duas vezes, um para cada um dos identificadores. Na tabela a seguir encontram-se apenas algumas outras especificações de formato.

Especificação do formato:

Caractere	Tipo de Entrada Esperada	Tipo de Argumento
d	Inteiro decimal com sinal opcional	Ponteiro para int
f	Real com ou sem sinal, seguido de ponto decimal e de dígitos para casas decimais (opcional)	Ponteiro para float
c	Um caractere	Ponteiro para char

O exemplo a seguir, ilustra o uso das entradas para os tipos: char, int, float.

```c
#include <stdio.h>
void main()
{
    int I;
    float F;
    char C;
    printf("Digite um Caractere : ");
    scanf("%c",&C);
    printf("Digite um numero Inteiro : ");
    scanf("%d",&I);
    printf("Digite um numero Real : ");
    scanf("%f",&F);
//imprimindo os valores lidos
    printf("\n\nValores lidos\n\n C = %c\n I = %d\n
F = %.2f\n\n",C,I,F);
}
```

Resultado esperado:

```
Digite um Caractere : A
Digite um numero Inteiro : 75
Digite um numero Real : 812.5


Valores lidos


C = A
I = 75
F = 812.50
```

Lembre-se

Observe no exemplo o uso do operador "&" antes do nome das variáveis: C, I e F. Lembre-se que é necessário colocar esse operador uma vez que a função scanf exige que os identificadores sejam endereços de memória onde são armazenados os valores lidos. O símbolo "&" junto ao nome de uma variável significa que se está fazendo referência ao endereço da variável e não ao seu conteúdo.

Você vai aprender mais detalhes sobre endereços em capítulos próximos.

Comando de saída

O comando de saída padrão também necessita de biblioteca, a mesma do comando de entrada. O comando de saída apresentado também traz os recursos mais simples para um aprendizado inicial. Posteriormente, outros recursos serão aprendidos.

```
biblioteca: <stdio.h>
uso: #include <stdio.h>


printf("formato-das-expressões", expressões);
```

Análise do comando:

- **printf**: palavra-chave do comando de saída;
- *formato-das-expressões*: lista de formatos de controle das expressões. Deve ter um formato para cada expressão e devem estar dentro de aspas. É uma cadeia-de-caracteres e pode ser composta de:
  - caracteres comuns (informações que se deseja imprimir – palavras/frases);
  - sequências de escape;
  - especificações do formato das expressões.
- *expressões*: podem ser nomes de variáveis e/ou constantes, expressões aritméticas ou lógicas, cadeias-de-caracteres;
- a linha de comando possui no final um ponto-e-vírgula.

Os caracteres comuns e as sequências de escapes são passados para a saída-padrão (stdout) na ordem que aparecem:

Exemplo:

```
printf("\n\tTeste do comando
printf\n\t----------------------\n\n");
```

O comando acima produz o resultado:

```
Teste do comando printf
-----------------------
```

Observação: \n e \t são sequências de escapes.

Os caracteres comuns representam as palavras/freses e símbolos utilizados para compor as saídas, tornando a apresentação dos resultados mais intuitivas e fáceis de compreender. No exemplo acima tem-se a frase: "Teste do comando printf" e a sequência "----------------------".

Sequências de escapes

Sequência	Nome
\a	Alert (bell) — sinal sonoro
\b	Backspace – volta uma posição
\n	Newline – muda para próxima linha
\r	Carriage return – retorna para o início da mesma linha
\t	Horizontal tab – avança 8 posições

Especificação de formato

A especificação de formato deve ser declarada sempre que for utilizada a lista de argumentos. Isto é, deve ser especificado o formato para a impressão dos conteúdos de variáveis e/ou dos valores das constantes (inteiros, reais, caracteres, cadeias-de-caracteres). A especificação do formato é dada por:

```
% [tamanho] [.precisão] tipo
```

Tipo: depende dos argumentos da lista e são iguais aos de entrada.

Caractere para o Formato	Tipo do Argumento	Descrição
c	char	Para exibir um caractere
d	int	Para exibir um número inteiro decimal com sinal
f	double	Para exibir números reais com sinal

Tamanho: número de posições que se deseja para o número. Ele é opcional para qualquer situação, deixando a cargo do compilador a apresentação no formato padrão.

Precisão: número de casas decimais que se deseja para a apresentação dos números reais. É opcional.

Exemplo:

```
Inteiros: %5d — cinco posições para o inteiro
       distribuído da direita para esquerda
Reais: %5.2f — cinco posições sendo que duas delas
       são para a parte decimal e uma para o ponto.
       Se o número for maior do que cinco posições,
       fica sem efeito a definição de tamanho igual a 5.
       Isto é, nada é perdido. É considerada somente
       a precisão de 2 casas decimais. É útil quando
       sabemos a grandeza dos números e queremos que a
       apresentação dos números fique alinhada.
       %.3f - define simplesmente que os números devem
       apresentar duas casas decimais. É mais usado
       quando não sabemos a grandeza dos números que
       podem resultar ou simplesmente não precisamos
       apresentá-los de forma alinhada.
```

Analisando o comando de saída usado no exemplo anterior:

```
    printf("\n\nValores lidos\n\n C = %c\n I = %d\n
F = %.2f\n\n",C,I,F);
```

Vamos destacar a cadeia-de-caracteres com os formatos de controle:

```
"\n\nValores lidos\n\n C = %c\n I = %d\n F = %.2f\n\n"
```

\n : sequência de escape para mudar de linha. Cada \n muda o cursor para próxima linha;

Valores lidos, C =, I = e F =: frases e textos a serem impressos como digitado;

%c   : formato para caractere;

%d   : formato para inteiro;

%f   : formato para real;

Na posição que se encontra cada formato é colocado o valor da respectiva variável. Revendo a saída produzida por este comando:

```
Digite um Caractere : A
Digite um numero Inteiro : 75
Digite um numero Real : 812.5 ← cursor parou aqui
                          ← \n:muda de linha
                          ← \n: muda de linha
 Valores lidos  ← imprime "Valores lidos" e \n: muda de
                  linha
                ← \n: muda de linha
 C = A          ← imprime " C = ", %c: o conteúdo da 1ª.
                  variável da lista – C e \n
 I = 75         ← imprime " I = ", %d: o conteúdo da 2ª.
                  variável da lista – I e \n
 F = 812.50     ← imprime " F = ", %f: o conteúdo da 3ª.
                  variável da lista – F e \n
```

Ainda no exemplo, com **%.2f**, o número real foi apresentado com 2 casas decimais.

Java

Como visto anteriormente, Java é uma linguagem baseada na metodologia de programação orientada a objetos e é muito utilizada para aplicações voltadas para a internet. Utiliza com facilidade os recursos gráficos mais interessantes do que as janelas do DOS.

Assim sendo, você perceberá que os comandos de entrada e saída em Java, pela forma de apresentação em janelas, utilizam o conceito de objetos. Por ter sido baseada na linguagem C há muita semelhança entre elas, principalmente nos comandos básicos.

Os comentários podem ser incluídos nos programas utilizando-se: duas barras "//" para comentários numa única linha ou o par "/*" e "*/".

Exemplos:

```
// Linha de comando1
// Linha de comando1
/* Comentários com
   mais de uma
   linha */
/* Pode ser usado para apenas uma linha */
```

Comando de atribuição

O comando de atribuição da linguagem Java também utiliza apenas o sinal de igual e é dado por:

```
identificador = expressão;
```

Análise do comando é a mesma em C.

Operadores aritméticos

Além dos operadores aritméticos básicos (+,-,*,/) Java também possui os operadores:

```
% : módulo - resto da divisão;
+ +: incremento;
--: decremento.
```

Os operadores de atribuição que podem ser usados na linguagem C também podem ser usados em Java: + = , - = , * = , /= e %.

Comando de entrada de dados

Em Java, quando executamos um programa, automaticamente três objetos de fluxo são criados e disponibilizados para uso. Eles servem para a comunicação entre o programa e os dispositivos de entrada e de saída. Esses objetos são chamados de System.in (objeto de entrada padrão), System.out (objeto de saída padrão) e System.err (objeto de erro padrão).

A entrada de dados utilizando a entrada padrão pode ser feita por recursos contidos na biblioteca (pacote) java.util; para essa finalidade podemos utilizar a classe Scanner. As bibliotecas em Java possuem muitos componentes – classes, eventos, métodos — prontos e que podemos utilizar em nosso programa, sem ter que desenvolvê-los. Aos poucos, você perceberá que a biblioteca é usada em outras situações e assim vai ampliando seu conhecimento sobre essa e outras bibliotecas.

Formato do comando:

```
Scanner identificador = new Scanner (System.in);
```

Analisando o comando:

- **Scanner** é o nome da classe que permite relacionar uma variável à entrada padrão: System.in. Isso é feito por meio de uma atribuição;
- *identificador* é o nome de uma variável que vai ser relacionada com a classe **Scanner**. Lembre-se que em um programa de computador os dados e informações só podem ser manipulados (impressos, usados em cálculos) se existir uma variável associada a cada um deles;
- a linha de comando termina com ponto-e-vírgula.

Exemplo:

```
Scanner entrada_dado = new Scanner (System.in);
```

Precisamos agora atribuir o dado digitado para uma variável cujo tipo nos interessa. Isso é feito pelo método next, de forma diferente para cada tipo de dado – int, float, string e outros:

int:	entrada_dado.nextInt();
float:	entrada_dado.nextFloat();
string:	entrada_dado.nextLine();

Exemplo:

```
import java.util.*;
public class EntradaDados {
    public static void main(String[] args) {

    int num_inteiro;
        Scanner entrada_dado = new Scanner (System.in);
        num_inteiro = entrada_dado.nextInt();

    // agora a variável contém o valor digitado e pode
    // ser utilizada no programa.
    }
}
```

Reparem que foi utilizado java.util.* para importar a classe Scanner. O asterisco tem o mesmo sentido utilizado em outras situações em computação que é o de representar várias coisas. Assim, como o pacote java.util possui muitos recursos, e em seu programa você pode utilizar mais de um desses recursos, você não precisa ficar importando a lista toda. O asterisco no lugar da classe Scanner significa que vale para ela também.

Outra forma de entrada de dados

A entrada de dados pode ser feita utilizando-se recursos gráficos. Isto é, não será pela tela do DOS. Para isso, vamos precisar da classe JOptionPane e o método ShowInputDialog. O nome do pacote que contém essa classe é: javax.swing. Essa entrada é feita por meio de uma caixa de diálogo, parecida com as que encontramos em outras aplicações.

Formato:

```
Nome_variavel = JOptionPane.
showInputDialog(cadeia-de-caracteres);
```

Análise do comando:

- JOptionPane: é o nome da classe;
- showInputDialog: é o método usado para a entrada dos dados;
- cadeia-de-caracteres: pode ser uma palavra/frase explicativa que será mostrada na caixa de diálogo;
- nome_variável: variável do tipo cadeia-de-caracteres (string) que receberá o dado digitado. Quando se quer a entrada de dados que não sejam do tipo string, o dado lido deverá ser transformado no tipo desejado.

Exemplo:

```
import javax.swing.JOptionPane;// importando classe
swing

String entrada; //receber a cadeia-de-caracteres
int numero;

//comando para entrada de dados

entrada = JOptionPane.showInputDialog("Digite um
inteiro:");

// transformar a entrada em inteiro

numero = Integer.parseInt (entrada);
```

Resultado produzido:

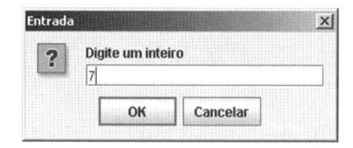

A classe **Integer** não precisa ser importada uma vez que é feita automaticamente pelo compilador. E parseInt é o método que transforma uma cadeia-de-caracteres (string) em inteiro. Para transformar cadeia-de-caracteres (string) em real usa-se a classe Double e o método parseDouble.

Comando de saída

Como saída de dados vamos ver duas formas, utilizando o objeto de saída padrão – System.out — e na forma de janela.

Assim, utilizando o objeto de saída padrão temos duas formas:

```
System.out.print (cadeia-de-caracteres);
System.out.println (cadeia-de-caracteres);
```

Analisando o comando:

- **System.out**: objeto de saída padrão;
- **print** e **println**: palavras-chave para impressão da cadeia-de-caracteres. Println implica que após a execução do comando o cursor é posicionado no início da próxima linha. O comando **print** não muda o cursor para a próxima linha;
- *cadeia-de-caracteres*: o conteúdo da cadeia-de-caracteres será impresso. A concatenação de elementos para compor a cadeia-de-caracteres é feita com o operador " + ".

Exemplos de cadeia de caracteres para saída:

```
1. System.out.print ("Texto de saida! ");
2. System.out.print ("Valor da variavel X = " + X);
```

No exemplo 2, o conteúdo da variável X é concatenado à cadeia-de--caracteres para impressão. Supondo X = 5, a saída produzida será:

```
Valor da variavel X = 5
```

Da mesma forma que na entrada de dados, pode-se usar recurso gráfico da classe JOptionPane com o método showMessageDialog que possui o seguinte formato:

```
JOptionPane.showMessageDialog (argumento1, argumento2,
                               argumento3, argumento4);
```

Análise do comando:

- argumento1: a princípio será usado com a palavra chave **null**. Ao aprender um pouco mais sobre essa classe e outros conceitos de programação, você compreenderá melhor o uso dessa palavra;
- argumento2: deve ser uma cadeia-de-caracteres representando a informação que se quer produzir como saída;
- argumento3: deve ser uma cadeia-de-caracteres para a barra de título;
- argumento4: é um ícone que pode ser escolhido para representar o que se quer produzir como saída. Os tipos são apresentados a seguir, numa tabela de tipos.

Tabela de tipos – argumento4

Tipo	Ícone	Uso para
JOptionPane.ERROR_MESSAGE		Indicar que ocorreu um erro
JOptionPane.INFORMATION_MESSAGE		Indicar que a caixa de diálogo é informativa
JOptionPane.WARNING_MESSAGE		Indicar uma advertência
JOptionPane.QUESTION_MESSAGE		Indicar uma questão
JOptionPane.PLAIN_MESSAGE	Sem ícone	Outras situações

Completando o exemplo anterior:

```java
import javax.swing.JOptionPane;// importando classe
swing

public class Entrada
{
public static void main (String arg[])
{

String entrada; //receber a cadeia-de-caracteres
int numero;

//comando para entrada de dados

entrada = JOptionPane.showInputDialog("Digite um
inteiro:");

// converter a entrada para inteiro

numero = Integer.parseInt (entrada);

     // imprimir caixa de diálogo com resposta

          JOptionPane.showMessageDialog ( null,
             "Numero digitado =" +numero, "Mensagem",
           JOptionPane.PLAIN_MESSAGE);

          System.exit(0); //terminar o programa

     }
}
```

Após a digitação do número inteiro solicitado, como visto anteriormente, o resultado apresentado é:

PHP

Na linguagem PHP voltada para aplicações web, a entrada de dados se dá na sua grande maioria por intermédio de formulários. Os formulários são preenchidos pelo usuário. Assim, os dados digitados podem ser usados no desenvolvimento dos programas. Mais adiante vocês aprenderão como construir e validar formulários mais elaborados.

As variáveis não precisam ser declaradas com tipos, elas podem aparecer no momento que se necessita delas. Elas possuem o cifrão na frente representando nomes de variáveis. O tipo muda conforme o valor é atribuído.

Exemplos:

```
$A = 5; ← variável A recebe um número inteiro
$B = 7.3; ← variável B recebe um número real
$A = $A + $B; ← variável A recebe um número real —
o resultado da
                    operação mista
```

Os comentários são também incluídos pelo uso de: duas barras "//" para comentários numa única linha ou pelo par "/*" e "*/" para mais de uma linha.

Exemplos:

```
// Linha de comando1
// Linha de comando1
/* Comentários com
   mais de uma
   linha */
/* Pode ser usado para uma linha */
```

Comando de atribuição

O comando de atribuição em PHP também utiliza apenas o sinal de igual e é dado por:

```
identificador = expressão;
```

A análise do comando é a mesma que a feita para C e Java.

Operadores aritméticos

Além dos operadores aritméticos básicos (+,-,*,/) PHP possui os operadores:

```
% : módulo - resto da divisão;
+ +: incremento;
--: decremento.
```

Os operadores de atribuição que podem ser usados na linguagem C e Java também podem ser usados em PHP: + = , - = , * = , /= e %.

Exemplos:

```
$b = 5;      //variável b recebe o valor 5
$c = 3;      //variável c recebe o valor 3
$a = $b % $c;//variável a recebe o valor 1 (resto da
divisão de 5 por 3)
$x = $a + +; //variável x recebe o valor 1 (valor de a) e,
             // ao conteúdo da variável a, é somado 1
$z = $a;     //variável z recebe o valor 2
```

Comando de entrada de dados

A entrada de dados em PHP, por ser essa linguagem voltada para aplicações na web, na maioria das vezes se dá por intermédio de formulários criados utilizando-se um software para criação de páginas web. Associado à entrada de dados por meio do formulário está o uso de banco de dados para armazenar os dados recebidos. Normalmente é usado o MySQL. No capítulo de arquivos você aprenderá como trabalhar com arquivos em PHP e até lá terá mais facilidade para trabalhar com formulários.

Como estamos começando nosso contato com os comandos das linguagens, vamos trabalhar de forma mais simples com formulário e com o $_POST.

Vamos considerar os campos criados como texto. Esses campos são associados às variáveis e estas podem então ser usadas no PHP.

Exemplo:

```
<form method = "post">
<input type = "text" name = "entrada_dado" />
<input type = "submit" value= "OK"/>
</form>
```

Como está baseada em HTML <form> abre o bloco para descrever o formulário e </form> sinaliza que o formulário iniciado anteriormente acabou. O mesmo ocorre para <input..... /> ele começa e termina num comando só.

Dentro do bloco do formulário há dois campos de entrada de dados. O primeiro refere-se à entrada do dado de entrada que desejamos e o segundo é um botão de comando para submeter os dados digitados ao programa.

Quando o botão "OK" for pressionado, o valor digitado no formulário para a variável entrada_dado estará disponível para ser usado. Por exemplo:

```
echo $_POST["entrada_dado"];
```

Outra possibilidade é $_GET. A entrada do dado é feita na linha da URL. Veja o exemplo abaixo:

```
<?php
echo "Nome = ". htmlspecialchars($_GET["nome"]);
?>
```

Supondo que na URL fosse digitado: http://teste.php?nome=ana, o resultado produzido seria:

```
Nome = ana
```

Comando de saída

O comando mais simples de saída da linguagem PHP é **echo**.

Formato

```
echo "cadeia-de-caracteres";
```

Análise do comando:

- **echo**: palavra-chave que representa o comando de saída de dados;
- *cadeia-de-caracteres*: o conteúdo a ser impresso e pode estar entre aspas ou apóstrofos. A diferença é que se uma variável está dentro das aspas o seu conteúdo é impresso e se estivermos utilizando apóstrofos o nome da variável será impresso;
- a linha de comando termina com um ponto-e-vírgula.

Exemplo:

```php
<?php
$a = 6;
$b = 12;
echo "valor = $a";
echo 'valor = $b';
echo "Soma = " + $a + $b;
?>
```

Resultado esperado:

```
Valor = 6
Valor = $b
Soma = 18
```

Para fixar

Juntando as partes, vamos examinar os comandos aprendidos, analisando o exemplo do cálculo da área de um quadrilátero com dois lados iguais (quadrado ou retângulo). A seguir são apresentadas as versões nas linguagens: VisuAlg, Pascal, C, Java e PHP.

Versão em VisuAlg:

```
algoritmo "área do quadrilátero"
// Seção de Declarações
var

base, altura, area: inteiro
inicio
// Seção de Comandos
escreva ("Digite o valor da Base ....:")
leia (base)
escreva ("Digite o valor da Altura ..:")
leia (altura)
area <- base * altura
escreval() //pula uma linha
escreval("Área do Quadrilátero = ", area)
fimalgoritmo
```

Resultado esperado:

```
Digite o valor da Base ....:6
Digite o valor da Altura ..:5

Área do Quadrilátero = 30
```

A versão em Pascal do problema do cálculo da área:

```
program AreaQuadrilatero;
uses Crt;
{ Secao de Declaracoes}
var
```

```
base, altura, area: integer;
begin
    { Secao de Comandos}
    write ('Digite o valor da Base ....:');
    readln (base);
    write ('Digite o valor da Altura ..:');
    readln (altura);
    area := base * altura;
    writeln; {pula uma linha}
    writeln('Area do Quadrilatero = ', area);
end.
```

Resultado esperado:

```
Digite o valor da Base ....:6
Digite o valor da Altura ..:5

Area do Quadrilatero = 30
```

A versão em C do problema do cálculo da área:

```c
#include <stdio.h>

void main()
{
    int base,altura, area;
    printf ("Digite o valor da Base ....: ");
    scanf ("%d", &base);
    printf ("Digite o valor da Altura ..: ");
    scanf ("%d", &altura);
    area = base * altura;
    printf ("\nArea do Quadrilatero = %d", area);
}
```

Resultado esperado:

```
C:\                                                          _□×
Digite o valor da Base ....: 10
Digite o valor da Altura ..: 4

Area do Quadrilatero =40.00
```

A versão em Java do problema do cálculo da área:

1) Utilizando entrada e saída padrão:

```java
import java.util.*;
public class Quadrilatero {
public static void main (String[] arg) {

    int base, altura, area;
    Scanner entrada_dado = new Scanner (System.in);

    System.out.print ("Digite o valor da Base ....: ");
    base = entrada_dado.nextInt();
    System.out.print ("Digite o valor da Altura ..: ");
    altura = entrada_dado.nextInt();
    area = base * altura;
    System.out.print ("\nArea do Quadrilatero = " + area);
}
}
```

Resultado esperado:

```
Digite o valor da Base ....:6
Digite o valor da Altura ..:5

Area do Quadrilatero = 30
```

Em Java pode-se fazer uso de sequência de escape como na linguagem C. No exemplo utilizamos o
"\n" que significa mudar de linha.

2) **Utilizando a classe JOptionPane:**

```
import javax.swing.*;

public class Quadrilatero {
     public static void main (String[] arg){
          int base, altura, area;
          String entrada;

          entrada = JOptionPane.showInputDialog("Digite
o valor da Base ");
          base = Integer.parseInt (entrada);

          entrada = JOptionPane.showInputDialog("Digite
o valor da Altura ");
          altura = Integer.parseInt (entrada);
          area = base * altura;

     JOptionPane.showMessageDialog(null, "Área do
 Quadrilátero = " +area,
               "Resultado", JOptionPane.PLAIN_
 MESSAGE);

     }

}
```

O resultado produzido:

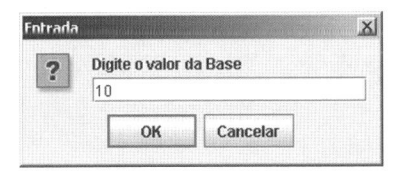 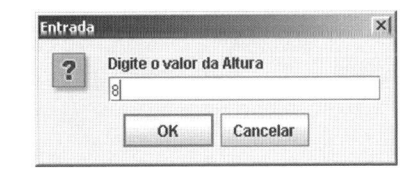

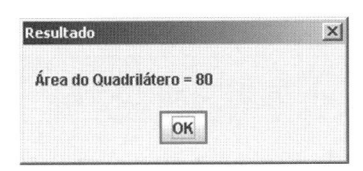

A versão em PHP do problema do cálculo da área:

1) Por atribuição de valor:

```php
<?php
$base = 5;
$altura = 3;
echo "Base ...: $base \n";
echo "Altura ...: $altura \n";
$area = $base * $altura;
echo "Area do Quadrilatero = $area ";
?>
```

Resultado esperado:

```
Base ...: 5
Altura ...: 3
Area do Quadrilatero = 15
```

2) Supondo a entrada por formulário:

```php
<?php
$base = $_POST["entrada_base"];
$altura = $_POST["entrada_altura"];
echo "Base ....: " + $base;
echo "Altura ..: " + $altura;
$area = $base * $altura;
echo "Area do Quadrilatero = " + $area;
?>
```

 ## Algoritmos no cotidiano

As linguagens de programação não são utilizadas apenas para programas de computadores. Com os avanços tecnológicos na área dos dispositivos móveis, elas são utilizadas para as aplicações disponíveis para esses equipamentos também. Essas aplicações podem ser escritas nas linguagens como CHTML – Compact HTML, HDML – *Handheld Markup Language*, WML – *Wireless Markup Language*, C + +, Java.

Cada uma das linguagens possui sua aplicação. Muitas vezes mais de uma linguagem pode ser empregada para a solução de um mesmo problema. A escolha de uma delas pode ser desde a necessidade de atender as exigências atreladas à aplicação até uma preferência do programador.

Um dado interessante é saber sobre o nível de utilização e/ou preferência das linguagens. No site http://www.tiobe.com/index.php/content/paperinfo/tpci/index.html podemos ver um indicador de popularidade das linguagens de programação. O índice é atualizado uma vez por mês e para a conclusão são colhidos dados por intermédio dos principais programas de buscas disponíveis. Não representa a melhor ou a mais utilizada e sim a popularidade por meio dos registros feitos na web.

Navegar é preciso

Há muita coisa interessante para complementar seu aprendizado disponível via internet. Sobre a linguagem Java, por exemplo, o site http://download.oracle.com/javase/1,5.0/docs/api/index.html oferece com detalhes as classes com seus métodos disponíveis na linguagem. Para cada método há a explicação sobre seu uso, formato e alguns exemplos.

Para PHP, é interessante consultar o manual da linguagem na página: http://www.php.net/manual/en/index.php. Além da explicação sobre os comandos você também encontrará exemplos do uso deles.

Portugol, que pode ser encontrado em https://pt.wikipedia.org/wiki/Portugol, é também uma ferramenta que apresenta uma linguagem de programação própria, escrita em português, muito parecida com o VisuAlg. Com algumas diferenças na sintaxe, gera o fluxograma a partir do programa escrito e, também, gera o programa a partir do fluxograma construído.

Exercícios propostos

Complementando o que foi apresentado sobre os comandos sequenciais de atribuição, de entrada e de saída, construa programas nas várias linguagens para os problemas propostos a seguir.

1. Construir um programa que faça:
a) Definir as variáveis: a e b como do tipo inteiro e x, y como reais.
b) Ler valores inteiros para a e b menores do que 50.

c) Efetuar as operações: x = a + b/100; e y = (a + b)/100.

d) Imprimir os valores lidos e os calculados.

Responda: O que aconteceu com os valores calculados?

2. Ler o valor de um produto (valor_produto) em reais e a porcentagem de desconto que a loja oferece (por exemplo, porcentagem = 15%). Imprimir o valor do desconto e o valor do produto sem e com o desconto.

3. Ler uma temperatura em Celsius transformá-la em Fahrenheit e imprimir as duas temperaturas. A fórmula: F = 1.8*C + 32.

4. Ler um ângulo em graus e imprimir o seno, cosseno, tangente deste ângulo. Lembrar que as funções seno, cosseno e tangente são definidas no compilador para o ângulo em radianos. Primeiro você deve transformar o ângulo lido em graus para radianos. (180 graus = PI radianos). Teste seu programa para: 180 graus e 90 graus.

Referências

DEITEL, H. M.; DEITEL, P. J. *Como Programar em C*. 2. ed. Rio de Janeiro: LTC, 1999.

DEITEL, H. M.; DEITEL, P. J. *Java, Como Programar*. Tradução Edson Furmankiewicz. 3. ed., Porto Alegre: Bookman, 2001.

FARRER, H., *et al. Pascal Estruturado*. Coleção: Programação Estruturada de Computadores. 3. ed., Rio de Janeiro: LTC, 1999.

GILMORE, W. J. *Dominando PHP e MySQL do Iniciante ao Profissional*. Tradução Raquel Marques e Lúcia Kinoshita. Rio de Janeiro: Alta Books, 2008.

O'BRIEN, S. K. *Turbo Pascal 6*: Completo e Total. São Paulo: Makron, 1992.

SCHILDT, H. *C, Completo e Total*. Tradução e Revisão Técnica Roberto Carlos Mayer. 3. ed., São Paulo: Makron Books, 1996.

TREMBLAY, J.P; BUNT, R. B. *Ciência dos Computadores*: uma abordagem algorítmica. Tradução Moacir de Souza Prado. São Paulo: McGraw-Hill do Brasil, 1983.

Exercícios adicionais

Resolva os exercícios a seguir, construindo os algoritmos, na linguagem de programação de sua preferência.

1. Ler dois números inteiros, diferentes de zero, representando o Dividendo e o Divisor. Calcular o quociente e resto da divisão. Imprimir os valores lidos: Dividendo, Divisor e os calculados: Quociente e Resto.

2. Ler dois valores, representando a diagonal maior e a diagonal menor de um losango. Calcular a área do losango e imprimir os valores lidos e a área calculada.

3. Ler um valor, representando o raio de uma esfera. Calcular o volume da esfera e imprimir o valor lido e o valor calculado.

4. Ler quatro valores, representando dois pontos: (x1,y1) e (x2,y2). Calcular o ponto médio entre eles. Imprimir os valores lidos e o calculado.

O QUE VEM DEPOIS

Com os comandos sequenciais aprendidos neste capítulo já é possível desenvolver diversos programas. Após a criação de alguns programas, naturalmente surgirão ideias para melhorar seu algoritmo ou mesmo construir outros mais elaborados.

No próximo capítulo vamos aprender um comando que nos permite construir programas que, dependendo de uma situação, podemos escolher entre executar um ou outro trecho de programa. Para essa situação de escolher um trecho ou outro de programa usamos comandos condicionais.

Estrutura condicional simples e composta

66 Entre o sim e o não só há um caminho: escolher! 99

Clarice Lispector

O sim e o não das nossas escolhas, em programação, podem ser vistos como o resultado das condições lógicas: verdadeiro ou falso, que permitem a escolha de um dos caminhos dentro de um programa.

**OBJETIVOS
DO CAPÍTULO**

- Construir algoritmos com desvio de fluxo.
- Aplicar e usar expressões lógicas e operadores relacionais.
- Utilizar os principais comandos condicionais das linguagens de programação.

Para começar

Uma pergunta. Uma decisão. Mais de uma resposta ou mais de uma possibilidade?

Qual a sua decisão?

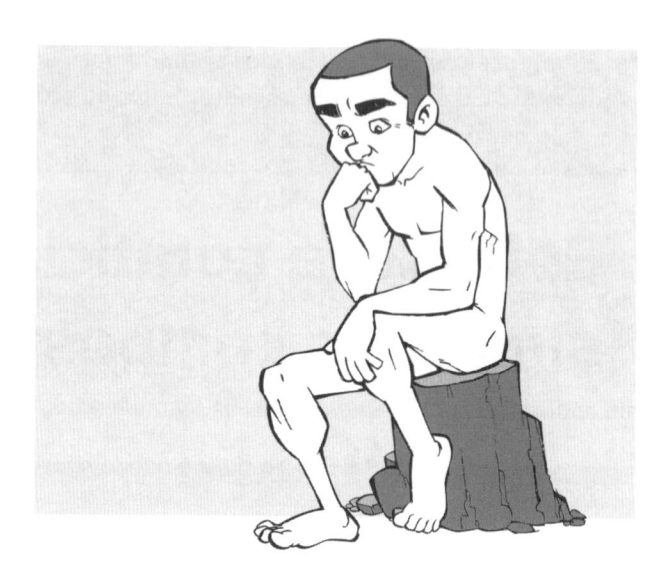

"O pensador"

Diante de uma questão, pensamos em possíveis respostas. Se essa questão contém uma condição, então, dependendo da situação, precisamos fazer uma escolha e então tomamos uma decisão, senão tomamos outra decisão. Não entendeu nada? Eu explico.

Existem comandos que, a partir de uma condição, permitem que o programa siga por um caminho ou por outro. Da mesma forma que acontece em situações do cotidiano, por exemplo, se chover, eu vou à escola de ônibus, senão vou caminhando. Nesse caso, a condição contida na frase é estar chovendo ou não e, a partir dela, é feita a escolha de uma das ações.

Em programação, o uso de condições para permitir a escolha de executar ou não um trecho de programa é muito utilizado, principalmente quando precisamos incluir no programa condições de controle, para evitar situações não permitidas que podem resultar em erros. Por exemplo, para evitar divisões por zero.

Conhecendo a teoria para programar

Considerando essa nova visão de que a execução dos comandos pode não ser em sequência, isto é, pode possuir desvios, vamos começar pensando em situações que nos fariam decidir por uma resposta ou outra.

Imagine que queremos escrever um algoritmo ou programa para ler duas notas de um aluno, calcular a média aritmética e, além de imprimir os dados lidos e a média calculada, queremos também que ele nos indique se, com a média obtida, o aluno está aprovado (maior ou igual a 5) ou reprovado (menor do que 5).

Vejam que agora existe uma escolha a ser feita: o aluno está aprovado ou reprovado?

A resposta é: depende da média obtida. SE a média for maior ou igual a 5, ENTÃO o aluno está aprovado, SENÃO, se a média for menor do que 5, então está reprovado.

Reparem nas palavras escritas em letras maiúsculas, elas compõem a sintaxe dos comandos condicionais na forma textual, descrita abaixo:

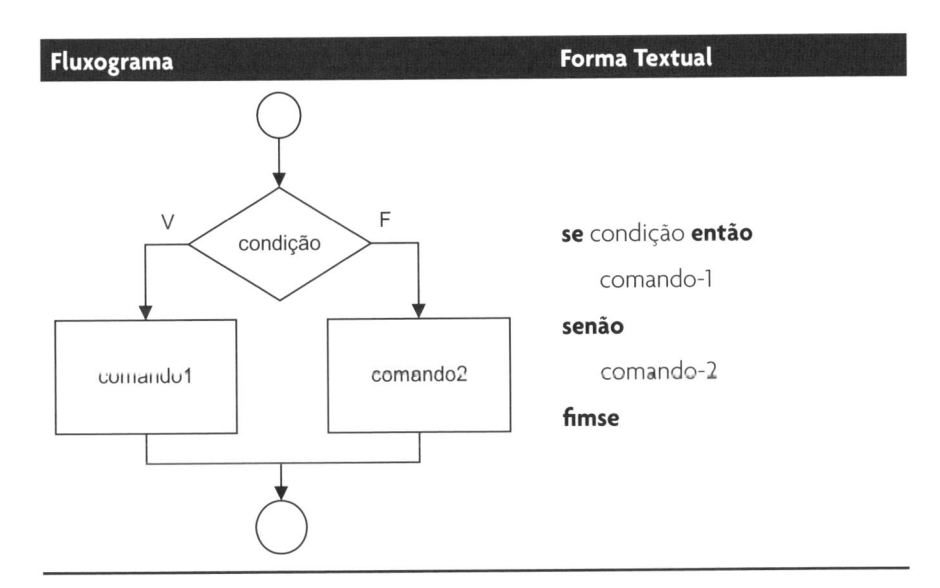

Análise do comando:

- as palavras **se**, **então** e **senão** representam o comando condicional;
- a condição deve ser uma expressão lógica;
- o comando avalia a condição, se o resultado da expressão for verdadeiro então será executado o comando1. Mas, se o resultado for falso, será executado o comando2.

Voltando à questão da média do aluno, a representação do comando condicional ficaria:

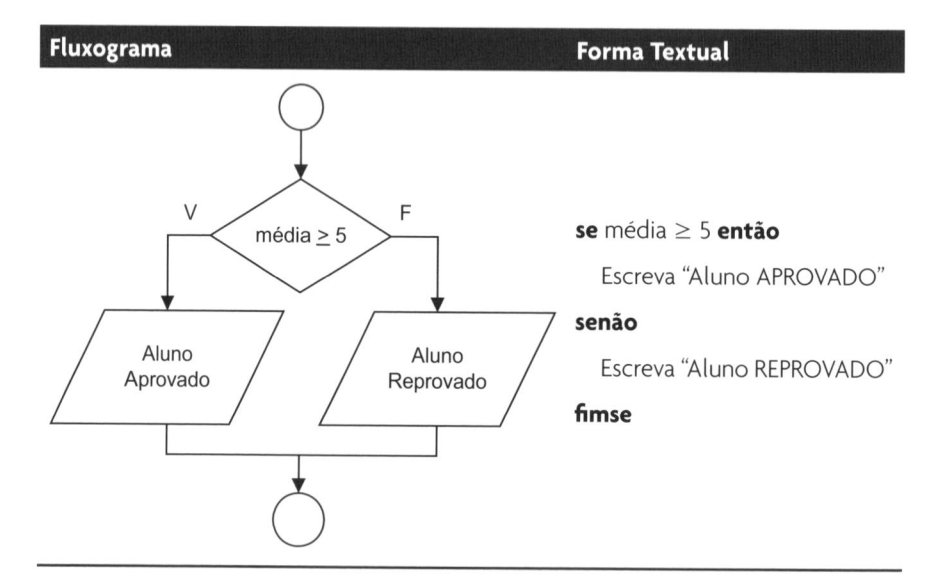

Fluxograma	Forma Textual

se média ≥ 5 **então**

   Escreva "Aluno APROVADO"

senão

   Escreva "Aluno REPROVADO"

fimse

A condição do comando: *media* $>= 5$, será analisada. Se a média for maior ou igual a cinco então será executado o comando: *Escreva "Aluno APROVADO"* e **não** será executado o comando: *Escreva "Aluno REPROVA-DO"*.

Da mesma forma, se a média for menor do que cinco, o comando: *Escreva "Aluno APROVADO"* será pulado e será executado o comando: *Escreva "Aluno REPROVADO"*.

O comando condicional pode variar no seu formato, pode ser composto com outros comandos e pode conter um comando condicional dentro de outro comando condicional.

Vamos examinar algumas dessas situações. Vamos começar com uma forma mais simples do próprio comando condicional. Em alguns problemas podemos não precisar utilizar a opção **senão** do comando. Nesse caso, a sintaxe do comando na forma textual e a representação pelo fluxograma são:

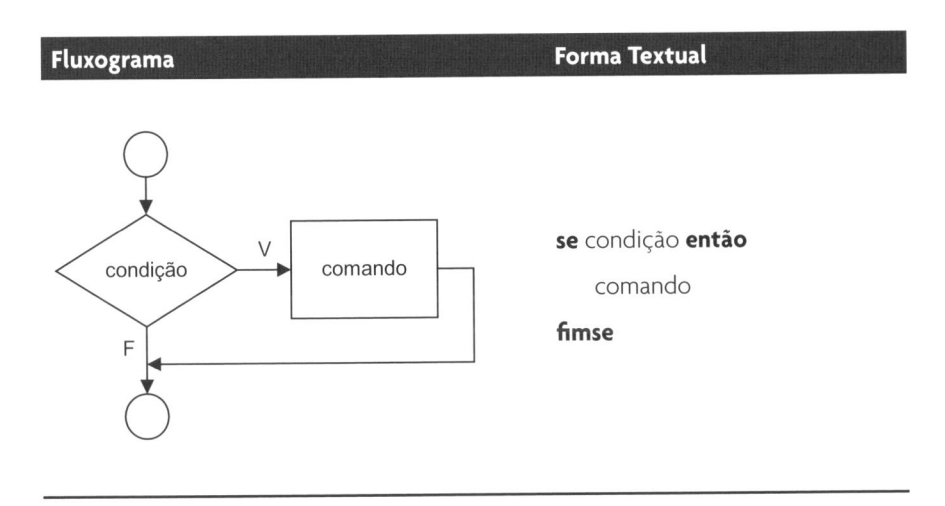

Vamos examinar o seguinte exemplo: programa que calcula o fatorial de um número. Sabemos que o fatorial de zero é 1, não há uma fórmula para se calcular esse valor. A partir do 1, há uma fórmula para o cálculo do fatorial. Assim, temos o comando condicional para essa situação:

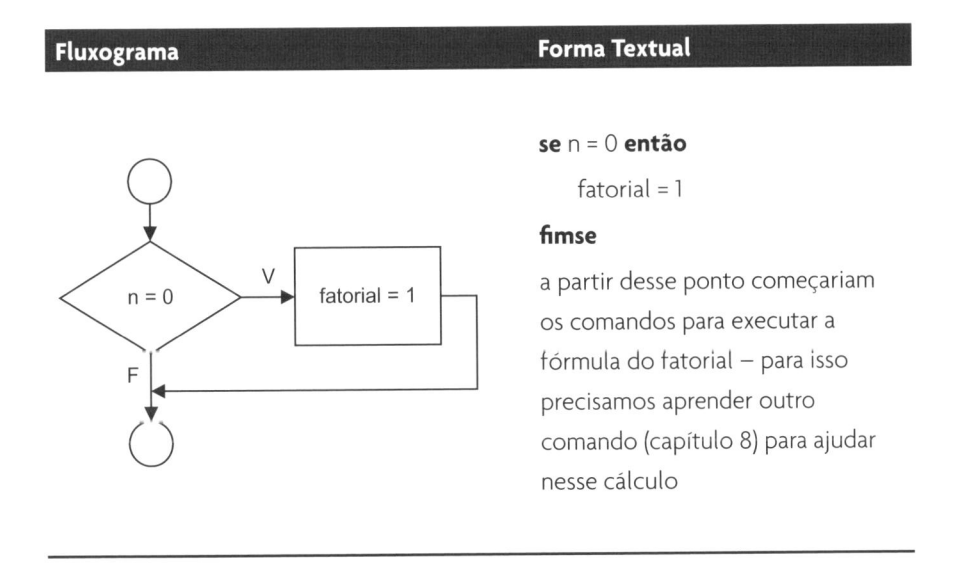

A condição de teste para saber se atribui o valor 1 ao resultado e então passa para o cálculo do fatorial pela fórmula é dada pela questão: n é igual a 1 (um)? Essa questão é representada pela **expressão lógica**: $n = 0$. Assim, se n for igual a 1, então o comando fará a atribuição de 1 à variável *fatorial*, o que pode ser visto no comando: *fatorial = 1*. Caso contrário, pula essa atribuição e começa a executar os próximos comandos.

Expressões lógicas

Como visto no Capítulo 3, as expressões lógicas são as expressões cujos operadores são lógicos e cujos operandos são: relações, constantes e/ou variáveis lógicas.

Podemos construir um comando condicional com uma expressão lógica muito simples, contendo apenas uma variável lógica, até uma contendo vários operadores lógicos e relacionais. Veja os exemplos a seguir:

Exemplo 1: Supor a variável alfa do tipo lógico – significa que poderá receber os valores V (verdade) ou F (falso).

```
se alfa = V então
        comando1
senão
        comando2
fimse
```

Assim, se alfa for verdade, então é executado o comando1. Se alfa for falso, **não** executará o comando1 e executará o comando2.

Dica

Não é necessário comparar alfa com V, bastaria construir a condição com: **se** alfa **então.**

Exemplo 2: Supor as variáveis alfa e beta do tipo lógico e as variáveis x e y do tipo inteiro.

```
se alfa = V e beta = F e (x = 0 ou y = 0) então
        comando1
senão
        comando2
fimse
```

Assim, se alfa for verdade, beta falso e x ou y igual a zero, então é executado o comando1, senão, se qualquer coisa diferente ocorrer, pulará o comando1 e executará o comando2.

Observando a expressão lógica: alfa = V **e** beta = F **e** (x = 0 **ou** y = 0) da condição do último exemplo, temos:

- cada uma das expressões: alfa = V, beta = F, x = 0, y = 0; é chamada de **expressão relacional;**
- o sinal de igualdade (=) que aparece nas expressões relacionais é chamado de **operador relacional** e indica uma comparação. Em x = 0, está comparando x com zero;
- **e** e **ou** são os **conectores** que ligam as expressões relacionais entre si, formando as expressões lógicas;
- V e F são constantes lógicas;
- alfa e beta, que são comparadas com as constantes lógicas V e F, são variáveis lógicas.

Operadores relacionais

Além do sinal de igualdade (=) visto no exemplo, existem outros que podem ser utilizados nas expressões relacionais:

Operador	Descrição do Operador
=	igual a
≠	diferente de (não igual)
>	maior que
≥	maior ou igual a
<	menor que
≤	menor ou igual a

As expressões lógicas podem conter ou não **conectores**. A conexão dos operandos por meio de conectores resulta em novas expressões. Os conectores são:

e – para a conjunção
ou – para a disjunção
não – para a negação

No Capítulo 3, você se familiarizou tanto com os operadores relacionais quanto com os conectores e seus usos na composição das expressões lógicas.

Prioridade

Eventualmente pode-se ter mais de um operador lógico na mesma expressão. Em alguns casos, conforme os valores envolvidos, a ordem em que são efetuadas as operações lógicas afeta o resultado final. Assim, como acontece entre as operações aritméticas, também existe uma relação de prioridade entre os operadores lógicos. Como numa mesma expressão lógica, pode-se ter todos os operadores conhecidos; tem-se:

Prioridade	Operador
1ª	aritmético (*, /)
2ª	aritmético (+, -)
3ª	relacional (>, <, > =, < =)
4ª	relacional (=, ≠)
5ª	não
6ª	e
7ª	ou

Também nas expressões lógicas, vários níveis de parênteses podem ser utilizados com a finalidade de estabelecer uma nova ordem de execução entre os operadores lógicos. Veja alguns exemplos:

```
A = 1 e (B + C ≠ 0 ou K ≤ 2)
não (C ≥ D e A ≠ B) ou K
```

Vamos programar

O comando condicional tem o mesmo comportamento em todas as linguagens. O que difere é o formato do comando. Isto é, varia de acordo com a sintaxe de cada linguagem. Da mesma forma que a sintaxe do comando possui suas variações, em cada linguagem há também variações nos operadores lógicos e nos relacionais, É o que vamos ver a seguir.

Vamos observar as diferenças entre os operadores lógicos utilizados em cada uma das linguagens:

Operadores	VisuAlg	Pascal	C	Java	PHP
=	=	=	==	==	==
≠	<>	<>	!=	!=	!= ou <>
>	>	>	>	>	>
≥	>=	>=	>=	>=	>=
<	<	<	<	<	<
≤	<=	<=	<=	<=	<=

Conectores:

Conectores	VisuAlg	Pascal	C	Java	PHP
e	e	and	&&	&&	&&
ou	ou	or	||	||	||
não	não	not	!	!	!
xou	xou	xor	^	^	^

A sintaxe do comando condicional nas linguagens é apresentada nos dois formatos básicos: condicional simples e o composto.

Sintaxe do comando se-então-senão em VisuAlg

Formato 1 – condicional simples:

```
se <condição> entao
        <sequência-de-comandos>
fimse
```

Análise do comando:

- **se**, **entao** (sem o til) e **fimse** são palavras-chave do comando condicional;

- condição é uma expressão lógica que, sendo verdadeira, então a sequência de comandos é executada e, sendo falsa, o controle passará para o próximo comando após a palavra-chave **fimse**.

Exemplo:

```
se x > 0 entao
        escreval("x é positivo")
fimse
```

Formato 2 – condicional composto:

```
se <condição> entao
    <sequência-de-comandos-1>
senao
    <sequência-de-comandos-2>
fimse
```

Análise do comando:

- **senao** (sem o til), palavra-chave, além das já existentes no comando condicional simples;
- condição é uma expressão lógica que, sendo verdadeira, então a sequência-de-comandos-1 é executada e, sendo falsa, a sequência-de--comandos-2 é executada. Somente após executada uma das sequências, o controle passará para o próximo comando, que segue a palavra-chave **fimse**.

Exemplo:

```
se x > 0 entao
        escreval("x é positivo")
senao
        escreval("x é zero ou negativo")
fimse
```

Sintaxe do comando if-then-else em Pascal

Formato 1 – condicional simples:

```
if <condição> then
    comando;
```

Análise do comando:

- **if**, **then**: são palavras-chave do comando condicional;
- condição é uma expressão lógica que, sendo verdadeira, então o comando é executado e, sendo falsa, o controle passará para o próximo comando após o fim do comando condicional;
- se for necessário executar um bloco de comandos é preciso utilizar as palavras-chave **begin** e **end**;
- a linha do comando condicional não possui ponto-e-vírgula;
- a condição não precisa estar entre parênteses. Os parênteses são utilizados quando a condição requer conectores. Por exemplo: $(X > 0)$ and $(Y > 0)$.

Exemplos:

1) **if** $x > 0$ **then**

   writeln('x é positivo');

2) **if** $(x > 0)$ and $(y > 0)$ **then begin**

   writeln('x é positivo');
   writeln('y é positivo');
   end;

Formato 2 – condicional composto:

```
if <condição> then
    comando1
else
    comando2;
```

Análise do comando:

- os destaques contidos na análise do condicional simples valem também para o composto;

- **else**, palavra-chave, além das já existentes no comando condicional simples;
- condição é uma expressão lógica que, sendo verdadeira, então o comando1 é executado e, sendo falsa, o comando2 é executado. Somente após executado um dos comandos, o controle passará para o próximo comando, após o fim do comando condicional;
- se o **else** é usado então no final do comando1 **não há** ponto-e-vírgula, para indicar que o comando não acabou.

Exemplo:

```
if x > 0 then
        writeln('x é positivo')
else
        writeln('x é zero ou negativo');
```

Sintaxe do comando if-else em C, Java e PHP

O comando condicional nas linguagens C, Java e PHP possuem a mesma sintaxe.

Formato 1 – condicional simples:

```
if (condição)
    comando;
```

Análise do comando:

- **if**: palavra-chave do comando condicional;
- condição é uma expressão lógica que, sendo verdadeira, então o comando é executado e, sendo falsa, o controle passará para o próximo comando após o fim do comando condicional;
- a condição deve estar entre parênteses;
- se for necessário executar um bloco de comandos é preciso utilizar as chaves "{ }", abrindo e fechado o bloco;
- na linha do comando condicional não há ponto-e-vírgula.

Exemplo em C:

```
if (x > = 0)
          printf("x e positivo");
```

Exemplo em Java:

```
if (x > = 0)
          System.out.println("x e positivo");
```

Exemplo em PHP:

```
if (x > = 0)
          echo "x e positivo";
```

Formato 2 – condicional composto:

```
if (condição)
      comando1;
else
      comando2;
```

Análise do comando:

- os destaques contidos na análise do condicional simples valem também para o composto;
- **else**, palavra-chave, além das já existentes no comando condicional simples;
- condição é uma expressão lógica que, sendo verdadeira, então o comando1 é executado e, sendo falsa, o comando2 é executado. Somente após executado um dos comandos o controle passará para o próximo comando, após o fim do comando condicional.

Exemplo em C:

```
if (x > = 0 && y > = 0)
  {
      printf("x e zero ou positivo");
      printf("y e zero ou positivo");
  }
```

```
else
      printf("x e y sao negativos");
```

Exemplo em Java:

```
if (x > = 0 && y > = 0)
  {
      System.out.println("x e zero ou positivo");
      System.out.println("y e zero ou positivo");
  }
else
      System.out.println("x e y sao negativos");
```

Exemplo em PHP

```
<?php
if ($x >= 0){
  echo "x e zero ou positivo";
}
else {
 echo "x e negativo";
}
?>
```

 ## Para fixar

A fixação do uso do comando condicional se dá a partir da aplicação deles em exemplos. A seguir é mostrado um problema em algumas linguagens.

Problema: Elaborar um algoritmo que faz a leitura de dois números inteiros A e B, atribui a uma variável chamada MAIOR o maior entre os dois números lidos e em MENOR o menor deles e imprime os valores lidos o conteúdo de MAIOR e o de MENOR.

O fluxograma do problema é mostrado na Figura 6.1:

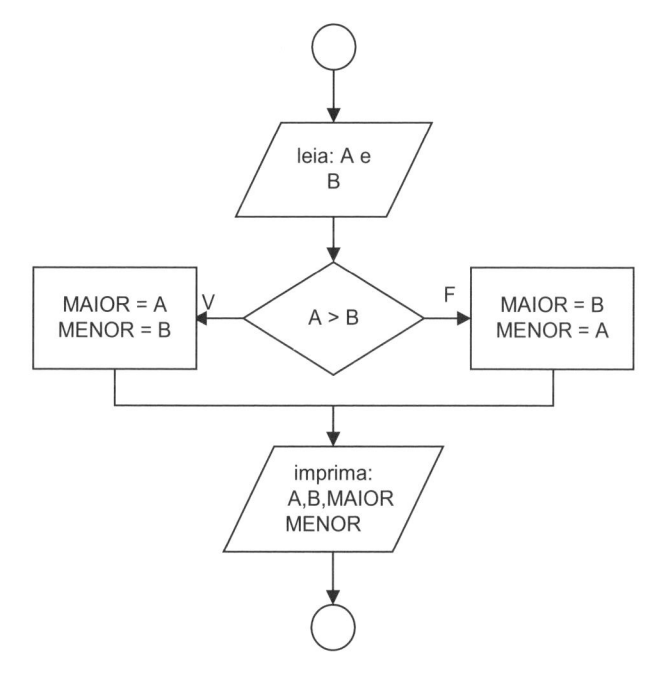

FIGURA 6.1: Fluxograma do problema para encontrar Maior
e Menor entre dois números

Versão em VisuAlg

```
algoritmo "Maior e Menor"
// Seção de Declarações
var
 A,B,MAIOR,MENOR: inteiro
inicio
// Seção de Comandos
escreval("Digite 2 números inteiros")
leia(A,B)
se A > B entao
 MAIOR <- A
 MENOR <- B
senao
 MAIOR <- B
 MENOR <- A
fimse
```

```
escreval("Números lidos: ", A, " e ",B)
escreval("Maior = ", MAIOR)
escreval("Menor = ", MENOR)
fimalgoritmo
```

Resultado esperado:

```
Digite 2 números inteiros
5
-9
Números lidos: 5 e -9
Maior = 5
Menor = -9
```

Versão em Pascal

```pascal
var
A,B,MAIOR,MENOR: integer;
begin
 { Seção de Comandos}
 writeln('Digite 2 numeros inteiros');
 readln(A,B);
 if A > B then begin
  MAIOR := A;
  MENOR := B;
 end else begin
  MAIOR := B;
  MENOR := A;
 end;
 writeln('Numeros lidos: ', A,' e ', B);
 writeln('Maior = ', MAIOR);
 writeln('Menor = ', MENOR);
end.
```

Versão em C

```c
void main ()
{
 int A,B,MAIOR,MENOR;
 pritnf("'Digite 2 numeros inteiros: ");
scanf("%d%d", &A,&B);
if (A > B){
 MAIOR = A;
  MENOR = B;
}else {
MAIOR = B;
MENOR = A;
}
printf("Numeros lidos: %d e %d", A, B);
printf("Maior = %d", MAIOR);
printf("Menor = %d", MENOR);
}
```

Versão em Java

```java
import java.util.*;
public class MaiorMenor {
public static void main (String[] arg) {
 int A,B,MAIOR,MENOR;
 Scanner entrada_dado = new Scanner (System.in);
 System.out.print ("Digite dois numeros inteiros: ");
 A = entrada_dado.nextInt();
 B = entrada_dado.nextInt();
 if (A > B){
  MAIOR = A;
   MENOR = B;
}else {
 MAIOR = B;
  MENOR = A;
}
}
```

```
System.out.print ("\nNumeros lidos:" + A + " e " + B);
System.out.print ("Maior = " + MAIOR);
System.out.print ("Menor = " + MENOR);
 }
}
```

Resultado esperado:

```
Digite dois números inteiros: 5
6
Numeros lidos: 5 e 6
Maior = 6
Menor = 5
```

Versão em PHP

```php
<?php
 $A = 8;
$B = 3;
if ($A > $B){
 $MAIOR = $A;
  $MENOR = $B;
}else {
 $MAIOR = $B;
  $MENOR = $A;
}
echo "Numeros: $A e $B";
echo "Maior = $MAIOR";
echo "Menor = $MENOR";
?>
```

Resultado esperado:

```
Numeros: 8 e 3
Maior = 8
Menor = 3
```

Algoritmos no cotidiano

O Google utiliza metodologias rigorosas para garantir resultados de qualidade nas pesquisas efetuadas pelo usuário. O algoritmo de busca de informações chega a ser renovado até duas vezes por dia. Essa informação pode ser encontrada em: http://www.revistainternet.com.br/2011/08/27/otimizacao-quase-diaria-do-algoritmo-do-google.

A busca de uma informação ou recuperação de uma informação é um assunto que sempre gerou muito estudo para se criar um algoritmo que mais rapidamente conseguisse encontrar uma informação de interesse. Associados aos algoritmos de busca estão os algoritmos que organizam a informação para que então possam ser recuperadas.

Se pensarmos na antiga lista telefônica em papel. Qual a principal função dela? Basicamente é de, a partir de um nome ou endereço, encontrar um número de telefone. Desta forma, as listas se apresentavam em ordem alfabética dos nomes. O que nos serviria uma lista sem essa organização ou mesmo se estivesse listada em ordem crescente do número de telefone? Não cumpriria sua função.

Da mesma forma, os algoritmos que existem para organizar os dados, em alguma ordem, têm a finalidade de facilitar a busca das informações. Os algoritmos que organizam as informações também são alvo de muito estudo, pois o que se busca são algoritmos que consigam ser executados, por exemplo, com o menor movimento dos dados. A tarefa de movimentar dados demanda muito esforço computacional.

Assim, o Google vem aperfeiçoando cada vez mais seus algoritmos para que os resultados das buscas atendam da melhor forma os interesses de cada um de seus usuários.

Navegar é preciso

Há muito material interessante sobre algoritmos de organização e recuperação da informação, como também livros muito bons. Faça uma busca na rede com essas palavras: organização e recuperação da informação. O resultado será de mais de um milhão de sites. Materiais muito bons são os contidos em sites de universidades postados por seus docentes. Há também vídeos com animações demonstrando os métodos de organização e alguns deles podem ser encontrados em www.facebook.com/AlgoRythmics.

No Google, http://www.google.com.br/about/corporate/company/, pode-se encontrar informações sobre o Google, sobre a formação do nome, sobre o processo de organização dos índices de busca, o mecanismo de busca e outros pontos interessantes sobre essa ferramenta de busca.

Exercícios propostos

Testando os conhecimentos aprendidos, construa um programa para cada um dos problemas a seguir:

1. Determinar se um número P lido é par ou não.

2. Ler um caractere e imprimir se é: um dígito (0-9), letra maiúscula (A-Z), letra minúscula (a-z), espaço ou outro símbolo. Para a solução utilizar o código ASCII dos caracteres.

3. Um sistema de equações lineares da forma:

$$ax + by = c$$
$$dx + ey = f$$

Pode ser resolvido utilizando-se as seguintes fórmulas:

$$x = \frac{ce - bf}{ae - bd} \quad e \quad y = \frac{af - cd}{ae - bd}$$

Ler o conjunto de coeficientes (a, b, c, d, e, f) e imprimir a solução x e y. Antes de efetuar a divisão, verificar se ela pode ser feita. Em caso negativo, imprimir uma mensagem de que o sistema não tem solução.

Referências

DEITEL, H. M.; DEITEL, P. J. *Como Programar em C*. 2. ed. Rio de Janeiro: LTC, 1999.

DEITEL, H. M.; DEITEL, P. J. *Java, Como Programar*. Tradução Edson Furmankiewicz. 3. ed., Porto Alegre: Bookman, 2001.

FARRER, H., *et al. Pascal Estruturado*. 3. ed., Coleção: Programação Estruturada de Computadores. Rio de Janeiro: LTC, 1999.

GILMORE, W. J. *Dominando PHP e MySQL do Iniciante ao Profissional*. Tradução: Raquel Marques e Lúcia Kinoshita. Rio de Janeiro: Alta Books, 2008.

O'BRIEN, S. K. *Turbo Pascal 6*: Completo e Total. São Paulo: Makron, 1992.

SCHILDT, H. *C, Completo e Total*. Tradução e Revisão Técnica Roberto Carlos Mayer. 3. ed., São Paulo: Makron Books, 1996.

TREMBLAY, J.P; BUNT, R. B. *Ciência dos Computadores*: uma abordagem algorítmica. Tradução Moacir de Souza Prado. São Paulo: McGraw-Hill do Brasil, 1983.

Exercícios adicionais

Resolva os exercícios a seguir, construindo os algoritmos, na linguagem de programação de sua preferência.

1. Ler três números inteiros: A, B, C e imprimi-los em ordem crescente.

2. Ler dois números inteiros A e B e verificar se um é múltiplo do outro. Imprimir os números lidos e qual é o múltiplo do outro. Caso um não seja múltiplo do outro, imprimir mensagem.

3. Ler três números inteiros e efetuar a soma apenas dos pares. Imprimir os valores lidos e o resultado da soma. Se nenhum dos números lidos for par, imprimir mensagem.

O QUE VEM DEPOIS

Aprendemos neste capítulo que, a partir de uma condição, o programa tem a possibilidade de efetuar um desvio e executar um trecho de programa enquanto outro trecho é ignorado. Algumas vezes, a resposta de uma condição gera outra questão, isto é, outra condição. Por exemplo, considere a frase do início do capítulo: se chover eu vou à escola de ônibus, senão vou caminhando. Imagine que para essa frase, na possibilidade de "não chover", quisermos saber: a escola é longe? Assim, a frase ficaria: se chover eu vou à escola de ônibus senão, se a escola for perto, vou caminhando, senão (se for longe) vou de bicicleta.

Essa composição de condições numa mesma frase é o que vamos aprender no próximo capítulo: comandos condições aninhados, que significa: um comando condicional dentro de outro condicional.

Estrutura condicional – aninhadas, seleção de casos e outras formas

" *Você faz suas escolhas e suas escolhas fazem você!* **"**

WILLIAM SHAKESPEARE

Como na vida, a combinação de vários desvios causados pelas condições em programação pode não produzir o resultado esperado. É necessário estar atento às especificidades do problema a ser programado.

OBJETIVOS DO CAPÍTULO	■ Utilizar comandos condicionais aninhados (um dentro do outro).
	■ Utilizar comando de seleção – lista de possibilidades.

Para começar

Às vezes, uma pergunta leva a outra. Essa sequência de questões nos leva a desenvolver e aprofundar o raciocínio sobre determinado problema.

Em programação, é muito comum esta tarefa de refinamento do processo, por intermédio de testes de controle, na ação que estamos construindo.

Os testes e as condições de controle, quando conseguimos esgotar todas as possibilidades, propiciarão como consequência um programa com resultados mais confiáveis.

Assim, quando fazemos um programa que solicita como dado de entrada um número inteiro, podendo ser, por exemplo, o dia de hoje, alguns testes poderiam ser feitos para garantir que o número recebido não produza um resultado inesperado.

Os testes a serem construídos se baseiam em questionamentos que surgem ao longo do desenvolvimento do programa. Para o exemplo anterior, do número inteiro representando o dia de hoje, as questões poderiam ser: Como garantir que o usuário irá digitar um número inteiro e não uma letra ou um símbolo, por engano? Como garantir que, se digitado um número inteiro, ele seja válido nesse contexto, isto é, não seja superior a 31 ou negativo? Existem outras questões que poderiam ser feitas para esse exemplo.

Desta forma, quando estiver criando seus programas tente sempre antecipar as possíveis situações de erros em cada passo que está construindo.

Conhecendo a teoria para programar

Dependendo do problema que temos que resolver, nosso algoritmo pode necessitar de comandos condicionais mais complexos. Por exemplo, um comando condicional dentro de outro. Quando isso acontece, é dito ser comandos aninhados. A necessidade de compor um comando condicional dentro de outro surge de acordo com o problema.

Como exemplo, vamos acrescentar alguma dificuldade a mais ao problema, visto no capítulo 6, que calcula a média do aluno, e mostrar se ele está aprovado ou reprovado. Vamos determinar algumas palavras complementares ao desempenho do aluno de acordo com a média que o aprovou. Assim, se a média for maior ou igual a 5 (cinco), além de imprimir a palavra APROVADO, vamos imprimir:

1. se a média for 10, vamos imprimir "com LOUVOR";
2. se a média for menor do que 10 e maior ou igual a 8, vamos imprimir "com MÉRITO";
3. e, se for menor do que 8 e maior ou igual a 6, vamos imprimir "com DESTAQUE".

A Figura 7.1 ilustra o problema da média.

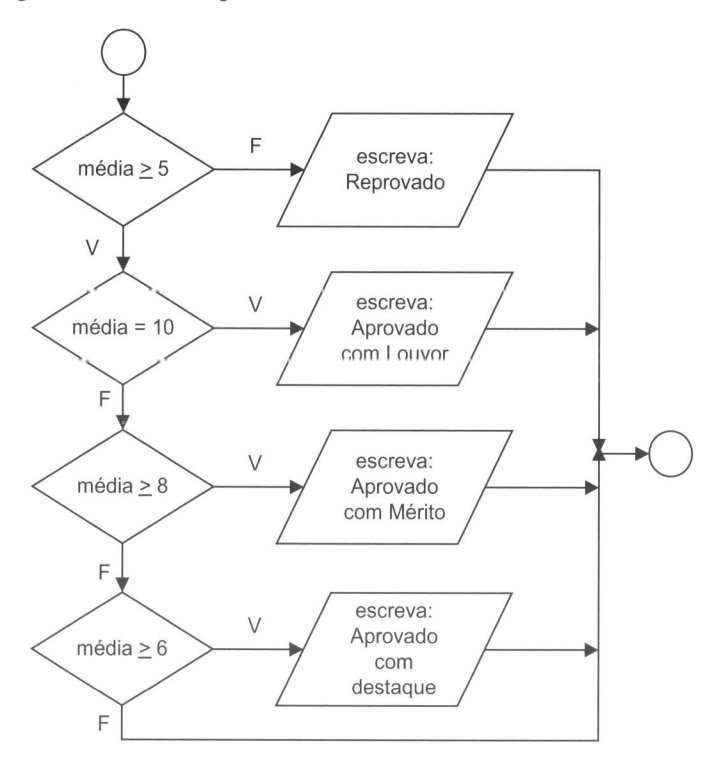

FIGURA 7.1: Fluxograma para o cálculo da média

Passando para a forma textual o fluxograma acima:

```
se média ≥ 5 então                          (se 1)
   se média = 10 então                        (se 2)
      Escreva "APROVADO com LOUVOR"
   senão                                      (senão 2)
      se média ≥ 8 então                      (se 3)
         Escreva "APROVADO com MÉRITO"
      senão                                   (senão 3)
         se média ≥ 6 então                   (se 4)
            Escreva "APROVADO com DESTAQUE"
         fimse                                (fimse 4)
      fimse                                   (fimse 3)
   fimse                                      (fimse 2)
senão                               (senão 1)
   imprima a mensagem ("REPROVADO")
fimse                                   (fimse1)
```

Observe que:

- O exemplo possui 4 comandos condicionais. Assim sendo, a palavra-chave **se** aparece 4 vezes, indicadas por: (se 1), (se 2), (se 3) e (se 4).
- Para todo **se** iniciado, existe uma marca correspondente para sinalizar o final do comando. Essas marcas estão indicadas por: (fimse 1), (fimse 2), (fimse 3) e (fimse 4).
- Nem todo **se** iniciado possui um **senão**. Já vimos no capítulo anterior que o comando condicional **se** pode ter, na sua forma mais simples, apenas o desvio **então**, não precisando do **senão**. É o que acontece nesse exemplo com o 4º comando condicional, indicado por (se 4).
- Os demais comandos condicionais do exemplo utilizam o desvio do senão, indicados por (senão 1), (senão 2) e (senão 3).

Examinando o algoritmo:

A primeira condição verifica se a média é maior ou igual a cinco. Se for verdade essa condição então é executado o segundo comando condicional. Como o segundo comando condicional está dentro do *então* do primeiro comando condicional, significa que já é verdade que a média é maior ou igual a cinco, isto é, o aluno está aprovado. A partir dessa verdade, queremos saber mais especificamente qual é a média, para completar a mensagem de APROVADO, com outras palavras. Passamos então a testar o valor da média dentro da classificação que estabelecemos. Se a média for igual a dez, então imprimir a mensagem "APROVADO com LOUVOR" senão, se a média for menor do que 10 e maior ou igual a 8 então imprimir a mensagem "APROVADO com MÉRITO" e assim por diante.

Em alguns casos de comandos condicionais aninhados é possível substituí-los por um comando que faz uma escolha a partir de uma lista de opções.

Esse comando de seleção é considerado um comando condicional. A comparação é feita somente no caso da igualdade, porém podemos listar uma série de valores para a comparação e, a partir de um deles, quando igual, executar um ou um conjunto de comandos.

Em muitos casos ele é preferido pelos programadores no lugar do comando condicional se, pelo aspecto visual e de organização que proporciona ao algoritmo ou programa.

Para esse mesmo exemplo, vamos utilizar o comando de **seleção** para comparar o formato de cada um deles. Repare no nosso exemplo que a variável média é utilizada nos quatro comandos condicionais. O que difere um do outro é a constante que ela é comparada.

Assim, passando para uma forma textual, tomando como base o comando de seleção, temos:

```
escolha média
caso 10: Escreva "Aprovado com Louvor"
caso 8,9: Escreva "Aprovado com Mérito"
caso 6,7: Escreva "Aprovado com Destaque"
caso 5: Escreva "Aprovado"
outrocaso: Escreva "Reprovado" ← qualquer outra nota
                                 diferente das anteriores
fimescolha
```

O resultado produzido pelos dois comandos é o mesmo. A apresentação em alguns casos fica mais organizada e clara utilizando-se o comando de seleção. Mas não vamos tomar como referência e forçar todo algoritmo a utilizar o comando de seleção no lugar do condicional. Com o tempo vai-se descobrindo o momento mais adequado para cada um deles.

Podemos passar então para analisar a sintaxe desse novo comando em algumas linguagens. Com esse dois comandos já poderemos construir vários algoritmos ou programas e poderemos comparar o uso deles.

Vamos programar

As sintaxes do comando de seleção nas várias linguagens de programação possuem muita semelhança e possuem a mesma lógica de construção. A linguagem algorítmica também acompanha a mesma lógica.

De modo geral, o comando de seleção inicia com um **nome** que o caracteriza:

- **escolha** em VisuAlg;
- **case** em Pascal;
- **switch** em C, Java e PHP.

Após o nome do comando, há uma **expressão de seleção**, que a partir dela é feita a escolha de um dos casos a ser executado. No exemplo anterior essa expressão de seleção era representada pela variável média. Assim, a expressão de seleção pode ser uma variável ou uma expressão. E a partir do valor dessa expressão é feita a escolha de qual caso executar.

Como regra geral, uma vez escolhido um caso e executado o comando ou uma sequência de comandos associada ao caso, os demais não serão executados.

Esse comportamento pode ser modificado nas linguagens C, Java e PHP, pois a sintaxe do comando utiliza a palavra-chave **break**, para marcar o final de um caso, e, na sua ausência, o compilador dessas linguagens passa a executar o caso seguinte, até encontrar um **break** ou o fim do bloco do comando.

Assim, é possível construir variações do comando conforme a necessidade do problema. Vamos examinar cada uma das sintaxes, destacando as diferenças de cada uma.

Comando de seleção em VisuAlg

```
escolha <expressão-de-seleção>
    caso₁ <exp11 > , <exp12 > , ..., <exp1n>
        <sequência-de-comandos-1>
    caso₂ <exp21 > , <exp22 > , ..., <exp2n>
        <sequência-de-comandos-2>

    ...

    outrocaso
        <sequência-de-comandos-extra>
fimescolha
```

Análise do comando:

- o bloco do comando de seleção começa com a palavra-chave **escolha** e termina com **fimescolha**;
- a palavra-chave **outrocaso** será escolhida se nenhum dos casos listados anteriormente atender à escolha. Como se fosse um curinga. Ele não precisa ser utilizado se o problema não exigir;
- a expressão de seleção deve ser de um dos tipos: caractere, inteiro ou lógico;
- não utiliza ponto-e-vírgula no final de cada linha de comando.

Comando de seleção em Pascal padrão

```
case expressão-de-seleção of
    constante₁: comando;
    constante₂: comando;

    ...

    constanteₙ: comando;
else
    comando;
end;
```

Análise do comando:

- o bloco do comando de seleção começa com a palavra-chave **case** e termina com a palavra chave **end**;
- após a expressão de seleção é necessário o uso da palavra-chave **of**;

- cada um dos casos, a constante é seguida por dois-pontos (:);
- a expressão de seleção pode ser de qualquer tipo escalar, só não pode ser do tipo real;
- há um ponto-e-vírgula no final da linha de comando;
- a palavra-chave **else** no comando de seleção é para quando nenhum outro caso atendeu a expressão de seleção. Tem a mesma função do **outrocaso** da linguagem algorítmica VisuAlg. Mas, se o compilador que você está usando é o Pascal padrão, então não há esse caso. Assim sendo, é necessário listar todas as opções ou completar com comando condicional;
- se em um caso for necessário executar um conjunto de comandos, é preciso abrir um bloco de comandos com a palavra **begin** e terminar com **end**.

Exemplo:

```
case expressão-lógica of
        constante   : begin
                        comando;
                            comando;
                        end;
constante  :  comando;
end;   {fim do case}
```

Comando de seleção em C

```
switch (expressão-de-seleção) {
case constante₁:
                sequência de comandos
                break;
case constante₂:
                sequência de comandos
                break;
...
default:
        sequência de comandos
}
```

Análise do comando:

- a expressão de seleção deve estar entre parênteses e deve ser do tipo inteiro ou caractere;
- o bloco do comando de seleção deve estar entre chaves "{ }";
- é necessário o uso da palavra **case** em cada um dos casos listados;
- a palavra-chave **default** é utilizada para o caso "curinga". Isto é, para todos os outros casos que não foram listados nos casos anteriores. É opcional;
- as constantes listadas nos casos devem ser seguidas por **dois-pontos**, inclusive após a palavra-chave **default**;
- cada caso pode ter um ou um conjunto de comandos, não necessitando de chaves para o conjunto de comandos.

Comando de seleção em Java

```
switch (expressão-de-seleção) {
case constante₁:
                sequência de comandos
                break;
case constante₂:
                sequência de comandos
                break;
...
default:
        sequência de comandos
}
```

Análise do comando:

- a sintaxe do comando de seleção é igual à do C, incluindo o uso do **break** e do **default**;
- a expressão de seleção pode ser também uma cadeia de caracteres (string);

Comando de seleção em PHP

```
switch (expressão) {
case constante₁:
                sequência de comandos
                break;
case constante₂:
                sequência de comandos
                break;
...
default:
        sequência de comandos
}
```

Análise do comando:

- a sintaxe do comando de seleção também é igual à do C, incluindo o uso do **break** e do **default**;
- a expressão de seleção pode ser também uma cadeia de caracteres (string).

Para fixar

Vamos ver na prática algumas ideias que discutimos anteriormente. Vamos começar com comandos condicionais aninhados e a seguir o comando de seleção. Da mesma forma que nos capítulos anteriores, para o mesmo problema, vamos analisá-lo em algumas linguagens.

Problema 1. Classificação de um triângulo a partir das medidas de seus lados. Considere as medida dos lados de um triângulo, denominados de A, B e C. Sabe-se da geometria que:

- Se os três lados, A, B e C, forem iguais, então o triângulo é equilátero.
- Se dois lados forem iguais e um diferente, então o triângulo é isósceles.
- E, se os três lados forem diferentes entre si, então o triângulo é escaleno.

Há ainda uma premissa inicial: saber se as três medidas podem formar um triângulo. A regra para saber se com três medidas podemos formar um triangulo é dada por: se cada um dos lados é menor do que a soma dos outros dois. Se um dos lados não for menor, então as medidas não podem formar um triângulo. O algoritmo deve então ler três medidas, verificar se formam um triângulo e, em caso afirmativo, qual o tipo de triângulo: equilátero, isóscele ou escaleno.

A Figura 7.2 mostra o fluxo para o problema descrito.

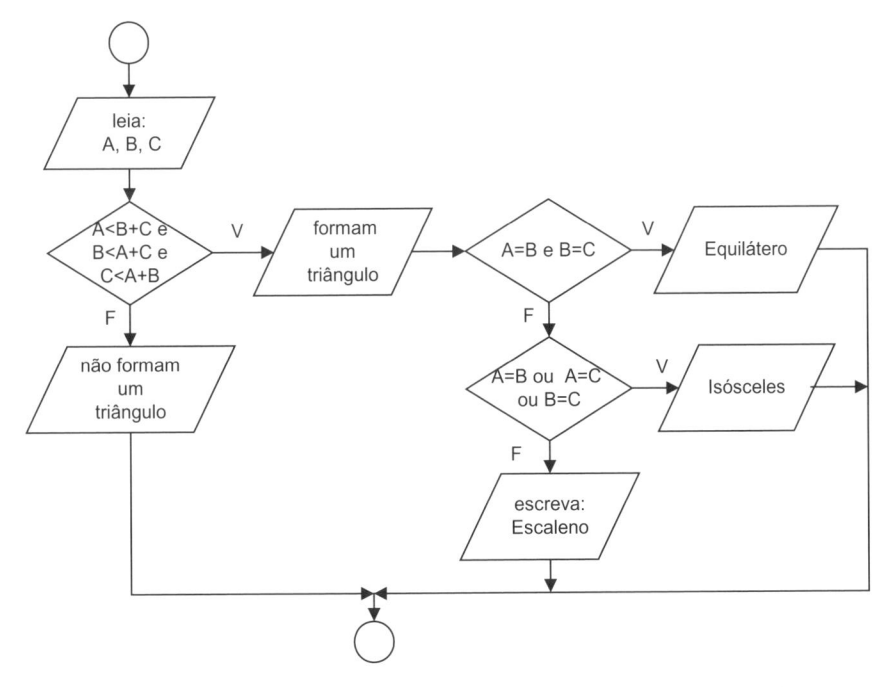

FIGURA 7.2: Fluxograma para a classificação de um triângulo

VisuAlg

```
algoritmo "Classificação de Triângulo"
// Seção de Declarações
var
 A,B,C: inteiro
inicio
// Seção de Comandos
escreva("Digite as medidas dos lados de um triângulo: ")
leia(A, B,C)
se (A < B + C) e (B < A + C) e (C < A + B) entao
```

```
escreva("As medidas: ", A,", ", B,", ", C," formam um
triângulo ")
se (A = B) e (A = C) entao
 escreval("EQUILATERO.")
senao
 se (A = B) ou (A = C) ou (B = C) entao
  escreval("ISOSCELES.")
 senao
  escreval("ESCALENO.")
 fimse
fimse
senao
escreval("As medidas: ", A,", ", B,", ", C," NÃO formam
um triângulo!")
fimse
fimalgoritmo
```

Resultado esperado:

```
Digite as medidas dos lados de um triângulo: 3
4
5
As medidas: 3, 4, 5, formam um triângulo ESCALENO
```

Para melhorar a apresentação do seu programa, a entrada dos dados pode ser aprimorada. Substitua o comando de entrada pelo conjunto de comandos e veja como ficou mais apresentável:

```
escreva("Digite a medida do lado 1 do triângulo: ")
leia(A)
escreva("Digite a medida do lado 2 do triângulo: ")
leia(B)
escreva("Digite a medida do lado 3 do triângulo: ")
leia(B)
```

Pascal

```pascal
program Triangulo;
{Seção de Declarações}
var
A, B, C: integer;
begin
{Seção de Comandos}
write('Digite as medidas dos lados de um triângulo: ');
read(A, B, C);
if (A < B + C) and (B < A + C) and (C < A + B)
then begin
 write ('As medidas: ', A,',', ', B,',', ', C,' formam um
 triangulo ');
 if (A = B) and (A = C)
 then
  writeln('EQUILATERO.')
 else
  if (A = B) or (A = C) or (B = C)
then
   writeln ('ISOSCELES.')
else
   writeln ('ESCALENO.')
 end
else
 writeln ('As medidas: ', A,',', ', B,',', ', C,' NÃO formam
 um triangulo!')
end.
```

Resultado esperado:

```
Digite as medidas dos lados de um triangulo: 2 2 3
As medidas: 2, 2, 3 formam um triangulo ISOSCELES.
```

Da mesma forma troque o comando de entrada por:

```
WRITE('Digite a medida do lado 1 do triangulo: ');
READ(A);
WRITE('Digite a medida do lado 2 do triangulo: ');
READ(B);
WRITE('Digite a medida do lado 3 do triangulo: ');
READ(C);
```

C

```c
void main()
{
int A, B, C; // Declaração das variáveis
printf("Digite as medidas dos lados de um triangulo: ");
scanf("%d %d %d",&A, &B, &C);
if (A < B + C && B < A + C && C < A + B)
{
 printf("\n\nAs medidas: %d, %d, %d formam um triangulo
 ", A,B,C);
 if (A == B && A == C)
  printf("EQUILATERO.\n");
 else
  if (A == B ||A == C || B == C)
   printf("ISOSCELES.\n");
  else
   printf("ESCALENO.\n");
}
else
 printf("\n\nAs medidas: %d, %d, %d NAO formam um
 triangulo ", A,B,C);
}
```

Resultado esperado:

Melhorando a entrada dos dados, troque o comando de entrada de dados por:

```
printf("Digite a medida do lado 1 do triangulo: ");
scanf("%d",&A);
printf("Digite a medida do lado 2 do triangulo: ");
scanf("%d",&B);
printf("Digite a medida do lado 3 do triangulo: ");
scanf("%d",&C);
```

Java

Utilizando entrada e saída padrão:

```java
import java.util.*;
public class Triangulo {
public static void main (String[] arg) {
int A, B, C;
Scanner entrada_dado = new Scanner (System.in);
System.out.print("Digite três lados de um triangulo
(inteiros): ");
A = entrada_dado.nextInt();
B = entrada_dado.nextInt();
C = entrada_dado.nextInt();
if (A < B + C && B < A + C && C < A + B){
 System.out.print("As medidas: " + A + ", " + B + ",
 " + C + " formam um triangulo ");
 if (A == B && A == C)
  System.out.print("EQUILATERO.\n");
 else
  if (A == B ||A == C || B == C)
   System.out.print("ISOSCELES.\n");
  else
   System.out.print("ESCALENO.\n");
}
```

```
else
System.out.print("As medidas: " + A + ", " + B + ",
" + C + " NAO formam um triangulo!");
  }
}
```

Executando para mais de um conjunto de dados:

Resultados esperados:

```
Digite três lados de um triangulo (inteiros): 2 2 2
As medidas: 2, 2, 2 formam um triangulo EQUILATERO.
Digite três lados de um triangulo (inteiros): 2 3 4
As medidas: 2, 3, 4 formam um triangulo ESCALENO.
```

PHP

Supondo a entrada por formulário:

```php
<?php
$A = $_POST["lado_1"];
$B = $_POST["lado_2"];
$C = $_POST["lado_3"];
if (A < B + C && B < A + C && C < A + B)
{
 echo ("As medidas: ", A,", ", B,", ", C," formam um
 triangulo ");
 if (A == B && A == C)
  echo("EQUILATERO.\n");
 else
  if (A == B ||A == C || B == C)
   echo("ISOSCELES.\n");
  else
   echo("ESCALENO.\n");
}
```

```
else
echo("As medidas:", A,",", B,",", C," NAO formam um
triangulo!");
?>
```

Resultado esperado com entrada de dados via formulário: 4 4 4

```
As medidas: 4, 4, 4 formam um triangulo EQUILATERO.
```

Comando de seleção

Vamos examinar agora alguns exemplos do comando de seleção nas linguagens. Para isso considere que desejamos construir uma calculadora muito simples, com apenas as quatro operações aritméticas: +, -, *, / e para números inteiros e reais.

Para a construção da nossa calculadora, vamos precisar de três dados de entrada: dois números e a operação que queremos executar. Como saída, teremos o resultado da operação desejada.

VisuAlg

```
algoritmo "CALCULADORA"
// Seção de Declarações
var
 A,B: real
 op : caractere
inicio
// Seção de Comandos
escreva("Digite dois números (reais ou inteiros) e a
operação (+,-,*,/): ")
leia(A, B, op)
escolha op
caso " + "   escreval( A, op, B, " = ", A + B)
caso "-"   escreval( A, op, B, " = ", A-B)
caso "*"
escreval( A, op, B, " = ", A*B)
caso "/"
```

```
escreval( A, op, B, " = ", A/B)
outrocaso escreval("Operação Inválida");
fimescolha
fimalgoritmo
```

Resultado esperado:

```
Digite dois números (reais ou inteiros) e a operação
(+,-,*,/): 5
3
+
5 + 3 = 8
```

Nosso algoritmo funciona muito bem para quaisquer dois valores, a menos que o segundo número não seja zero e a operação divisão. Caso o usuário faça essa escolha o compilador interromperá o programa e informará sobre a tentativa de divisão por zero.

Assim, precisamos que nosso algoritmo detecte esse problema antes do compilador, uma vez que não queremos que o programa seja interrompido. Isso é um erro grave de programação.

Assim, se a operação digitada for uma divisão devemos perguntar se o segundo número digitado é um zero. Em caso negativo a operação é feita normalmente e o resultado é apresentado. Caso o número seja zero, não vamos permitir que a conta seja feita e vamos imprimir uma mensagem informando que a operação não pode ser executada.

Observe no trecho abaixo que no caso da operação de divisão foi incluído um teste sobre o valor da variável B.

```
escolha Op
 caso " + "
  escreval( A, OP, B, " = ", A + B)
caso "-"
 escreval( A, OP, B, " = ", A-B)
caso "*"
 escreval( A, OP, B, " = ", A*B)
caso "/"
se B = 0 entao
```

```
escreval("Operação não pode ser executada") senao
escreval( A, OP, B, " = ", A/B)
outrocaso
 escreval("Operação Inválida");
fimescolha
```

Resultado esperado se o segundo número for zero e operação divisão:

```
Digite dois números (reais ou inteiros) e a operação
(+,-,*,/): 7
0
/
Operação não pode ser executada
```

Pascal

```
program Calculadora;
{Seção de Declarações}
var
A, B: real;
op : char;
begin
{Seção de Comandos}
write('Digite dois numeros (reais ou inteiros) e a
operacao (+,-,*,/): ');
read(A, B, op);
case op of
' + ' : writeln(A, op, B, ' = ', A + B);
'-' : writeln(A, op, B, ' = ', A-B);
 '*' : writeln(A, op, B, ' = ', A*B);
 '/' : if B = 0 then
  writeln('A operacao nao pode ser executada ');
```

```
    else
     writeln(A, op, B, ' = ', A/B);
     end; {fim do if}
    else
     writeln('Operacao Invalida');
    end; { fim do case}
    end.
```

Essa versão do programa em Pascal usa a palavra-chave **else** para o caso de ser digitado um símbolo diferente das operações aritméticas básicas. Caso na versão do Pascal que você está usando não tenha esse recurso então devemos utilizar um comando condicional para fazer esse teste. Uma solução pode ser dada incluindo um teste logo após o comando de entrada dos dados.

Observe essa versão sem a palavra-chave **else**:

```
begin
{Seção de Comandos}
write('Digite dois numeros (reais ou inteiros) e a
operacao (+,-,*,/): ');
read(A, B, op);
if op < > ' + ' and op < > '-' and op < > '*' and
op < > '/' then
writeln('Operacao Invalida');
else
 case op of
' + ' : writeln(A, op, B, ' = ', A + B);
'-' : writeln(A, op, B, ' = ', A-B);
 '*' : writeln(A, op, B, ' = ', A*B);
  '/' : if B = 0 then
writeln('A operacao nao pode ser executada ')
else
writeln(A, op, B, ' = ', A/B);
   end; {fim do if}
  end; { fim do case}
 end; {fim do if}
end.
```

C

```c
void main()
{
 float A, B;
 char op;
 printf("Digite dois numeros (reais ou inteiros) e a
 operacao (+,-,*,/): ");
 scanf("%f %f %c", &A, &B, &op);
 switch (op) {
   case ' + ' : printf("%.1f %c %.1f = %.1f\n", A, op, B,
   A + B); break;
case '-' : printf("%.1f %c %.1f = %.1f\n", A, op, B,
A-B); break;
case '*' : printf("%.1f %c %.1f = %.1f\n", A, op, B,
A*B); break;
   case '/' : if (B == 0)
    printf("A operacao nao pode ser executada");
 else
   printf("%.1f %c %.1f = %.2f\n", A, op, B, A/B);
 break;
   default : printf("Operacao Invalida");
   } // fim do switch-case
printf("\n\n\n\n");
} // fim do programa
```

Resultado:

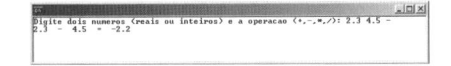

Java

Na versão entrada padrão:

```java
import java.util.*;
public class Calculadora {
 public static void main (String[] arg){
 int A, B;
 char op;
 String s, Saida = "";
 Scanner entrada_dado = new Scanner (System.in);
 System.out.print("Digite dois operandos e a operação
 (+,-,*,/): ");
 A = entrada_dado.nextInt();
 B = entrada_dado.nextInt();
 s = entrada_dado.next();
 op = s.charAt(0); //usado com string – você verá com
 detalhes em capítulo próximo
 switch (op) {
 case ' + ' : Saida += +A+ " + " + B + " = " + (A + B);
 break;
 case '-' : Saida += +A+ " – " + B + " = " + (A-B);
 break;
 case '*' : Saida += +A + " * " + B + " = " + (A*B);
 break;
 case '/' : {if (B == 0)
  Saida = "A operacao nao pode ser executada";
 else
   Saida + = A + " / " + B + (A/B);
  break;}
 default : Saida = "Operacao Invalida";
 } // fim do switch-case
 System.out.print(Saida);
 }
}
```

Resultado esperado:

```
Digite dois operandos e a operação (+,-,*,/): 2 3 -
2 - 3 = -1
```

PHP

```php
<?php
$A = $_POST["operando_1"];
$B = $_POST["operando_2"];
$OP = $_POST["operacao"];
 switch ($OP) {
  case ' + ' : echo "A + B = ($A + $B)"; break;
case '-' : echo "A - B = ($A-$B)"; break;
case '*' : echo "A * B = ($A*$B)"; break;
  case '/' : if ($B == 0)
   echo "A operacao nao pode ser executada";
 else
  echo "$A / $B = ($A/$B)";
 break;
 default: echo "Operacao invalida";
  } // fim do switch-case
} // fim do programa
?>
```

Resultado esperado com entrada de dados via formulário: 2 5 -

```
A - B - -3
```

Algoritmos no cotidiano

Quando estudamos sobre o tema Construção de Sistemas, e aqui estamos falando de programas com muitas linhas de comando, a criação de um software deve passar por diversas etapas. De forma simplificada poderíamos dizer que são: levantamento das necessidades do que se pretende para o software, o desenvolvimento e a implantação.

Na etapa de desenvolvimento há uma etapa específica chamada fase de teste do software. Essa fase tem vários objetivos, entre eles: encontrar erros; identificar situações não previstas.

Os testes são executados para examinar aspectos lógicos, os comandos, os funcionais. Como estratégia para execução dos testes, alguns exemplos são: teste de sistema, teste de unidade, teste de integridade, teste de validação.

Na literatura sobre engenharia de software há muito material sobre assunto. Vale a pena conferir!

Navegar é preciso

Existem ferramentas que auxiliam o desenvolvedor na etapa de teste de forma automatizada. Em http://opensourcetesting.org/, pode-se encontrar um conjunto de ferramentas de teste de código aberto disponível para uso. Há ferramentas para vários tipos de teste e para várias linguagens.

Em http://ccsl.icmc.usp.br/pt-br/projects, também há um conjunto de ferramentas disponíveis para o teste de software. Poke-Tool e JaBUTi, entre outras, são ferramentas de teste estrutural do software que podem ser encontradas no conjunto.

Pode ser que ainda não seja o momento de você começar a utilizar essas ferramentas em seus softwares, mas é importante começar a pensar na importância dos testes para certificar-se da exatidão de seu programa.

Exercícios propostos

Praticando o que aprendemos sobre comando condicional aninhado e comando de seleção, construa um programa para cada um dos problemas que se segue:

1. Colocar em MAIOR o maior de A, B e C e em MENOR o menor deles, sendo que A, B e C devem ser lidos. Imprimir os valores lidos e os determinados.

2. Faça um programa que solicite o ano de casamento, o ano atual e escreva as seguintes mensagens, para os seguintes casos: 25 anos – "Bodas de Prata"; 50 anos – "Bodas de Ouro" e 75 anos – "Bodas de Diamante". Nos casos restantes escrever apenas o número de anos de casados. Utilize o comando **de seleção**.

3. Ler uma nota numérica (número real) codificada entre 0 e 10. Em seguida converta essa nota para a correspondente em conceito, segundo a tabela dada abaixo. Escolha qual o comando mais indicado para a solução do problema (if ou switch).

A = acima ou igual a 9.0

B = inferior a 9.0 e superior ou igual a 7.0

C = inferior a 7.0 e superior ou igual a 5.0

D = inferior a 5.0 e superior ou igual a 2.5

E = Inferior a 2.5

4. Construir um programa que faz a leitura de três números inteiros, representando uma data (dd, mm, aaaa). E, utilizando o comando **de seleção**, para a escolha do mês, imprime a data, onde o mês é escrito por extenso. Exemplo: leitura da data: 31 3 2011; impressão: 31 de março de 2011.

Referências

DEITEL, H. M.; DEITEL, P. J. *Como Programar em C*. 2. ed. Rio de Janeiro: LTC, 1999.

DEITEL, H. M.; DEITEL, P. J. *Java, Como Programar*. Tradução Edson Furmankiewicz. 3. ed., Porto Alegre: Bookman, 2001.

FARRER, H., *et al. Pascal Estruturado*. Coleção: Programação Estruturada de Computadores. 13. ed. Rio de Janeiro: LTC, 1999.

GILMORE, W. J. *Dominando PHP e MySQL do Iniciante ao Profissional*. Tradução: Raquel Marques e Lúcia Kinoshita. Rio de Janeiro: Alta Books, 2008.

O'BRIEN, S. K. *Turbo Pascal* 6: Completo e Total. São Paulo: Makron, 1992.

PRESSMAN, R. S. *Engenharia de Software*: Uma Abordagem Profissional. 7. ed., McGrawHill – Artmed, 2011.

SCHILDT, H. *C, Completo e Total*. Tradução e Revisão Técnica Roberto Carlos Mayer. 3. ed., São Paulo: Makron Books, 1996.

SOMMERVILLE, I. *Engenharia de Software*. 9. ed. Pearson Brasil, 2011.

TREMBLAY, J.P; BUNT, R. B. *Ciência dos Computadores*: uma abordagem algorítmica. Tradução Moacir de Souza Prado. São Paulo: McGraw-Hill do Brasil, 1983.

Exercícios adicionais

Resolva os exercícios a seguir, construindo os algoritmos, na linguagem de programação de sua preferência.

1. Construir um programa que faz a leitura de três números reais (n1, n2, n3) e de uma letra (pode ser maiúscula ou minúscula).

Usando o comando de seleção múltipla (switch – case), selecione de acordo com a letra:

A ou a: calcula x = n1 * (n2 – n3) / 2 + n3 e imprime o valor de x;

B ou b: calcula x = n1 * (n2 + 2) + n3/5 e imprime o valor de x;

C ou c: calcula x = (n1 – n2) * (n3 – n2) / 2) e imprime o valor de x;

D ou d: calcula x = (n1 + n2 + n3) * (n2 + n3) / 2 e imprime o valor de x;

E ou e: calcula x = n1 * n1 + (n2 – n3 – n1)/ 2 e imprime o valor de x;

2. Construir um programa que faz a leitura de um número de apenas um dígito: de 0 a 9. Utilizando o comando de seleção múltipla, imprima o número por extenso. Exemplo: leitura do número 5, imprimir CINCO.

3. Construir um programa que faz a leitura de uma vogal em letra minúscula e imprime a vogal lida, em letra maiúscula. Utilize o comando de seleção múltipla.

O QUE VEM DEPOIS

O próximo desafio é trabalhar com processos repetitivos. Os comandos repetitivos nos permitem executar várias vezes uma mesma ação sem ter que executar novamente o programa. Por exemplo, calcular a média de um conjunto de alunos ou repetir a entrada de um dado em caso de erro.

Estrutura de repetição

Criar programas, os mais genéricos possíveis, permitirá que o código seja reaproveitado em outras aplicações.

**OBJETIVOS
DO CAPÍTULO**

- Criar algoritmos com comandos repetitivos
- Identificar as variações que existem entre os comandos em cada uma das linguagens.

Para começar

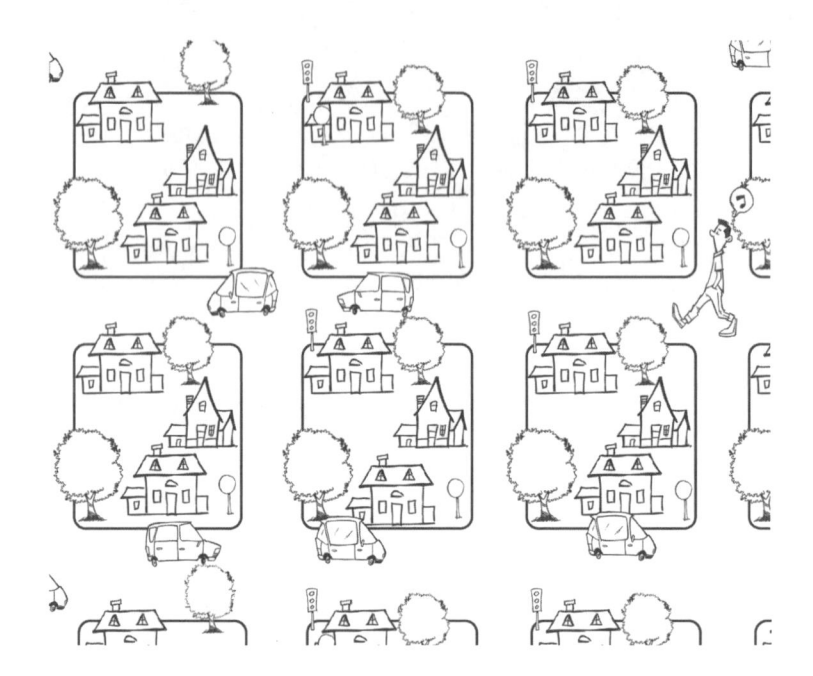

Você já reparou quantas ações repetitivas executa no seu dia a dia? Quando giramos a tampa de uma garrafa de água, por exemplo, repetimos a mesma ação "girar a tampa", até que ela saia por inteiro. Ao caminhar em direção a determinado lugar: caminhamos, paramos, olhamos para os dois lados, atravessamos a rua e voltamos a caminhar até a próxima esquina e repetimos: olhamos para os dois lados e atravessamos. Repetimos essas ações, combinadas como virar à esquerda ou à direita, até chegarmos ao destino.

Quando alguém nos pede uma indicação de caminho para um determinado lugar, muitas vezes explicamos que a pessoa deve caminhar por 5 quadras até o local que deseja. Isto significa que ele repetirá por 5 vezes as ações que descrevemos acima: caminhar até a esquina, olhar para os lados, atravessar. Cinco vezes, no exemplo, representa uma informação de controle: o número de vezes que se deve repetir as ações.

Em programação, um dos principais desafios é identificar e criar processos repetitivos para os problemas que queremos resolver.

Neste capítulo, vamos trabalhar os comandos de repetição, também conhecidos por loop, em exemplos que nos darão uma mostra de como controlar e aplicar a repetição na solução de problemas. Eles são comandos que, junto com os demais, propiciarão a construção da maior parte dos seus programas em termos de comandos. Ficam faltando alguns outros específicos a determinadas aplicações, tais como arquivos, ponteiros.

Conhecendo a teoria para programar

Loop – tradução livre: laço ou laçada. Segundo o dicionário Aurélio: "Trecho de programa executado repetidamente um número definido de vezes, ou até que uma condição seja satisfeita."

Encontramos na literatura variações para representar o comando: repetitivo, iterativo, loop, laço. No loop, parte-se de um ponto, dá-se uma volta no laço e retorna-se ao ponto de partida. Como numa montanha russa, não se repete o mesmo laço, pois entraríamos numa sequência infinita.

Em programação, é comum aparecer o loop infinito seja em função de erro ou por necessidade. Para que não se caracterize como um erro, deve existir uma forma de o loop ser interrompido por alguma interferência, caso contrário caracteriza-se como um erro. Isto é, se não há uma forma de interromper uma determinada ação do programa – não vale desligar o computador — então representa um erro.

Os comandos de repetição dão mais movimento ao nosso programa. Permitem que uma ação seja executada mais de uma vez sem que tenhamos que executar novamente o programa. Podemos testar entradas de dados e pedir que o usuário repita a entrada até que um valor válido seja digitado.

No algoritmo da calculadora visto no capítulo anterior, por exemplo, quando um símbolo diferente de uma das operações aritméticas é lido, o algoritmo imprime uma mensagem e termina o programa. Assim, pode-se alterar o algoritmo para repetir a entrada do símbolo da operação aritmética até que a entrada seja um símbolo válido. Na Figura 8.1 é mostrado o fluxograma do algoritmo da calculadora visto no capítulo anterior.

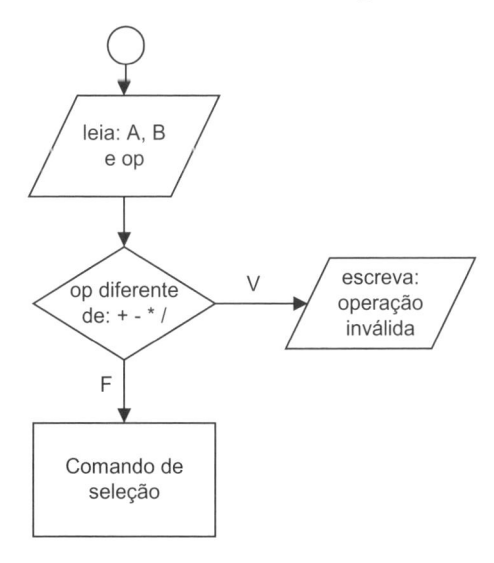

FIGURA 8.1: Fluxograma do algoritmo da calculadora

Para a alteração proposta, é necessário fazer a leitura do símbolo da operação aritmética num comando sozinho, para repetir a leitura do símbolo enquanto o símbolo digitado for diferente de um dos básicos: +,-,*,/. E, no lugar do comando condicional vamos incluir um comando para repetir a leitura. A condição deverá fazer parte do comando de repetição. Na Figura 8.2 é mostrado o fluxograma para essa alteração no algoritmo.

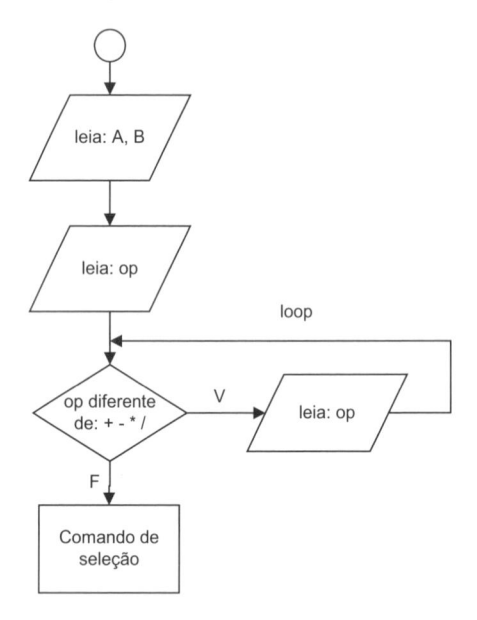

FIGURA 8.2: Fluxograma da calculadora com loop

A partir do fluxograma acima e passando para uma forma textual tem-se:

```
Leia (A, B)
Leia (op)
Enquanto op ≠ +,-,*,/
Leia(op)
```

O primeiro comando de leitura da operação foi necessário, no exemplo, para que a operação pudesse ser testada no comando repetitivo. O segundo comando de leitura será repetido enquanto a operação lida for diferente de uma das operações básicas (+,-,*,/). Assim, quando uma das básicas for digitada, o controle sairá do comando repetitivo e passará a executar o comando de seleção.

Assim, o que controla o número de repetições é uma condição (expressão lógica). No exemplo da calculadora, a condição utilizada foi em relação à operação digitada ser diferente das básicas. Na seção de implementações são apresentados três comandos de repetição em algumas linguagens.

Os comandos de repetição são chamados de iterativos, nome que vem da álgebra, do método das aproximações sucessivas ou método de iteração linear. Em sua definição básica, a variável de controle, em cada repetição, sofre uma variação em seu valor anterior e o resultado obtido deve convergir para o valor-limite. Caso a variação que a variável de controle sofre não convergir para o valor-limite, o processo se repetirá infinitamente. Isso significa um erro grave de programação.

Vamos programar

As linguagens possuem mais de um comando iterativo em sua sintaxe. Eles podem ser utilizados em qualquer aplicação. Com o conhecimento da sintaxe de cada um deles será possível escolher aquele que possui mais facilidades para determinada aplicação.

Os comandos iterativos básicos são: enquanto, para e repita. O primeiro a ser estudado é o comando enquanto. Esta estrutura repete uma sequência de comandos enquanto uma determinada condição (especificada através de uma expressão lógica) for satisfeita.

Comando iterativo – enquanto (while)

O comando cuja palavra-chave é enquanto (while) tem o mesmo comportamento nas várias linguagens, com apenas algumas diferenças na escrita do comando. De modo geral, é um comando que repete um comando ou um conjunto de comandos enquanto uma condição (expressão lógica) for verdadeira. Quando essa condição se tornar falsa, o controle passa para o próximo comando que se segue imediatamente ao final do comando repetitivo enquanto. Na Figura 8.3 é mostrado o fluxograma representando o comando enquanto (while).

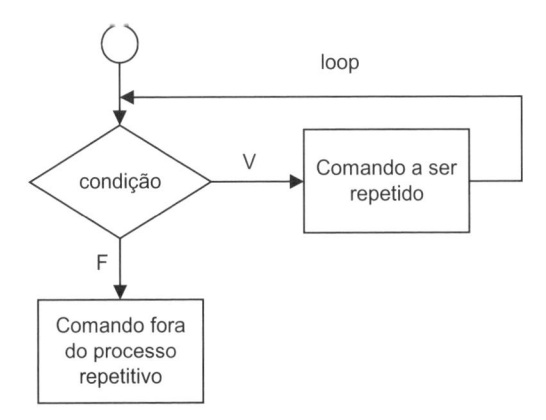

FIGURA 8.3: Fluxograma representando o comando enquanto (while)

VisuAlg

```
enquanto <expressão-lógica> faca
    <sequência-de-comandos>
fimenquanto
```

Analisando o comando:

- o bloco do comando se inicia com a palavra-chave **enquanto** e termina com o **fimenquanto**;
- o comando utiliza uma outra palavra-chave: **faça**, sem a cedilha, após a expressão-lógica;
- a expressão-lógica não precisa estar entre parênteses.

Pascal

```
while expressão-lógica do
comando;
```

Analisando o comando:

- o comando se inicia com a palavra-chave **while** e utiliza a palavra-chave **do** após a expressão-lógica;
- a expressão-lógica não precisa estar entre parênteses;
- para a repetição de mais de um comando é necessário colocá-los dentro de um bloco de comandos, utilizando-se as palavras-chave **begin** e **end**.

Exemplo:

```
while expressão-lógica do
begin
    comando;
    ...
    comando;
end;
```

C, Java e PHP

A sintaxe do comando enquanto é igual nas três linguagens e é dada por:

```
while (expressão_lógica)
comando;
```

Analisando o comando:

- o comando se inicia com a palavra-chave **while**;
- a expressão-lógica deve estar entre parênteses;
- para a repetição de um conjunto de comandos é necessário colocá-los dentro de um bloco de comandos, isto é, entre chaves: { }.

Exemplo:

```
while (expressão-lógica)
{
        comando;
        ...
        comando;
}
```

Exemplo em C:

```
x = 1;
while (x < 4){
printf("%d",x);
x + +;
}
```

Exemplo em Java:

```
x = 1;
while (x < 4)
{
        System.out.println("x = " + x);
        x + +;
}
```

Exemplo em PHP:

```
<?php
$x = 1;
while ($x < 4){
echo $x;
$x + +;
```

```
}
?>
```

Observação: em PHP um conjunto de comandos também pode ser incluído num bloco que se inicia com **dois-pontos** e termina com a palavra-chave **endwhile**.

Exemplo:

```
<?php
$x = 1;
while ($x < 4):
echo $x;
$x + +;
endwhile;
?>
```

Comando iterativo - para (for)

Este comando é útil quando se deseja repetir um número fixo de vezes determinado conjunto de comandos. Possui a mesma lógica de funcionamento nas linguagens abordadas. Para isso deverá ter uma variável de controle, um valor inicial, um valor final e o valor do incremento – o passo — que essa variável receberá para sair do valor inicial até atingir o valor final.

Cada linguagem tem uma forma diferente de tratar cada um desses elementos, o que veremos a seguir.

VisuAlg

```
para <variável> de <valor-inicial> ate <valor-limite>
[passo <incremento>] faca
<sequência-de-comandos>
fimpara
```

Papo técnico

8.1

O comando **para** também pode ser utilizado no seguinte formato: **para** <variável> := <valor-inicial> **ate** <valor-limite> [**passo** <incremento>] **faca**.

Análise do comando:

- **para**, **de**, **ate**, **passo**, **faca** e **fimpara** são palavras-chave do comando;
- variável: é a variável de controle do comando e deve ser do tipo inteiro;
- valor-inicial: é o valor de início da variável de controle. Pode ser uma constante ou uma expressão aritmética, desde que o valor seja do tipo inteiro. A atribuição desse valor à variável de controle é feita apenas uma vez antes de iniciar a primeira repetição do comando;
- valor-limite: é o valor de parada do comando. Isto é, a sequência de comandos será executada até que a variável de controle atinja esse valor;
- incremento: é o valor do passo que a variável de controle deve "caminhar" para que atinja o valor limite. É opcional. E quando presente, é necessário apresentar o valor do incremento que será acrescentado à variável de controle após cada repetição da sequência de comandos. Quando não está presente não deverá especificar o valor do incremento, e o compilador entenderá que o valor do incremento é o padrão, ou seja, igual a 1 (um).

Exemplo:

```
para x de 1 ate 3 passo 1 faca
  escreval("X = ", x)
fimpara
```

O trecho de algoritmo acima produzirá o seguinte resultado:

```
X = 1
X = 2
X = 3
```

Como o passo usado, no exemplo, é igual a 1 ele pode ser omitido. Nesse caso a linha do comando ficaria:

```
para x de 1 ate 3 faca
```

Assim, a execução do comando é feita da seguinte maneira:

1ª Atribui o valor inicial à variável de controle.

2ª Compara o valor da variável de controle com o valor-limite. Se o valor da variável-de-controle for menor ou igual ao valor-limite, então executa o comando dentro do **comando-para**. Caso contrário, sai do comando.

3ª Uma vez executado o comando dentro do **comando-para** ele volta para a linha do **comando-para**, incrementa o passo à variável-de--controle e volta a comparar o valor da variável-de-controle com o valor-limite, repetindo novamente o passo 2º e o 3º. Até que o valor-limite seja ultrapassado.

Pascal

A sintaxe do comando **for** na linguagem Pascal é muito semelhante à da linguagem VisuAlg e é dada por:

```
for variável-de-controle:= valor-inicial to
valor-final do comando;
```

Análise do comando:

- **for**, **to** e **do**: são palavras-chave do comando;
- a primeira parte é a atribuição do valor-inicial à variável de controle e é executada apenas uma vez, antes da execução da primeira repetição do comando;
- valor-final é o valor limite que a variável de controle deve atingir;
- não há a apresentação do passo pois está implícito que o incremento é igual ao valor 1;
- a palavra-chave **downto** é usada no lugar da palavra-chave **to** quando o incremento for igual ao valor -1. Nesse caso o valor-inicial deve ser maior do que o valor-final.

Exemplo:

```
for X: = 3 downto 1 do
        writeln('X = ', X);
```

O resultado esperado é mostrado a seguir:

```
X = 3
X = 2
X = 1
```

C, Java e PHP

```
for(iniciar ; expressão-lógica ;
    expressão-de-atualização) comando;
```

Análise do comando:

- o comando possui apenas uma palavra-chave: **for**;
- o comando é formado por três partes, colocadas entre parênteses e obrigatoriamente separadas por ponto-e-vírgula. Mesmo que uma das partes não seja necessária é obrigatória a apresentação dos dois ponto-e-vírgulas. Exemplo: **for**(; i < N**;**);
- iniciar: primeira parte e será executada apenas uma vez, quando começar o comando for;
- expressão-lógica: será executada para testar se a expressão é verdadeira ou falsa; se for verdadeira executará o comando a ser repetido e, se for falsa executará o próximo comando fora do for;
- expressão-de-atualização: será executada a partir da segunda vez, da repetição do comando for.

Exemplo em C:

```
for(x = 1; x < 4; x + +)
printf("X= %d \n", x);
```

O resultado esperado é mostrado abaixo:

```
X = 1
X = 2
X = 3
```

Este comando nessas linguagens é muito versátil com várias possibilidades de combinações de uso nas três partes que compõem o comando.

Exemplo em Java:

```
for(x = 1; x < 4; x + +)
System.out.println("X= " + x);
```

Exemplo em PHP:

```
<?
for ($x = 1; $xnumero < = 3; $x + +)
{
    echo "X = $x <br > ";
}
?>
```

Observação: em PHP, quando é necessário repetir um conjunto de comandos, pode-se utilizar a forma com **dois-pontos** e a palavra-chave **endfor** delimitando o final do comando.

Sintaxe alternativa em PHP:

```
for(iniciar ; expressão-lógica ;
   expressão-de-atualização):
      conjunto de comandos;
endfor;
```

O **comando for** possui vantagem em relação ao **comando-while** à medida que em uma mesma linha de comando está a atribuição inicial da variável de controle e o comando de atualização da variável de controle. Ambos possuem a expressão-lógica como elemento de parada da repetição. Veja abaixo a comparação em C, por exemplo:

```
x = 0
while (x < 4)               for(x = 0; x < 4; x + +)
{                              printf("X = %d \n",x);
  printf ("X = %d \n",x);
  x + +;
}
```

Comando iterativo - faça-enquanto (do-while) e repita-até (repeat-until)

Este comando é semelhante ao **enquanto**, com a diferença que a condição para a repetição dos comandos é testada no final, somente depois de executá-los, pelo menos uma vez.

Nas linguagens VisuAlg e Pascal o comando que testa a condição no final, após executar o bloco de comandos a ser repetido, é: **repita-até (repeat-until).**

Já para as linguagens C, Java e PHP, o comando repetitivo com essa característica de testar a condição no final do bloco é: **faça-enquanto (do-while).**

Atenção

Os comandos: **faça-enquanto** e **repita-até** possuem comportamento diferente na lógica de execução e é preciso observar isso. Assim, um comando não pode ser simplesmente convertido no outro. As palavras-chave são diferentes e elas próprias indicam essa diferença. Em uma forma textual pode-se interpretar os comandos da seguinte forma:

Faça um conjunto de comandos **enquanto** uma condição for verdadeira. Quando a condição se tornar falsa pare de repetir.

Repita um conjunto de comandos **até** que uma condição se torne verdadeira. Enquanto for falsa repita os comandos.

Enquanto no comando **faça-enquanto** o conjunto de comandos é repetido enquanto a condição for verdadeira. No comando **repita-até** o conjunto de comandos é repetido enquanto a condição for falsa. O comando **repita-até** possui a condição contrária ao do comando **enquanto.**

Sintaxe do comando repita-até em VisuAlg

```
repita
      <sequência-de-comandos>
ate  <expressão-lógica>
```

Análise do comando:

- o bloco do comando começa com a palavra-chave **repita** e termina com a palavra-chave **até** (sem acento);
- expressão-lógica: enquanto ela for falsa a sequência de comandos é repetida. Quando ela se tornar verdadeira o controle passa para o próximo comando que se segue.

Exemplo:

```
i < - 1
repita
      escreval("I = ", i)
      i < - i + 1
ate i > 3
```

O resultado esperado é mostrado a seguir:

```
I = 1
I = 2
I = 3
```

Sintaxe do comando repita-até em Pascal

```
repeat
      comando ou conjunto de comandos;
until <expressão-lógica > ;
```

Análise do comando:

- o comando começa com a palavra-chave **repeat** e termina com a palavra-chave **until**;
- expressão-lógica: enquanto ela for falsa o comando é repetido. Quando ela se tornar verdadeira o controle passa para o próximo comando que se segue;
- no caso do comando **repeat-until**, não há necessidade do uso das palavras-chave **begin** e **end** para um conjunto de comandos. A palavra-chave **until** delimita o final do comando.

Exemplo:

```
i:= 1;
repeat
     writeln('I = ', i);
     i:= i + 1;
until i > 3;
```

O resultado esperado é mostrado a seguir:

```
I = 1
I = 2
I = 3
```

Sintaxe do comando do-while em C, Java e PHP

Como dito anteriormente, esse comando possui o mesmo sentido do comando **while**, com a diferença que executará o comando uma vez antes de testar a expressão-lógica;

```
do
     comando;
while (expressão_lógica);  ◄───── ponto-e-vírgula
```

Análise do comando:

- o comando se inicia com a palavra-chave **do** e termina com a palavra-chave **while**;
- o comando possui uma expressão-lógica que enquanto for verdadeira o comando deve ser repetido;
- após a expressão-lógica que deve estar entre parênteses, deve terminar com um ponto-e-vírgula;
- quando for necessário repetir um conjunto de comandos é necessário o uso do par de chaves "{ }", abrindo e fechando o bloco de comandos.

```
do
{
    comando₁;
    .....
    comandoₙ;
} while(expressão_lógica);
```

Dica

Alguns programadores utilizam as chaves mesmo que se tenha apenas um comando dentro do comando repetitivo.

Exemplo em C:

```
i= 1;
do {
    printf("I = %d \n", i);
    i + +;
} while (i < = 3);
```

Em Java

```
i= 1;
do {
    System.out.println("I = "+ i);
    i + +;
} while (i < = 3);
```

Em PHP

```
<?php
$i= 1;
do {
    echo "I = $i ";
```

```
        $i + +;
} while ($i < = 3);
?>
```

Para fixar

Nada melhor para ver se compreendemos os conceitos do que passar para a prática. Vamos apresentar alguns exemplos nas várias linguagens, destacando alguns recursos que algumas delas possibilitam.

Escreva um programa que imprima na tela os dez primeiros múltiplos de um número inteiro qualquer fornecido pelo usuário (lido). No final, imprima também a soma destes dez números. Fazer duas versões deste programa: uma utilizando o **for** e outra utilizando o **while**. Na Figura 8.4 é mostrado o fluxograma para este problema.

Exemplo da saída:

Valor lido: 3
Lista de Múltiplos: 3 6 9 12 15 18 21 24 27 30
Soma = 165

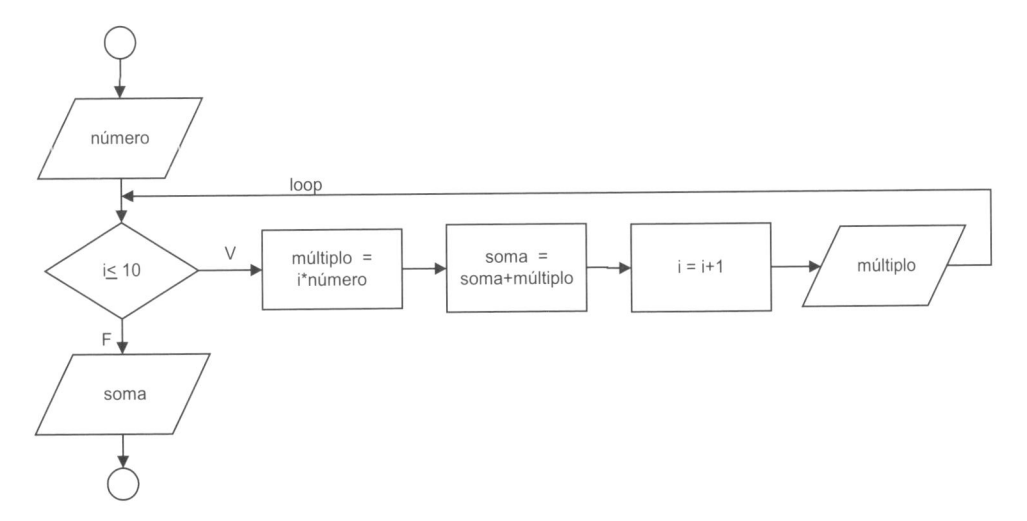

FIGURA 8.4: Fluxograma para o cálculo de múltiplos de um número

Versão em VisuAlg

```
algoritmo "Múltiplos de       algoritmo "Múltiplos de
número lido"                  número lido"
// Seção de Declarações       // Seção de Declarações
var                           var
   numero, soma, multiplo,     numero, soma, multiplo, i:
i: inteiro                    inteiro
inicio                        inicio
// Seção de Comandos          // Seção de Comandos
escreva("Digite um número:    escreva("Digite um número:
")                            ")
leia(numero)                  leia(numero)
escreval ("Valor Lido: ",     escreval ("Valor Lido: ",
numero)                       numero)
escreva ("Lista de Múlti-     escreva ("Lista de Multi-
plos: ")                      plos: ")
soma < -0                     i < -1
para i de 1 ate 10 passo 1    soma < -0
faca                          enquanto (i < = 10) faca
   multiplo <- i*numero
   escreva(multiplo, " ")        multiplo <- i*numero
   soma < - soma + multiplo      escreva(multiplo, " ")
fimpara                          soma < - soma + multiplo
escreval()                       i < - i + 1
escreval("Soma = ", soma)     fimenquanto
fimalgoritmo                  escreval()
                              escreval("Soma = ", soma)
                              fimalgoritmo
```

Resultado:

```
Digite um número: 5
Valor Lido: 5
Lista de Múltiplos: 5 10 15 20 25 30 35 40 45 50
Soma = 275
```

Versão em Pascal

```
program Multiplos;
uses Crt;
{ Seção de Declarações}
var
numero, soma, multiplo, i:
integer;
begin
  { Seção de Comandos}
  write('Digite um número: ');
  readln(numero);
  writeln ('Valor Lido: ',
numero);
  write ('Lista de Multi-
plos: ');
  soma: = 0;
  for i := 1 to 10 do begin
    multiplo := i*numero;
    write(multiplo, ' ');
    soma:= soma + multiplo;
  end;
  writeln();
  writeln('Soma = ', soma);
end.
```

```
program Multiplos;
uses Crt;
{ Seção de Declarações}
var
numero, soma, multiplo, i:
integer;
begin
  { Seção de Comandos}
  write('Digite um número: ');
  readln(numero);
  writeln ('Valor Lido: ',
numero);
  write ('Lista de Multi-
plos: ');
  i: = 1;
  soma: = 0;
  while (i < = 10) do begin
    multiplo := i*numero;
    write(multiplo, ' ');
    i:= i + 1;
    soma:= soma + multiplo;
  end;
  writeln();
  writeln('Soma = ', soma);
end.
```

Versão em C

```c
void main()
{
int numero, soma, multiplo,
i;
printf("Digite um número:
");
scanf ("%d",numero);
printf("Valor Lido: %d\n",
numero);
printf("Lista de Múltiplos:
");
soma = 0;
for (i= 1 ; i < = 10 ;
i + +)
{
   multiplo = i*numero;
   printf(" d%", multiplo);
   soma += multiplo;
}
printf("\nSoma = %d", soma);
}
```

```c
void main()
{
int numero, soma, multiplo,
i;
printf("Digite um número:
");
scanf ("%d",numero);
printf("Valor Lido: %d\n",
numero);
printf("Lista de Múltiplos:
");
soma = 0;
i = 1;
while(i < = 10)
{
   multiplo = i*numero;
   printf(" d%",multiplo);
   soma += multiplo;
   i + +;
}
printf("\nSoma = %d", soma);
}
```

Versão em Java

```
import java.util.*
public class Multiplo {
public  static  void
main(String args[])
{
int numero, soma, multiplo, i;
Scanner entrada = new
Scanner(System.in);
import java.util.*
public class Multiplo {
public  static  void
main(String args[])
{
int numero, soma, multiplo, i;
Scanner entrada = new Scan-
ner(System.in);
System.out.print("Digite um
número: ");
numero = entrada_dado.nex-
tInt();
System.out.print("\nValor
Lido: " + numero);
System.out.print("\nLista
de Múltiplos: ");
soma = 0;
for (i= 1 ; i < = 10 ;
i + +)
{
  multiplo = i*numero;
  System.out.print("
" + multiplo);
  soma += multiplo;
}
System.out.print("\nSo-
ma = "+ soma);
}
```

```
import java.util.*
public class Multiplo {
public  static  void
main(String args[])
{
int numero, soma, multiplo,
i;
Scanner entrada = new
Scanner(System.in);
System.out.print("Digite um
número: ");
numero = entrada_dado.nex-
tInt();
System.out.print("\nValor
Lido: " + numero);
System.out.print("\nLista
de Múltiplos: ");
soma = 0;
i = 1;
while(i < = 10)
{
  multiplo = i*numero;
  System.out.print("
" + multiplo);
  soma += multiplo;
  i + +;
}
System.out.print
("\nSoma = " + soma);
}
```

Versão em PHP

```php
<?php



$numero = 3;
echo"Valor: $numero";
echo "Lista de Múltiplos:
";
$soma = 0;
for ($i= 1 ; $i < = 10 ;
$i + +)
{
   $multiplo = $i*$numero;
   echo $multiplo;
   $soma += $multiplo;
}
echo "Soma = $soma";
?>
```

```php
<?php

$numero = 3;
echo "Valor: $numero \n";
echo "Lista de Multiplos:
\n";
$soma = 0;
for ($i= 1 ; $i < = 10 ;
$i + +)
{
   $multiplo = $i*$numero;
   echo "$multiplo \n";
   $soma += $multiplo;
}
echo "Soma = $soma"; >
```

 ## Algoritmos no cotidiano

Até aqui você já aprendeu sobre os tipos de dados básicos e os sete comandos que compõem as linguagens de programação: sequencial, se-então, se--então-senão, escolha, para, enquanto e faça-enquanto/repita-até.

Eles farão parte de todos os programas e, não necessariamente, devem ser utilizados ao mesmo tempo num mesmo programa. De acordo com a necessidade, você escolhe aquele que melhor atende a ideia que teve para seu algoritmo.

Assim, conhecidos os detalhes de uma linguagem de programação o foco passa a ser no algoritmo a ser construído e no resultado esperado. Em engenharia de software a elaboração de todo programa, respeitadas as proporções, deveria seguir obrigatoriamente três fases genéricas: definição, desenvolvimento e manutenção.

A fase de definição do software é a fase onde se deve definir claramente o que se pretende atender com esse software. Deve-se identificar os principais requisitos do software: funcionalidade e desempenho desejado, informações a serem processadas, critérios de validação, requisitos de interface, restrições do projeto.

A fase de desenvolvimento é a fase onde se deve definir como será a arquitetura do software, como serão implementados os detalhes de procedimentos, como será traduzido para uma linguagem de programação, como serão os testes.

A fase de manutenção é a fase das mudanças, onde podem ocorrer mudanças em função de erros, de adaptação e de melhorias. A fase de manutenção reaplica os passos de definição e desenvolvimento, dentro do contexto do software existente.

Embora os algoritmos construídos com os conhecimentos de programação que aprendemos até este capítulo ainda sejam simples, comece a pensar na solução do problema levando em consideração essas três etapas, mesmo que cada etapa não tenha grande volume de tarefas. Assim, você irá se acostumar a trabalhar de forma sistêmica na elaboração de uma solução e na construção de seus programas, facilitando seu trabalho diante de um problema maior. Existem bons livros que tratam com muitos detalhes sobre engenharia de software, tais como os autores Sommerville e Pressman.

Navegar é preciso

Na rede mundial há muito material interessante sobre engenharia de software, principalmente os encontrados em páginas de docentes de universidades. Vale a pena conferir.

Grandes Desafios da Pesquisa em Computação no Brasil de 2006 a 2016 é um documento elaborado por pesquisadores da área de computação durante seminário realizado pela Sociedade Brasileira de Computação em maio de 2006, que traz as tendências e os principais desafios na área. Confira o que é dito sobre softwares. O documento pode ser encontrado em: <http://www.sbc.org.br/index.php?option=com_jdownloads&Itemid=195&task=finish&cid=11&catid=50>. Acessado em 05/09/2011.

Exercícios propostos

Com mais este capítulo já podemos construir um conjunto maior de programas. Para cada um dos problemas abaixo construa um programa. Para um mesmo problema faça três versões, uma com cada um dos comandos de repetição que aprendemos.

1. Escreva um programa que leia 2 valores (a e b), calcule e imprima o resultado do somatório:

$$\sum_{i=1}^{a}\sum_{j=1}^{b}(a * b)+(j+i)^2$$

2. O TRT informatizou as eleições para prefeito. Escreva um programa que:

Inicialmente **leia o número de eleitores** esperados para uma determinada seção eleitoral. Encerrado esse procedimento a urna é aberta e inicia-se o processo de votação.

Disponibilize uma tela ao eleitor onde deve ser lido o código do seu candidato (vide a tabela de códigos a seguir).

A eleição só pode ser encerrada pelo presidente da seção. Isto é, a coleta dos votos deve ser repetida até que o valor código seja digitado. Para isso o presidente deverá digitar o valor -12345 como entrada para o código do candidato da tela anterior. O Presidente da seção deve **confirmar o encerramento da seção através de senha** (Considere a senha–35719).

Se todos os eleitores destinados para a seção já tiverem votado, o programa deve imprimir uma mensagem alertando sobre esse fato, antes da leitura do próximo código do candidato. Isso é importante pois, se todos já votaram, a eleição pode ser encerrada pelo presidente (procedendo conforme o item 3).

Após encerrada a eleição, **o programa deve exibir na tela**:

- O **total de votos esperados** na seção.

- **Total** e **porcentagem de votos efetivamente "depositados"** na urna eletrônica.

- **Totalização de votos para cada um dos candidatos**, bem como o **total de votos nulos** e **brancos** (considere a tabela de códigos dada a seguir).

Tabela de Códigos para a Eleição Municipal

Código	Nome do candidato
11	João
45	Maria
0	Voto em Branco
Outros códigos	Voto Nulo

3. Um Coronel dispõe seu batalhão de soldados conforme o triângulo a seguir:

`---|---`	(1ª Fila, 1 soldado)
`--|-|--`	(2ª Fila, 2 soldados)
`-|-|-|-`	(3ª Fila, 3 soldados)
`|-|-|-|`	(4ª Fila, 4 soldados)
`(...)`	

Escreva um programa que a partir de um número de soldados (valor lido), determine quantas filas se formarão e, **se for o caso**, quantos soldados restarão na fila incompleta.

4. Escreva um programa que leia um valor **n** (entre 2 e 5 e imprima as seguintes figuras na tela). **N** é o número de linhas das figuras a serem impressas.

Figura 1	Figura 2	Figura 3	Figura 4
*****	*	1	54321
****	**	12	4321
***	***	123	321
**	****	1234	21
*	*****	12345	1

5. Considerando **n** um valor de entrada que deve ser numérico, inteiro e ímpar, escreva um programa que calcule e imprima o resultado da seguinte expressão:

$$R = \frac{1}{n} - \frac{2}{n-1} + \frac{3}{n-2} - \cdots\cdots + E$$

6. Um determinado material radioativo perde metade de sua massa a cada 50s. Sendo dado de entrada a massa do material (em g), escreva um programa que calcule o tempo necessário para que a massa deste material passe a ser inferior a 1g. Escreva na tela sua resposta em horas, minutos e segundos.

7. Jogo de advinha simples. O usuário pensa em um número inteiro entre 1 e 100. E o programa deve adivinhar o número que a pessoa pensou em no máximo 7 tentativas.

Escreva um programa para adivinhar este valor pensado. O programa deve exibir o número que achar correto e pedir uma resposta ao usuário. Por exemplo: "É 4?" Se a resposta for SIM, o programa se encerra uma vez que o número foi adivinhado. No caso de resposta NÃO, o programa deve perguntar se o número pensado é maior ou menor do que o perguntado. Por exemplo: É maior do que 4? Com base na resposta, seu programa deve reformular os cálculos para nova tentativa. E assim por diante, até acertar. Neste jogo honestidade é FUNDAMENTAL. Imprimir o número de tentativas.

Referências

DEITEL, H. M.; DEITEL, P. J. *Como Programar em C*. 2.ed. Rio de Janeiro: LTC, 1999.

DEITEL, H. M.; DEITEL, P. J. J. *Java, Como Programar*. Tradução Edson Furmankiewicz. 3. ed., Porto Alegre: Bookman, 2001.

FARRER, H., *et al. Pascal Estruturado*. Coleção: Programação Estruturada de Computadores. 3. ed., LTC, 1999.

GILMORE, W. J. *Dominando PHP e MySQL do Iniciante ao Profissional*. Tradução: Raquel Marques e Lúcia Kinoshita. Rio de Janeiro: Alta Books, 2008.

O'BRIEN, S. K. *Turbo Pascal 6*: Completo e Total. São Paulo: Makron, 1992.

PRESSMAN, R. S. *Engenharia de Software*: uma Abordagem Profissional. 7. ed., McGrawHill – Artmed, 2011.

SCHILDT, H. *C, Completo e Total*. Tradução e Revisão Técnica Roberto Carlos Mayer. 3. ed., São Paulo: Makron Books, 1996.

SOMMERVILLE, I. Engenharia de Software. 9.ed. Pearson Brasil, 2011.

TREMBLAY, J.P; BUNT, R. B. *Ciência dos Computadores*: uma abordagem algorítmica. Tradução Moacir de Souza Prado. São Paulo: McGraw-Hill do Brasil, 1983.

Exercícios adicionais

Resolva os exercícios a seguir, construindo os algoritmos, na linguagem de programação de sua preferência.

1. Construir um programa que faz a leitura de N números inteiros, onde N também deve ser lido. Faz a somatória de todos eles. Imprime a somatória calculada.

2. Construir um programa que faz a leitura de N números inteiros, onde N também deve ser lido. Faz a somatória apenas dos números ímpares. Imprimir a somatória calculada. Caso nenhum seja ímpar, imprimir mensagem.

3. Construir um programa que faz leitura de N números inteiros, onde N também deve ser lido, e imprime apenas o Maior entre eles.

? O QUE VEM DEPOIS

Nos próximos capítulos você irá completar seus conhecimentos com tipos de dados mais complexos, que combinam entre si os tipos já aprendidos, compondo as estruturas de dados. Com essas estruturas de dados você poderá então construir programas que trabalham com conjuntos maiores de informações e perceber a importância e necessidade dos comandos repetitivos.

Boa leitura!

Vetor

" *As maneiras de organizar a informação são limitadas; aprenda as formas, procure variantes e começará a fazer ligações e opções que levam à compreensão.* "

RICHARD SAUL WURMAN

É importante conhecer as diversas estruturas de dados para aplicar, a cada situação, a estrutura mais adequada para atingir da melhor maneira os resultados esperados.

OBJETIVOS DO CAPÍTULO

- Identificar, na proposição de um problema, qual ou quais variáveis compostas deverão ser definidas.
- Abstrair, projetar e construir algoritmos/programas para
  - Definir e criar variáveis compostas homogêneas unidimensionais ou vetor.
  - Carregar dados em vetor, bem como acessar seu conteúdo.
  - Associar vetores de diferentes tipos de dados.

Para começar

O computador é uma ferramenta que serve, principalmente, para armazenar dados que são manipulados por programas. Um programa de computador consiste essencialmente em um conjunto de instruções sobre um conjunto de dados. Portanto, todo programador deve levar em consideração a importância dos dados e como estruturá-los da melhor forma para que seu algoritmo/programa possa atingir os resultados esperados.

Estruturas de dados são também denominadas variáveis compostas, que combinadas com o uso de variáveis simples tornam a construção de algoritmos/programas mais interessante, pois permite ao programador organizar e manter dados em memória para, em um determinado momento da execução do algoritmo/programa, estabelecer relações entre os dados armazenados e obter informações relevantes.

O uso correto das estruturas de dados não só torna claro e confiável o algoritmo/programa, como pode ser fator decisivo na sua organização e eficiência quando em execução.

Agora, falando em vetor, você sabia que o mosquito *Aedes Aegypti*, transmissor da dengue, é frequentemente referenciado como sendo o vetor da dengue?

No texto a seguir podemos notar a referência ao mosquito da dengue, como sendo um vetor.

"[...] A infestação do mosquito é sempre mais intensa no verão, em função da elevação da temperatura e da intensificação de chuvas – fatores que propiciam a eclosão de ovos do mosquito. Para evitar esta situação, é preciso adotar medidas permanentes para o controle do **vetor**, durante todo o ano, a partir de ações preventivas de eliminação de focos do **vetor**." (Fonte: http://www. ioc.fiocruz.br/dengue/textos/oportunista.html. Acesso em: 04/07/2011).

O mosquito transmissor da dengue carrega dentro dele o arbovírus do gênero *Flavivírus*, causador da dengue, por isso é conhecido como o vetor da dengue, uma vez que carrega um único tipo de vírus.

Levando isso em consideração, por que uma variável ou uma mesma posição de memória não pode guardar vários valores de um mesmo tipo? Ora, isso pode ocorrer sim! E é conhecido, em linguagem algorítmica, como vetores.

Em linguagem algorítmica os vetores são denominados variáveis compostas homogêneas unidimensionais.

O vetor é uma variável composta, pois é formado por um número finito de variáveis, e homogêneo porque essas variáveis são de um mesmo tipo de dado. Além disso, o vetor é unidimensional, pois possui somente uma dimensão, representado em linha ou em coluna.

Atenção

Da mesma forma que uma variável simples, o vetor também ocupa espaço em memória e possui um nome ou identificador, porém sendo uma variável composta, então devemos estabelecer quantos elementos (variáveis) o vetor irá conter.

Se o conteúdo de um vetor for previamente definido (carregado), e não for alterado durante a execução do algoritmo/programa, então este será um vetor de constantes.

Nesse capítulo, aprenderemos a definir um vetor, atribuir valores ao mesmo, e acessar o seu conteúdo usando linguagem algorítmica e de programação de computador.

Conhecendo a teoria para programar

A definição e uso de vetores em algoritmos/programas resulta da análise e interpretação do problema que está sendo proposto. Todavia o que deve estar claro é que o vetor é uma variável composta, e que somente pode armazenar dados de um único tipo; porém, podemos definir quantos vetores forem necessários, e se é necessário estabelecer relações entre eles, dentro do algoritmo/programa.

Atenção

Sendo o vetor uma variável composta de **n** elementos, então devemos, no momento de sua definição, estabelecer o número máximo de elementos que ele irá conter.

Vamos tentar pensar na solução da seguinte tarefa:

"Construir um algoritmo para solicitar e ler o nome e a média final de 10 alunos matriculados na disciplina de Técnicas de Programação de Computadores, e mostrar a situação de cada aluno. Se a média do aluno for maior ou igual a 7.0, então escrever: APROVADO; senão, se a sua média for maior ou igual a 5.0, então escrever: EM EXAME; senão escrever: REPROVADO".

Você poderá construir o algoritmo para a solução do problema acima, na forma simbólica (fluxograma) ou de descrição narrativa.

Dica

Você poderá resolver o problema utilizando uma estrutura de repetição com teste de condição no início da estrutura (Enquanto <condição> Faça...), ou uma estrutura de repetição com variável de controle das repetições (Para... Faça...).

Tempo para construção do algoritmo: 30 minutos. Vamos lá!

Conseguiu? Está funcionando?

Então, vamos apresentar nossa proposta de solução através de duas formas de representação de algoritmos, ou seja, a simbólica, através do Fluxograma, e a descritiva, através do Português Estruturado.

Fluxograma

O modelo lógico para solução do exercício proposto, está representado através do fluxograma da Figura 9.1.

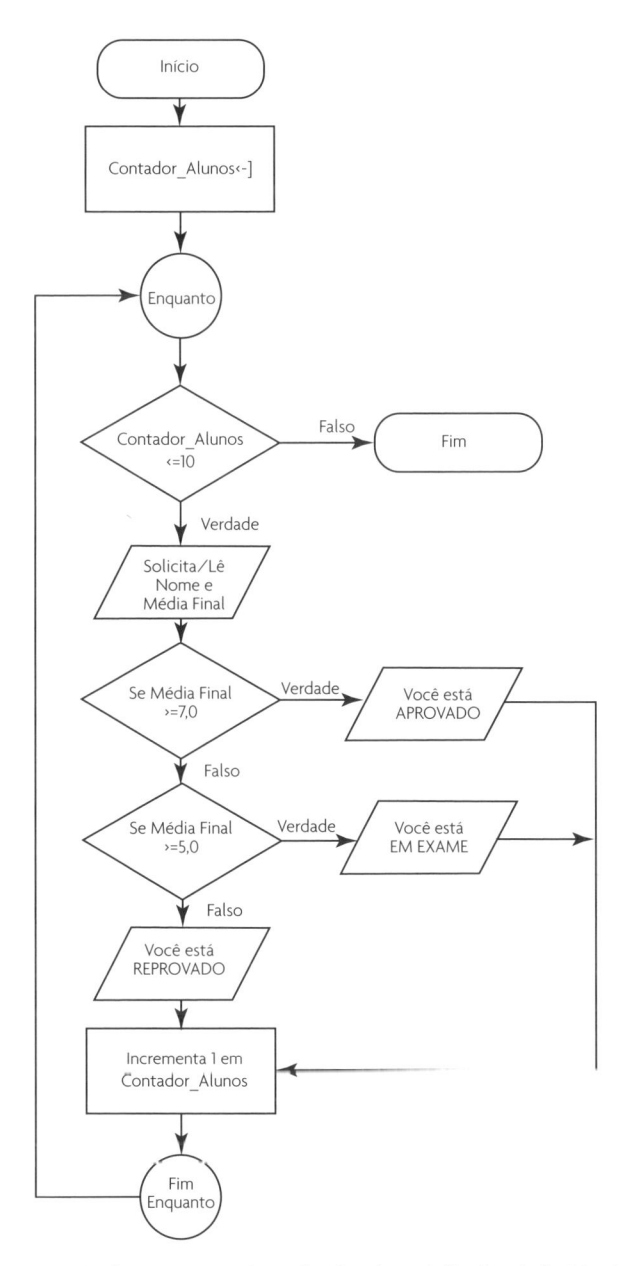

FIGURA 9.1: Fluxograma do cálculo da média final de 10 alunos

Vamos desenvolver a solução algorítmica usando duas estruturas de repetição, já aprendidas em capítulos anteriores.

O algoritmo proposto a seguir usa, para processar as médias finais dos 10 alunos, a estrutura de repetição com teste de condição no início da estrutura (Enquanto <condição> faça... FimEnquanto). Observe que, neste caso, o controle das repetições fica por conta da lógica do programador, isto é, ele deverá cuidar de modificar o valor da variável que controla as repetições dentro da estrutura, para evitar o "loop" do algoritmo/programa.

No algoritmo abaixo, a variável que controla o número de repetições é - **Contador_Alunos**.

```
Algoritmo "MediaFinal_Alunos"
// Objetivo: Ler Média final de 10 alunos e determinar
sua situação
//          (Aprovado, Em Exame ou Reprovado).
Var
    Nome_Aluno : Caractere
    MediaFinal : Real
    Contador_Alunos : Inteiro
inicio
    Contador_Alunos := 1
    Enquanto Contador_Alunos <= 10 faca
            Escreval ("Informe Nome do Aluno(a) - ",
                    Contador_Alunos," :")
            Leia(Nome_Aluno)
            Escreval ("Informe sua Média Final:")
            Leia(MediaFinal)
            Se MediaFinal >= 7.0 entao
                    Escreval(Nome_Aluno," Você está
APROVADO(A).")
            senao
                    Se MediaFinal >= 5.0 entao
                            Escreval(Nome_Aluno," Você está EM
EXAME.")
                    senao
                            Escreval(Nome_Aluno," Você está
REPROVADO(A).")
                    FimSe
            FimSe
            Escreval; // Salta uma linha
            Contador_Alunos := Contador_Alunos + 1
    FimEnquanto
Fimalgoritmo
```

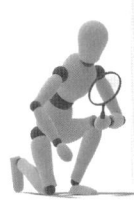

Executando esse algoritmo temos como resultado a seguinte tela:

```
Informe Nome do Aluno -  1 :
João
Informe sua Média Final:
7,0
João Você está APROVADO.

Informe Nome do Aluno -  2 :
Maria
Informe sua Média Final:
5,0
Maria Você está EM EXAME.

Informe Nome do Aluno -  3 :
Pedro
Informe sua Média Final:
4,9
Pedro Você está REPROVADO.

Informe Nome do Aluno -  4 :
```

FIGURA 9.2: Resultado da execução do algoritmo "MédiaFinal_Alunos"

Outra solução que pode ser considerada é a proposta a seguir, que usa a estrutura de repetição com variável de controle automático das iterações (Para < Variável de Controle > iniciando em 1 e aumentando de 1 até X faça ... FimPara).

O uso desse tipo de estrutura de repetição é o mais recomendado para a solução do problema proposto, pois como o número de repetições é finito (10 vezes), então o controle das repetições nesta estrutura fica por conta do algoritmo/programa ou, mais precisamente, do computador.

```
algoritmo "MediaFinal_Alunos"
// Função: Ler Média final de 10 alunos e determinar sua
situação
//         (Aprovado, Em Exame ou Reprovado)
Var
```

```
    Nome_Aluno : Caractere
    MediaFinal : Real
    Contador_Alunos : Inteiro
inicio
    Para Contador_Alunos := 1 ate 10 faca
        Escreval ("Informe Nome do Aluno(a) -
",Contador_Alunos," :")
        Leia(Nome_Aluno)
        Escreval ("Informe sua Média Final:")
        Leia(MediaFinal)
        Se MediaFinal >= 7.0 entao
            Escreval(Nome_Aluno," Você está
APROVADO(A).")
        senao
            Se MediaFinal >= 5.0 entao
                Escreval(Nome_Aluno," Você está EM
EXAME.")
            senao
                Escreval(Nome_Aluno," Você está
REPROVADO(A).")
            FimSe
        FimSe
        Escreval
    FimPara
fimalgoritmo
```

Executando esse algoritmo temos como resultado a mesma tela mostrada na Figura 9.2.

Fácil, não é mesmo?

Com os conceitos obtidos e as práticas realizadas até o momento, resolvemos o problema proposto utilizando somente variáveis simples.

Agora vamos atribuir um grau de complexidade maior a esse problema, ou seja, vamos supor que além de mostrar a situação de cada aluno, considerando sua média final, tenhamos que estabelecer uma relação entre essa média, e a média da turma, que é a média aritmética dos 10 alunos. Quando a média do aluno estiver acima da média da turma vamos escrever: "Bom Aluno"; se estiver abaixo da média da turma vamos escrever: "Aluno com baixo desempenho"; senão vamos escrever "Aluno Médio".

Então, agora, vamos repensar o problema!

Após processar as médias finais dos 10 alunos precisaremos calcular a média da turma, que é o somatório das médias individuais informadas, dividido por 10. Até aí tudo bem, basta definir uma variável acumuladora e, dentro da estrutura de repetição, ir acumulando nessa variável as médias informadas, de cada aluno. Após processar os 10 alunos, basta dividir o valor contido nessa variável acumuladora por 10, para obter a média aritmética da turma.

Agora, para informar sobre o desempenho do aluno, devemos comparar sua média final com essa média da turma e, para isso, basta construir outra estrutura de repetição para executar esse processo de comparação para os 10 alunos. Porém, temos um pequeno problema, ou seja, neste momento do algoritmo temos na memória somente a média final do décimo aluno processado, pois usamos variável simples para armazenar esse dado e, para efetuar a comparação da média final do aluno com a média da turma, temos que ter na memória a média de cada um dos 10 alunos.

Para resolver esse problema, ainda utilizando somente variável simples, conforme o fizemos no algoritmo anterior, teríamos que definir uma variável média final para cada aluno, e se formos mostrar o nome do aluno, então, teríamos que definir, também para cada aluno, uma variável para armazenar o seu nome. Então, só para armazenar esses dados teríamos um total de 20 variáveis definidas no algoritmo/programa.

A definição de variáveis ficaria conforme mostrado abaixo:

```
Var
        NomeAluno1,NomeAluno2,NomeAluno3.........
NomeAluno10 : Caractere
        MediaFinal1,MediaFinal2,MediaFinal3.......
MediaFinal10 : Real
        AcumMedias, MediaTurma : Real
```

Para cada aluno processado armazenaremos seus dados na sua variável, e acumularemos sua média final informada na variável acumuladora – AcumMedias. Após processar os dados dos 10 alunos, a variável média da turma - MediaTurma - será igual ao conteúdo da variável – AcumMedias - dividido por 10.

Após esse cálculo basta construir outra estrutura de repetição para comparar a média de cada aluno com a média da turma, e escrever uma das mensagens especificadas na descrição do problema.

Simples não?

Agora vamos imaginar que esse algoritmo, ao invés de processar somente 10 alunos, tivesse que processar as médias finais de 40 alunos.

Já imaginou quantas variáveis simples, NomeAluno e MediaFinal teríamos que definir?

Então, para resolver esse, e muitos outros problemas relacionados com o uso de estruturas de dados, usamos as variáveis compostas, no caso o vetor.

Antes de partir para a solução do problema anterior usando vetor, vamos assimilar importantes conceitos sobre definição e uso do vetor.

Conceitos sobre vetor

Segundo o conceito de Informação, temos que: "Informação é a matéria-prima que faz com que seja necessária a existência dos computadores, pois eles são capazes de manipular e armazenar um grande volume de dados, com alta performance [...]" (Forbellone; Eberspacher, 2005:15).

Conforme estudado nos capítulos anteriores, os computadores, de maneira geral, manipulam dados e informações, enquadrando-as nos seguintes tipos primitivos: Numérico INTEIRO ou REAL, CARACTERE ou LÓGICO.

Em determinadas linguagens de programação, como a linguagem PASCAL, temos uma série de tipo de dados predefinidos ou primitivos, à disposição dos programadores, para codificação de seus algoritmos; entre esses tipos destacamos: Integer, Char, Byte, Real, String, Boolean etc. Todavia, a quantidade de tipos de dados primitivos pode não ser suficiente para representar toda e qualquer informação que possa ocorrer durante o processamento do algoritmo/programa. Essa deficiência poderia ser resolvida se tivéssemos à disposição mais tipos de dados, ou, mais precisamente, se esses tipos pudessem ser criados à medida de sua necessidade.

Algumas linguagens permitem, a partir da composição de tipos primitivos, construir novos tipos. Dentre os novos tipos, podemos construir os que têm um formato denominado: ESTRUTURA DE DADOS.

Uma estrutura de dados define como os tipos primitivos serão organizados.

Uma estrutura de dados, também denominada variáveis estruturadas ou variáveis compostas, pode ser referenciada como: "Matriz", "Vetor", "Array", "Tabela" etc., conforme a linguagem de programação utilizada.

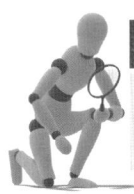

> **Atenção**
>
> Assim como uma variável simples pode ser entendida como um elemento de dado, a ESTRUTURA DE DADOS pode ser vista como um conjunto de elementos.

Variável composta homogênea unidimensional (VCHU) ou vetor

É uma estrutura de dados, composta de **n** variáveis do mesmo tipo de dado primitivo (por isso são homogêneas), identificada por um nome e possuindo somente uma dimensão (representada em linha ou em coluna).

Uma VCHU, ou simplesmente vetor, corresponde a posições de memória identificadas por um único nome, individualizadas por índices, e cujo conteúdo é de um mesmo tipo de dado.

Para entender esse tipo de estrutura de dados imagine um armário horizontal, conforme mostrado na Figura 9.3, com um conjunto finito de gavetas (10 gavetas). O armário é a **estrutura** e as gavetas são os **elementos** dessa estrutura. Sendo as gavetas uma divisão direta do armário, estas formam então o que chamamos de **estrutura unidimensional** (uma dimensão).

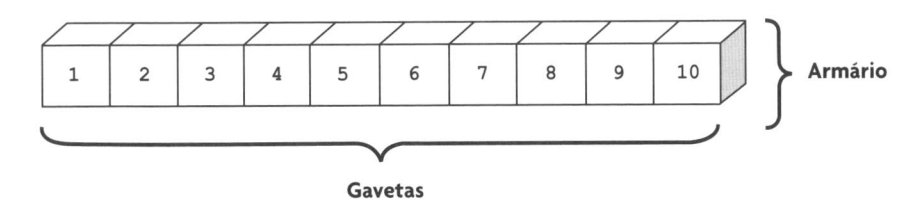

FIGURA 9.3: Representação de um vetor

Agora, considerando o problema que estamos resolvendo, imagine que em cada gaveta esteja armazenada a média final de cada aluno processado, então temos um armário com as médias dos 10 alunos. Esse armário será denominado: Vet_Médias.

Conforme mostrado na Figura 9.4, se desejarmos saber a média final do aluno 5, então apontamos para a gaveta número cinco, olhamos o seu conteúdo, e temos o valor correspondente a essa média, ou seja, **6,0.**

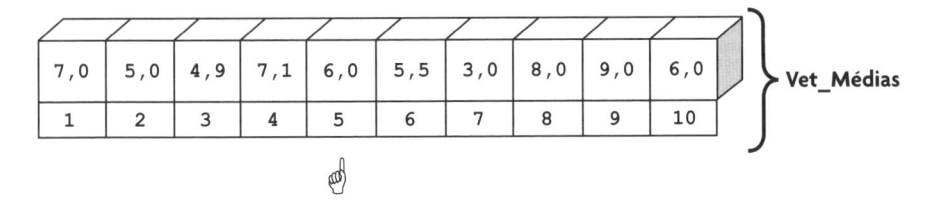

FIGURA 9.4: Apontando para dentro do vetor

Em linguagem algorítmica o apontador para o componente de um vetor pode ser:

a) Uma variável simples, ou;

b) Uma constante numérica; ambas do tipo numérico inteiro sem sinal, ou;

c) Uma operação aritmética cujo resultado seja um número inteiro sem sinal.

O apontador, ou indexador do vetor, é denominado **Índice do Vetor.**

Supondo que o índice do vetor Vet_Medias é uma variável numérica inteira sem sinal, denominada INDVET, e que seu conteúdo possui um valor = 8, conforme mostrado na Figura 9.5. Então ao acessar esse vetor (armário), o índice estará apontando para o oitavo elemento do vetor (gaveta), cujo conteúdo poderá ser processado (inserido, alterado, mostrado ou apagado).

Atenção

Não confundir o índice que aponta para uma posição do vetor, com o conteúdo de uma posição do vetor.

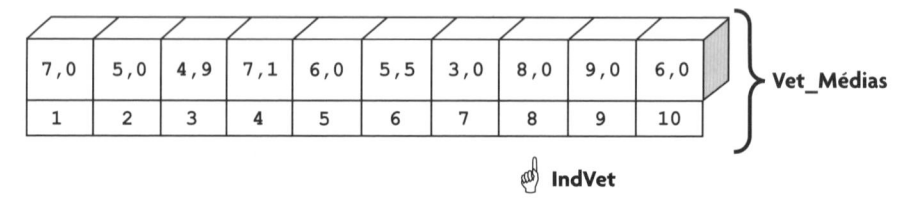

FIGURA 9.5: Apontando para dentro do vetor

Vamos refletir um pouco mais sobre nosso algoritmo? Vamos lá!

Observe que, além da média final, o algoritmo também recebe o nome do aluno. Considerando que esses dados são de tipos diferentes, então não poderão ser armazenados na mesma gaveta do armário: Vet_Medias. Todavia, sempre que tivermos que mostrar a média final de um aluno, é conveniente mostrar, também, o seu nome. Concorda? Se afirmativo, então, o que fazer para resolver isso?

Pense!

E então? Alguma sugestão?

Basta adicionarmos um armário (vetor) cujas gavetas (elemento do vetor) armazenarão nomes de alunos e, em seguida, estabelecermos a relação entre esses armários usando o apontador (índice do vetor).

Observe a Figura 9.6. Supondo que o índice do Vet_Medias, o INDVET, possui um valor = 3 então, ao mesmo tempo que esse índice aponta para o armário (vetor) com as médias finais, também apontará para o armário como os nomes de alunos, e temos nas gavetas de número 3 os valores: 4,9 e Pedro. Então, Pedro tem média final 4,9.

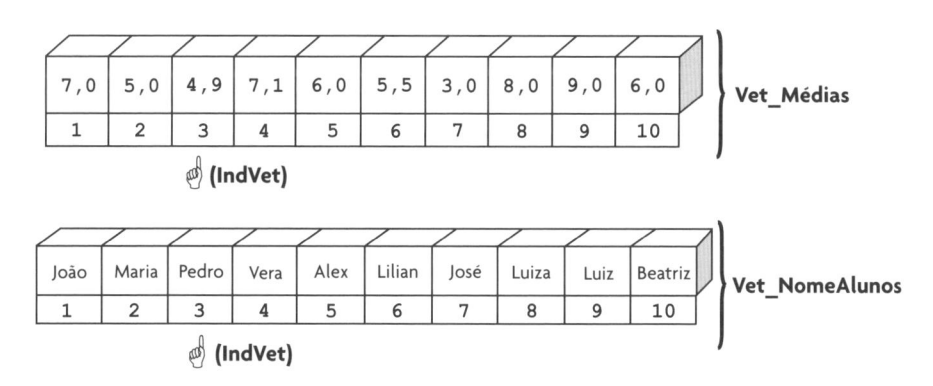

FIGURA 9.6: Apontando para dentro de dois vetores

Com a definição de apenas duas variáveis compostas, encapsulamos 20 variáveis simples (média final e nome do aluno).

Agora que entendemos alguns conceitos básicos sobre vetor, vamos aprender a defini-lo e manipulá-lo, através da construção de algoritmos/programas.

Declaração de vetor

A declaração de um vetor segue as mesmas regras sintáticas para a definição de variáveis simples, porém por ser uma variável composta, devemos declarar, também, o seu tamanho. Isso requer reserva de memória, ou seja, mesmo que não utilizemos na sua totalidade é necessário dimensionar a quantidade total de memória que vamos usar, e isso é feito quando definimos quantos elementos de dados o vetor irá conter (seu tamanho).

Um vetor possui quatro atributos: identificador, tamanho, tipo de dado e conteúdo, e sua declaração ocorre diretamente na área de variáveis ou constantes, do algoritmo/programa.

Sintaxe da definição de vetor

> ### Atenção
>
> O limite inferior de um vetor não necessariamente precisa ser 1. Você pode criar um vetor com limite inferior e superior que tenha estrita relação com o contexto da sua estrutura de dados. Por exemplo, se queremos armazenar o valor das vendas efetuadas entre julho e dezembro, podemos criar um vetor com limite inferior 7 e superior 12.

Declaração de vetor em VisuAlg

Em VisuAlg, um VETOR é definido diretamente na área de declaração de variáveis, ou seja, após a palavra-chave Var.

Exemplo: criação de um VETOR para armazenar a quantidade vendida durante um ano, de um determinado produto.

Var

    Vet_QtdVendProd : Vetor [1..12] de Real

    IndVet : Inteiro

Manipulação de vetor

Considerando o exemplo simbólico do armário, podemos identificar qualquer gaveta, porém, para acessar o conteúdo da gaveta, precisamos saber qual é o armário, pois todo armário desse tipo possui gavetas.

Com vetores acontece o mesmo, ou seja, se desejamos acessar determinados elementos de um vetor, devemos primeiro determinar qual é o vetor que queremos acessar, pois podem existir vários vetores declarados no algoritmo/programa.

Uma vez definido o vetor, devemos especificar qual elemento (posição do vetor) desse vetor queremos acessar.

O **nome do vetor** é determinado por meio do seu identificador que foi atribuído na sua definição, **e a posição**, por meio de um **ÍNDICE**.

Conceito

Para o computador acessar um vetor é preciso que ele conheça o nome do vetor, e o valor do índice que irá apontar para o elemento do vetor, cujo conteúdo será acessado.

Atribuição de dados em vetor, usando VisuAlg

Vamos definir um vetor, identificado como Vet_Vendas_Anual, com 12 elementos do tipo de dado numérico Real, para armazenar o valor das vendas mensais de um determinado produto, durante um ano e, em seguida veremos algumas formas de atribuir valores para esse vetor.

Var

Vet_Vendas_Anual : VETOR [1..12] de REAL

IndVet : Byte

Simbolicamente esse vetor ficaria na memória, conforme mostra a Figura 9.7.

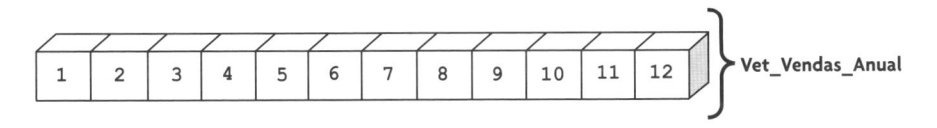

FIGURA 9.7: Vetor em memória

Uma vez definido o Vetor, e residente na memória, podemos isolar qualquer um de seus elementos, e acessá-lo de várias maneiras.

Exemplos:

- Atribuir um valor de vendas de R$ 200,00, referente ao mês de outubro, para dentro do vetor:

Vet_Vendas_Anual[10] := 200,00

- Atribuir para o vetor, o valor das vendas do mês de agosto, que foi informado através de teclado.

Leia(Vet_Vendas_Anual[8])

- Acrescentar 10% sobre o valor das vendas do mês de dezembro.

Vet_Vendas_Anual[12] := Vet_Vendas_Anual[12] x 1,10

Observe que estamos acessando o vetor usando valores constantes como índice.

Vamos, a seguir, acessar o vetor usando variável índice.

- Atribuir um valor de vendas de R$ 600,00, para o elemento do vetor cuja posição corresponde ao conteúdo da variável IndVet (índice do vetor):

Vet_Vendas_Anual[IndVet] := 600,00

Supondo IndVet = 5, então será atribuído o valor de R$ 600,00 para o quinto elemento do vetor.

- Atribuir um valor de vendas de R$ 800,00, para o elemento do vetor cuja posição é seguinte àquela indicada pelo conteúdo da variável IndVet (índice do vetor):

Vet_Vendas_Anual[IndVet + 1] := 800,00

Supondo IndVet = 5, então será atribuído o valor de R$ 600,00 para o sexto elemento do vetor.

- Acrescentar 5% sobre o valor das vendas armazenado no elemento apontado pela variável IndVet.

Vet_Vendas_Anual[IndVet] := Vet_Vendas_Anual[IndVet] x 1,05

Supondo IndVet = 10, então o valor contido no décimo elemento do vetor terá um acréscimo de 5%.

Consultar ou mostrar dados contidos em vetores, usando VisuAlg

- Mostrar valor das vendas do mês de junho.

Escreva(Vet_Vendas_Anual[6]:8:2)

- Mostrar valor de vendas contido no elemento do vetor, cuja posição corresponde ao conteúdo da variável IndVet:

Escreva(Vet_Vendas_Anual[IndVet]:8:2)

Observe que, no comando de escrita acima, logo após o identificador do vetor inserimos a codificação :8:2.

Essa codificação é necessária, pois variáveis do tipo real operam com posições decimais flutuantes e, portanto, ao exibir o conteúdo dessas variáveis, devemos fixar o número de posições decimais que queremos visualizar. No exemplo dado definimos a visualização de duas posições decimais (:2). A codificação - :8 é usada quando queremos alinhar a parte inteira da variável.

Atenção

Em comando de escrita do conteúdo de variável do tipo real, devemos estabelecer o número de posições decimais que desejamos visualizar na tela do computador, ou impresso.

Relembrando!

Lembra-se do grau de complexidade adicionado ao problema proposto no início deste capítulo?

Então, agora que entendemos os conceitos básicos sobre definição e uso de vetores, vamos partir para a solução desse problema usando vetor.

Apenas relembrando a descrição inicial do problema:

"Construir um algoritmo para solicitar e ler o nome e a média final de 10 alunos matriculados na disciplina de Técnicas e Programação de Computadores, e mostrar a situação de cada aluno. Se a média do aluno for maior ou igual a 7.0, então escrever: APROVADO; senão, se a sua média for maior ou igual a 5.0, então escrever: EM EXAME; senão escrever: REPROVADO."

A esse problema foi adicionado o seguinte grau de complexidade:

"Estabelecer uma relação entre a média do aluno, e a média da turma, ou seja, a média aritmética dos 10 alunos. Quando a média do aluno estiver acima da média da turma vamos escrever: Bom Aluno; se estiver abaixo da média da turma vamos escrever: Aluno com baixo desempenho; senão vamos escrever: Aluno Médio".

Uma proposta de resolução desse problema, utilizando fluxograma, pode ser a seguinte:

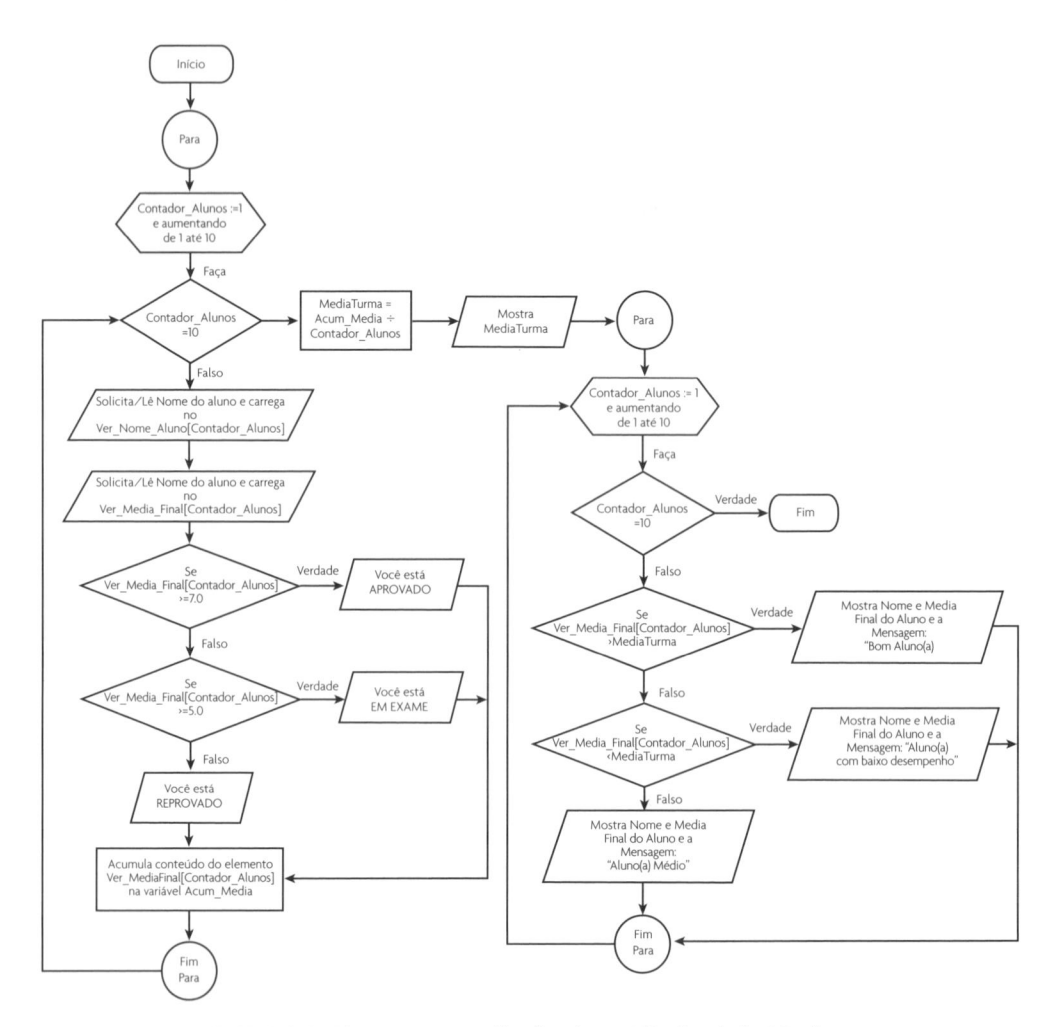

FIGURA 9.8: Fluxograma: cálculo da média final de 10 alunos

A seguir, temos implementações de algoritmo/programa para a solução desse problema.

 Vamos programar

VisuAlg

Vamos iniciar a construção do algoritmo em VisuAlg, tendo como objetivo solucionar o problema proposto, definindo as variáveis necessárias para sua execução.

Considerando que um vetor armazena dados de um único tipo, então, definiremos dois vetores, um que irá armazenar dados do tipo numérico real (a média final dos 10 alunos), e outro vetor que irá armazenar dados do tipo caractere (nome do aluno).

Lembre-se que em algoritmos a definição de variáveis ocorre logo após a palavra-chave Var, no início do algoritmo.

A declaração dos vetores é a seguinte:

```
Algoritmo "MediaFinal_Alunos"
Var
    Vet_Nome_Aluno : Vetor [1..10] de Caractere
    Vet_MediaFinal : Vetor [1..10] de Real
```

Será necessário definir, também, a variável índice do vetor; a variável acumuladora das médias finais dos alunos; e a variável que irá conter a média da turma.

```
Algoritmo "MediaFinal_Alunos"
Var
    Vet_Nome_Aluno : Vetor [1..10] de Caractere
    Vet_MediaFinal : Vetor [1..10] de Real
    Contador_Alunos : Inteiro //                índice do
vetor
    Acum_Media, MediaTurma : Real
```

Definidas as variáveis, então, iniciamos a escrita dos comandos para:

a) Solicitar e ler, o nome e a média final de cada aluno.
b) Determinar sua situação (aprovado, reprovado, ou em exame).
c) Acumular a média final informada.

Esses comandos serão colocados dentro de uma estrutura de repetição, com variável de controle automático das repetições.

```
Algoritmo "MediaFinal_Alunos"
. . . . . . . . . . . . . . .
Para Contador_Alunos := 1 ate 10 faca
    LimpaTela // Limpa a tela do monitor a cada aluno
processado
    Escreval ("Informe Nome do Aluno(a) - ",Contador_
Alunos," :")
    Leia(Vet_Nome_Aluno[Contador_Alunos])
    Escreval ("Informe sua Média Final:")
    Leia(Vet_MediaFinal[Contador_Alunos])
    Se Vet_MediaFinal[Contador_Alunos] >= 7.0 entao
        Escreval(Vet_Nome_Aluno[Contador_Alunos],
            " Você está APROVADO(A).")
```

Atenção

O comando de escrita, evidenciado acima, foi "quebrado" em duas linhas apenas para ficar visível na página. Em VisuAlg, essa forma de escrever provocará um erro de sintaxe, pois todo comando deve ser escrito em uma única linha.

```
senao
Se Vet_MediaFinal[Contador_Alunos] >= 5.0 entao
Escreval(Vet_Nome_Aluno[Contador_Alunos],
        " Você está EM EXAME.")
senao
        Escreval(Vet_Nome_Aluno[Contador_Alunos],
            " Você está REPROVADO(A).")
FimSe
FimSe
```

```
Acum_Media := Acum_Media + Vet_MediaFinal[Contador_
Alunos]
FimPara
```

Note no algoritmo anterior, que os dados informados são lidos (armazenados) diretamente para dentro dos vetores, no elemento apontado pelo índice: Contador_Alunos.

Após o término da execução dessa estrutura, isto é, após processar os 10 alunos, teremos seus dados (nome e média final) armazenados em vetores, e o somatório das médias finais contidas no vetor, armazenado na variável Acum_Media.

Continuando o processamento do algoritmo iremos calcular a média da turma, que é a divisão do conteúdo da variável Acum_Media, que foi acumulada dentro da estrutura de repetição, pela constante numérica inteira 10, conforme mostrado no seguinte trecho do algoritmo.

```
Algoritmo "MediaFinal_Alunos"
. . . . . . . . . . . . . .
Para Contador_Alunos := 1 ate 10 faca
. . . . . . . . . . . . . . . . . . .
Acum_Media := Acum_Media + Vet_MediaFinal[Contador_
Alunos]
FimPara
MediaTurma := Acum_Media / 10
```

Considerando que ao término da execução da estrutura de repetição, a variável Contador_Alunos contém o valor numérico inteiro = 10, então, ao invés de dividir o conteúdo da variável Acum_Media pela constante 10, poderíamos dividi-lo pelo conteúdo da variável Contador_Alunos.

```
Algoritmo "MediaFinal_Alunos"
. . . . . . . . . . . . . .
MediaTurma := Acum_Media / Contador_Alunos
```

Agora que temos a média da turma, podemos construir uma estrutura lógica para estabelecer a relação entre essa média e a média do aluno. Isso será feito dentro de uma estrutura de repetição idêntica àquela utilizada para solicitar/ler os dados dos 10 alunos. Porém, antes de construir essa estrutura é conveniente mostrar a média da turma, conforme trecho do algoritmo a seguir.

```
Algoritmo "MediaFinal_Alunos"
. . . . . . . . . . . . . . .
MediaTurma := Acum_Media / Contador_Alunos - 1
LimpaTela
Escreval("Media da turma: ",MediaTurma:2:1)
Escreval
```

Finalmente, vamos construir a estrutura de repetição com controle numérico automático das repetições, para mostrar o desempenho do aluno, relacionando sua média final com a média da turma, conforme mostrado a seguir.

```
Algoritmo "MediaFinal_Alunos"
. . . . . . . . . . . . . . .
Para Contador_Alunos := 1 ate 10 faca
Se Vet_MediaFinal[Contador_Alunos] > MediaTurma entao
        Escreval(Vet_Nome_Aluno[Contador_Alunos]," -
Media: ",
                Vet_MediaFinal[Contador_
Alunos]:2:1," - Bom Aluno(a).")
senao
Se Vet_MediaFinal[Contador_Alunos] < MediaTurma entao
            Escreval(Vet_Nome_Aluno[Contador_
Alunos]," - Media: ",
                Vet_MediaFinal[Contador_Alunos]:2:1,
                " - Aluno(a) com baixo desempenho")
senao
        Escreval(Vet_Nome_Aluno[Contador_Alunos]," -
Media: ",
                Vet_MediaFinal[Contador_
Alunos]:2:1," - Aluno(a) Médio(a).")
FimSe
FimSe
FimPara
```

Executando esse algoritmo temos, como resultado, a tela mostrada na Figura 9.9. A tela de entrada de dados foi mostrada pela Figura 9.2.

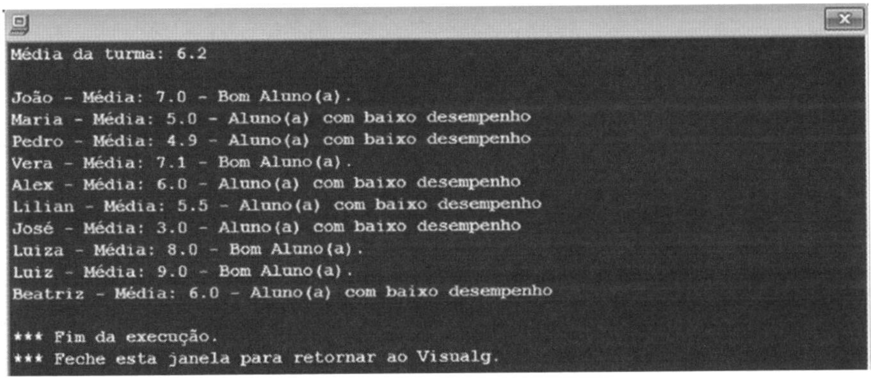

FIGURA 9.9: Tela de saída de dados do algoritmo: cálculo da média final

Esse algoritmo, na forma do português estruturado, proposto para solucionar o problema apresentado neste capítulo está completamente descrito a seguir.

```
Algoritmo "MediaFinal_Alunos"
// Função: Le o Nome e a Media final de 10 alunos.
Carrega esses dados em
//        vetores; determina a situação de cada aluno
(Aprovado, Em Exame
//        ou Reprovado); e estabelece uma relação entre
sua média final e
//        a media da turma.
Var
    Vet_Nome_Aluno : Vetor [1..10] de Caractere
    Vet_MediaFinal : Vetor [1..10] de Real
    Contador_Alunos : Inteiro
    Acum_Media, MediaTurma : Real

Inicio
// Entrada de Dados - Solicita/Le Nome e media final de
10 alunos e,
```

```
// determina sua situação


    Para Contador_Alunos := 1 ate 10 faca
        Limpatela
        Escreval ("Informe Nome do Aluno(a) -
",Contador_Alunos," :")
        Leia(Vet_Nome_Aluno[Contador_Alunos])
        Escreval ("Informe sua Media Final:")
        Leia(Vet_MediaFinal[Contador_Alunos])


        Se Vet_MediaFinal[Contador_Alunos] >= 7.0 entao
            Escreval(Vet_Nome_Aluno[Contador_Alunos],
                " Voce está APROVADO(A).")
senao
            Se Vet_MediaFinal[Contador_Alunos] >= 5.0
entao
                Escreval(Vet_Nome_Aluno[Contador_Alunos],
                    " Voce está EM EXAME.")
            senao
                Escreval(Vet_Nome_Aluno[Contador_Alunos],
                    " Voce está REPROVADO(A).")
            FimSe
        FimSe


        Acum_Media := Acum_Media + Vet_
MediaFinal[Contador_Alunos]

FimPara
// Calcula e mostra a media final da turma

MediaTurma := Acum_Media / Contador_Alunos - 1

LimpaTela
Escreval("Media da turma: ",MediaTurma:2:1)
Escreval
```

```
// Mostra o desempenho do aluno relacionando sua media
final,
// com a media da turma
    Para Contador_Alunos := 1 ate 10 faca
        Se Vet_MediaFinal[Contador_Alunos] > MediaTurma
entao
            Escreval(Vet_Nome_Aluno[Contador_Alunos]," -
Media: ",
                Vet_MediaFinal[Contador_Alunos]:2:1,
                    " - Bom Aluno(a).")
        senao
        Se Vet_MediaFinal[Contador_Alunos] < MediaTurma
entao
            Escreval(Vet_Nome_Aluno[Contador_
Alunos]," - Media: ",
                Vet_MediaFinal[Contador_Alunos]
:2:1,
                    " - Aluno(a) com baixo desempenho")
        senao
            Escreval(Vet_Nome_Aluno[Contador_Alunos]," -
Media: ",
                Vet_MediaFinal[Contador_Alunos]
:2:1,
                    " - Aluno(a) Médio(a).")
            FimSe
        FimSe
    FimPara
fimalgoritmo
```

Pascal

Antes de apresentarmos a solução, em Pascal, para o algoritmo que estamos exercitando, vamos aprender a criar um tipo de dado – Vetor, na área de tipos (TYPE) e, em seguida, instanciar esse tipo na área de variáveis ou constantes. Essa técnica, disponível na linguagem Pascal, é aplicável em situações onde são necessárias a criação de vários vetores de mesma dimensão e tipo de dado.

Como exemplo, suponha um programa onde temos três vetores do tipo de dado real, com 12 elementos cada. Podemos proceder da seguinte forma:

- Criando um tipo de dado Vetor, denominado Vet12R, contendo 12 elementos do tipo de dado Real:

Type
    Vet12R = ARRAY[1..12] OF Real;

- Instanciando (criando) variáveis do tipo Vet12R:

Var

    Vet_Vendas, Vet_Salario, Vet_Qtde : Vet12R;

    IndVet : Byte; // Variável Índice do Vetor

Em linguagem Pascal, um vetor pode ser declarado, também, na área de declaração de constantes. Neste caso, em seguida à sua declaração, devemos atribuir os valores constantes de cada elemento desse vetor, lembrando que elementos de dados definidos em áreas de definição de constantes não se modificam durante a execução do programa.

Exemplo de definição de vetor na área de constantes, em linguagem Pascal:

Const

    Vet_Cores : Vetor [1..3] OF String = ('Azul','Preto','Branco');

    IndVet : Byte;

Então, como se pode ver, sempre temos técnicas interessantes para aprender.

Voltando ao algoritmo que construímos, usando o VisuAlg, vamos desenvolvê-lo, a seguir, usando a linguagem de programação PASCAL, contida no ambiente de desenvolvimento Dev-Pascal.

Basicamente faremos a tradução de palavras-chaves (tipos de dados, comandos, procedimentos, funções etc.) do português estruturado para o inglês.

A construção lógica do algoritmo permanece inalterada, alterando-se apenas a sintaxe de algumas declarações, comandos, procedimentos, funções etc.

Por exemplo, na linguagem de programação Pascal.

a) Todo programa inicia com a palavra-chave PROGRAM.

b) As aspas duplas (") devem ser substituídas por aspas simples (').

c) O nome do programa deve ser escrito observando as mesmas regras para identificadores de variáveis.

d) Toda linha de comando, declarações etc., obrigatoriamente devem terminar com ponto-e-vírgula (;).

e) O uso de comandos (procedimentos ou funções) relacionados com monitor de vídeo exige a declaração da cláusula – USES CRT, no inicio do programa. A sigla CRT significa "Cathode Ray Tube", que em português significa monitor de vídeo.

Iniciando a tradução do algoritmo escrito em VisuAlg, para a linguagem Pascal, observamos que o nome do programa, ao contrário da definição em VisuAlg, não pode estar entre aspas, e como estamos usando o comando "LimpaTela", cuja tradução em Pascal é CLRSCR (**CL**ea**RSCR**een), e esse comando está relacionado com monitor de vídeo, então, devemos declarar USES CRT.

Program MediaFinal_Alunos;
Uses CRT;

Em relação à definição de variáveis, o que se altera é: a palavra VETOR, que em Pascal é denominada: ARRAY, e os tipos de dados que seguem os nomes dos tipos primitivos da linguagem Pascal.

Exemplo de tipos de dados em VisuAlg e Pascal:

VisuAlg	Pascal
Caractere	String (cadeia de caracteres)
	Char (um byte – um caractere)
Inteiro	Byte, Word, Integer, LongInt, ShortInt.
Real	Real

```
Program MediaFinal_Alunos;
Uses CRT;
Var
    Vet_Nome_Aluno : Array [1..10] OF String;
    Vet_MediaFinal : Array [1..10] OF Real;
    Contador_Alunos : Byte; // Byte = Tipo Numerico
inteiro sem sinal
    Acum_Media, MediaTurma : Real;
```

Quanto ao conteúdo da estrutura de repetição no início do algoritmo, além da tradução das palavras-chaves (Para, Faça, Escreval, Leia, etc.) o que deve ser observado é que, em Pascal, não se utiliza FIMSE, FIMPARA, FIMENQUANTO etc. Sendo necessária a execução de mais de um comando dentro de uma estrutura lógica qualquer, então esses comandos devem ser agrupados dentro de um BEGIN e END;. Observe que no caso da estrutura de repetição temos um BEGIN no início e um END; (comentado com a palavra FimPara) no final da estrutura.

Em Pascal, uma estrutura de decisão inicia com a palavra chave IF e termina com um ponto-e-vírgula.

```pascal
Program MediaFinal_Alunos;
Uses CRT;
Var
. . . . . . . . . . . . . . .
Begin
    For Contador_Alunos := 1 To 10 DO
        Begin
        // ClrScr - Limpa tela do monitor de vídeo a cada
aluno processado
        ClrScr;
        Writeln('Informe Nome do Aluno(a) - ',Contador_
Alunos,' :');
        Readln(Vet_Nome_Aluno[Contador_Alunos]);
        Writeln('Informe sua Media Final: ');
        Readln(Vet_MediaFinal[Contador_Alunos]);
        IF Vet_MediaFinal[Contador_Alunos] >= 7.0 then
            Writeln(Vet_Nome_Aluno[Contador_Alunos],
                ' Voce esta APROVADO(A).')
    else
            IF Vet_MediaFinal[Contador_Alunos] >= 5.0
then
                Writeln(Vet_Nome_Aluno[Contador_Alunos],
                    ' Voce esta EM EXAME.')
            else
                Writeln(Vet_Nome_Aluno[Contador_Alunos],
                    ' Voce esta REPROVADO(A).');
        Acum_Media := Acum_Media + Vet_
MediaFinal[Contador_Alunos];
```

```
        End;        // FimPara
```

Vamos agora para a parte final do programa.

Observe que o algoritmo em VisuAlg termina com a palavra-chave: **fimalgoritmo**. Em Pascal, todo programa termina com **END.**

```
Program MediaFinal_Alunos;
Uses CRT;
Var
. . . . . . . . . . . . . . . .
MediaTurma := Acum_Media / Contador_Alunos;
ClrScr;
Writeln; // Salta uma linha
Writeln('Media da turma: ',MediaTurma:0:1);
Writeln;
For Contador_Alunos := 1 To 10 Do
    Begin
        IF Vet_MediaFinal[Contador_Alunos] > MediaTurma
then
            Writeln(Vet_Nome_Aluno[Contador_Alunos],' -
Media: ',
                Vet_MediaFinal[Contador_Alunos]:0:1,
                ' - Bom Aluno(a).')
        else
            IF Vet_MediaFinal[Contador_
Alunos] < MediaTurma then
                Writeln(Vet_Nome_Aluno[Contador_Alunos],'
- Media: ',
                    Vet_MediaFinal[Contador_Alunos]:0:1,
                    ' - Aluno(a) com baixo desempenho')
            else
                Writeln(Vet_Nome_Aluno[Contador_Alunos],'
- Media: ',
                    Vet_MediaFinal[Contador_Alunos]:0:1,
                    ' - Aluno(a) Medio.');
End; // FimPara
```

```
Writeln;
Writeln(' < < Pressione uma tecla qualquer >>');
Readln;
End.
```

No final desse programa inserimos um comando de leitura (READLN) sem nenhuma variável.

Porque esse procedimento foi necessário?

Para responder essa questão observe a execução do algoritmo em VisuAlg. Ao encerrar a execução do algoritmo ele envia as mensagens: *** Fim da Execução e, *** Feche esta janela para retornar ao VisuAlg. Isso permite que vejamos, na tela do computador, o resultado final da execução do algoritmo, antes que a janela DOS (tela) seja fechada.

Agora, tente executar o programa em Pascal, sem colocar esse comando de leitura no final do programa. O que aconteceu?

Não conseguimos visualizar o resultado final do programa, pois o programa foi executado, e no final a janela DOS foi fechada, sem nenhum aviso. Portanto, esse comando Readln funciona como um "stop" temporário da execução do programa. Na linguagem Pascal, ao invés do Readln, podemos usar o procedimento Delay(), que irá interromper a execução do programa conforme a quantidade de milissegundos informada entre parênteses ().

O programa completo, na linguagem Pascal, proposto para solucionar o problema apresentado neste capítulo está descrito a seguir.

```
Program MediaFinal_Alunos;
Uses CRT;
// Função: Le Nome e Media final de 10 alunos. Carrega
esses dados
// em vetores, determina a situação de cada aluno
(Aprovado, Em
// Exame ou Reprovado), e estabelece uma relação entre
sua média
// final e a media // da turma.
Var
    Vet_Nome_Aluno : Array [1..10] OF String;
    Vet_MediaFinal : Array [1..10] OF Real;
    Contador_Alunos : Byte;
```

```
    Acum_Media, MediaTurma : Real;

Begin
// Entrada de Dados - Solicita/Le Nome e Media Final de
10 alunos, e
// determina sua situação

For Contador_Alunos := 1 To 10 DO
    Begin
        ClrScr;
        Writeln('Informe Nome do Aluno(a) - ',
            Contador_Alunos,' :');
        Readln(Vet_Nome_Aluno[Contador_Alunos]);
        Writeln('Informe sua Media Final: ');
        Readln(Vet_MediaFinal[Contador_Alunos]);
        IF Vet_MediaFinal[Contador_Alunos] >= 7.0 then
            Writeln(Vet_Nome_Aluno[Contador_Alunos],
                ' Voce esta APROVADO(A).')
```

As telas de entrada e saída de dados do programa acima são idênticas àquelas mostradas nas Figuras 9.2 e 9.9.

```
        else
            IF Vet_MediaFinal[Contador_Alunos] >= 5.0
then
                Writeln(Vet_Nome_Aluno[Contador_Alunos],
                    ' Voce esta EM EXAME.')
            else
                Writeln(Vet_Nome_Aluno[Contador_Alunos],
                    ' Voce esta REPROVADO(A).');
        Acum_Media := Acum_Media +
                Vet_MediaFinal[Contador_Alunos];
    End;      // FimPara
// Calcula e mostra a media final da turma
    MediaTurma := Acum_Media / Contador_Alunos;
    ClrScr;
    Writeln;     // Salta uma linha
```

```
    Writeln('Media da turma: ',MediaTurma:0:1);
    Writeln;
// Mostra o desempenho do aluno relacionando sua media
final com a
// media da turma
    For Contador_Alunos := 1 To 10 Do
        Begin
            IF Vet_MediaFinal[Contador_
Alunos] > MediaTurma then
                Writeln(Vet_Nome_Aluno[Contador_Alunos],'
- Media: ',
                    Vet_MediaFinal[Contador_Alunos]:0:1,
                    ' - Bom Aluno(a).')
            else
                IF Vet_MediaFinal[Contador_
Alunos] < MediaTurma then
                    Writeln(Vet_Nome_Aluno[Contador_
Alunos],' - Media: ',
                        Vet_MediaFinal[Contador_
Alunos]:0:1,
                        ' - Aluno(a) com baixo
desempenho')
                else
                    Writeln(Vet_Nome_Aluno[Contador_
Alunos],' - Media: ',
                        Vet_MediaFinal[Contador_
Alunos]:0:1,
                        ' - Aluno(a) Medio.');
        End;      // FimPara
    Writeln;
    Writeln(' < < Pressione uma tecla qualquer >>');
Readln;
End.
```

C

O mesmo algoritmo construído em VisuAlg e Pascal está mostrado, a seguir, em linguagem de programação C, contida no ambiente de desenvolvimento Dev-C + +.

```c
#include <stdio.h>
#include <stdlib.h>
int main()
{


// Calculo da Media Final de 10 alunos
    char Vet_Nome_Aluno[10][30];
    float Vet_MediaFinal[10];
    int Contador_Alunos;
    float Acum_Media = 0, MediaTurma;


    for (Contador_Alunos = 0; Contador_
Alunos < 10; Contador_Alunos + +)
    {

        system("cls");
// cls - limpa a tela do monitor de vídeo
    printf("Informe Nome do Aluno(a) - %d :
",Contador_Alunos + 1);
    fflush(stdin);gets(Vet_Nome_Aluno
[Contador_Alunos]);
// gets - função de leitura de string
    printf("Informe sua Media Final: ");
    scanf("%f", &Vet_MediaFinal[Contador_Alunos]);
    if (Vet_MediaFinal[Contador_Alunos] >= 7.0)
        printf("%s Voce esta APROVADO(A).",
            Vet_Nome_Aluno[Contador_Alunos]);
    else
    if (Vet_MediaFinal[Contador_Alunos] >= 5.0)
        printf("%s Voce esta EM EXAME.",
            Vet_Nome_Aluno[Contador_Alunos]);
    else
        printf("%s Voce esta REPROVADO (A).",
```

```
                Vet_Nome_Aluno[Contador_Alunos]);
            Acum_Media = Acum_Media + Vet_
MediaFinal[Contador_Alunos];
                _sleep(1500);
//_sleep - interrompe execução por (x milissegundos)
    }
    MediaTurma = Acum_Media / Contador_Alunos;
    system("cls");
    printf("\nMédia da turma: %.2f ",MediaTurma);
    for (Contador_Alunos = 0; Contador_Alunos < 10;
Contador_Alunos + +)
    {
        if (Vet_MediaFinal[Contador_Alunos] > MediaTurma)
```

Observe que na estrutura de repetição anterior, embora seja 10 o número de alunos processados, ela se repete até nove (9), pois, o primeiro elemento de um vetor em C começa em 0.

As telas de entrada/saída mostradas por este programa são idênticas àquelas mostradas nas Figuras 9.2 e 9.9, resultantes da execução desse programa nas linguagens VisuAlg e Pascal.

```
                printf("\n%s - Media: %.2f - Bom
Aluno(a).",
                    Vet_Nome_Aluno[Contador_Alunos],
                    Vet_MediaFinal[Contador_Alunos]);
        else
        if (Vet_MediaFinal[Contador_
Alunos] < MediaTurma)
        printf("\n%s - Media: %.2f - Aluno(a) com baixo
desempenho",
                    Vet_Nome_Aluno[Contador_Alunos],
                    Vet_MediaFinal[Contador_Alunos]);
        else
                printf("\n%s - Media: %.2f - Aluno(a)
Medio(a)",
                    Vet_Nome_Aluno[Contador_Alunos],
                    Vet_MediaFinal[Contador_Alunos]);
```

```
    }
printf("\n > > > > ");
system("pause");
// system - interrompe a execução até que se pressione
ENTER
    return 0;
}
```

Java

```
import Java.util.*;
public class Cap9_Prog1
{
  public static void main(String[] args)
    {
        String Vet_Nome_Aluno[];
        float Vet_MediaFinal[];
        int Contador_Alunos;
        float Acum_Media = 0, MediaTurma;

        Scanner entra_dado = new Scanner(System.in);

        Vet_Nome_Aluno = new String[10];
        Vet_MediaFinal = new float[10];
        for (Contador_Alunos = 0; Contador_Alunos < 10;
Contador_Alunos + +)
          {
            System.out.println("Informe Nome do Aluno(a)
- " +
                    (Contador_Alunos + 1) + " : ");
            Vet_Nome_Aluno[Contador_Alunos] = entra_
dado.next();
            System.out.println("Informe sua Media Final:
");
            Vet_MediaFinal[Contador_Alunos] = entra_
dado.nextFloat();
            if (Vet_MediaFinal[Contador_Alunos] >= 7.0)
```

```
            System.out.println("Voce está APROVADO(A)."
+
                        Vet_Nome_Aluno[Contador_
Alunos]);
        else
            if (Vet_MediaFinal[Contador_Alunos] >= 5.0)
                System.out.println("Voce está EM EXAME."
+
                        Vet_Nome_Aluno[Contador_
Alunos]);
            else
                System.out.println("Voce está REPROVADO
(A)." +
                        Vet_Nome_Aluno[Contador_
Alunos]);
            Acum_Media = Acum_Media + Vet_
MediaFinal[Contador_Alunos];
            System.out.println(); // saltar uma linha
        }
        MediaTurma = Acum_Media / Contador_Alunos;
        System.out.println("\n" + "Media da turma:
" + MediaTurma);
        for (Contador_Alunos = 0; Contador_Alunos < 10;
Contador_Alunos + +)
        {
if (Vet_MediaFinal[Contador_Alunos] > MediaTurma)
            System.out.println(Vet_Nome_Aluno[Contador_
Alunos] +
                    " - Media: " +
                    Vet_MediaFinal[Contador_Alunos]
+
                    " - Bom Aluno(a).);
        else
            if (Vet_MediaFinal[Contador_
Alunos] < MediaTurma)
                System.out.println(Vet_Nome_
Aluno[Contador_Alunos] +
```

```
                        " - Media:" +
                        Vet_MediaFinal[Contador_Alunos]
+
                        " - Aluno(a) com baixo
desempenho.);
            else
                System.out.println(Vet_Nome_
Aluno[Contador_Alunos] +
                        " - Media:" +
                        Vet_MediaFinal[Contador_Alunos]
+
                        " - Bom Aluno(a).);
        }
    }
}
```

A Figura 9.10 mostra a tela de entrada de dados enviada pelo programa anterior, escrito em Java.

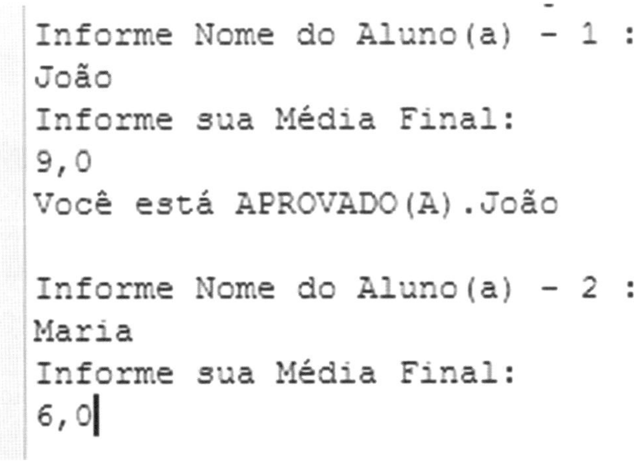

```
Informe Nome do Aluno(a) - 1 :
João
Informe sua Média Final:
9,0
Você está APROVADO(A).João

Informe Nome do Aluno(a) - 2 :
Maria
Informe sua Média Final:
6,0
```

FIGURA 9.10: Tela de entrada de dados do algoritmo, em Java: cálculo da média final

A Figura 9.11 mostra a tela de saída de dados, resultante da execução do programa anteriormente citado, escrito em Java.

```
General Output

Média da turma: 7.2
João - Média: 9.0 - Bom Aluno(a).
Maria - Média:6.0 - Aluno(a) com baixo desempenho.
Pedro - Média:4.0 - Aluno(a) com baixo desempenho.
Vera - Média:6.0 - Aluno(a) com baixo desempenho.
Alex - Média: 8.0 - Bom Aluno(a).
Lilian - Média: 10.0 - Bom Aluno(a).
José - Média:4.0 - Aluno(a) com baixo desempenho.
Luiz - Média: 8.0 - Bom Aluno(a).
Luiza - Média:7.0 - Aluno(a) com baixo desempenho.
Beatriz - Média: 10.0 - Bom Aluno(a).
```

FIGURA 9.11: Tela de saída de dados do algoritmo, em Java: cálculo da média final

PHP

Nos exemplos anteriores, a entrada de dados dos alunos foi realizada através de comandos que interagem com o teclado, portanto, a cada repetição dentro da estrutura foi possível interagir diretamente com o teclado do computador. Essa é uma característica de linguagens criadas para ambientes DOS.

A linguagem PHP, por interagir diretamente com páginas Web, como as escritas em HTML, não dispõe de comando de console (ou teclado). Em programa PHP os dados de entrada, informados pelo teclado, são digitados em páginas Web que, em determinado momento, são enviadas para o programa a fim de serem processados. Diante disso, o exemplo a seguir sofre uma pequena modificação em relação aos anteriores, pois o objetivo deste capítulo é mostrar o uso de vetores em linguagens de programação.

Para entender o exemplo a seguir imagine que os dados dos 10 alunos que estamos processando foram digitados em páginas Web e armazenados em um Banco de Dados. O programa, ao ser executado, inicialmente leu os dados desses alunos, carregando-os em vetores, e a partir daí efetuou-se os processamentos para determinar a situação de cada aluno. Conforme exemplo, os dados dos alunos já aparecem armazenados nos vetores.

```
<html>
<body>
// Aqui começa seu programa PHP
<?php
    $Vet_Nome_Aluno = array // definição de vetor
            ('João','Maria','Pedro','Vera','Alex',
             'Lilian','Josë','Luiz','Luiza','Beatriz');
    $Vet_Media_Final = array (7,5,8,9,10,8,7,4,5,9);
    $Contador_Alunos;
    $AcumMedia;
    $MediaTurma;
    echo " < < Processa Media Final de 10 Alunos >>";
    // echo - comando semelhante ao printf - exibir
dados
    echo " < BR > "; // comando para saltar uma linha
    echo " < BR > ";
    echo "Aluno - Media Final - Situaçao";
    echo " < BR > ";
    echo " < BR > ";
for ($Contador_Alunos = 0; $Contador_Alunos < 10;
$Contador_Alunos + +)
    {
        IF ($Vet_Media_Final[$Contador_Alunos] >= 7 )
            echo $Vet_Nome_Aluno[$Contador_Alunos].
                " - ". $Vet_Media_Final[$Contador_
Alunos].
                " - Voce esta APROVADO(A).". " < BR > ";
        else
            IF ($Vet_Media_Final[$Contador_Alunos] >= 5
)
                echo $Vet_Nome_Aluno[$Contador_Alunos].
```

```
                        " - ". $Vet_Media_Final[$Contador_
Alunos].
                        " - Voce esta EXAME.". " < BR > ";
    else
        echo $Vet_Nome_Aluno[$Contador_Alunos].
                        " - ". $Vet_Media_Final[$Contador_
Alunos].
                        " - Voce esta REPROVADO(A).".
" < BR > ";
        $AcumMedia += $Vet_Media_Final[$Contador_
Alunos];
    }
echo " < BR > ";
$MediaTurma = $AcumMedia / $Contador_Alunos;
Echo "Media da Turma - $MediaTurma";
echo " < BR > ";
echo " < BR > ";

  for ($Contador_Alunos = 0; $Contador_Alunos < 10;
$Contador_Alunos + +)
    {
    IF ($Vet_Media_Final[$Contador_
Alunos] > $MediaTurma)
        echo $Vet_Nome_Aluno[$Contador_Alunos].
                " - ". $Vet_Media_Final[$Contador_
Alunos].
                " - Bom Aluno(a).". " < BR > ";
        else
            IF ($Vet_Media_Final[$Contador_
Alunos] < $MediaTurma)
                echo $Vet_Nome_Aluno[$Contador_Alunos].
                    " - ". $Vet_Media_Final[$Contador_
Alunos].
                    " - Aluno(a) com baixo desempenho.".
" < BR > ";
                else
                echo $Vet_Nome_Aluno[$Contador_Alunos].
```

```
                        " - ". $Vet_Media_Final[$Contador_
Alunos].
                        " - Aluno(a) Medio(a).".
" < BR > ";
        }
?>
// Aqui termina seu programa PHP
</body>
</html>
```

```
<< Processa Media Final de 10 Alunos >>

Aluno - Média Final - Situação

João - 7 - Voce esta APROVADO(A).
Maria - 5 - Voce esta EXAME.
Pedro - 8 - Voce esta APROVADO(A).
Vera - 9 - Voce esta APROVADO(A).
Alex - 10 - Voce esta APROVADO(A).
Lilian - 8 - Voce esta APROVADO(A).
Josë - 7 - Voce esta APROVADO(A).
Luiz - 4 - Voce esta REPROVADO(A).
Luiza - 5 - Voce esta EXAME.
Beatriz - 9 - Voce esta APROVADO(A).

Média da Turma - 7.2

João - 7 - Aluno(a) com baixo desempenho.
Maria - 5 - Aluno(a) com baixo desempenho.
Pedro - 8 - Bom Aluno(a).
Vera - 9 - Bom Aluno(a).
Alex - 10 - Bom Aluno(a).
Lilian - 8 - Bom Aluno(a).
Josë - 7 - Aluno(a) com baixo desempenho.
Luiz - 4 - Aluno(a) com baixo desempenho.
Luiza - 5 - Aluno(a) com baixo desempenho.
Beatriz - 9 - Bom Aluno(a).
```

FIGURA 9.12: Tela de saída de dados do algoritmo, em PHP: cálculo da média final

Para fixar

Faça uma busca na internet, através da palavra: Vetor, para entender que vetores são amplamente utilizados por várias Ciências, e não somente a da Computação.

Faça uma busca na internet e em livros especializados em cada uma das linguagens trabalhadas neste livro para saber mais sobre vetores.

Faça um resumo das sintaxes e formas de manipulação de vetores, nas diversas linguagens pesquisadas.

Papo técnico

9.1

Cada uma das linguagens apresentadas neste livro, utiliza uma forma de declarar e manipular vetores. Você deve compreender essas diferenças e aplicá-las conforme a linguagem de programação de sua preferência, ou que estiver usando.

Algoritmos no cotidiano

Muitas vezes, no nosso cotidiano, nos deparamos com situações problemas que exigem a lembrança de informações passadas, para tomarmos as melhores decisões para a solução desses problemas.

Imagine que neste mês você recebeu seu salário do mês e, ao pagar suas contas, percebeu que muito pouco, ou nada, restou do dinheiro recebido. Suponha que no mês passado você pagou suas contas e, ainda, ficou com algum dinheiro no bolso.

Obviamente, neste mês, você gastou mais do que poderia, e isso ocorreu porque você não está controlando seu orçamento mensal.

Você pode, a partir de agora, acompanhar seus gastos passados, e verificar a evolução dos mesmos, em relação aos seus ganhos mensais.

Anotando e controlando seus gastos mensais.

Aplicando os conceitos sobre o uso de vetores, cada um registrando um evento, você vai anotando seus gastos e agrupando-os na forma de uma tabela com vários vetores em linha ou coluna (meses), e poderá visualizar sua evolução, positiva ou negativa, mês a mês.

Então, sempre que for desenvolver algoritmos/programas, onde seja necessário guardar dados/informações passadas, pense no uso de vetores.

Lembre-se

O uso de vetores para solucionar problemas, através da construção de algoritmos, dependerá sempre da análise criteriosa do problema. Todavia, é uma escolha que implicará na organização do programa, e consequentemente no seu desempenho quando em execução.

Navegar é preciso

Se você gostou de programar em linguagem Pascal, no ambiente Dev-Pascal, então acesse o site www.freepascal.org para conhecer o ambiente Free Pascal, uma poderosa ferramenta para desenvolvimento de programas em linguagem Pascal. Nesse site você poderá, também, acessar toda a documentação da linguagem. O Free Pascal é executado em ambiente DOS, porém apresenta-se como uma linguagem de estrutura e sintaxe acessível para iniciantes em programação de computadores. Portanto, recomendo uma visita ao site acima mencionado.

Acesse o Ambiente de Aprendizagem e navegue pelos links indicados para mais informações a respeito de vetor.

No blog do livro você poderá deixar sua contribuição. Dúvidas, dicas, *feedbacks* são sempre muito bem-vindos.

Exercícios propostos

Antes de sugerir um exercício usando vetor, vamos sugerir uma alteração no algoritmo que desenvolvemos anteriormente, e que processa as médias finais dos alunos.

Execute esse algoritmo, e informe uma média final maior que dez (10).

O que aconteceu?

Essa nota foi aceita, não foi?

Então, podemos dizer que o algoritmo não está correto, pois não temos média final maior que dez. Portanto, esse algoritmo precisa de uma alteração, e esse será o primeiro exercício, neste momento prático.

1. Altere o algoritmo "MediaFinal_Alunos", implementando os procedimentos descritos a seguir.

- Sempre que for informada a média final de um aluno é necessário validá-la, até que o valor informado esteja correto.
- Quando estiver validando o valor digitado é importante notificar (enviar mensagem) o usuário que está digitando, sobre o erro que está cometendo.

Sugiro que você efetue essa alteração, usando os conceitos sobre estruturas de repetição – Enquanto..., ou Repita... – que você já aprendeu em capítulos anteriores.

2. Elabore um algoritmo que solicite/leia dados, do tipo caractere, em dois vetores de dez elementos cada, simultaneamente. Gerar um terceiro vetor, o resultado da união dos dois vetores, isto é, esse vetor conterá todos os elementos do primeiro vetor e, em seguida, todos do segundo. Considere que os vetores poderão ter caracteres repetidos. Antes de encerrar o algoritmo mostre o conteúdo dos três vetores.

3. Elabore um algoritmo que receba, inicialmente, o valor de uma aplicação e de uma taxa de juros. Considerando que essa taxa de juros aumenta na razão de 0,025% ao mês, então armazene em vetores, com 12 elementos cada, o valor das taxas de juros, o valor dos juros e o valor da aplicação corrigida. Após, mostre o valor inicial da aplicação e o conteúdo dos vetores.

4. Elabore um algoritmo para armazenar em vetores, distintos, os números pares e ímpares contidos entre os números 348 e 863, inclusive. Após, mostre o conteúdo desses vetores e a soma dos números pares e ímpares contidos neles.

5. Elabore um algoritmo para ler 20 números inteiros, informados através do teclado, e carregá-los em um vetor. Após leitura dos 20 números:

- Mostrar o conteúdo do vetor em ordem inversa à da leitura.
- Mostrar o primeiro e último número carregado no vetor.
- Mostrar o somatório dos números carregados no vetor.
- Calcular a média aritmética dos números contidos no vetor.

Conseguiu? Então acesse o site do livro e veja as soluções propostas para esses exercícios.

Referências

ASCENCIO, A. F. G.; CAMPOS, E. A. V. Fundamentos da Programação de Computadores: *algoritmos, Pascal, C/C + + e Java*. São Paulo: Longman, 2007.

AVILLANO, Israel C. *Algoritmos e Pascal*. 2. ed. São Paulo: Ciência Moderna, 2006.

CORMEN, T. H.; LISERSON, C. E.; RIVEST, R. L.; STEIN, C. *Introduction to Algorithms: a creative approach*. Addison Wesley, 1989.

FEOFILOFF, P. *Algoritmos em Linguagem C*. São Paulo: Campus, 2009.

FORBELLONE, L. V.; EBERSPACHER, H. F. *Lógica de Programação: a construção de algoritmos e estruturas de dados.* São Paulo: Prentice Hall, 2005.

MANZANO, J. A. N. G.; YAMATUMI, W. Y. *Free Pascal: programação de computadores.* São Paulo: Érica, 2007.

RINALDI, R. Turbo Pascal 7.0: *comandos e funções.* 9. ed. São Paulo: Érica, 1993.

ZIVIANI, N. *Projeto de Algoritmos com Implementações em Pascal e C.* 2 ed. São Paulo: Thomson Pioneira, 2004.

Exercícios adicionais

Resolva os exercícios a seguir, construindo os algoritmos, na linguagem de programação de sua preferência.

1. Uma empresa de material de construção comercializa somente 8 produtos, que estão contidos na sua lista de preços, conforme mostrado abaixo. Desenvolva um algoritmo que armazene dados sobre as vendas, do dia, desses 8 produtos, e após encerramento do faturamento diário mostre os dados de cada produto, bem como a sua classificação, que é obtida baseando-se no valor total de venda do produto.

Lista de Preços

Cód. Produto	Descrição	Preço Unitário
1	Areia Fina	118,70
2	Areia Media	95,80
3	Areia Grossa	83,50
4	Pedra 1	60,00
5	Cimento	23,00
6	Cal	15,00
7	Tábua Bruta	3,80
8	Tijolo Baiano	1,70

Procedimentos:

a. Solicite e leia os seguintes dados, de cada produto vendido: Código do Produto e Quantidade Vendida.

Atenção! A entrada dos dados será encerrada quando o Código do Produto informado for igual a Zeros.

b. Valide o Código do Produto, procedendo da seguinte forma: Código do Produto não deve ser maior que 8, caso contrário envie a seguinte mensagem de erro: "Código do Produto não deve ser maior que 8.", e solicite/leia/valide esse dado novamente.

c. Valide a Quantidade Vendida, procedendo da seguinte forma: Quantidade Vendida deve ser maior que zeros, caso contrário envie a seguinte mensagem de erro: "Quantidade Vendida deve ser maior que zero.", e solicite/leia/valide esse dado novamente.

d. Após validações, calcule: Valor da Venda do produto = Quantidade Vendida multiplicada pelo Preço Unitário desse produto, conforme lista de preços. Acumule o Valor de Venda desse produto e, também, o Valor Total das Vendas dos produtos no dia.

e. Após encerrada a entrada de dados de vendas dos produtos (ou seja, quando for informado Código do Produto = Zeros), mostre os seguintes dados de cada produto: Código e Descrição do Produto, Quantidade Vendida, Preço Unitário, Valor Total da Venda e Classificação do Produto.

A Classificação do produto é obtida conforme a Tabela abaixo, considerando o Valor Total da Venda de cada produto.

Tabela de Classificação de Produtos

Valor Total da Venda (R$)	Classificação do Produto
Até 5.001,00	C
de 5.001,01 até 10.001,00	B
Acima de 10.001,00	A

f. Após mostrar dados dos 8 produtos, mostre o Valor Total das Vendas de todos os produtos.

2. Uma cidade terá cinco candidatos a Deputado Estadual na próxima eleição. Os votos serão informados através dos códigos, contidos na tabela abaixo, e além desse código será informado, também, o Sexo do eleitor, sendo M - para masculino ou F - para feminino.

Na única seção de votação dessa cidade, existem 100 eleitores, e todos comparecem e votam.

Elabore um algoritmo que solicite e leia o código do voto, e o sexo de cada um dos eleitores.

Procedimentos para cada eleitor:

a. Valide o Código do Voto, que deve estar entre 13 e 19, inclusive, caso contrário, envie mensagem de erro: "Código do Voto deve estar entre 13 e 19.", e solicite/leia/valide o código novamente.

b. Valide o Sexo do Eleitor, que deve ser M ou F, em letras maiúsculas, caso contrário, envie mensagem de erro: "Sexo deve ser M ou F.", e solicite/leia/valide o código novamente.

c. Acumule o voto de cada candidato, conforme o seu código.

d. Após receber/processar os votos dos 100 eleitores, mostre: O total de votos que cada candidato recebeu, e o total de votos que cada candidato recebeu de eleitores do sexo Feminino e do sexo Masculino.

- O total de votos nulos, e o total de votos nulos apurados de eleitores do sexo Feminino e do sexo Masculino.

- O total de votos em branco, e o total de votos em branco apurados de eleitores do sexo Feminino e do sexo Masculino.

- O total de votos válidos, ou seja, os votos recebidos pelos candidatos.

Tabela de Códigos de Votos

Código do Voto	Significado
13	Deputado A
14	Deputado B
15	Deputado C
16	Deputado D
17	Deputado E
18	Voto Nulo
19	Voto em Branco

3. Em uma escola pública, uma determinada prova individual possui cinco questões objetivas com cinco alternativas cada, sendo que somente uma alternativa, em cada questão, é a verdadeira. O gabarito dessas questões é o seguinte:

Questão	Resposta
1	C
2	A
3	B
4	D
5	E

Elabore um algoritmo para auxiliar a escola a corrigir essa prova.

Procedimentos:

1. Solicite e receba o número do RA do aluno, e as suas respostas para cada uma das cinco questões. **Atenção!** o programa deverá ser encerrado quando o número do RA, informado, for igual a ZEROS.

2. Valide cada resposta recebida, ou seja, a resposta deve ser igual a A, B, C, D ou E, caso contrário, envie a mensagem: "Resposta informada deve ser A, B, C, D ou E.", e solicite/leia novamente resposta.

3. Após receber e validar todas as respostas (ou seja, quando Número do RA informado for igual a Zeros), mostre a(s) mensagem(ns) abaixo, conforme o resultado da correção.

Mensagens:

    a. "Eliminado! – Todas as suas respostas estão erradas.";

    b. "Nota DEZ! - Todas as suas respostas estão corretas.";

    c. "Acertou! a Questão 1: ";

    d. "Acertou! a Questão 2: ";

    e. "Acertou! a Questão 3: ";

    f. "Acertou! a Questão 4: ";

    g. "Acertou! a Questão 5: ".

? **O QUE VEM DEPOIS**

Chegamos ao final deste capítulo.

Você já pensou o quanto de informações você já obteve até este momento, e quanto conhecimento novo sobre desenvolvimento de algoritmos/ programas você já agregou?

Então, nos próximos capítulos você aplicará muitos dos conceitos e técnicas aprendidos neste capítulo e nos anteriores.

Lembre-se que construir algoritmos/programas é uma tarefa envolvente, criativa e desafiante.

Gosta de desafios?

Então, chegou o momento de avançarmos um pouco mais, e aprender os conceitos básicos sobre variáveis compostas homogêneas multidimensionais ou, simplesmente, Matriz.

Pensa que é difícil usar Matriz, no desenvolvimento de algoritmos/programas?

Se você entendeu bem os conceitos e uso de vetor verá, no próximo capítulo, que aprender a definir e manipular matriz, usando linguagem algorítmica, é bem mais simples do que se imagina.

Vamos para o próximo capítulo, e bons estudos!

10

Matriz

O estudo continuado das diversas estruturas de dados nos leva a conhecer melhor o território dos problemas, permitindo a construção de mapas (algoritmos) mais confiáveis.

- Identificar, na proposição de um problema, qual ou quais variáveis compostas deverão ser definidas.
- Entender os conceitos sobre variáveis compostas multidimensionais ou matriz.
- Abstrair, projetar e construir algoritmos/programas para:
  - Definir e criar matriz bidimensional.
  - Carregar dados em matriz, bem como acessar seu conteúdo.
  - Associar matrizes e vetores.

Para começar

Procure sempre colocar desafios para si mesmo!

Ao se deparar com um problema, cuja solução a princípio você desconhece, comece desafiando suas hipóteses ou proposições e exercite sua criatividade deixando fluir sua imaginação. Boas ideias e soluções surgem desse simples exercício, resultando em mapas mentais confiáveis.

Continuar estudando as diferentes formas de estruturar dados e informações é uma forma de entendê-los, tendo como objetivo a construção de algoritmos/programas que, de fato, solucionem problemas, inclusive os complexos, com bom desempenho e confiabilidade.

Para começar a entender os conceitos sobre matriz, observe o trecho que foi dito pelo ministro de Minas e Energia do Brasil, Edison Lobão, à presidente Dilma Rousseff, sobre a construção da Usina Hidrelétrica de Belo Monte, no Rio Xingu (PA):

"É uma energia da qual nós necessitamos porque, de outro modo, teríamos que construir mais termelétricas a óleo, a carvão e no momento isso não é o que interessa ao país. Nós temos a matriz energética mais limpa e renovável do mundo e pretendemos continuar assim".

O Ministro falou sobre matriz energética. Você já ouviu falar em matriz energética? Então, observe a figura abaixo, mostrando os recursos energéticos que dispomos no Brasil.

Nossa! Quantas fontes de energia temos à disposição no Brasil!

Já imaginou que podemos dimensionar o quanto cada uma delas gera de energia, e também identificar qual estado possui esses recursos, quanto cada um produz e mais, quanto cada um consome, e o preço desse consumo. Enfim, você percebeu quantos dados podemos ter sobre fontes de energia.

E se quisermos visualizar todos esses dados em uma única folha de papel, isso é possível? A princípio podemos dizer que sim. Basta colocá-los em uma matriz, que é aquela que o ministro se referiu, a matriz energética.

A Tabela 10.1 é um exemplo simples de uma matriz energética, onde nas linhas temos as fontes de energia, e nas colunas a quantidade de energia gerada, em megawatts, pelos seguintes estados: SP-São Paulo; CE-Ceará; RN-Rio Grande do Norte; AM-Amazonas; RS-Rio Grande do Sul. A sexta coluna da matriz armazena o somatório das quantidades de energia gerada pelos estados, por tipo de fonte de energia.

Tabela 10.1: Matriz de fontes de energia

Fontes de Energia	Produção por Estado em MegaWatts					
	SP	CE	RN	AM	RS	Total
Hídrica						
Eólica						
Solar						
Biomassa						
Geotérmica						

Então, a matriz é uma forma de organizar e mostrar como essas fontes de energia estão distribuídas, permitindo, conforme a matriz, uma análise da distribuição das fontes, por região, estado produtor, quantidade, consumo etc.

Os aplicativos do tipo planilhas eletrônicas são exemplos típicos de matriz, onde temos inúmeras possibilidades de armazenamento e representação de dados e informações, nas interseções de linhas e colunas (células).

Em linguagem algorítmica a matriz é um recurso importante para a organização, armazenamento e disponibilização de dados.

Assim como os vetores, as matrizes também são denominadas variáveis compostas homogêneas. Todavia, ao contrário do vetor que é unidimensional (em linha ou coluna), as matrizes podem ter duas ou mais dimensões, portanto, são multidimensionais.

A matriz é uma variável composta, pois é formada por um número finito de variáveis, e homogênea porque essas variáveis são de um mesmo tipo de dado.

Neste capítulo, vamos abordar matriz bidimensional, constituída de linhas e colunas, e aprenderemos a atribuir valores à mesma, e acessar o seu conteúdo usando linguagem algorítmica e de programação de computador.

Lembre-se

Da mesma forma que uma variável simples, a matriz também ocupa espaço em memória e possui um nome ou identificador, porém sendo uma variável composta, então devemos estabelecer quantos elementos (variáveis) a matriz irá conter.

Conhecendo a teoria para programar

Assim como os vetores são formados de **n** elementos ou variáveis simples, uma matriz pode ser visualizada como sendo formada por **n** vetores, e sua definição e uso, em algoritmos/programas, resulta da análise e interpretação do problema que está sendo proposto.

A matriz é uma variável composta, e somente pode armazenar dados de um único tipo; porém, podemos definir quantas matrizes forem necessárias para a resolução de um problema e, se necessário, estabelecer relações entre matrizes e vetores, dentro do algoritmo/programa.

Para o exercício da análise e interpretação da descrição de um problema, tendo em vista o seu aprendizado sobre matriz, vamos continuar com o problema descrito no capítulo anterior, e efetuar alterações no mesmo para resolvê-lo usando os conceitos sobre matriz.

Lembra-se da descrição inicial do problema?

Estava assim descrito: "Construir um algoritmo para solicitar e ler o nome e a média final de 10 alunos matriculados na disciplina de Técnicas e Programação de Computadores, e mostrar a situação de cada aluno. Se a média do aluno for maior ou igual a 7.0, então escrever: APROVADO; se a sua média for maior ou igual a 5.0, então escrever: EM EXAME; senão, escrever: REPROVADO".

Vamos efetuar uma alteração nessa descrição, que ficará assim:

"Construir um algoritmo para solicitar e ler o nome do aluno e as **notas bimestrais 1 e 2** de 10 alunos matriculados na disciplina de Técnicas de

Programação de Computadores. **Calcular a média final** e mostrar a situação de cada aluno. Se a média do aluno for maior ou igual a 7.0, então escrever: APROVADO; senão, se a sua média for maior ou igual a 5.0, então escrever: EM EXAME; senão, escrever: REPROVADO. A fórmula para cálculo da média final é: Média Final = Nota do Bimestre 1 x 0,4 + Nota do Bimestre 2 x 0,6."

Você poderá construir o algoritmo, para a solução do problema, na forma simbólica (fluxograma) ou de descrição narrativa.

A seguir mostraremos essas duas formas.

Atenção

Você deverá resolver o problema utilizando vetores e a estrutura de repetição com variável de controle das repetições (Para... Faça...).

Tempo para construção do algoritmo: 45 minutos. Vamos lá!

Conseguiu? Está funcionando?

Então, antes de apresentar nossa proposta de solução, através de duas formas de representar algoritmos (o fluxograma e o português estruturado) vamos pensar, e representar a solução através de um "teste de mesa" usando vetores.

Conceito

O teste de mesa é uma forma de testar o funcionamento de um algoritmo, e consiste em simular o processamento dos dados de entrada e as possíveis saídas que serão geradas. O teste de mesa permite encontrar possíveis erros de lógica na construção do algoritmo.

A denominação teste de mesa deve-se ao fato de o algoritmo ser testado sobre uma mesa, usando lápis e papel. Após os testes o próximo passo é escrever esse algoritmo em uma linguagem de programação, e repetir os testes, agora, no computador.

Conforme mostrado na Figura 10.1, vamos dispor os vetores, já com os dados de teste, em coluna, e imaginar o funcionamento do algoritmo.

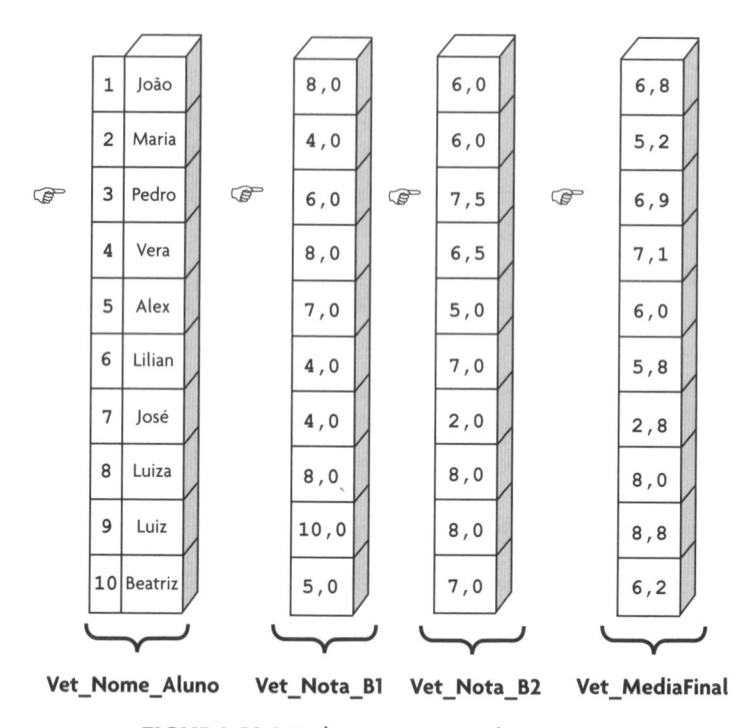

FIGURA 10.1: Relacionamento de vetores

Temos quatro vetores definidos, um para armazenar o nome do aluno, dois para armazenar suas notas bimestrais e um para armazenar a média final que será calculada. O mesmo índice que aponta para o elemento do primeiro vetor apontará para o mesmo elemento nos outros vetores. Dessa forma, as notas e a média final do aluno Pedro, cujo nome está armazenado no terceiro elemento do vetor de Nomes, estarão armazenadas, também, nos terceiros elementos dos vetores Notas 1 e 2 e Média Final.

Então, dentro de uma estrutura de repetição podemos obter os dados do aluno, calcular sua média e armazená-los em diferentes vetores.

Notou que, dado um determinado problema, a preparação de um teste de mesa, mesmo antes da construção do algoritmo/programa, é importante para testar o modelo mental que criamos para solucioná-lo. Então, essa técnica permite, além da visualização da solução, a validação dessa solução.

Vamos agora apresentar nossa solução, aplicando os conhecimentos que temos até este momento, que é o uso de variável composta unidimensional ou vetor, além de estruturas lógicas. Vamos construir esse algoritmo, na forma de um fluxograma, e em seguida na forma do português estruturado, usando o VisuAlg.

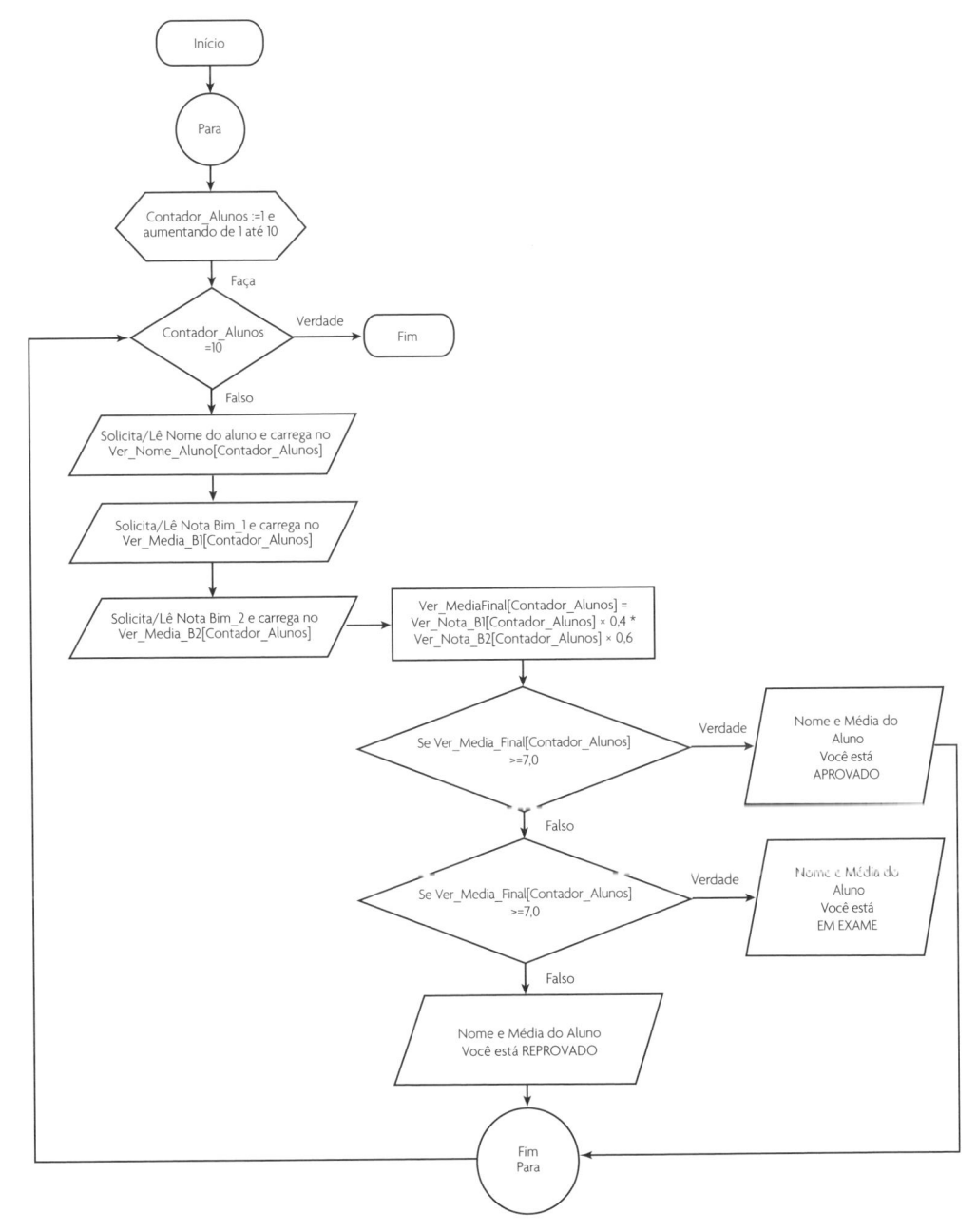

FIGURA 10.2: Fluxograma do cálculo da média final de alunos

VisuAlg

O algoritmo proposto abaixo usa, conforme solicitado, vetores para armazenar os dados dos alunos e a estrutura de repetição com variável de controle automático das repetições (Para <Variável de Controle> iniciando em 1 e aumentando de 1 até X faça ... FimPara) para processamento desses dados.

```
algoritmo "MediaFinal_Alunos"
// Função: Le o Nome e as Notas Bimestrais 1 e 2 de 10
alunos.
// Calcula a média final, e determina a situação de cada
aluno
// (Aprovado, Em Exame ou Reprovado).
// Os dados de cada aluno são carregados em vetores.
Var
    Vet_Nome_Aluno : Vetor [1..10] de Caractere
    Vet_Nota_B1     : Vetor [1..10] de Real
    Vet_Nota_B2     : Vetor [1..10] de Real
    Vet_MediaFinal : Vetor [1..10] de Real
    Contador_Alunos : Inteiro
inicio
// Entrada de Dados - Solicita/Le Nome e Nota Bimestral
1 e 2 de
// cada um dos 10 alunos. Calcula sua media final e
determina
// sua situação
  Para Contador_Alunos := 1 ate 10 faca
    Escreval ("Informe Nome do Aluno(a) - ",Contador_
Alunos," :")
    Leia(Vet_Nome_Aluno[Contador_Alunos])
    Escreval ("Informe sua Nota Bimestral 1 :")
    Leia(Vet_Nota_B1[Contador_Alunos])
    Escreval ("Informe sua Nota Bimestral 2 :")
    Leia(Vet_Nota_B2[Contador_Alunos])
// Calcula e mostra a Média Final do aluno
    Vet_MediaFinal[Contador_Alunos]:= Vet_Nota_B1[Contador_
Alunos]*0,4 +
                                    Vet_Nota_
B2[Contador_Alunos]*0.6
```

```
       Se Vet_MediaFinal[Contador_Alunos] >= 7.0 entao
          Escreval(Vet_Nome_Aluno[Contador_Alunos],
                  ", sua Média Final é ",
                  Vet_MediaFinal[Contador_Alunos]:2:2
                  " - Você está APROVADO(A).")
       senao
          Se Vet_MediaFinal[Contador_Alunos] >= 5.0 entao
             Escreval(Vet_Nome_Aluno[Contador_Alunos],
                     " Sua Média Final é ",
                     Vet_MediaFinal[Contador_Alunos]:2:2
                     " - Você está EM EXAME.")
  senao
             Escreval(Vet_Nome_Aluno[Contador_Alunos],
                     " Sua Média Final é ",
                     Vet_MediaFinal[Contador_Alunos]:2:2
                     " - Você está REPROVADO(A).")
          FimSe
       FimSe
       Escreval  // saltar uma linha
    FimPara
fimalgoritmo
```

Observe que no algoritmo acima, além de mostrar a situação do aluno, mostramos também sua média final, que foi calculada baseada nas notas bimestrais informadas.

A Figura 10.3 mostra a tela de saída, resultado da execução desse algoritmo.

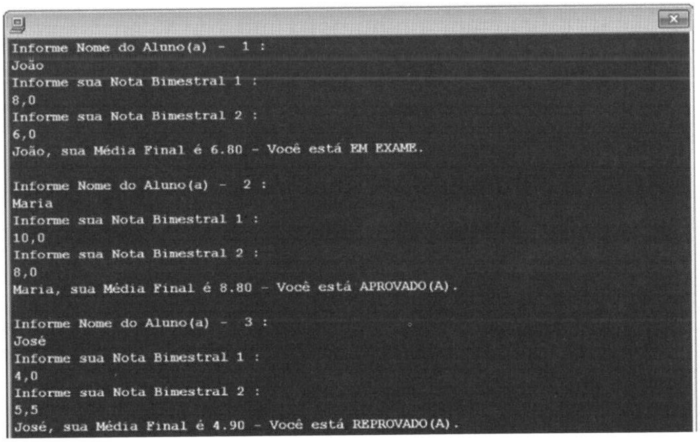

FIGURA 10.3: Tela de saída do algoritmo: cálculo da média final

> ### Dica
>
> Na construção de algoritmo/programa, usando variáveis compostas homogêneas, sempre que possível, use a estrutura de repetição com variável de controle automático das repetições para manipular essas variáveis.

Considerando que você já sabe como usar vetores, em algoritmos/programa, ficou mais fácil solucionar o problema proposto, não é mesmo?

Com os conhecimentos obtidos até o momento, você verá que aprender os conceitos sobre uso de matriz em algoritmo/programa é muito mais fácil do que você imagina.

Então, antes de tentar solucionar o problema acima usando matriz, vamos assimilar importantes conceitos sobre definição e uso dela.

Matriz - conceitos

É uma estrutura de dados, composta de **n** variáveis do mesmo tipo de dado primitivo, identificada por um nome e, possuindo mais de uma dimensão, cujos elementos são endereçados (acessados) **por mais de um** índice.

Variável composta homogênea multidimensional ou matriz

Uma variável composta homogênea multidimensional (VCHM), ou simplesmente matriz, corresponde a posições de memória identificadas por um único nome, individualizadas por índices, e cujo conteúdo é de um mesmo tipo de dado.

Para entender esse tipo de estrutura de dados vamos imaginar um edifício residencial, conforme mostrado na Figura 10.4. Esse edifício possui 12 andares, além do térreo. Supondo que cada andar tenha quatro apartamentos, então o edifício tem um número finito de 48 apartamentos.

Análogo a uma estrutura de dados, o edifício é a **estrutura**, e os apartamentos são os **elementos** dessa estrutura. Sendo os andares e apartamentos uma divisão direta do edifício, estes formam então o que chamamos de **estrutura bidimensional** (duas dimensões – linha e coluna). Dentro dos apartamentos temos pessoas (que seriam os tipos de dados), e para ter acesso a elas (visitá-las) precisamos conhecer o nome do edifício (identificador da matriz), o número do andar e do apartamento (dois índices), em que residem.

FIGURA 10.4: Edifício (matriz)

Conceito

Matriz com o mesmo número de linhas e colunas é denominada matriz quadrada.

Um exemplo de uma VCHM ou matriz **multidimensional** são as agendas, eletrônicas ou em papel. Se pensarmos em termos de armazenamento de dados, a agenda armazena um único tipo de dado descritivo, que é textual ou cadeia de caracteres, dos compromissos agendados. A Figura 10.5 é a tela de um aplicativo de agenda eletrônica, que evidencia os conceitos da matriz multidimensional.

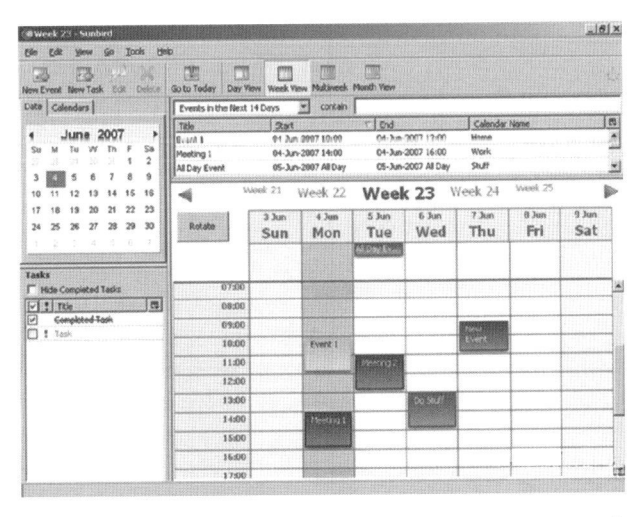

FIGURA 10.5: Tela de uma aplicação de agenda eletrônica (matriz)

Para ter acesso a um determinado compromisso nessa agenda, preciso saber o **ano, mês ou semana, dia, dia da semana** e **horário** (dimensões), onde estão armazenados os dados sobre o compromisso agendado. Portanto, inferimos que essa matriz possui cinco dimensões, e para acessá-las preciso de cinco índices.

> ### Atenção
>
> Para facilitar o aprendizado sobre o uso de matriz, em algoritmo/programa, todos os exemplos e exercícios deste capítulo baseiam-se em matriz bidimensional ou matriz linhas x colunas.

Agora, voltando ao problema que estamos resolvendo, que é o processamento das notas dos 10 alunos, imagine que em cada "andar" esteja armazenada as notas de um aluno, e que cada apartamento desse andar armazene uma classe de nota dele (bimestral 1, 2, e média final). Dessa forma teremos, então, um "edifício" com 30 apartamentos para armazenar as notas de 10 alunos. Esse "edifício" poderia ser denominado: Mat_Notas.

"Edifício"
Mat_Notas

8,0	6,0	6,8
4,0	6,0	5,2
6,0	7,5	6,9
8,0	6,5	7,1
7,0	5,0	6,0
4,0	7,0	5,8
4,0	2,0	2,8
8,0	8,0	8,0
10,0	8,0	8,8
5,0	7,0	6,2

FIGURA 10.6: "Edifício": Matriz_Notas

Analisando a disposição dos vetores: Vet_Nota_B1, Vet_Nota_B2 e Vet_MediaFinal mostrados anteriormente podemos perceber que, para transformá-los na matriz (edifício), basta juntá-los, pois são do mesmo tipo de dados - Real.

Construída a matriz de notas (edifício) – Mat_Notas, se desejarmos saber a média final do aluno 8, então, basta apontar para a linha oito (oitavo andar), coluna 3 (apartamento 3) e, olhando o seu conteúdo temos o valor correspondente a essa média, ou seja, **8,0**, conforme Figura 10.7.

Em linguagem algorítmica os apontadores para o componente de uma matriz podem ser:

1. Uma variável simples, ou;
2. Uma constante numérica; ambas do tipo numérico inteiro sem sinal, ou;
3. Uma operação aritmética cujo resultado seja um número inteiro sem sinal.

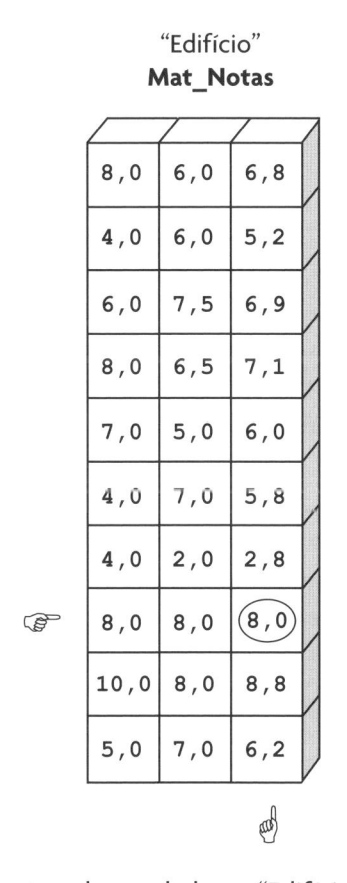

"Edifício"
Mat_Notas

FIGURA 10.7: Encontrando um dado no "Edifício": Matriz_Notas

Os apontadores, ou indexadores da matriz, são denominados: **Índices da Matriz.**

Portanto, ao contrário do vetor que precisa somente de um apontador ou índice, para acessar um elemento contido nele, uma matriz bidimensional precisa de dois índices, um que aponte para a linha e outro para a coluna, e na interseção da linha com a coluna tem-se o elemento de dado cujo conteúdo se quer acessar.

Supondo que os índices da matriz: Mat_Notas sejam, respectivamente, as variáveis numéricas inteiras, sem sinal: IndLin (apontador de linha) e IndCol (apontador de coluna), e que seus conteúdos possuam, respectivamente, os valores 3 e 2. Para acessar essa matriz, usando esses apontadores, obteremos na interseção da linha 3 com a coluna 2 o elemento: nota bimestral 2, cujo conteúdo (**7.5**) poderá ser processado (alterado, mostrado ou apagado).

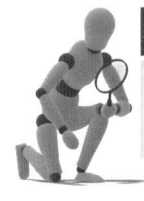

Atenção

Não confundir os índices que apontam para uma posição da matriz (interseção linha x coluna), com o conteúdo que está nessa posição da matriz.

Vamos voltar ao algoritmo que estamos exercitando.

Observe que, além das notas bimestrais, o algoritmo também recebe o nome do aluno. Considerando que esses dados são de tipos diferentes, então o nome do aluno não poderá ser armazenado no "edifício" Mat_Medias (na matriz). Todavia, sempre que tivermos que mostrar as notas e média final de um aluno, é conveniente mostrar, também, o seu nome. Concorda?

Se concorda, então, o que fazer para resolver isso?

Pense! Basta construirmos um "edifício" com 10 andares, com um apartamento (elemento) por andar (vetor), denominado: Vet_Nome_Aluno onde, em cada apartamento, armazenaremos o nome de um aluno. Em seguida, anexaremos o "edifício" Vet_Nome_Aluno ao edifício Mat_Notas, e estabeleceremos a relação entre eles usando o apontador dos andares: IndLin (índice de linha), conforme mostra a Figura 10.8.

Observando essa figura, temos o índice que aponta para a linha da matriz (IndLin): Mat_Notas apontando, também, para a linha do vetor: Vet_Nome_Aluno. O IndLin possui um valor = 6, e o IndCol um valor = 1, então, na interseção da linha 6 com a coluna 1, temos acesso à matriz onde obtemos o valor 4.0, e na linha 6 temos o acesso ao vetor onde obtemos o texto Lilian.

Vet_Nome_Aluno   Mat_Notas

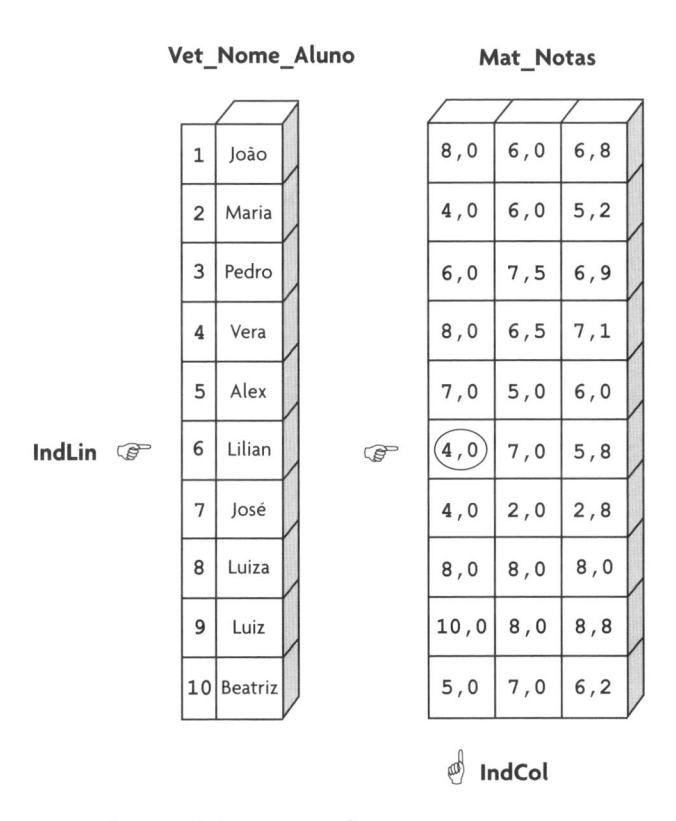

FIGURA 10.8: Apontando para vetor e matriz

Portanto, o resultado é a recuperação da nota bimestral 1 da aluna Lilian, que é 4.0.

Agora que entendemos alguns conceitos básicos sobre matriz, vamos aprender a defini-la e manipulá-la, através da construção de algoritmos/programas.

Declaração de matriz

A declaração de uma matriz segue as mesmas regras sintáticas para a definição de vetores, alterando somente a dimensão dessa variável, ou seja, o seu tamanho. Da mesma forma que em vetor, a declaração da dimensão da matriz requer reserva de memória, mesmo que não utilizemos na sua totalidade.

Dimensionar uma matriz é determinar a quantidade de elementos de dados que ela irá conter.

Da mesma forma que um vetor, a matriz também possui quatro atributos: identificador, tamanho, tipo de dado e conteúdo. A declaração da matriz ocorre diretamente na área de variáveis ou constantes, do algoritmo/programa. Portanto, para utilizarmos uma matriz é necessário defini-la em detalhes, isto é: devemos atribuir um **nome para a matriz**, definir **qual será sua dimensão** (quantos elementos ela irá conter), e de qual **tipo de dado** serão esses elementos.

Sintaxe da definição de matriz:

<**identificador do vetor**> : VETOR [Li1..Lf1,LiN..LfN] de <**tipo de dado**>

Onde:

Li1..LfN,LiN..LfN - São os limites dos intervalos de variação dos índices da matriz, e estabelecem a dimensão da matriz. Cada par de limites está associado a um índice. **Exemplo: uma matriz Linha x Coluna é uma matriz com dois pares de limites.**

<**tipo**> - tipo de dado básico (primitivo), ou tipo predefinido.

Li e **Lf** devem ser **obrigatoriamente constantes numéricas inteiras sem sinal**, sendo que **Li** deve ser **menor que Lf.**

A expressão:

(Lf1 – Li1 + 1) x (Lf2 – Li2 + 1) x ... x (LfN – LiN + 1)

Resulta no número de elementos da matriz.

Em linguagens de programação, como o Free Pascal, podemos criar um tipo de dado – Matriz, na área de tipos (TYPE) e, em seguida, instanciar esse tipo na área de variáveis ou constantes. Exemplo:

- Criando um tipo de dado Matriz, denominado Mat6x3R, contendo 6 linhas e com 3 colunas em cada linha, para armazenamento de elementos de dados do tipo Real:

Type

Mat6x3R = ARRAY[1..6,1..3] OF Real;

- Instanciando (criando) variáveis do tipo Mat6x3R:

```
Var
        Mat_Vendas, Mat_Compras : Mat6x3R;
        IndLin, IndCol : Byte; // Variáveis Índices da
Matriz
```

Em linguagem Free Pascal, uma matriz pode ser declarada, também, na área de declaração de constantes. Neste caso, em seguida à sua declaração, devemos atribuir os valores constantes de cada elemento dessa matriz, considerando suas dimensões.

Os elementos de dados definidos em áreas de definição de constantes não se modificam durante a execução do algoritmo/programa.

Exemplo de definição de matriz na área de constantes, em linguagem Free Pascal:

Vamos supor que um algoritmo de cálculo dos rendimentos mensais de uma aplicação em poupança nos últimos 24 meses precisa manter os índices de correção mensal armazenados na memória.

Podemos, então, definir uma matriz com 2 linhas (dimensão ano) e 12 colunas (dimensão mês) cada linha, e carregar os índices mensais de correção dos últimos 24 meses. Considerando que esses índices são valores constantes, então, podemos definir a matriz diretamente na área de constantes, conforme mostrado a seguir.

Lembre-se

Se o conteúdo de uma matriz for previamente definido (carregado) e não for alterado durante a execução do algoritmo/programa, então esta será uma matriz de constantes.

```
Const
     Mat_TaxaJuros : Array [1..2,1..12] Of Real =
          ((1.2,2.1,1.8,1.5,1.0,1.3,2.3,2.6,2.4,
          2.5,3.0,2.2),
          (1.2,3.2,4.3,4.5,5.0,8.2,7.8,3.0,4.3,
          2.7,3.2,2.0));
```

Observe que temos dois parênteses mais externos, e internamente no primeiro entre parênteses são carregados os 12 valores da primeira linha da matriz, e em seguida os 12 valores da linha 2. Cada valor constante é separado, um do outro, por uma vírgula.

Pronto, as duas dimensões da matriz estão carregadas, totalizando 24 valores, ou índices de correção da poupança.

Atenção

O número de dimensões de uma matriz é igual ao número de intervalos.

Declaração de matriz em VisuAlg

Em VisuAlg, uma MATRIZ é definida diretamente na área de declaração de variáveis, ou seja, após a palavra-chave Var.

Exemplo: criação de uma MATRIZ para armazenar os rendimentos mensais de uma aplicação em caderneta de poupança, dos últimos 24 meses.

```
Var
        Mat_Rendimentos : Vetor [1..2,1..12] de Real
        IndLin, IncCol : Inteiro
```

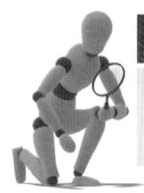

Atenção

Em VisuAlg, sintaticamente, a palavra VETOR aparece tanto na definição de vetor quanto de matriz.

Manipulação da matriz

Considerando o exemplo simbólico do edifício residencial mostrado anteriormente, podemos inferir que em uma rua podem existir diversos edifícios, e podemos identificar neles qualquer andar ou apartamento. Entretanto, para acessar o conteúdo de um apartamento, precisamos saber qual é o edifício em que se localiza esse apartamento, pois todos os edifícios possuem apartamentos; em seguida, precisamos identificar o andar onde está o apartamento, pois todo andar possui apartamentos; finalmente precisamos saber qual é o apartamento, pois um andar pode ter vários apartamentos.

Com a matriz acontece o mesmo, ou seja, se desejamos acessar determinados elementos de uma matriz, devemos primeiro determinar qual é a matriz que queremos acessar, pois podem existir várias matrizes declaradas no algoritmo/programa. Uma vez definida a matriz, devemos especificar qual elemento (posição da matriz ou interseção linha x coluna) dessa matriz queremos acessar.

O **nome da matriz** é determinado por meio de um identificador que foi atribuído na sua definição, **e a posição**, por meio de mais de um ÍNDICE, dependendo da dimensão da matriz.

Conceito

Para o computador acessar uma matriz é preciso que ele conheça o nome dela e o valor dos índices, que irão apontar para a posição (elemento) cujo conteúdo será acessado.

Atribuição de dados em matriz, usando VisuAlg

Considerando a matriz – Mat_Rendimentos – definida anteriormente, veremos algumas formas de atribuir valores para essa matriz.

> **Var**
>
> **Mat_Rendimentos : Vetor [1..2,1..12] de Real**
> **IndLin, IncCol : Inteiro**

Uma vez definida a Matriz, e residente na memória conforme demonstrada simbolicamente pela Figura 10.9, podemos isolar qualquer um de seus elementos, e acessá-lo de várias maneiras. Lembrar-se que sendo uma matriz do tipo linha x coluna, possui duas dimensões, e para acessar seus elementos são necessários dois índices, um que aponta para a linha e outro para a coluna.

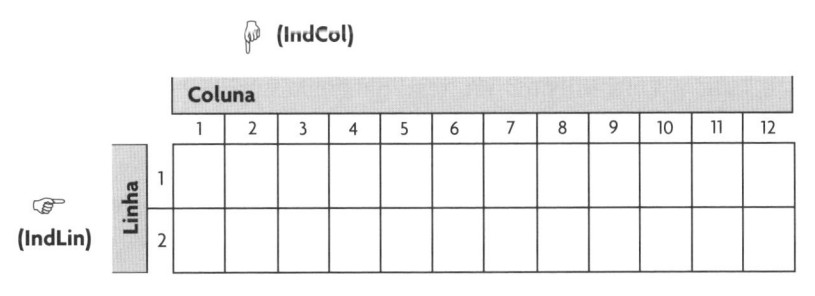

FIGURA 10.9: Matriz Linha x Coluna

Exemplo: Considerar que na linha 1 serão armazenados os rendimentos do ano de 2010, e na linha 2 os rendimentos de 2009.

- Atribuir um valor de R$ 80,00, referente ao rendimento de julho (coluna 7) de 2009 (linha 1), para dentro da matriz:

Vet_Rendimentos[2,7] := 200,00 // interseção linha 1 x coluna 7

- Atribuir para a matriz o valor do rendimento de março de 2010 (linha 1, coluna 3), que foi informado através de teclado.

Leia(Vet_Rendimentos[1,3])

- Acrescentar 2% sobre o valor do rendimento do mês de outubro de 2009.

Vet_Rendimentos [2,10] := Vet_Rendimentos [2,10] x 1,02

Lembre-se

Estamos acessando a matriz usando, como índices, somente valores constantes. Todavia, podemos usar variáveis, ou mesmo uma expressão aritmética que resulte em número inteiro sem sinal.

Vamos, a seguir, acessar a matriz usando variável, e também expressão aritmética, como índice.

- Atribuir um valor de R$ 180,00, para o elemento da matriz cuja posição corresponde ao conteúdo das variáveisl IndLin e IndCol (índices da matriz):

Vet_Rendimentos[IndLin,IndCol] := 180,00

Supondo IndLin = 2 e IndCol = 5, então o valor atribuído corresponde ao rendimento do mês de maio de 2009.

- Atribuir um valor de R$ 135,55, para o elemento do vetor cuja posição é seguinte àquela indicada pelo conteúdo da variável IndCol:

Vet_Rendimentos[IndLin,IndCol + 1] := 135,55

Supondo IndLin = 2 e IndCol = 11, então o valor atribuído corresponde ao rendimento do mês de dezembro de 2009.

- Acrescentar 2,5% sobre o valor do rendimento contido na matriz, e relativo ao mês e ano apontados pelas variáveis IndLin e IndCol.

Vet_Rendimentos[IndLin,IndCol] :=
Vet_Rendimentos[IndLin,IndCol] x 1,025

Supondo IndLin = 1 e IndCol = 9, então o rendimento do mês de setembro de 2010 terá um acréscimo de 2,5%.

Consultar ou mostrar dados contidos em matriz, usando VisuAlg

- Mostrar valor dos rendimentos do mês de fevereiro de 2009.

Escreva(Vet_Rendimentos[2,2]:8:2)

- Mostrar valor do rendimento contido no elemento da matriz, cuja posição corresponde ao conteúdo da variável IndLin e IndCol:

Escreva(Vet_Vendas_Anual[IndLin,IndCol]:8:2)

Em relação ao contido no capítulo anterior, você já deve ter observado que para assimilar conceitos básicos sobre matriz basta entender que a mudança principal refere-se ao número de dimensões que ela contém, e que precisamos de mais de um índice para acessar o seu conteúdo.

Agora está na hora de retomarmos o exercício proposto no início deste capítulo.

Então, agora que entendemos os conceitos básicos sobre definição e uso de vetor e matriz, vamos partir para a solução desse problema, acrescentando o mesmo grau de complexidade quando o resolvemos usando vetores.

Apenas relembrando a descrição inicial do problema:

"Construir um algoritmo para solicitar e ler o nome do aluno e as notas bimestrais 1 e 2 de 10 alunos matriculados na disciplina de Técnicas de Programação de Computadores. Calcular a média final, e mostrar a situação de cada aluno. Se a média do aluno for maior ou igual a 7.0, então escrever: APROVADO; senão se a sua média for maior ou igual a 5.0, então escrever: EM EXAME; senão, escrever: REPROVADO. A fórmula para cálculo da média final é: Média Final = Nota do Bimestre 1 x 0,4 + Nota do Bimestre 2 x 0,6."

A esse problema adicionamos o seguinte grau de complexidade:

"Estabelecer uma relação entre a média do aluno e a média da turma, ou seja, a média aritmética dos 10 alunos. Quando a média do aluno estiver acima da média da turma vamos escrever: Bom Aluno; se estiver abaixo da média da turma vamos escrever: Aluno com baixo desempenho; senão vamos escrever: Aluno Médio".

A seguir temos implementações da solução desse problema, nas formas de fluxograma e algoritmo/programa.

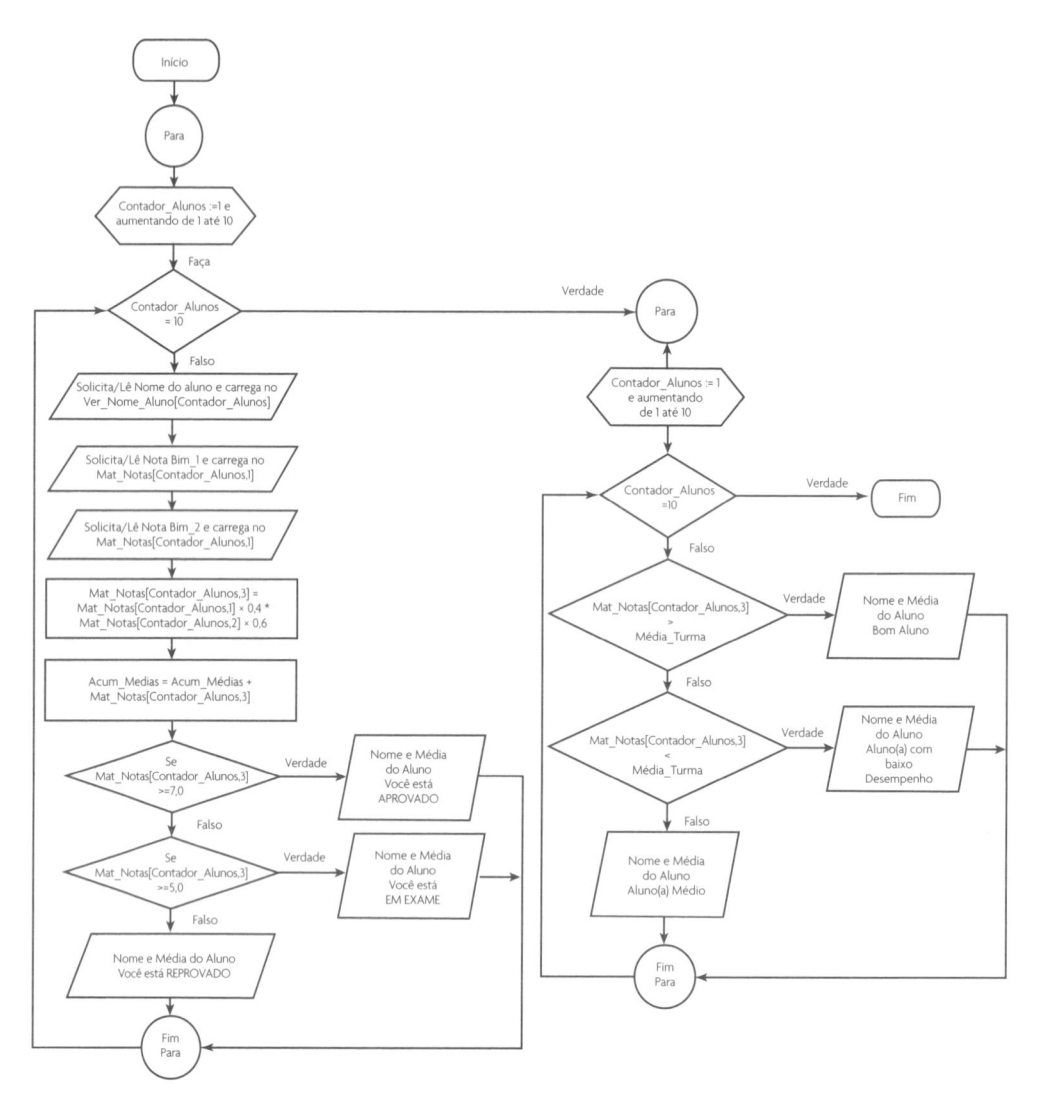

FIGURA 10.10: Fluxograma do cálculo da média final de alunos

Vamos programar

VisuAlg

Vamos iniciar a construção do algoritmo em VisuAlg, tendo como objetivo solucionar o problema proposto, definindo as variáveis necessárias para sua execução.

Considerando que, assim como um vetor, a matriz armazena somente dados de um único tipo. Portanto, tendo que armazenar nome, notas e médias, então definiremos um vetor para armazenar os nomes dos alunos (tipo de dado = caractere), e uma matriz para armazenar as notas bimestrais 1 e 2 e a média final dos alunos (tipo de dado Real). Vamos estabelecer que a coluna 1, da matriz, armazenará a nota bimestral 1, a coluna 2 armazenará a nota bimestral 2, e a coluna 3 armazenará a média final dos alunos. Cada linha da matriz armazena as notas de um aluno.

Lembre-se que em algoritmos a definição de variáveis ocorre logo após a palavra-chave Var, no início do algoritmo.

A declaração do vetor e da matriz é a seguinte:

```
Var
        Vet_Nome_Aluno : Vetor [1..10] de Caractere
        Mat_Notas : Vetor [1..10,1..3] de Real
                // Coluna: 1 armazena a Nota do Bimestre
1
                // 2 armazena a Nota do Bimestre 2
                // 3 armazena a Média Final calculada
```

Será necessário definir, também, as variáveis:

- Índice do vetor, que será a mesma que irá apontar para a linha da matriz, uma vez que as colunas serão apontadas por valores constantes 1, 2 ou 3;
- Variável acumuladora das médias finais dos alunos; e
- Variável que irá conter a média da turma.

```
Algoritmo "MediaFinal_Alunos"
Var
        Vet_Nome_Aluno : Vetor [1..10] de Caractere
        Mat_Notas : Vetor [1..10,1..3] de Real
        Contador_Alunos : Inteiro
        Acum_Media, MediaTurma : Real
```

Definidas as variáveis, então, iniciamos a escrita dos comandos para:

1. Solicitar e ler, o nome e as notas bimestrais 1 e 2, de cada aluno.
2. Calcular e acumular a média final de cada aluno.
3. Determinar sua situação (aprovado, reprovado, ou em exame).

Esses comandos serão colocados dentro de uma estrutura de repetição, com variável de controle automático das repetições.

```
Algoritmo "MediaFinal_Alunos"
. . . . . . . . . . . . . . .
    Para Contador_Alunos := 1 ate 10 faca
        Escreval ("Informe Nome do Aluno(a) -
", Contador_Alunos, " :")
        Leia(Vet_Nome_Aluno[Contador_Alunos])
        Escreval ("Informe sua Nota Bimestral 1 :")
        Leia(Mat_Notas[Contador_Alunos,1])
        Escreval ("Informe sua Nota Bimestral 2 :")
        Leia(Mat_Notas[Contador_Alunos,2])
// Calcula Média Final do aluno e acumula p/ calculo da
media da turma
        Mat_Notas[Contador_Alunos,3] := Mat_
Notas[Contador_Alunos,1] * 0.4 +
                Mat_Notas[Contador_Alunos,2] * 0.6
        Acum_Media := Acum_Media + Mat_Notas[Contador_
Alunos,3]
        Se Mat_Notas[Contador_Alunos,3] >= 7.0 entao
                Escreval(Vet_Nome_Aluno[Contador_
Alunos],
                ", sua Média Final é ",Mat_
Notas[Contador_Alunos,3]:2:2,
                " - Você está APROVADO(A).")
        senao
                Se Mat_Notas[Contador_Alunos,3] >= 5.0
entao
                        Escreval(Vet_Nome_Aluno[Contador_
Alunos],
                        ", sua Média Final é ",Mat_
Notas[Contador_Alunos,3]:2:2,
                        " - Você está EM EXAME.")
```

```
          senao
                Escreval(Vet_Nome_Aluno[Contador_
Alunos],
                      ", sua Média Final é ",Mat_
Notas[Contador_Alunos,3]:2:2,
                      " - Você está REPROVADO(A).")
            FimSe
        FimSe
        Escreval // saltar uma linha
    FimPara
```

Note no algoritmo acima que os dados informados são lidos (armazenados) diretamente para dentro do vetor e da matriz. O índice: Contador_Alunos aponta para o vetor e para a linha da matriz, sendo que o índice que aponta para a coluna da matriz é uma constante numérica.

Após o término da execução dessa estrutura, isto é, após processar os 10 alunos teremos seus nomes armazenados no vetor, e suas notas bimestrais e médias finais armazenadas na matriz, e o somatório das médias finais, contidas na coluna 3 da matriz, armazenado na variável Acum_Media.

Continuando o processamento do algoritmo, iremos calcular a média da turma, que é a divisão do conteúdo da variável Acum_Media, que foi acumulada dentro da estrutura de repetição, pela constante numérica inteira 10, conforme mostrado no seguinte trecho do algoritmo.

```
Algoritmo "MediaFinal_Alunos"
.................
Para Contador_Alunos := 1 ate 10 faca
....................
Acum_Media := Acum_Media + Vet_MediaFinal[Contador_
Alunos]
FimPara
MediaTurma := Acum_Media / 10
```

Considerando que ao término da execução da estrutura de repetição, a variável Contador_Alunos contém o valor numérico inteiro = 10, então, ao invés de dividir o conteúdo da variável Acum_Media pela constante 10, poderíamos dividi-lo pelo conteúdo da variável Contador_Alunos.

```
Algoritmo "MediaFinal_Alunos"
................
MediaTurma := Acum_Media / Contador_Alunos
```

Agora que temos a média da turma podemos construir uma estrutura de repetição, idêntica àquela utilizada para solicitar/ler os dados dos 10 alunos, para estabelecer a relação entre essa média e a média do aluno. Porém, antes de construir essa estrutura é conveniente mostrar a média da turma, conforme trecho do algoritmo abaixo.

```
Algoritmo "MediaFinal_Alunos"
................
        MediaTurma := Acum_Media / Contador_Alunos
        LimpaTela
        Escreval("Media da turma: ",MediaTurma:2:1)
        Escreval
```

Então, finalmente, vamos construir a estrutura de repetição para mostrar o desempenho do aluno, relacionando sua média final com a média da turma, conforme mostrado abaixo.

```
Algoritmo "MediaFinal_Alunos"
................
Para Contador_Alunos := 1 ate 10 faca
    Se Mat_Notas[Contador_Alunos,3] > MediaTurma entao
        Escreval(Vet_Nome_Aluno[Contador_Alunos],
              " - Média: ",Mat_Notas[Contador_
Alunos,3]:2:1,
              " - Bom Aluno(a).")
    senao
        Se Mat_Notas[Contador_Alunos,3] < MediaTurma
entao
              Escreval(Vet_Nome_Aluno[Contador_Alunos],
                    " - Média: ",Mat_Notas[Contador_
Alunos,3]:2:1,
                    " - Aluno(a) com baixo
desempenho")
        senao
              Escreval(Mat_Notas[Contador_Alunos,3],
```

```
                           " - Média: ",Mat_Notas[Contador_
Alunos,3]:2:1,
                      " - Aluno(a) Médio(a).")
        FimSe
    FimSe
FimPara
```

O algoritmo, na forma do português estruturado, proposto para solucionar o problema apresentado neste capítulo está completamente descrito a seguir.

```
Algoritmo "MediaFinal_Alunos"
// Função: Le o Nome e as Notas Bimestrais 1 e 2 de 10
alunos.
//         Calcula a média final, e determina a situação
de cada aluno
//         (Aprovado, Em Exame ou Reprovado), e
estabelece uma relação
//         entre sua média final e a média da turma.
Var
   Vet_Nome_Aluno : Vetor [1..10] de Caractere
   Mat_Notas      : Vetor [1..10,1..3] de Real
                    // Coluna: 1 armazena a Nota do
Bimestre 1
                    //         2 armazena a Nota do
Bimestre 2
                    //         3 armazena a Média Final
calculada
   Contador_Alunos : Inteiro
   Acum_Media, MediaTurma : Real
inicio
   Para Contador_Alunos := 1 ate 10 faca
     Escreval ("Informe Nome do Aluno(a) - ",Contador_
Alunos," :")
     Leia(Vet_Nome_Aluno[Contador_Alunos])
     Escreval ("Informe sua Nota Bimestral 1 :")
     Leia(Mat_Notas[Contador_Alunos,1])
     Escreval ("Informe sua Nota Bimestral 2 :")
```

```
      Leia(Mat_Notas[Contador_Alunos,2])


   Mat_Notas[Contador_Alunos,3] := Mat_Notas[Contador_
Alunos,1]*0.4 +

                           Mat_Notas[Contador_
Alunos,2]*0.6


   Acum_Media := Acum_Media + Mat_Notas[Contador_
Alunos,3]


   Se Mat_Notas[Contador_Alunos,3] >= 7.0 entao
       Escreval(Vet_Nome_Aluno[Contador_Alunos],
           ", sua Média Final é ",
           Mat_Notas[Contador_Alunos,3]:2:2,
           " - Você está APROVADO(A).")
   senao
       Se Mat_Notas[Contador_Alunos,3] >= 5.0 entao
         Escreval(Vet_Nome_Aluno[Contador_Alunos],
             ", sua Média Final é ",
             Mat_Notas[Contador_Alunos,3]:2:2,
             " - Você está EM EXAME.")
       senao
         Escreval(Vet_Nome_Aluno[Contador_Alunos],
             ", sua Média Final é ",
             Mat_Notas[Contador_Alunos,3]:2:2,
             " - Você está REPROVADO(A).")
       FimSe
   FimSe
   Escreval  // saltar uma linha
 FimPara

MediaTurma := Acum_Media / Contador_Alunos
  LimpaTela
  Escreval("Média da turma: ",MediaTurma:2:1)
  Escreval


 Para Contador_Alunos := 1 ate 10 faca
```

```
        Se Mat_Notas[Contador_Alunos,3] > MediaTurma entao
            Escreval(Vet_Nome_Aluno[Contador_Alunos],
                    " - Média: ",Mat_Notas[Contador_
Alunos,3]:2:1,
                    " - Bom Aluno(a).")
        senao
            Se Mat_Notas[Contador_Alunos,3] < MediaTurma
entao
                Escreval(Vet_Nome_Aluno[Contador_Alunos],
                        " - Média: ",Mat_Notas[Contador_
Alunos,3]:2:1,
                        " - Aluno(a) com baixo desempenho")
            senao
                Escreval(Mat_Notas[Contador_Alunos,3],
                        " - Média: ",Mat_Notas[Contador_
Alunos,3]:2:1,
                        " - Aluno(a) Médio(a).")
            FimSe
        FimSe
    FimPara
fimalgoritmo
```

A Figura 10.11 mostra a tela entrada de dados do algoritmo, enquanto que a Figura 10.12 mostra a tela com os dados de saída.

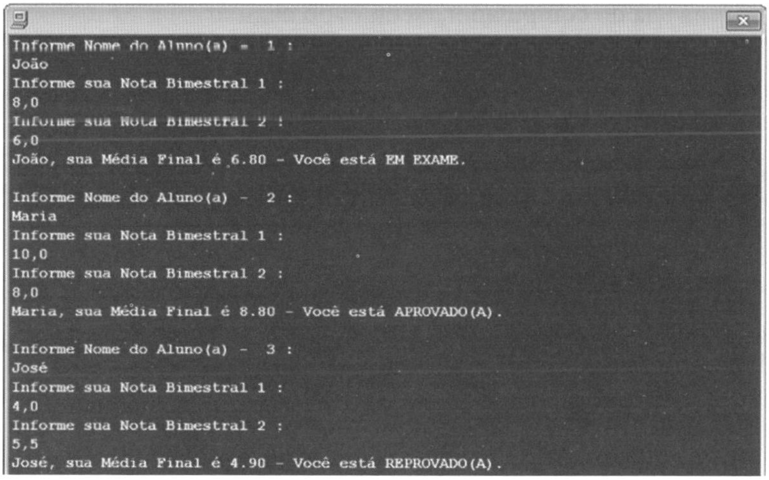

FIGURA 10.11: Tela de entrada de dados do algoritmo MediaFinal_Alunos

A tela mostrada na Figura 10.12 resultou de dados de entrada diferentes dos mostrados na tela anterior.

```
Média da turma: 5.8

Joao - Média: 6.8 - Bom Aluno(a).
Maria - Média: 5.2 - Aluno(a) com baixo desempenho
Pedro - Média: 6.9 - Bom Aluno(a).
Vera - Média: 7.1 - Bom Aluno(a).
Alex - Média: 5.8 - Bom Aluno(a).
Lilian - Média: 5.8 - Bom Aluno(a).
José - Média: 2.8 - Aluno(a) com baixo desempenho
Luiza - Média: 8.0 - Bom Aluno(a).
Luiz - Média: 8.8 - Bom Aluno(a).
Beatriz - Média: 6.2 - Bom Aluno(a).

*** Fim da execução.
*** Feche esta janela para retornar ao Visualg.
```

FIGURA 10.12: Tela resultante da execução do algoritmo MediaFinal_Alunos

Analisando o algoritmo acima percebemos que, para acessar a matriz, usamos uma variável índice (Contador_Alunos) e uma constante numérica inteira sem sinal.

Vamos, rapidamente, implementar um algoritmo para manipular uma matriz bidimensional, usando duas variáveis (índices) que apontam para linha e coluna da matriz, respectivamente. O problema proposto é bastante simples, ou seja:

"Elabore um algoritmo para preencher uma matriz, contendo 10 linhas e 20 colunas por linha, com o caractere 'L'. Após esse procedimento mostrar, na tela do computador, o conteúdo da matriz."

Vamos lá! Você consegue!

Lembre-se

Em VisuAlg, o comando ESCREVAL escreve e salta uma linha, enquanto o comando ESCREVA, somente escreve. Quando você for mostrar o conteúdo da matriz, no algoritmo proposto acima, você deve se lembrar disso.

A Figura 10.13 mostra a solução desse problema através de um algoritmo escrito em VisuAlg.

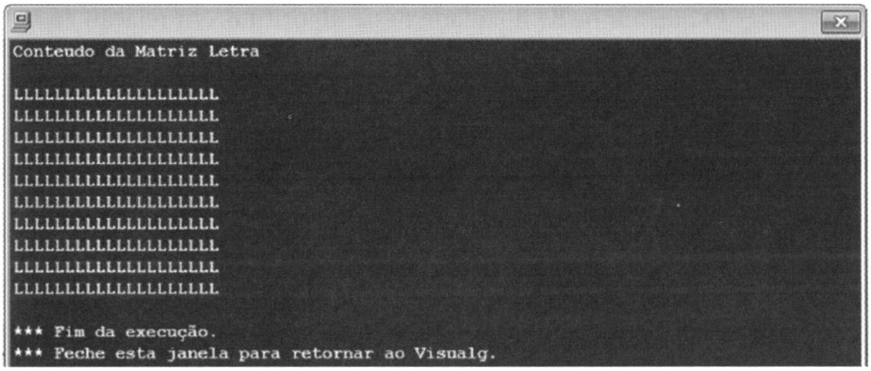

FIGURA 10.13: Matriz linha x coluna preenchida com o caractere L

```
Algoritmo "Preenche_Matriz"
// Função: Preencher matriz, contendo 20 e 8 colunas por
linha, com
// o caractere "L" e, em seguida mostra seu conteúdo em
tela
Var
    Mat_Letra : Vetor [1..10,1..20] de Caractere
    IndLin, IndCol : Inteiro
Inicio
// Carregar a matriz
    Para IndLin := 1 ate 10 faca
        Para IndCol := 1 ate 20 faca
            Mat_Letra[IndLin,IndCol] := "L"
        FimPara
    FimPara
    Escreval ("Conteudo da Matriz Letra")
    Escreval
// Mostra o conteúdo da matriz
    Para IndLin := 1 ate 10 faca
        Para IndCol := 1 ate 20 faca
            Escreva(Mat_Letra[IndLin,IndCol]) // não
salta linha
        FimPara
        Escreval              // salta linha
    FimPara
Fimalgoritmo
```

O que temos de novidade nesse algoritmo, em relação ao aprendizado até o momento?

Sintaticamente nada de novo, exceto o uso do comando Escreva, explicado acima, que foi usado para mostrar o conteúdo de cada linha da matriz. Cada vez que mostramos o conteúdo das 20 colunas de uma linha da matriz, então saltamos uma linha na tela para mostrar o conteúdo da próxima linha dessa matriz.

Confuso não?

A princípio sim, pois uma tela de computador também é uma matriz linha x coluna, porém para evitar essa confusão precisamos entender que estamos manipulando uma variável composta (matriz), e para acessar ao mesmo tempo a linha e as colunas dessa matriz, então, logicamente, usamos duas estruturas de repetição – Para... Faca... FimPara – pois essas estruturas controlam os apontadores da matriz (índices).

A primeira estrutura de repetição tem seu índice apontando para a linha da matriz, enquanto que a segunda estrutura tem seu índice apontando para a coluna da linha da matriz. Como tenho uma estrutura dentro da outra, seu funcionamento é assim:

1. Iniciando o algoritmo, temos a execução da primeira estrutura de repetição, onde o IndLin começa com valor 1 e, então, estará apontando para a linha 1 da matriz.

2. A seguir, é executada a segunda estrutura de repetição, onde o IndCol começa com valor 1 e, portanto, apontando para a coluna 1), e preenchendo-a com "L" (neste momento, a linha que está apontada pelo IndLin é a 1). Essa repetição irá ocorrer 20 vezes e, ao final, a linha 1 estará com suas vinte colunas preenchidas com a letra L.

3. Após isso, o controle da repetição volta para a primeira estrutura de repetição, que passará a apontar para a linha 2 da matriz (IndLin = 2), e em seguida são executados os procedimentos do item b, agora para a linha 2. E, assim sucessivamente.

4. Quando a primeira estrutura de repetição chegar ao número máximo de repetições (IndLin = 10), então a matriz estará toda preenchida com a letra L.

Para mostrar o conteúdo da matriz basta copiar e colar essas estruturas, inserindo nelas o comando de escrita do conteúdo da matriz.

Está vendo como é fácil, e ao mesmo tempo desafiante construir algoritmos usando matriz?

Pascal

Voltando ao exercício sobre as notas dos 10 alunos, o mesmo algoritmo que construímos anteriormente usando o VisuAlg será desenvolvido a seguir usando a linguagem de programação Pascal, contida no ambiente de desenvolvimento Dev-Pascal.

Basicamente faremos a tradução de palavras-chaves (tipos de dados, comandos, procedimentos, funções etc.) do português estruturado para o inglês. A construção lógica do algoritmo permanece inalterada, alterando-se apenas a sintaxe de algumas declarações, comandos, procedimentos, funções etc., conforme já discutido no capítulo anterior. Em relação à definição de variáveis, o que se altera é a palavra VETOR, que em VisuAlg usa-se tanto na definição do vetor quanto da matriz, e na linguagem Pascal é denominada ARRAY. Os tipos de dados seguem os nomes dos tipos primitivos da linguagem Pascal.

O programa completo, na linguagem Pascal, proposto para solucionar o problema apresentado neste capítulo está descrito a seguir.

```
Program MediaFinal_Alunos;
Uses Crt;
Var
   Vet_Nome_Aluno : Array [1..10] OF String;
   Mat_Notas      : Array [1..10,1..3] OF Real;
// Coluna 1 armazena a Nota do Bimestre 1; a 2 a Nota do
Bimestre 2; e // a 3 a Média Final calculada

   Contador_Alunos : Byte;
   Acum_Media, MediaTurma : Real;

Begin
// Entrada de Dados - Solicita/Le Nome e Notas Bim. 1 e
2, de cada um
// dos 10 alunos. Calcula sua media final e determina sua
situação.
   For Contador_Alunos := 1 To 3 Do
      Begin
         Writeln ('Informe Nome do Aluno(a) -
',Contador_Alunos,' :');
         Readln(Vet_Nome_Aluno[Contador_Alunos]);
```

```
        Writeln ('Informe sua Nota Bimestral 1 :');
        Readln(Mat_Notas[Contador_Alunos,1]);
        Writeln ('Informe sua Nota Bimestral 2 :');
        Readln(Mat_Notas[Contador_Alunos,2]);

// Calcula Média Final do aluno, e acumula p/ calculo da
média da turma
        Mat_Notas[Contador_Alunos,3] := Mat_Notas[Contador_
Alunos,1] * 0.4 +

                                    Mat_Notas[Contador_
Alunos,2] * 0.6;


        Acum_Media := Acum_Media + Mat_Notas[Contador_
Alunos,3];


        IF Mat_Notas[Contador_Alunos,3] >= 7.0 then
            Writeln(Vet_Nome_Aluno[Contador_Alunos],
                ', sua Média Final é ',
                  Mat_Notas[Contador_Alunos,3]:2:2,
                ' - Você está APROVADO(A).')
        else
            IF Mat_Notas[Contador_Alunos,3] >= 5.0 then
                Writeln(Vet_Nome_Aluno[Contador_Alunos],
                    ', sua Média Final é ',
                      Mat_Notas[Contador_Alunos,3]:2:2,
                    ' - Você está EM EXAME.')
            else
                Writeln(Vet_Nome_Aluno[Contador_Alunos],
                    ', sua Média Final é ',
                      Mat_Notas[Contador_Alunos,3]:2:2,
                    ' - Você está REPROVADO(A).');
        Writeln  // saltar uma linha
    End;    // FimPara
    Writeln;
    Writeln('<< Pressione uma tecla qualquer >>');
    Readln;

// Calcula e mostra a media final da turma
```

```
   MediaTurma := Acum_Media / Contador_Alunos;
   ClrScr;
   Writeln('Média da turma: ',MediaTurma:2:1);
   Writeln;

// Mostra desempenho do aluno relacionando sua media c/
media da turma

   For Contador_Alunos := 1 To 3 Do
      Begin
         IF (Mat_Notas[Contador_Alunos,3] > MediaTurma)
then
            Writeln(Vet_Nome_Aluno[Contador_Alunos],
                  ' - Média: ',Mat_Notas[Contador_
Alunos,3]:2:1,
                  ' - Bom Aluno(a).')
         else
            IF (Mat_Notas[Contador_Alunos,3] <
MediaTurma) then
               Writeln(Vet_Nome_Aluno[Contador_Alunos],
                  ' - Média: ',Mat_Notas[Contador_
Alunos,3]:2:1,
                  ' - Aluno(a) com baixo
desempenho')
            else
               Writeln(Mat_Notas[Contador_Alunos,3],
                  ' - Média: ',Mat_Notas[Contador_
Alunos,3]:2:1,
                  ' - Aluno(a) Médio(a).');
      End;    // FimPara

   Writeln;
   Writeln('<< Pressione uma tecla qualquer >>');
   Readln;

End.    // fimalgoritmo
```

C

```
include <stdio.h>
#include <stdlib.h>
// Calcula Média Final de 10 alunos.
// Armazena dados em Vetor e
int main()
{
    char Vet_Nome_Aluno[10][30];
    float Mat_Notas[10][3];
    // Mat_Notas - Coluna 0 = Nota do Bimestre 1
    //                    1 = Nota do Bimestre 2
    //                    2 = Média Final calculada
    int Contador_Alunos;
    float Acum_Media=0, MediaTurma;

    for (Contador_Alunos=0; Contador_Alunos < 10;
Contador_Alunos++)
    {
        system("cls");
        printf("Informe Nome do Aluno(a) - %d :
",Contador_Alunos+1);
        flush(stdin);gets(Vet_Nome_Aluno[Contador_
Alunos]);
        printf("\nInforme sua Nota Bimestral 1 : ");
        scanf("%f", &Mat_Notas[Contador_Alunos][0]);
        printf("\nInforme sua Nota Bimestral 2 : ");
        scanf("%f", &Mat_Notas[Contador_Alunos][1]);

        Mat_Notas[Contador_Alunos][2] =
                            Mat_Notas[Contador_Alunos]
[0] * 0.4 +
                            Mat_Notas[Contador_Alunos]
[1] * 0.6;
        Acum_Media = Acum_Media + Mat_Notas[Contador_
Alunos][2];
        if (Mat_Notas[Contador_Alunos][2] >= 7.0)
            printf("\n%s  Voce esta APROVADO(A).",
```

```
                        Vet_Nome_Aluno[Contador_Alunos]);
      else
      if (Mat_Notas[Contador_Alunos][2] >= 5.0)
         printf("\n%s  Voce esta EM EXAME.",
                  Vet_Nome_Aluno[Contador_Alunos]);
      else
          printf("\n%s  Voce esta REPROVADO (A).",
                  Vet_Nome_Aluno[Contador_Alunos]);


      _sleep(2000); // Para execução por 2 segundos
    }
  MediaTurma = Acum_Media / Contador_Alunos;
      system("cls");
   printf("\n\nMedia da turma: %.1f ",MediaTurma);


   for (Contador_Alunos=0; Contador_Alunos < 10;
Contador_Alunos++)
    {
       if (Mat_Notas[Contador_Alunos][2] > MediaTurma)
              printf("\n\n%s - Media: %.1f - Bom
Aluno(a)." ,
                      Vet_Nome_Aluno[Contador_Alunos],
                      Mat_Notas[Contador_Alunos][2]);
       else
       if (Mat_Notas[Contador_Alunos][2] < MediaTurma)
              printf("\n\n%s - Media: %.1f -
                      Aluno(a) com baixo desempenho" ,
                      Vet_Nome_Aluno[Contador_Alunos],
                      Mat_Notas[Contador_Alunos][2]);
       else
              printf("\n\n%s - Media: %.1f - Aluno(a)
Medio(a)" ,
                      Vet_Nome_Aluno[Contador_Alunos],
                      Mat_Notas[Contador_Alunos][2]);
    }

 printf("\n>>>> ");
```

```
system("pause");
return 0;
}
```

As telas de entrada e saída deste programa são idênticas às mostradas anteriormente nas Figuras 10.11 e 10.12.

Java

```java
// Programa - MediaFinal_Alunos

import Java.util.*;
public class Cap10_Prog1
{
 public static void main(String[] args)
    {
        String Vet_Nome_Aluno[];
        double Mat_Notas[][];
        int Contador_Alunos;
        double Acum_Media=0, MediaTurma;

        Scanner entra_dado = new Scanner(System.in);

        Vet_Nome_Aluno = new String[10];
        Mat_Notas = new double[10][3];

        System.out.println("");
        System.out.println("<<< Processa a Média Final de
10 Alunos >>>\n");

        for (Contador_Alunos=0; Contador_Alunos < 10;
Contador_Alunos++)
        {
            System.out.println("Informe Nome do Aluno(a) -
" +

                          (Contador_Alunos+1) + " : ");
```

```
        Vet_Nome_Aluno[Contador_Alunos] = entra_dado.
next();
        System.out.println("Informe sua Nota Bimestral
1 : ");

        Mat_Notas[Contador_Alunos][0] = entra_dado.
nextFloat();
        System.out.println("Informe sua Nota Bimestral
2 : ");

        Mat_Notas[Contador_Alunos][1] = entra_dado.
nextFloat();

        Mat_Notas[Contador_Alunos][2]=Mat_
Notas[Contador_Alunos][0]*0.4+
                                Mat_Notas[Contador_
Alunos][1]* 0.60;

        Acum_Media = Acum_Media + Mat_Notas[Contador_
Alunos][2];

        if (Mat_Notas[Contador_Alunos][2] >= 7.0)
            System.out.println(Vet_Nome_Aluno[Contador_
Alunos] +
                            " Você está
APROVADO(A).");
        else

            if (Mat_Notas[Contador_Alunos][2] >= 5.0)
                System.out.println(Vet_Nome_
Aluno[Contador_Alunos] +
                                " Você está EM
EXAME.");
            else
                System.out.println(Vet_Nome_
Aluno[Contador_Alunos]) +
                                " Você está
REPROVADO.");
        System.out.println();
```

```
        }

        MediaTurma = Acum_Media / Contador_Alunos;
        System.out.printf("%s %.1f \n","Média da turma:
",MediaTurma);
        System.out.printf("\n");


        System.out.println("");
        System.out.println("<<< Processa a Média Final de
10 Alunos >>>\n");


        for (Contador_Alunos=0; Contador_Alunos < 10;
Contador_Alunos++)
            {
            if (Mat_Notas[Contador_Alunos][2] > MediaTurma)
                System.out.printf("%s %s %.1f %s \n",
                                   Vet_Nome_Aluno[Contador_
Alunos],
                                   " - Média: ",
                                   Mat_Notas[Contador_
Alunos][2],
                                   " - Bom Aluno(a).");
                else
                    if (Mat_Notas[Contador_Alunos][2] <
MediaTurma)
                        System.out.printf("%s %s %.1f %s \n",
                                   Vet_Nome_
Aluno[Contador_Alunos],
                                   " - Média: ",
                                   Mat_Notas[Contador_
Alunos][2],
                                   " - Aluno(a) com baixo
desempenho.");
                        else
                            System.out.printf("%s %s %.1f %s \n",
                                   Vet_Nome_
Aluno[Contador_Alunos],
                                   " - Média: ",
```

```
                                    Mat_Notas[Contador_
Alunos][2],
                        " – Aluno(a)
Médio(a).");
        }
    }
}
```

```
General Output

<<< Processa a Média Final de 10 Alunos >>>

Informe Nome do Aluno(a) - 1 :
João
Informe sua Nota Bimestral 1 :
8,75
Informe sua Nota Bimestral 2 :
7,45
João Você está APROVADO(A).

Informe Nome do Aluno(a) - 2 :
Maria
Informe sua Nota Bimestral 1 :
6,25
Informe sua Nota Bimestral 2 :
5,0
Maria Você está EM EXAME.

Informe Nome do Aluno(a) - 3 :
Pedro
Informe sua Nota Bimestral 1 :
4,25
Informe sua Nota Bimestral 2 :
5,0
Pedro Você está REPROVADO.
```

FIGURA 10.14: Tela de entrada de dados do programa MediaFinal_Alunos

```
General Output

<<< Processa a Média Final de 10 Alunos >>>

João   - Média:  6,8  - Bom Aluno(a).
Maria  - Média:  5,2  - Aluno(a) com baixo desempenho.
Pedro  - Média:  6,9  - Bom Aluno(a).
Vera   - Média:  3,5  - Aluno(a) com baixo desempenho.
Alex   - Média:  5,8  - Aluno(a) com baixo desempenho.
Lilian - Média:  5,8  - Aluno(a) com baixo desempenho.
José   - Média:  2,8  - Aluno(a) com baixo desempenho.
Luiza  - Média:  8,0  - Bom Aluno(a).
Luiz   - Média:  8,8  - Bom Aluno(a).
Beatriz - Média:  6,2  - Bom Aluno(a).
```

FIGURA 10.15: Tela de saída do programa MediaFinal_Alunos, em Java

PHP

No exemplo a seguir as notas bimestrais 1 e 2 dos 10 alunos que estamos processando foram digitadas em páginas Web e armazenadas em um Banco de Dados. O programa abaixo, ao ser executado, inicialmente leu essas notas e carregou-as na matriz Mat_Notas, e a partir daí efetuou-se os processamentos para calcular a média final de cada aluno e determinar sua situação. Portanto, nesse exemplo as notas bimestrais 1 e 2 já aparecem armazenadas nas colunas 1 e 2 da matriz, sendo que a terceira coluna está vazia, pois irá conter a média final que será calculada pelo programa.

Em PHP, um array multidimensional é um array dentro do outro, por exemplo:

$Mat_Notas = array (array(8.0,6.0,), array(4.0,6.0,),...);

Note que as colunas 1 e 2 contêm valores, enquanto que a coluna 3 está vazia.

```
<html>
<body>
<?php

  $Vet_Nome_Aluno = array ('João','Maria','Pedro',
'Vera','Alex','Lilian','Josë','Luiz','Luiza','Beatriz');
$Mat_Notas = array    (array(8.0,6.0,),
                       array(4.0,6.0,),
         array(6.0,7.5,),
                       array(8.0,6.5,),
         array(7.0,5.5,),
                       array(4.0,7.0,),
         array(4.0,2.0,),
                       array(8.0,8.0,),
         array(10.0,8.0,),
         array(5.0,7.0,));
  $Contador_Alunos;
  $AcumMedia;
  $MediaTurma;
echo "<< Processa Media Final de 10 Alunos >>";
```

```
echo "<BR>";
echo "<BR>";
echo "Aluno - Média Final - Situação";
echo "<BR>";
echo "<BR>";
for ($Contador_Alunos=0; $Contador_Alunos < 10;
$Contador_Alunos++)
    {
// calcula média final do aluno e a acumula para o
cálculo da média // da turma.


    $Mat_Notas[$Contador_Alunos][2]=
                        $Mat_Notas[$Contador_Alunos]
[0] * 0.4 +
                        $Mat_Notas[$Contador_Alunos]
[1] * 0.6;


    $AcumMedia += $Mat_Notas[$Contador_Alunos][2];


    IF ($Mat_Notas[$Contador_Alunos][2] >= 7 )
            echo $Vet_Nome_Aluno[$Contador_Alunos] .
            " - " . $Mat_Notas[$Contador_Alunos][2] .
            " - Voce esta APROVADO(A)." . "<BR>";
    else
        IF ($Mat_Notas[$Contador_Alunos][2] >= 5 )
                echo $Vet_Nome_Aluno[$Contador_Alunos]
.
                " - " . $Mat_Notas[$Contador_Alunos]
[2] .
                " - Voce esta EXAME." . "<BR>";
        else
                echo $Vet_Nome_Aluno[$Contador_Alunos]
.
                " - " . $Mat_Notas[$Contador_Alunos]
[2] .
```

```
                           " - Voce esta REPROVADO(A)." .
"<BR>";
        }
   echo "<BR>";
   echo "<< Processa Media Final de 10 Alunos >>";
   echo "<BR>";
   echo "<BR>";


   $MediaTurma = $AcumMedia / $Contador_Alunos;


   echo "Média da Turma - " .
        number_format($MediaTurma,2,",",".");
   echo "<BR>";
   echo "<BR>";
   echo "Aluno - Média Final - Situação";
   echo "<BR>";
   echo "<BR>";



   for ($Contador_Alunos=0; $Contador_Alunos < 10;
        $Contador_Alunos++)
     {
       IF ($Mat_Notas[$Contador_Alunos][2] > $MediaTurma)
              echo $Vet_Nome_Aluno[$Contador_Alunos] .
               " - " . $Mat_Notas[$Contador_Alunos][2] .
               " - Bom Aluno(a)." . "<BR>";
       else



IF ($Mat_Notas[$Contador_Alunos][2] < $MediaTurma)
              echo $Vet_Nome_Aluno[$Contador_Alunos] .
               " - " . $Mat_Notas[$Contador_Alunos][2] .
               " - Aluno(a) com baixo desempenho." .
"<BR>";
           else
```

```
        echo $Vet_Nome_Aluno[$Contador_Alunos] .
              " - " . $Mat_Notas[$Contador_Alunos][2] .
              " - Aluno(a) Medio(a)." . "<BR>";
    }
?>
</body>
</html>
```

A Figura 10.16 mostra a tela de saída resultante da execução da primeira parte do programa anterior, que é o processamento da média de cada aluno.

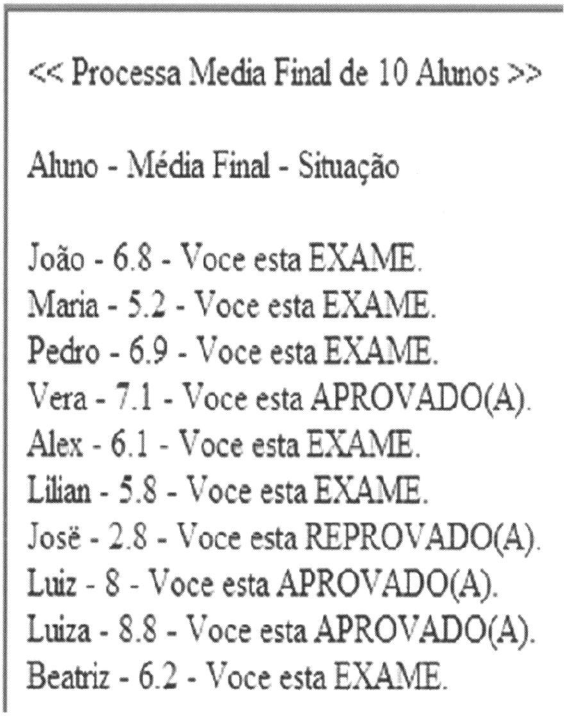

<< Processa Media Final de 10 Alunos >>

Aluno - Média Final - Situação

João - 6.8 - Voce esta EXAME.
Maria - 5.2 - Voce esta EXAME.
Pedro - 6.9 - Voce esta EXAME.
Vera - 7.1 - Voce esta APROVADO(A).
Alex - 6.1 - Voce esta EXAME.
Lilian - 5.8 - Voce esta EXAME.
Josë - 2.8 - Voce esta REPROVADO(A).
Luiz - 8 - Voce esta APROVADO(A).
Luiza - 8.8 - Voce esta APROVADO(A).
Beatriz - 6.2 - Voce esta EXAME.

FIGURA 10.16: Tela de saída do programa MediaFinal_Alunos, em PHP

A Figura 10.17 mostra a tela de saída resultante da execução da segunda parte do programa acima, que mostra o desempenho de cada aluno em relação a média final da turma.

<< Processa Media Final de 10 Alunos >>

Média da Turma - 6,37

Aluno - Média Final - Situação

João - 6.8 - Bom Aluno(a).
Maria - 5.2 - Aluno(a) com baixo desempenho.
Pedro - 6.9 - Bom Aluno(a).
Vera - 7.1 - Bom Aluno(a).
Alex - 6.1 - Aluno(a) com baixo desempenho.
Lilian - 5.8 - Aluno(a) com baixo desempenho.
José - 2.8 - Aluno(a) com baixo desempenho.
Luiz - 8 - Bom Aluno(a).
Luiza - 8.8 - Bom Aluno(a).
Beatriz - 6.2 - Aluno(a) com baixo desempenho.

FIGURA 10.17: Tela de saída do programa MediaFinal_Alunos, em PHP

Para fixar

Pesquise e leia sobre o aplicativos do tipo planilhas eletrônicas. Essa prática será muito útil para você entender cada vez mais a importância do uso de matriz no nosso cotidiano e, principalmente, na construção de algoritmos/ programas.

Faça uma busca na internet, sobre o uso de matriz, na área da computação, para conhecer e entender as várias possibilidades de uso dessa variável, para a solução de problemas.

Faça uma busca na internet, com a palavra-chave: algoritmo, e selecione alguns algoritmos, resolvidos ou a serem resolvidos, que apliquem os conceitos sobre matriz.

Faça uma pesquisa bibliográfica das linguagens trabalhadas neste livro para saber mais sobre definição e uso de matrizes.

Se você entendeu o que foi explicado no início do capítulo, sobre a matriz energética, então, já sabe que poderá utilizar os conceitos e recursos de matriz no seu dia a dia.

Se voltarmos a imaginar como controlar nossos gastos mensais podemos, ao invés de usar vetores, usar matriz para o controle dos mesmos.

Volte ao item "Algoritmos no Cotidiano" do capítulo anterior, e leia-o novamente.

Então, agora você poderá acompanhar seus gastos passados, e verificar a evolução dos mesmos, em relação aos seus ganhos mensais, anotando e controlando esses gastos mensais, usando uma matriz.

Outras aplicações de matriz, no nosso cotidiano, poderiam ser: o controle das notas e médias, por disciplina; o controle do consumo de água e luz; controle de gastos com combustíveis etc.

Pense nisso!

Sempre que for desenvolver algoritmos/programas, onde seja necessário guardar dados/informações passadas pense, agora, não somente no uso de vetores mas, principalmente, de matrizes.

Papo técnico

10.1

Cada uma das linguagens apresentadas neste livro utiliza uma forma de declarar e manipular matriz. Você deve compreender essas diferenças e aplicá-las conforme a linguagem de programação de sua preferência, ou que estiver usando.

Navegar é preciso

Pesquise na Internet o assunto: variáveis compostas homogêneas, para saber mais sobre vetores e matrizes, e também para conhecer e resolver outros exercícios aplicando os conceitos aprendidos.

Acesse o Ambiente de Aprendizagem e navegue pelos links indicados para mais informações a respeito de matriz.

Depois, entre no blog do livro e deixe sua contribuição. Dúvidas, dicas, *feedbacks* são sempre muito bem vindos.

Exercícios propostos

Elabore algoritmos para solucionar os problemas propostos a seguir.

1. Supondo que a matriz contendo letras L, a Mat_Letra, que carregamos e mostramos seu conteúdo através do algoritmo "Preenche_Matriz", seja na realidade o mapa de uma sala de espetáculos, e que o L indica que a poltrona naquela linha (fila) e coluna está LIVRE. Considerando isso, altere esse algoritmo para que o mesmo passe a efetuar reservas de poltronas. Após o procedimento de carga da matriz com letras L, solicite/leia através do teclado qual a poltrona que o expectador deseja reservar. Será informado o número da linha e da coluna, e com essa informação acesse o conteúdo da matriz, e verifique se contém a letra L. Se afirmativo, então, mude a letra para R (reservada) e envie uma mensagem dizendo que a poltrona foi "Reservada", caso contrário, envie uma mensagem dizendo que a poltrona solicitada já está "Reservada". Continue efetuando reservas até que o número da linha informado seja zero. Encerradas as reservas, mostre, em tela, o conteúdo da matriz.

2. Defina duas matrizes contendo 5 linhas e 5 colunas cada uma, para armazenar números inteiros, que serão solicitados e recebidos pelo teclado. Gerar uma terceira matriz a partir da multiplicação dos elementos dessas duas matrizes. Após procedimentos de carga e geração da matriz soma, mostre o conteúdo das três matrizes, na tela do computador.

3. Elabore um algoritmo para solicitar/ler o código, a quantidade comprada e o preço unitário de 10 produtos. O código do produto é composto de números e letras, já a quantidade e o preço unitário são números com decimais. O valor total da compra é igual à quantidade multiplicada pelo preço unitário. Os valores devem ser armazenados em matriz, e o código do produto em vetor. Calcule o valor médio das compras, e mostre quais produtos estão com valor de compra acima da média.

4. Elabore uma matriz para conter os índices de reajuste mensal da caderneta de poupança dos últimos três anos (2010, 2009 e 2008). Supondo uma aplicação de R$ 1.000,00 em 31/12/2007, calcule e armazene os juros mensais dessa aplicação nesses três anos. Em seguida mostre a matriz dos juros recebidos e o valor total dos juros nesses anos.

Acesse a Internet e consulte as taxas de juros mensais da poupança nesses anos.

5. Desenvolva um algoritmo para armazenar em matriz o Nome, Endereço, Estado, Número do Telefone Celular e o e-mail de 10 pessoas. Após o armazenamento desses dados, mostrar os dados dessas 10 pessoas, na forma de uma matriz linhas x colunas.

Referências

ASCENCIO, A. F. G; CAMPOS, E. A. V. *Fundamentos da Programação de Computadores*: algoritmos, Pascal, C/C++ e Java. São Paulo: Longman, 2007.

AVILLANO, Israel C. *Algoritmos e Pascal*. 2. ed., São Paulo: Ciência Moderna, 2006.

CORMEN,T.H.; LISERSON,C.E.; RIVEST, R.L.; STEIN, C. *Introduction to Algorithms*: a creative approach. Addison Wesley, 1989.

FEOFILOFF, P. *Algoritmos em Linguagem C*. São Paulo: Campus, 2009.

FORBELLONE, L. V., EBERSPACHER, H. F. *Lógica de Programação*: a construção de algoritmos e estruturas de dados. São Paulo: Prentice Hall, 2005.

MANZANO, J. A. N. G.; YAMATUMI, W. Y. *Free Pascal*: programação de computadores. São Paulo: Érica, 2007.

RINALDI, R. *Turbo Pascal 7.0*: comandos e funções. 9. ed., São Paulo: Érica, 1993.

ZIVIANI, N. *Projeto de Algoritmos com Implementações em Pascal e C*. 2 ed., São Paulo: Thomson Pioneira, 2004.

Exercícios adicionais

Resolva os exercícios a seguir, construindo os algoritmos, na linguagem de programação de sua preferência.

1. Uma loja de automóveis comercializa sete marcas de veículos, sendo quatro nacionais e três importadas. Os veículos são identificados pelos códigos contidos na tabela abaixo. Elabore um algoritmo, para acumular as vendas de cada veículo, por código.

Procedimentos para cada veículo:

a. Solicite e leia o Código do Veículo. Cada entrada de um código é relativa à venda de uma unidade da marca.

   Atenção! O programa deverá encerrar quando o Código de Veículo informado for igual a Zero.

b. Valide o Código do Veículo, que deve estar entre 1 e 7, inclusive, caso contrário, envie mensagem de erro: "Erro: Código do Veículo deve estar entre 1 e 7, inclusive!", e solicite/leia/valide o código do veículo novamente.

   Após encerrar a entrada de dados sobre as vendas de veículos (ou seja, quando Código de Veículo for igual a Zeros), mostre os seguintes dados, de cada uma das oito marcas, somente se houve vendas da marca: Descrição da marca; Classe da marca; Total de veículos vendidos da marca.

   Após mostrar as vendas de todas as marcas, mostre: O total de veículos nacionais vendidos; o total de veículos importados vendidos; e o total geral de veículos vendidos (Nacionais + Importados)

Tabela de Códigos de Veículos:

Código do Veículo	Descrição da Marca	Classe
1	Ford	Nacional
2	Toyota	Nacional
3	Fiat	Nacional
4	Volkswagen	Nacional
5	Ferrari	Importado
6	Mercedes	Importado
7	Rolls Royce	Importado

2. Elabore um algoritmo para apurar o Valor do Imposto de Renda a ser descontado dos 10 funcionários de uma loja de produtos de informática.

Procedimentos:

a. Solicite e obtenha os seguintes dados de cada um dos 10 funcionários: Número de registro; Número de Dependentes; Salário Bruto; e Valor do desconto do INSS.

b. Valide o Número de registro, que deve ser maior que zeros. Caso contrário, envie a seguinte mensagem: "Número de Registro do Funcionário não pode ser zero.", e solicite/leia/valide esse dado novamente.

c. Valide o Valor do Salário Bruto, que deve ser maior que zeros. Caso contrário, envie a seguinte mensagem: "Salário Bruto não pode ser zeros ou negativo.", e solicite/leia/valide esse dado novamente.

d. Valide o Valor do Desconto INSS, que não deve ser menor que zeros. Caso contrário, envie a seguinte: "Valor do Desconto do INSS não pode ser negativo.", e solicite/leia/valide esse dado novamente.

e. Após validações, calcule o Valor do IR (Imposto de Renda) a ser descontado do funcionário procedendo da seguinte forma:

Calcule: Desconto dos Dependentes = Número de Dependentes x 199,07

Calcule: Salário Base para IR = Salário Bruto – Valor Desconto do INSS – Desconto dos Dependentes

Considerando a tabela abaixo e o Salário Base para IR, calcule: Valor do IR = Salário Base para IR x (Alíquota do IR / 100) - Valor a Deduzir.

Somente após processar os 10 funcionários mostre os dados abaixo, de cada funcionário (uma linha da tela para cada um):

Num.Reg. Num.Dep. Sal.Bruto Val.INSS Sal.Base IR Val. do IR

Tabela para Cálculo do Valor do Desconto do Imposto de Renda

Salário Base para IR (R$)	Alíquota IR (%)	Valor a Deduzir (R$)
Até 1.903,98	0,0	0.00
De 1.903,99 até 2.826,65	7,5	142,80
De 2.826,66 até 3.751,05	15,0	354,80
De 3.751,06 até 4.664,08	22,5	636,13
Acima de 4.664,08	27,5	869,36

3. Elabore um algoritmo para armazenar números inteiros (solicitados e recebidos pelo teclado), simultaneamente, em duas matrizes de 5 linhas x 5 colunas cada uma. Gerar uma terceira matriz (matriz resultante) a partir da multiplicação dos elementos dessas duas matrizes de números recebidos. Após geração dessa matriz resultante, mostre somente os números que estão contidos na diagonal (da esquerda para a direita) dessa matriz.

? O QUE VEM DEPOIS

Ufa! Mais um capítulo estudado, e mais uma significativa quantia de conceitos e práticas, importantes, sobre construção de algoritmos/programas pudemos agregar à nossa base de conhecimentos.

Você já pensou que muito daquilo que aprendemos até agora, na realidade, consciente ou inconscientemente, aplicamos desde o momento que acordamos. Pois é, estamos a todo o momento construindo, mentalmente, os algoritmos do nosso dia a dia e volto a lembrar que construir algoritmos/ programas é uma tarefa envolvente, criativa e desafiante.

Agora pense mais um pouco! Alguma vez você já fez algo da mesma forma que outra pessoa já tinha feito? Por exemplo, trocar o pneu de um carro; fazer um bolo; instalar um aparelho de TV etc.

Se você já fez algo que muitos já fizeram, então, você usou sequências de instruções ou tarefas já predefinidas, e validadas, para solucionar problemas do seu cotidiano, que foram construídas por outras pessoas.

Na construção de algoritmos/programas isso também ocorre, ou seja, nem sempre tudo que precisamos para compor nossa lógica, necessariamente, precisa ser desenvolvido por nós. Existem milhares de programadores pelo mundo afora, e da mesma forma existem milhares de algoritmos/programas que são comuns para solução de várias situações.

Esses algoritmos/programas muitas vezes são desenvolvidos e disponibilizados para a comunidade de programadores, na forma de classes, objetos, ou sub-rotinas. Basta ter acesso a eles, conhecer suas características de composição e ação, e usá-los em seus algoritmos/programas.

Nosso próximo capítulo vai tratar do assunto modularização de algoritmos, que é uma técnica muito importante usada para refinar algoritmos, através da construção de sub-rotinas, que podem, inclusive, ser disponibilizadas para a comunidade de programadores.

Você verá que, além das sub-rotinas que você pode construir, existem muitas outras já predefinidas e prontas para uso dentro do seu algoritmo/programa. Essas sub-rotinas estão catalogadas nas bibliotecas dos compiladores de linguagem de programação.

Então, vamos estudar procedimentos e funções?

Bons estudos!

11

Modularização de algoritmos – procedimento e função

« O segredo de progredir é começar. O segredo de começar é dividir as tarefas árduas e complicadas em tarefas pequenas e fáceis de executar, e depois começar pela primeira. »

MARK TWAIN

Ao nos depararmos com um problema complexo, a melhor estratégia para o resolvermos consiste em dividi-lo em partes menores. Solucionando todas essas partes, solucionaremos o problema inicial.

- Analisar e identificar, na proposição de um problema, quais partes podem ser independentes e, portanto, podem ser resolvidas e validadas separadamente.
- Abstrair, projetar e construir algoritmos/programas, principalmente os mais complexos, de forma modular.
- Escrever trechos de algoritmo de forma a serem usados em diversos locais, dentro do algoritmo principal, ou mesmo em outros algoritmos.

Para começar

No nosso cotidiano, principalmente nas empresas, enfrentamos situações-problema com diferentes níveis de complexidade e para resolvê-las da melhor forma possível, devemos pensar antes de agir. Nesse processo de pensar, procuramos construir os caminhos que levam à solução do problema, logo, estamos usando raciocínio lógico para construção de modelos de resolução do problema.

O tempo que levamos para traçar as estratégias de ação e a construção de um modelo de resolução depende, basicamente, da complexidade do problema e do tempo que temos para solucioná-lo, ou seja, o tempo para a tomada de decisão.

Problemas complexos exigem soluções complexas e encontrar a solução pensando o problema como um todo não é a melhor estratégia. Assim, sempre é possível dividir um problema complexo em partes menores, pensar rapidamente uma solução para essas partes e quando todas já tiverem uma estratégia de ação ou solução bem definida, juntamo-las e teremos a solução do problema complexo.

Certa empresa, com uma significativa carteira de clientes, estava com dificuldades para enfrentar a crescente concorrência de novas empresas entrando em seu mercado. Essa empresa tem o conhecimento das necessidades de apenas alguns grupos seletos de clientes, pois até pouco tempo atrás, o mercado onde atuava tinha somente dois ou três concorrentes.

Para tentar achar uma solução para esse problema, a empresa analisou com mais detalhes a sua carteira de clientes, e conseguiu dividi-la em vários grupos. A partir daí a empresa passou a personalizar não somente seus produtos, mas as políticas de relacionamento com os clientes dos grupos e, monitorando os resultados dessa estratégia, conseguiu planejar ações para cativar cada vez mais seus clientes.

Ao adotar essas estratégias, e atenta aos sinais (*feedback*) enviados pelos seus consumidores, em pouco tempo a empresa passou a conhecer e gerenciar os perfis dos clientes e, também, a conhecer seu mercado, obtendo um crescimento de forma mais sustentável.

Essa empresa adotou a estratégia de dividir para conquistar.

Em projetos de algoritmos devemos estar atentos às estratégias (lógica) que iremos adotar para a construção de soluções.

Uma dessas estratégias diz respeito à modularização, que é recomendada tanto pela eficiência no projeto e desenvolvimento do algoritmo, quanto pela escalabilidade, qualidade, confiabilidade, documentação e manutenção do mesmo.

A modularização de algoritmos é uma técnica altamente recomendável, que consiste em dividir um algoritmo maior ou principal em algoritmos menores, também referenciados como subalgoritmos ou sub-rotinas (procedimentos e funções), tornando o principal mais estruturado, organizado e refinado.

Atualmente, no mundo da programação de sistemas computacionais, temos milhares de desenvolvedores projetando e desenvolvendo módulos (algoritmos) com as mais diversas funcionalidades e muitas vezes disponibilizando esses módulos para serem agregados a algoritmo/programas por outros programadores. Essa comunidade de desenvolvedores, onde cada grupo possui características próprias, se desenvolveu a partir do momento em que ocorreu uma divisão de tarefas entre muitos grupos e, portanto, não se restringiu a um pequeno grupo. Com essa comunidade altamente dividida, surgiram projetos de módulos ou componentes cada vez mais complexos e atendendo às mais diversas necessidades da programação de computadores.

Graças a essas comunidades, o rol de ferramentas, muitas delas gratuitas, à disposição dos programadores cresce a cada dia e proporciona a estes maior produtividade em suas tarefas de desenvolvimento.

 ## Conhecendo a teoria para programar

Ao utilizar a técnica de modularização de algoritmos/programas podemos nos deparar com situações que exigem a divisão das partes menores (sub-rotinas), em outras partes, sempre buscando a solução do problema maior.

A maioria das linguagens de programação permite a utilização da técnica de modularização, através da criação de dois tipos de sub-rotinas: o procedimento (*procedure*) e a função (*function*). Excetuando a lógica de cada uma, a diferença entre ambas é que o procedimento pode ou não retornar valores (variáveis ou parâmetros) após sua execução, enquanto que a função, após ser executada, sempre irá retornar um valor.

Conceito

Algumas linguagens não distinguem um procedimento de uma função, isto é, uma função pode se comportar como um procedimento.

Mas, qual (ou quais) a vantagem de modularizar algoritmos?

Como já vimos, além de solucionar um problema complexo através da sua divisão em partes menores, a modularização proporciona:

a) Que partes comuns a vários algoritmos, ou que se repetem dentro de um mesmo algoritmo, sejam escritas e testadas em momento único.

b) A reutilização de trechos de algoritmos já desenvolvidos – as sub-rotinas.

c) Bibliotecas de sub-rotinas (procedimentos e funções) que podem ser construídas e disponibilizadas para uso em diferentes algoritmos sem alteração.

d) A preservação dos refinamentos obtidos durante o desenvolvimento dos algoritmos.

e) Uma melhor estruturação do algoritmo, facilitando a depuração de erros e proporcionando uma melhor documentação.

Antes de abordar os conceitos básicos sobre modularização de algoritmos, vamos voltar ao exercício da análise e interpretação da descrição de um problema, que utilizaremos nos exercícios deste capítulo.

Vamos propor o seguinte problema:

"Construir um algoritmo, simulando uma calculadora aritmética simples, que faça as quatro operações básicas (soma, subtração, multiplicação e divisão). O algoritmo deverá: enviar um menu de opções das operações, e solicitar/ler: a opção de operação, e os dois operandos que devem ser números reais. Em seguida execute o algoritmo, escolhendo uma operação e mostrando o resultado".

Você poderá construir o algoritmo, para a solução desse problema na forma simbólica, ou de descrição narrativa.

Dica

Inclua, no menu de operações, uma opção para finalizar o algoritmo, e a lógica principal do seu algoritmo poderá ser escrita dentro de uma estrutura de repetição, que será finalizada quando essa opção for escolhida.

A Figura 11.1 abaixo é uma sugestão de um modelo de tela para a calculadora aritmética, que você poderá formatar na construção do algoritmo/ programa.

Tenho certeza que, com os conhecimentos sobre construção de algoritmos/programas, que você agregou até este momento, você resolverá, rapidamente, o problema que estamos propondo.

Vamos lá! Você consegue!

```
<< Calculadora Aritmetica >>

Soma...............: +
Subtração..........: -
Multiplicação......: *
Divisão............: /
FIM................: F

Escolha uma Opcao..:
+
Informe o primeiro numero:
100
Informe o segundo  numero:
200
```

FIGURA 11.1: Modelo de tela para uma calculadora aritmética simples

Se já tentou, então vamos apresentar nossa proposta de solução, através de duas formas de representação de algoritmos, ou seja, a simbólica através de um fluxograma e a descritiva através do português estruturado.

Fluxograma

O modelo lógico (algoritmo), para solução do exercício proposto acima, está representado na Figura 11.2, através de um fluxograma.

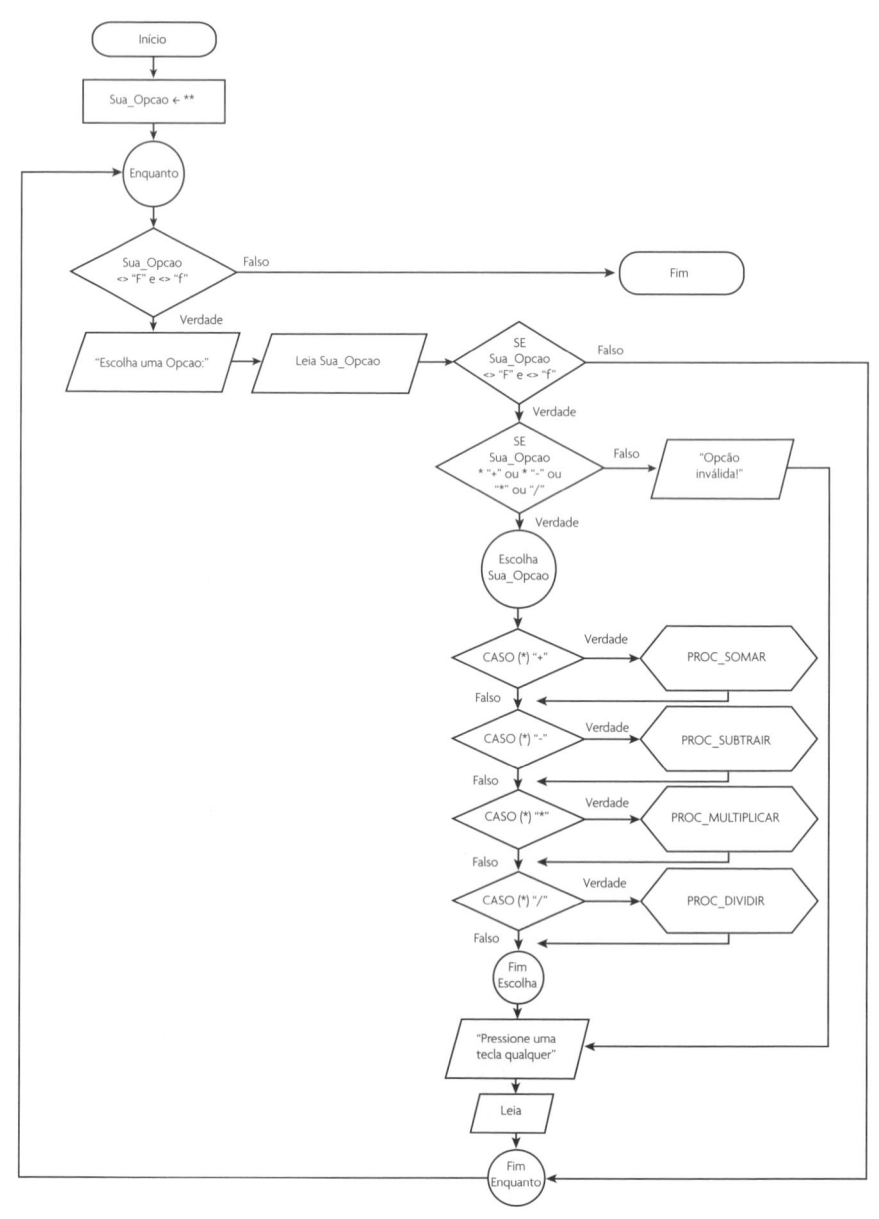

FIGURA 11.2: Fluxograma de uma calculadora aritmética simples

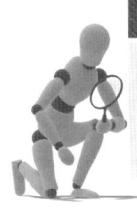

Atenção

Observe que para solução desse algoritmo usamos uma estrutura de seleção múltipla (Escolha... Caso...) para processar a operação aritmética escolhida. Essa estrutura é uma opção ao uso da estrutura de decisão (Se... então...).

A seguir temos nossa proposta de solução do problema acima (calculadora aritmética), representada através do português estruturado.

```
algoritmo "Calculadora_Aritmetica"

// Função: Le: Opção de cálculo (operação) e dois
numeros reais.
// Efetua o cálculo e mostra o resultado.
// A execução termina quando a opção for = F (Fim.)
Var
   Sua_Opcao, Parar : Caractere
   Operando1, Operando2 : Real
inicio
   Sua_Opcao := ""
   Enquanto (Sua_Opcao <> "F") e (Sua_Opcao <> "f") faca
      LimpaTela
      Escreval(" < < Calculadora Aritmetica >>")
      Escreval
      Escreval("Soma...............: +")
      Escreval("Subtração..........: -")
      Escreval("Multiplicação......: *")
      Escreval("Divisão............: /")
      Escreval("FIM................: F")
      Escreval
      Escreval("Escolha uma Opcao..:")
      Leia(Sua_Opcao)

      Se (Sua_Opcao <> "F") e (Sua_Opcao <> "f") entao
          Se (Sua_Opcao = " + ") ou
```

```
            (Sua_Opcao = "-") ou
            (Sua_Opcao = "*") ou
            (Sua_Opcao = "/") entao
         Escreval("Informe o primeiro numero:")
         Leia(Operando1)
         Escreval("Informe o segundo numero:")
         Leia(Operando2)
Escolha Sua_Opcao
         Caso " + "
            Escreval("Resultado = ",
                    Operando1 + Operando2:6:2)
         Caso "-"
            Escreval("Resultado = ",
                    Operando1 - Operando2:6:2)
         Caso "*"
            Escreval("Resultado = ",
                    Operando1 * Operando2:6:2)
         Caso "/"
            Escreval("Resultado = ",
                    Operando1 / Operando2:6:2)
      FimEscolha
      senao
         Escreval
         Escreval("Opção Invalida!")
      FimSe

      Escreval
      Escreval(" < < Pressione uma tecla qualquer >>")
      Leia(Parar) // Parar a execução do algoritmo
   FimSe
  FimEnquanto
Fimalgoritmo
```

Observe que, antes, no final da estrutura de repetição, tivemos que inserir um comando de leitura com uma variável não utilizada no programa. Porque esse procedimento foi necessário?

Para interromper, momentaneamente, a execução do algoritmo de forma que o resultado da operação selecionada possa ser visualizado. Observe que, como estamos dentro de uma estrutura de repetição, ao retornar para o início dessa estrutura o primeiro comando a ser executado irá limpar a tela do monitor e, portanto, não veremos o resultado da operação aritmética.

A Figura 11.3 mostra a tela resultante da execução desse algoritmo.

```
<< Calculadora Aritmetica >>

Soma...............: +
Subtração..........: -
Multiplicação......: *
Divisão............: /
FIM................: F

Escolha uma Opcao..:
/
Informe o primeiro numero:
548,75
Informe o segundo  numero:
6,53
Resultado =   84.04

<< Pressione uma tecla qualquer >>
```

FIGURA 11.3: Calculadora aritmética simples, desenvolvida em VisuAlg

Atenção

Durante a execução desse algoritmo caso a operação solicitada seja divisão (/) e o número 2 informado seja Zero, então a execução será cancelada, pois ocorreu a tentativa de divisão por zero.

Uma das soluções, para evitar esse cancelamento, é validar o conteúdo da variável Operando2, não aceitando o valor Zero.

Não foi difícil resolver o problema proposto. Concorda?

Agora iremos estudar alguns conceitos básicos sobre a modularização de algoritmos, começando pela definição e uso de procedimentos, e após ter assimilado esses conceitos, certamente não terá dificuldades para entender os conceitos sobre função.

Usaremos o algoritmo descrito anteriormente, da calculadora aritmética, para a aplicação dos conceitos sobre modularização.

Tudo bem? Então, preste bem atenção, pois explicaremos passo a passo, como modularizar algoritmos, começando com a definição de: procedimentos.

Modularização de algoritmos: procedimentos

Um procedimento consiste em um grupo de instruções geralmente utilizado mais de uma vez dentro do contexto geral de um algoritmo/programa. Procedimento e função também são referenciados como sub-rotina.

Todo algoritmo/programa principal possui conjuntos de comandos que devem ser executados tendo em vista algum resultado. O objetivo de uma sub-rotina é a execução de sub-tarefas, dentro desse conjunto de comandos. Dessa forma, podemos escrever sub-rotinas para diversas finalidades, tais como: leitura e validação de dados de entrada; para cálculos; para produzir saídas em diversos meios; para troca de conteúdos entre outras sub-rotinas; para manipulação de datas; para manipulação de arquivos etc.

Um procedimento poderá implementar constantes, variáveis e, no caso da linguagem Pascal, também, tipos de dados não primitivos.

Um procedimento possui uma estrutura semelhante à de um programa principal, porém a área para codificação de comandos é delimitada pelas palavras-chave Início e Fim do Procedimento.

Um procedimento é identificado por um nome, através do qual será referenciado, quantas vezes forem necessárias, em qualquer parte de um algoritmo/programa principal, ou mesmo de outro procedimento ou função.

Papo técnico

11.1

O algoritmo/programa que referencia um procedimento é denominado algoritmo/programa CHAMADOR.

Sintaxe da estrutura de um procedimento

Sintaticamente, a estrutura de um programa principal ou mesmo sub-rotinas (procedimento ou função), depende da linguagem de programação utilizada.

Todas as linguagens de programação possuem uma estrutura principal, e dentro dessa estrutura declaramos ou mesmo invocamos procedimentos ou funções. Para exemplificar consideremos duas estruturas, uma em VisuAlg e outra em Pascal, conforme mostrado nos quadros abaixo. À esquerda, temos a estrutura de um algoritmo em VisuAlg, onde o algoritmo se inicia com a palavra-chave ALGORITMO, e à direita, em Pascal, onde o algoritmo é iniciado com a palavra-chave PROGRAM.

```
algoritmo "nome_algoritmo"      // Área de Declarações
// Seção de Declarações          Type
var                             Var
// Corpo do programa             Const
principal
                                // Corpo do programa
inicio                          principal
// Seção de Comandos             Begin
fimalgoritmo                    // Área de Comandos
Program nome_do_programa;       End;
```

Conceito

A "Seção ou Área de Comandos" de um algoritmo/programa é conhecida como corpo do programa principal.

Onde declaramos (construímos) um procedimento, dentro da estrutura de um programa principal?

Isso também depende da linguagem que estamos utilizando para construção de nossos algoritmos/programas. Algumas linguagens permitem que um procedimento seja declarado em qualquer parte do programa principal, outras não.

Outra vez, para exemplificar, consideremos um algoritmo em VisuAlg, e outro em Pascal. Nessas linguagens, um procedimento deve, obrigatoriamente, ser declarado antes do corpo do programa principal, onde será chamado.

Portanto, a definição de um procedimento, ocorre na *Seção de Declarações* desse algoritmo/programa.

```
Procedimento "nome do procedimento"(Lista de Parâmetros)
Var
    // seção de declarações
Inicio
// seção de comandos
FimProcedimento
```

Atenção

Observe que o procedimento tem a mesma estrutura de um programa principal, exceto que seu término é identificado como FimProcedimento nas construções em VisuAlg, e End; em Pascal.

A "chamada" de um procedimento, no corpo de um programa principal ou outra sub-rotina, sintaticamente, ocorre da seguinte forma:

```
Nome do procedimento(Lista de parâmetros) // VisuAlg
Nome do procedimento(Lista de parâmetros); // Pascal
Nome do procedimento(Lista de parâmetros); // C
```

Estrutura de um algoritmo usando procedimento, em VisuAlg

```
Algoritmo "nome_algoritmo"
// Seção de declarações
Procedimento "nome_procedimento"(Lista de Parâmetros)
Var
    // seção de declarações
Inicio
    // seção de comandos
FimProcedimento
Inicio
// Seção de Comandos
    nome_procedimento(Lista de Parâmetros)
fimalgoritmo
```

Estrutura de um algoritmo usando procedimento, em Pascal

```
Program nome_do_programa;
// Área de Declarações
Type
Var
Const

Procedure nome_da_procedure(Lista de Parâmetros)
Type
Var
Const

Begin
End; // Fim da Procedure
Begin
// Área de Comandos
 nome_da_procedure(Lista de Parâmetros)
End.
```

A *lista de parâmetros* que aparece no cabeçalho do procedimento é a forma de passagem de valores (variáveis, constantes ou resultados de cálculos), do programa principal ou sub-rotina ("chamador"), para o procedimento. Da mesma forma que o procedimento recebe valores, ele também passa valores para o "chamador", sempre através dos parâmetros. Portanto, os parâmetros podem ser tanto de entrada quanto de saída.

Papo técnico

11.2

Um procedimento poderá receber um, vários ou nenhum parâmetro de entrada e, da mesma forma, poderá enviar um, vários ou nenhum parâmetro de saída.

Quando um procedimento é "chamado" dentro do programa/algoritmo principal, o controle da execução dos comandos passa para o procedimento, que é executado até o seu término, e quando isso ocorre, o controle da execução retorna para o algoritmo/programa principal, que continuará sua execução a partir do comando que está, imediatamente, após o comando que chamou o procedimento.

Atenção

Na seção - Vamos Programar - mostraremos como definir/executar procedimentos e funções, nas outras linguagens de programação que estamos abordando.

O fluxograma, do algoritmo principal: "Calculadora Aritmética", apresentado adiante, mostra a chamada de procedimentos.

Para entender melhor como declarar e usar procedimentos em algoritmos/programas, vamos analisar o algoritmo que implementa a calculadora aritmética, cujo algoritmo em VisuAlg foi descrito anteriormente.

Observando esse algoritmo, podemos identificar cinco procedimentos de execução, ou seja, um que exibe um menu de opções e recebe a opção de operação aritmética desejada, e quatro que efetuam cálculos simples.

Poderíamos classificar o primeiro procedimento como sendo principal e, portanto, fará parte do corpo do programa principal, e os outros quatro como sendo secundários ou sub-rotinas e, portanto, serão declarados na área de declarações do programa principal, e serão chamados dentro do corpo do programa principal.

Nosso programa principal terá cinco passos:

1. Mostrar um Menu com cinco opções.
2. Solicitar/Receber a opção desejada (seleção).
3. Chamar o procedimento correspondente à opção selecionada.
4. O procedimento irá:
   a) Solicitar/ler os dois valores para o cálculo.
   b) Calcular e mostrar o resultado da operação selecionada.
5. Encerrar a execução caso a opção escolhida seja igual a "F" (maiúsculo ou minúsculo).

A proposta de solução desse problema, usando a técnica de modularização através de procedimentos, está representada, primeiro, através do fluxograma mostrado na Figura 11.4 e, em seguida, através do português estruturado, usando o VisuAlg.

Note que cada operação selecionada irá provocar a chamada de uma sub-rotina de cálculo.

Para cada operação aritmética vamos criar um procedimento contendo as instruções descritas no passo três anteriormente citado.

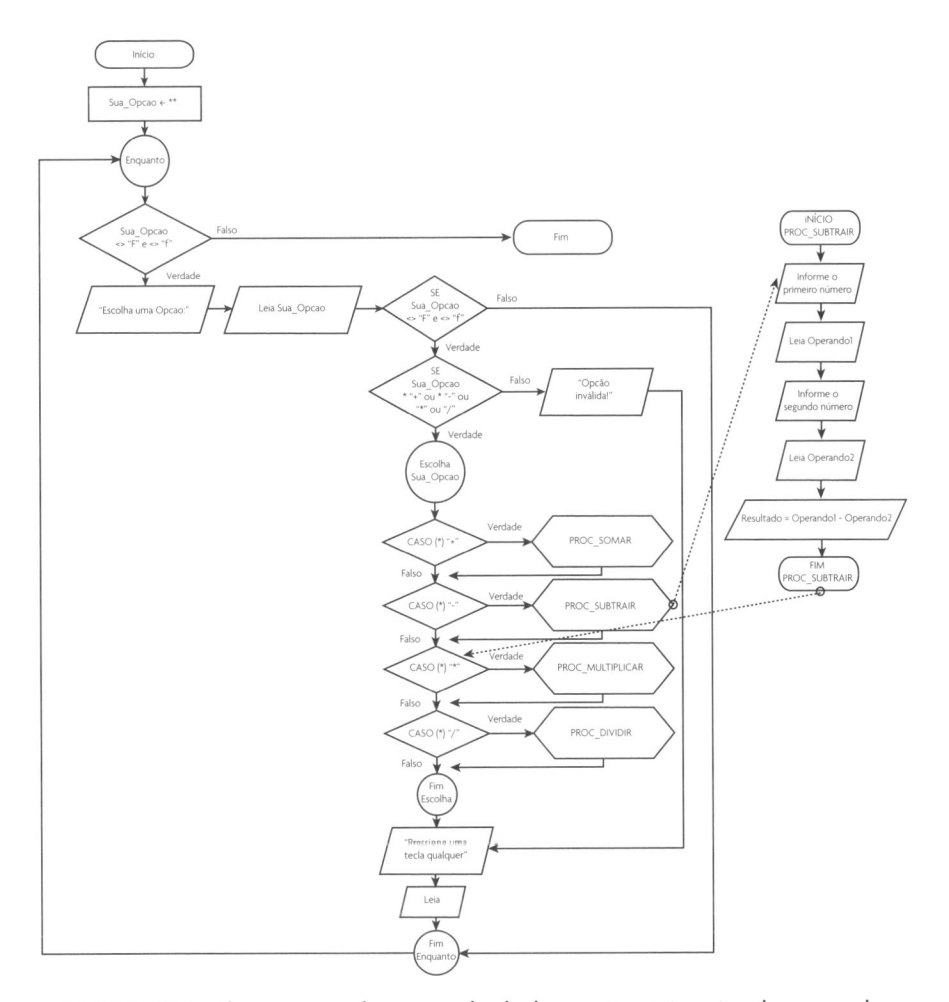

FIGURA 11.4: Fluxograma de uma calculadora aritmética simples, usando sub-rotina

Supondo que a operação aritmética desejada seja uma subtração, então a opção escolhida será o símbolo "-". Conforme o fluxograma, ao executar a estrutura de seleção de múltiplas escolhas (ESCOLHA), considerando essa opção, será executada a chamada da PROC_SUBTRAIR.

Nesse momento a execução do programa principal é momentaneamente interrompida e ocorre um desvio para o procedimento PROC_SUB-TRAIR, que executa o cálculo e mostra o resultado. Após a execução desse procedimento, o programa principal continuará sua execução a partir do comando que está imediatamente após aquele que invocou a PROC_SUBTRAIR.

Essa solução está representada, a seguir, em algoritmo escrito usando o VisuAlg, onde temos a construção de quatro procedimentos (ou sub--rotinas) de cálculo, a saber: Proc_Somar, Proc_Subtrair, Proc_Multiplicar e Proc_Dividir.

```
algoritmo "Calculadora_Aritmetica"
Var
   Sua_Opcao, Parar : Caractere

Procedimento Proc_Somar
Var
   Operando1, Operando2 : Real
Inicio
   Escreval("Informe o primeiro numero:")
   Leia(Operando1)
   Escreval("Informe o segundo numero:")
   Leia(Operando2)
   Escreval("Resultado = ",Operando1 + Operando2:6:2)
   FimProcedimento
Procedimento Proc_Subtrair

Var
   Operando1, Operando2 : Real
Inicio
   Escreval("Informe o primeiro numero:")
   Leia(Operando1)
   Escreval("Informe o segundo numero:")
   Leia(Operando2)
   Escreval("Resultado = ",Operando1 - Operando2:6:2)
FimProcedimento
```

```
Procedimento Proc_Multiplicar
Var
   Operando1, Operando2 : Real
Inicio
   Escreval("Informe o primeiro numero:")
   Leia(Operando1)
   Escreval("Informe o segundo numero:")
   Leia(Operando2)
   Escreval("Resultado = ",Operando1 * Operando2:6:2)
FimProcedimento

Procedimento Proc_Dividir
Var
   Operando1, Operando2 : Real
Inicio
   Escreval("Informe o primeiro numero:")
   Leia(Operando1)
   Escreval("Informe o segundo numero:")
   Leia(Operando2)
   Escreval("Resultado = ",Operando1 / Operando2:6:2)
FimProcedimento

// Corpo do programa principal

inicio
   Sua_Opcao := ""

   Enquanto (Sua_Opcao <> "F") e (Sua_Opcao <> "f") faca
      LimpaTela
      Escreval(" < < Calculadora Aritmetica >>")
      Escreval
      Escreval("Soma...............: +")
      Escreval("Subtração..........: -")
      Escreval("Multiplicação......: *")
      Escreval("Divisão............: /")
      Escreval("FIM................: F")
```

```
        Escreval

        Escreval("Escolha uma Opcao..:")
        Leia(Sua_Opcao)

        Se (Sua_Opcao <> "F") e (Sua_Opcao <> "f") entao
            Se (Sua_Opcao = " + ") ou
                (Sua_Opcao = "-") ou
                (Sua_Opcao = "*") ou
                (Sua_Opcao = "/") então
Escolha Sua_Opcao
                    Caso " + "
                        Proc_Somar
                    Caso "-"
                        Proc_Subtrair
                    Caso "*"
                        Proc_Multiplicar
                    Caso "/"
                        Proc_Dividir
                FimEscolha
            senao
                Escreval
                Escreval("Opção Invalida!")
            FimSe
            Escreval
            Escreval(" < < Pressione uma tecla qualquer
            >>")
            Leia(Parar)
        FimSe
    FimEnquanto
fimalgoritmo
```

Analisando o algoritmo, podemos perceber que as variáveis Operando1 e Operando2 estão repetidas em todos os procedimentos. Todavia, se o nome de uma variável deve ser único dentro de um algoritmo/programa, então como esse algoritmo está aceitando variáveis com nomes idênticos?

Para entender melhor o que está ocorrendo vamos estudar conceitos importantes na modularização de algoritmos, sobre variáveis globais e locais.

Variáveis globais e locais

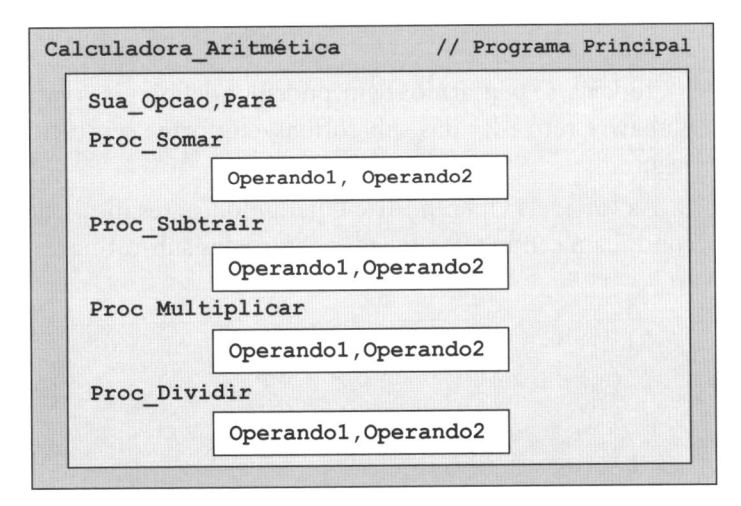

O quadro representa a visibilidade das variáveis dentro do algoritmo que estamos desenvolvendo. As variáveis **Sua_Opcao** e **Para** —, definidas no escopo do programa principal são denominadas *Variáveis Globais,* enquanto que as variáveis Operando1 e Operando2, definidas no escopo das sub--rotinas (procedimentos), são denominadas *Variáveis Locais.*

Atenção

Na modularização de algoritmos/programas devemos preocupar-nos com a visibilidade das variáveis no escopo do programa principal e das sub-rotinas. A correta definição e uso de variáveis globais e locais resulta, dentre outros, em otimização do uso de memória.

Variáveis globais

São aquelas definidas na seção ou área de declarações de um programa/algoritmo principal e, portanto, podem ser visualizadas não somente em todas as partes desse algoritmo/programa, mas também por todas as sub--rotinas utilizadas por ele. As variáveis globais, na maioria das linguagens de programação, devem ser definidas antes da definição das sub-rotinas.

No nosso algoritmo temos a repetição das variáveis – Operando1 e Operando2, nas quatro sub-rotinas de cálculo. Essas variáveis possuem nomes idênticos, e isso é possível, pois são definidas e referenciadas localmente nas sub-rotinas. Considerando que no momento da compilação do algoritmo/programa, o compilador analisa a sintaxe de cada sub-rotina levando em consideração os conceitos sobre variáveis globais e locais, então, a definição dessas variáveis, consideradas locais, com o mesmo nome não provoca erro de compilação.

Todavia, se pensarmos bem, podemos definir essas variáveis como sendo globais, e retirá-las das sub-rotinas, conforme representada no quadro a seguir.

As variáveis Operando1 e Operando2, antes locais, agora são globais e continuam sendo referenciadas dentro das sub-rotinas.

```
Sua_Opcao,Para
Operando1,Operando2

Proc_Somar

Proc_Subtrair

Proc_Multiplicar

Proc_Dividir
```

Alterando o algoritmo, as variáveis globais Operando 1 e 2 passam a fazer parte do escopo do programa principal.

```
algoritmo "Calculadora_Aritmetica"
Var
    Sua_Opcao, Parar : Caractere
    Operando1, Operando2 : Real // variáveis Globais

Procedimento Proc_Somar
Inicio
    Escreval("Informe o primeiro numero:")
    Leia(Operando1)
    Escreval("Informe o segundo numero:")
    Leia(Operando2)
```

```
   Escreval("Resultado = ",Operando1 + Operando2:6:2)
FimProcedimento
Inicio
...
...
```

O algoritmo da calculadora aritmética, a princípio, definia duas variáveis locais de mesmo nome, dentro de cada sub-rotina. Porém, após alterações no algoritmo, essas variáveis foram retiradas das sub-rotinas e declaradas no escopo do programa principal, passando a ser globais.

Variáveis locais

Conforme já mencionado, são aquelas definidas dentro de uma sub-rotina, e visualizada somente por essa sub-rotina, sendo que o programa principal e/ou outras demais sub-rotinas não podem utilizá-las.

Dentro de uma sub-rotina as variáveis locais podem ser declaradas com o mesmo nome usado na declaração de variáveis, tanto no programa principal quanto em outras sub-rotinas. Todavia, essa prática não é aconselhável, principalmente em casos de construção de sub-rotinas portáveis para outros programas principais.

Conceito

As variáveis locais ocupam memória do computador apenas enquanto a sub-rotina, onde ela foi criada, está em execução. Terminada a execução os espaços de memória ocupados por elas são liberados, e seu conteúdo é perdido. As variáveis globais permanecem ocupando a memória do computador o tempo todo em que o programa principal está em execução.

Em algumas linguagens de programação devemos ter muito cuidado com relação ao local da definição da variável, ou seja, antes ou depois de uma sequência de sub-rotinas, conforme exemplificamos a seguir.

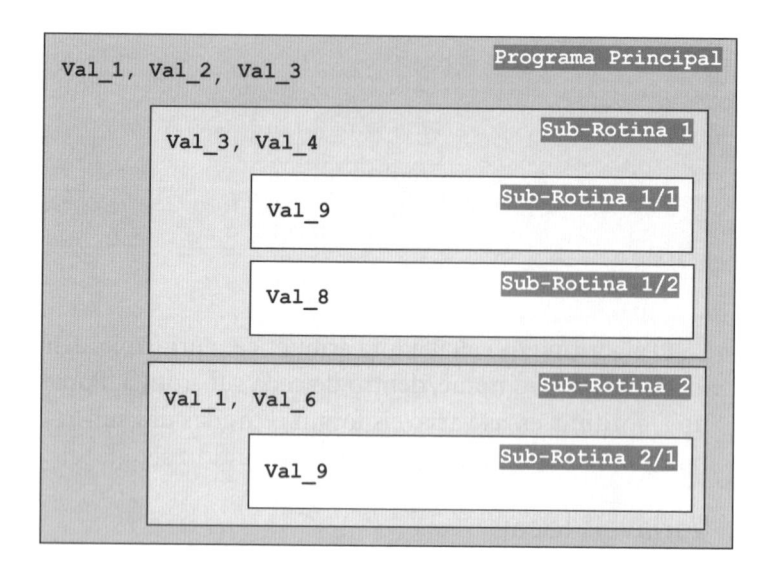

Se uma variável for declarada antes de uma sub-rotina, ou seja, no início do programa principal, ela será global para todas as sub-rotinas subsequentes.

Se uma variável for declarada após uma sequência de sub-rotinas, ela será global a partir do ponto onde foi declarada, para baixo, e será local com relação às sub-rotinas definidas acima do ponto onde ela foi definida.

No quadro, temos as variáveis Val_1, Val_2 e Val_3, definidas no escopo do programa principal e, portanto, são num primeiro momento variáveis globais para as sub-rotinas 1 e 2. Entretanto, a variável Val_3 e Val_1, estando definida novamente no contexto das sub-rotinas 1 e 2, são consideradas variáveis locais dessas sub-rotinas. Dessa forma, as variáveis locais Val_1 e Val_3 irão ocupar posições de memórias distintas daquelas, de mesmo nome, definidas no escopo do programa principal.

Dentro da sub-rotina 1 a variável Val_3 e Val_4 são globais para as sub-rotinas 1/1e 1/2 e, dentro da sub-rotina 2 a variável Val_1 e a Val_6 são globais para a sub-rotina 2/1. A variável Val_9 é local nas sub-rotinas 1/1 e 2/1, enquanto a Val_8 é local para a sub-rotina 1/2. A variável Val_2 é global, também para as sub-rotinas 1 e 2.

Entendeu agora por que não é aconselhável dar o mesmo nome para variáveis globais e locais?

Dentre outros motivos, a manutenção do algoritmo/programa pode se tornar demorada e de difícil entendimento.

Agora que entendemos os conceitos sobre variáveis globais e locais vamos entender como uma sub-rotina pode ser "chamada" dentro de um algoritmo/programa.

Conforme mostrado no algoritmo que estamos exercitando, a chamada de uma sub-rotina (procedimento) é como um comando de linguagem e, portanto, pode ocorrer tanto em um programa principal, quanto em outras sub-rotinas.

Nesse algoritmo, dependendo da operação desejada, simplesmente, "chamamos" o procedimento correspondente a essa operação, e obtemos um resultado.

Considerando a sintaxe de um procedimento, podemos "chamá-lo", e passar parâmetros (de entrada) para sua execução, ou mesmo, receber parâmetros (de saída) quando sua execução é terminada. Isso é feito através da *lista de parâmetros* declarada no cabeçalho do procedimento.

No caso do nosso algoritmo, a "chamada" dos procedimentos ocorre sem nenhuma passagem de parâmetros.

Conceito

O recurso de definição e uso de parâmetros na comunicação com sub-rotinas é amplamente aplicado no desenvolvimento de algoritmos/programas.

Algoritmos/programas complexos que utilizam diversas sub-rotinas, a comunicação entre elas, ou entre elas e o programa principal, normalmente ocorre com a passagem/recebimento de diversos parâmetros.

Definição e utilização de parâmetros em funções e procedimentos

A chamada de sub-rotinas (procedimentos ou funções) pode ocorrer com ou sem passagem de parâmetros.

Segundo Manzano & Yamatumi (2007: 163), "os parâmetros (variáveis) têm por finalidade servir como um ponto de comunicação bidirecional entre uma sub-rotina e o programa principal, ou com outra rotina hierarquicamente de nível mais alto."

Parâmetros podem ser:

a) Conteúdo de uma variável ou seu endereço.

b) Valores constantes.

c) Resultado de uma expressão aritmética.

Os parâmetros são passados para a sub-rotina no momento em que ela é chamada pelo programa principal ou outra sub-rotina.

Exemplo de definição de um procedimento usando parâmetros:

```
Algoritmo "Soma"
Var
    Num1, Num2, Num3 : Real
    Parar : Caractere

Procedimento Somar(Operando1,Operando2:Real; Var
Resultado:Real)
Inicio
    Resultado := Operando1 + Operando2
FimProcedimento

inicio
    LimpaTela
    Escreval("Informe o primeiro numero:")
    Leia(Num1)
    Escreval("Informe o segundo numero:")
    Leia(Num2)
    Somar(Num1,Num2,Num3)
    Escreval(Num1," + ",Num2," = ",Num3:6:2)
    Escreval
    Escreval(" < < Pressione uma tecla qualquer >>")
    Leia(Parar)
Fimalgoritmo
```

Nesse exemplo, as variáveis Num1, Num2 e Num3 são globais, enquanto que a Operando1, Operando2 e Resultado são locais, do procedimento somar.

Quando "chamamos" esse procedimento, o conteúdo das variáveis Num1 e Num2 é passado pelo programa principal como parâmetros de entrada do procedimento que, após execução, retorna o valor contido na variável Resultado, como parâmetro, para a variável Num3.

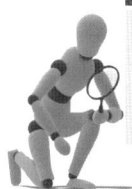

Portanto, para evitar problemas de alteração indevida de variáveis globais, dentro de sub-rotinas, temos duas formas de declarar parâmetros em sub-rotinas: **Formal** e **Real**.

Parâmetros formais e reais

Parâmetros Formais são aqueles declarados por meio de variáveis no cabeçalho do procedimento, e que serão tratados segundo os conceitos de variáveis globais ou locais.

Exemplo:

```
Procedimento Somar(Operando1,Operando2:Real; Var
Resultado:Real)
Inicio
    Resultado := Operando1 + Operando2
FimProcedimento
```

No procedimento Somar, as variáveis locais Operando1, Operando2 são consideradas **parâmetros formais**, sendo que através deles entram valores reais, passados pelo "chamador", e que serão utilizados no cálculo (adição).

Parâmetros Reais são aqueles que substituem os parâmetros formais quando a sub-rotina é "chamada" pelo programa principal, ou por outra sub-rotina.

Exemplo:

```
Algoritmo "Soma"
Var
   Num1, Num2, Num3 : Real
   Parar : Caractere
Procedimento Somar(Operando1,Operando2:Real; Var
Resultado:Real)
Inicio
    Resultado := Operando1 + Operando2
```

```
FimProcedimento

Inicio

.................................
Somar(Num1,Num2,Num3)
```

As variáveis globais Num1 e Num2 são consideradas **parâmetros reais**, pois os valores contidos nelas são passados para o procedimento Somar, no momento que ele é "chamado". Após execução do procedimento, o valor resultante do cálculo é colocado dentro do parâmetro formal Resultado e acessado dentro do parâmetro real Num3.

Note que a variável Resultado, definida no cabeçalho do procedimento Somar, tem a palavra-chave VAR precedendo sua definição.

Essa forma sintática de declarar a variável é necessária, pois como esse parâmetro irá ao final da execução do procedimento receber um valor de saída (resultado de cálculo), então, a colocação da palavra-chave Var precedendo o identificador do parâmetro indica que este é um parâmetro de saída. O conteúdo dessa variável é, então, passado para a variável Num3.

Aprendemos que, usando sub-rotinas, a passagem de valores ocorre pela substituição de parâmetros formais (nas sub-rotinas), por parâmetros reais no momento da "chamada" feita pelo algoritmo/programa principal ou sub--rotinas de níveis hierárquicos maiores.

Os parâmetros passados para sub-rotinas podem ocorrer de duas formas: por Valor ou por Referência.

Passagem de parâmetros por valor

Parâmetros por Valor, passados do "chamador" para o parâmetro formal correspondente na sub-rotina, têm seu **conteúdo inalterado** quando o parâmetro formal é manipulado dentro da sub-rotina.

No exemplo abaixo, a passagem dos parâmetros reais Num1 e Num2, para os parâmetros formais correspondentes Operando1 e Operando2, ocorrem por Valor, ou seja, as variáveis Operando 1 e 2 recebem, respectivamente, o valor contido nas variáveis Num1 e 2.

```
Algoritmo "Soma"
Var
 Num1, Num2, Num3 : Real
 Parar : Caractere
```

```
Procedimento Somar(Operando1,Operando2:Real; Var
Resultado:Real)
Inicio
    Resultado := Operando1 + Operando2
    Operando1 := 0
    Operando2 := 0
FimProcedimento

inicio
    LimpaTela
    Escreval("Informe o primeiro numero:")
    Leia(Num1)
    Escreval("Informe o segundo numero:")
    Leia(Num2)

    Somar(Num1,Num2,Num3)

    Escreval(Num1," + ",Num2," = ",Num3:6:2)

    Escreval
    Escreval(" < < Pressione uma tecla qualquer >>")
    Leia(Parar)
fimalgoritmo
```

Embora as variáveis Operando 1 e 2 sejam zeradas dentro dos procedimentos, executando ao algoritmo podemos observar, conforme mostrado na Figura 11.5, que o conteúdo das variáveis Num1 (100) e Num2 (250) **não se modificou**, pois elas foram passadas para os parâmetros formais Operando 1 e 2 como parâmetros de valor.

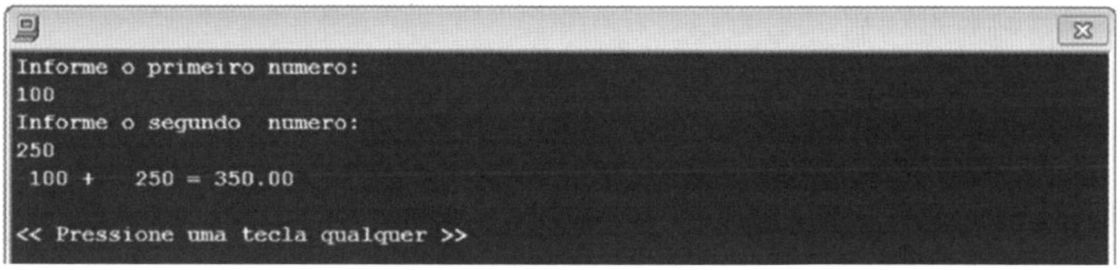

```
Informe o primeiro numero:
100
Informe o segundo  numero:
250
 100 +   250 = 350.00

<< Pressione uma tecla qualquer >>
```

FIGURA 11.5: Resultado do algoritmo Soma (passagem de parâmetro por valor)

As alterações que estão sendo efetuadas, na realidade, estão ocorrendo em posições de memória distintas, ou seja, Operando1 e Operando2 não ocupam os mesmo endereços de memória das variáveis Num1 e Num2.

Quando o procedimento termina sua execução, os valores iniciais das variáveis globais Num1 e Num2 são mantidos, e das locais Operando 1 e 2 ficam zeradas.

Passagem de parâmetros por referência

Parâmetros por Referência, passados do "chamador" para o parâmetro formal correspondente na sub-rotina, tem seu **conteúdo alterado** quando esse parâmetro é manipulado dentro da sub-rotina, pois o "chamador" não passa o conteúdo do parâmetro real (variável global), mas o endereço de memória dele para o parâmetro formal (variável local) da sub-rotina.

A declaração, em uma sub-rotina, de um parâmetro formal que irá receber passagem de parâmetro, por referência, deve ser precedida da palavra-chave **VAR.**

No exemplo a seguir, os parâmetros formais Operando 1 e 2 estão precedidos da palavra-chave VAR, portanto irão receber por referência, os parâmetros reais (endereço de variável) passados pelo programa "chamador".

Observe, no algoritmo, que dentro do procedimento Somar, as variáveis Operando 1 e 2 estão sendo modificadas (zeradas). Como essas variáveis irão receber parâmetros por referência (declaradas com a palavra VAR), então, irão ocupar o mesmo endereço de memória das variáveis Num1 e 2.

No momento da execução desse algoritmo, os parâmetros Num1 e Num2 são passados por referência para o procedimento Somar que está modificando as variáveis Operando 1 e 2 e, então, terminada a execução, as variáveis globais Num1 e Num2 terão seus valores zerados.

```
Algoritmo "Soma"
Var
  Num1, Num2, Num3 : Real
  Parar : Caractere


Procedimento Somar(Var Operando1,Operando2:Real; Var
Resultado:Real)
Inicio
    Resultado := Operando1 + Operando2
```

```
    Operando1 := 0
    Operando2 := 0
FimProcedimento

inicio
    LimpaTela
    Escreval("Informe o primeiro numero:")
    Leia(Num1)
    Escreval("Informe o segundo numero:")
    Leia(Num2)

    Somar(Num1,Num2,Num3)

    Escreval(Num1," + ",Num2," = ",Num3:6:2)
    Escreval
    Escreval(" < < Pressione uma tecla qualquer >>")
    Leia(Parar)
Fimalgoritmo
```

Executando esse algoritmo podemos observar, conforme mostrado na Figura 11.6 que, antes da execução do procedimento Somar, as variáveis Num1 e Num2 continham, respectivamente, os valores 250 e 350, e após execução do procedimento esse conteúdo foi zerado.

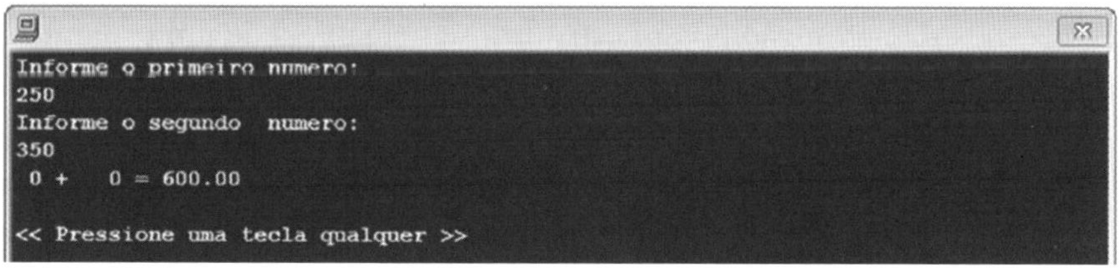

FIGURA 11.6: Resultado do algoritmo soma (passagem de parâmetro por referência)

Portanto, as modificações efetuadas nos parâmetros de referência são permanentes porque o algoritmo/programa principal passa para a sub-rotina, não o valor da variável global, mas o endereço de memória dessa variável, ou seja, a variável formal da sub-rotina, e a variável passada como parâmetro para ela, compartilham o mesmo endereço de memória.

Em resumo, quando a passagem de parâmetro para uma sub-rotina é feita por Valor, significa que o parâmetro é de **ENTRADA**, enquanto que a passagem por Referência significa que o parâmetro é de **ENTRADA/SAÍDA**.

> **Atenção**
>
> Na elaboração de sub-rotinas, deve-se ter cuidado em classificar os parâmetros entre os tipos entrada ou entrada/saída, para evitar efeitos colaterais no algoritmo principal, após execução dessas sub-rotinas.

A plena assimilação dos conceitos sobre passagem de parâmetros somente é possível com o exercício da construção e implementação de algoritmos, e o resultado dessa prática são algoritmos cada vez mais otimizados ou refinados.

Modularização de algoritmos: funções

Como já foi mencionado no início deste capítulo, tendo assimilado os conceitos citados, considerando a construção de Procedimentos, fica muito mais simples entender os conceitos sobre funções.

Vamos provar isso!

Assim como o procedimento, a função consiste em um grupo de instruções, geralmente utilizada mais de uma vez dentro do contexto geral de um algoritmo/programa.

Uma função poderá implementar constantes, variáveis e tipos não estruturados.

Uma função possui estrutura semelhante à de um programa principal, porém a área para codificação de comandos é delimitada pelas palavras-chave Início e Fim da Função.

Uma função é identificada por um nome, através do qual será referenciada quantas vezes forem necessárias, em qualquer parte de um algoritmo/programa principal, ou mesmo de outro procedimento ou função.

Então, se uma função é tão semelhante a um procedimento, o que diferencia um do outro?

A diferença ocorre em linguagens que implementam procedimentos funções.

Papo técnico

11.3

O algoritmo/programa que referencia uma função é denominado algoritmo/programa CHAMADOR.

Nessas linguagens, um procedimento pode ou não retornar um parâmetro para o algoritmo/programa "chamador", já uma função tem como característica especial sempre retornar ao "chamador" um único parâmetro. **Essa é a diferença principal entre um procedimento e uma função.**

Sintaxe da estrutura de uma função

Assim como ocorre com o procedimento, a sintaxe de definição de uma função depende da linguagem que estamos utilizando para construção de nossos algoritmos/programas. Algumas linguagens permitem que uma função seja declarada em qualquer parte do programa principal, outras não.

Por exemplo, no VisuAlg e Pascal uma função deve, obrigatoriamente, ser declarada antes do corpo do programa principal, onde será chamada. Portanto, a definição de uma função ocorre na *Seção de Declarações* desse algoritmo/programa.

```
Funcao "nome da funcao"(Lista de Parâmetros):Tipo de
dado
Var
    // seção de declarações
Inicio
// seção de comandos
FimFuncao
```

Observe que associado ao nome da função, declaramos um tipo de dado, ou seja, o nome da função é na realidade um parâmetro formal (variável). Dessa forma, uma função mesmo não recebendo nenhum parâmetro formal de entrada, sempre irá retornar um de saída.

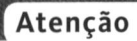
Atenção

Uma função tem a mesma estrutura de um programa principal, exceto que seu término é identificado como FimFuncaoto nas construções em VisuAlg, e End; em Pascal.

Quando uma função termina, ela "retorna" ao programa principal, e esse retorno é caracterizado, dentro da função, através de comandos de retorno.

Em VisuAlg, uma função deve terminar com o comando: Retorno (parâmetro), onde parâmetro pode ser uma variável, constante, um cálculo, ou mesmo um valor lógico. Ao terminar a execução esse parâmetro é retornado para o nome da função (que é uma variável) e passado para o algoritmo/programa "chamador".

A "chamada" de uma função, no corpo de um programa principal ou outra sub-rotina, sintaticamente, ocorre da seguinte forma:

```
Nome da função(Lista de parâmetros)
```

Estrutura de um algoritmo, usando função, em VisuAlg

```
Algoritmo "nome_algoritmo"

// Seção de declarações

Funcao "nome_funcao"(Lista de Parâmetros):Tipo de Dado
Var
    // seção de declarações
Inicio
    // seção de comandos
FimFuncao

Inicio

// Seção de Comandos

    nome_funcao(Lista de Parâmetros)

fimalgoritmo
```

Estrutura de um algoritmo, usando função, em Pascal

```
Program nome_do_programa;
// Área de Declarações
Type
Var
Const

Function nome_da_funcao(Lista de Parâmetros):Tipo de
Dado;
// Área de declarações
Type
Var
Const
Begin

End; // Fim da Função

Begin
// Área de Comandos

    nome_da_funcao(Lista de Parâmetros)
End.
```

Atenção

Os conceitos sobre: variáveis globais e formais, parâmetros formais e reais, e passagem de parâmetros por valor e por referência, que foram estudados anteriormente, considerando procedimentos, se aplicam na definição e uso de função.

Para exemplificar a definição e uso de função, vamos utilizar o mesmo algoritmo do exemplo anterior, ou seja, o algoritmo Soma.

O exemplo a seguir mostra a definição de uma função, em VisuAlg, e sua chamada pelo programa principal, que passa os parâmetros por valor para a função.

```
Algoritmo "Soma"
Var
  Num1, Num2 : Real
  Parar : Caractere

Funcao Somar(Operando1,Operando2:Real):Real)
Var
    Resultado : Real
Inicio
    Resultado := Operando1 + Operando2
    Operando1 := 0
    Operando2 := 0
    Retorne(Resultado)
FimFuncao

inicio
    LimpaTela
    Escreval("Informe o primeiro numero:")
    Leia(Num1)
    Escreval("Informe o segundo numero:")
    Leia(Num2)

    Escreval(Num1," + ",Num2," =
 ",Somar(Num1,Num2):6:2)

    Escreval
    Escreval(" < < Pressione uma tecla qualquer >>")
    Leia(Parar)
fimalgoritmo
```

Anteriormente, usando procedimento, esse algoritmo chamava o procedimento Somar, passando-lhe três parâmetros por valor (Num1, 2 e 3) retornando, após sua execução, o valor resultante da operação de soma. Em seguida, o programa principal mostrava esse resultado, através de um comando de escrita.

Usando função, e considerando que esta é vista como uma variável, que ao ser executada retornará um valor, que será acessado fazendo-se referência ao seu nome, então, dentro do algoritmo "chamador" do exemplo, estamos passando somente dois parâmetros por valor (Num1 e Num2), pois o resultado é obtido pelo nome da função, conforme mostrado no comando de escrita nesse algoritmo.

Considerando o exemplo e os conceitos, podemos tratar uma função como sendo uma variável e, portanto, escrevendo seu conteúdo, lendo dados diretamente para dentro dela, atribuindo-lhe valores etc.

A Figura 11.7 mostra o resultado do algoritmo anterior, onde os parâmetros são passados por valor para a função Somar, pelo algoritmo principal. Portanto, após a execução do algoritmo, os valores das variáveis Num1 e Num2 não são alterados.

```
Informe o primeiro numero:
100
Informe o segundo  numero:
250
  100 +   250 = 350.00

<< Pressione uma tecla qualquer >>
```

FIGURA 11.7: Resultado do algoritmo Soma (passagem de parâmetro por valor)

No exemplo abaixo, o algoritmo principal está passando parâmetros por referência para a função (note que a palavra-chave VAR aparece, no cabeçalho da função, antes da declaração dos parâmetros). Dessa forma, após sua execução, o conteúdo das variáveis globais: Num1 e Num2 serão zerados, conforme mostra a tela após o algoritmo abaixo.

```
Algoritmo "Soma"
Var
 Num1, Num2 : Real
 Parar : Caractere
Funcao Somar(Var Operando1,Operando2:Real):Real)
Var
    Resultado : Real
Inicio
    Resultado := Operando1 + Operando2
    Operando1 := 0
    Operando2 := 0
    Retorne(Resultado)
```

```
FimFuncao

inicio
LimpaTela
Escreval("Informe o primeiro numero:")
Leia(Num1)
Escreval("Informe o segundo numero:")
Leia(Num2)
Escreval(Somar(Num1,Num2):6:2)
Escreval("Num1 = ",Num1)
Escreval("Num2 = ",Num2)
Escreval

Escreval(" < < Pressione uma tecla qualquer >>")
Leia(Parar)
Fimalgoritmo
```

A Figura 11.8 mostra o resultado do algoritmo acima, onde os parâmetros são passados por referência para a função Somar, pelo algoritmo principal. Portanto, após a execução do algoritmo, os valores das variáveis Num1 e Num2 são alterados.

FIGURA 11.8: Resultado do algoritmo Soma (passagem de parâmetro por valor)

Procedimentos e funções predefinidas

A maioria das linguagens de programação disponibilizam para o programador bibliotecas de sub-rotinas prontas para utilização no algoritmo/

programa que está sendo construído. Para utilização dessas sub-rotinas, em suas construções, o programador precisa conhecer, além da sua funcionalidade, quais e de que tipos de dados são os parâmetros passados para essas sub-rotinas.

A seguir relacionaremos alguns procedimentos e funções predefinidos e, portanto, prontos para uso dentro de algoritmos/programas.

Refinamento sucessivo de algoritmo

Agora que você aprendeu a definir e usar sub-rotinas, e entendeu a sua importância na construção de algoritmos/programas, então podemos considerar que você também aprendeu a refinar algoritmo/programa. O refinamento sucessivo de algoritmo/programa é uma técnica que possibilita dividi-los em sub-rotinas, e da mesma forma, dividir essas sub-rotinas em outras.

Essa técnica deve ser aplicada após uma análise criteriosa do que será refinado, evitando que o algoritmo/programa ou sub-rotina que está sendo construído não seja desestruturado e se torne de difícil compreensão e manutenção. Para ficar bem clara essa técnica, vamos resgatar nosso algoritmo Calculadora Aritmética, cujo código está mostrado abaixo.

Observe que temos um procedimento para cada operação aritmética selecionada, e que todos repetem as mesmas instruções para solicitação/leitura de dados (entrada).

```
Algoritmo "Calculadora_Aritmetica"
Var
    Sua_Opcao, Parar : Caractere
    Operando1, Operando2 : Real

Procedimento Proc_Somar
Inicio
    Escreval("Informe o primeiro numero:")
    Leia(Operando1)
    Escreval("Informe o segundo numero:")
    Leia(Operando2)
    Escreval("Resultado = ",Operando1 + Operando2:6:2)
FimProcedimento

Procedimento Proc_Subtrair
Inicio
```

```
    Escreval("Informe o primeiro numero:")
    Leia(Operando1)
    Escreval("Informe o segundo numero:")
    Leia(Operando2)
    Escreval("Resultado = ",Operando1 - Operando2:6:2)
FimProcedimento

Procedimento Proc_Multiplicar
Inicio
    Escreval("Informe o primeiro numero:")
    Leia(Operando1)
    Escreval("Informe o segundo numero:")
    Leia(Operando2)
    Escreval("Resultado = ",Operando1 * Operando2:6:2)
FimProcedimento

Procedimento Proc_Dividir
Inicio
    Escreval("Informe o primeiro numero:")
    Leia(Operando1)
    Escreval("Informe o segundo numero:")
    Leia(Operando2)
    Escreval("Resultado = ",Operando1 / Operando2:6:2)
FimProcedimento

inicio
    .....................................
fimalgoritmo
```

Usando técnicas de refinamento de algoritmos, aliadas aos conceitos sobre sub-rotinas, podemos tornar esse algoritmo muito menor do que quando o iniciamos.

Vamos iniciar o refinamento, retirando esses comandos repetitivos e passando-os para o corpo do programa principal.

```
Algoritmo "Calculadora_Aritmetica"
Var
  Sua_Opcao, Parar : Caractere
  Operando1, Operando2 : Real

Procedimento Proc_Somar
Inicio
    Escreval("Resultado = ",Operando1 + Operando2:6:2)
FimProcedimento

Procedimento Proc_Subtrair
Inicio
    Escreval("Resultado = ",Operando1 - Operando2:6:2)
FimProcedimento

Procedimento Proc_Multiplicar
Inicio
   Escreval("Resultado = ",Operando1 * Operando2:6:2)
FimProcedimento

Procedimento Proc_Dividir
Inicio
   Escreval("Resultado = ",Operando1 / Operando2:6:2)
FimProcedimento

inicio
    ..........................................
      Se (Sua_Opcao <> "F") e (Sua_Opcao <> "f") entao
         Se (Sua_Opcao = " + ") ou (Sua_Opcao = "-") ou
            (Sua_Opcao = "*") ou (Sua_Opcao = "/")
  então
               Escreval("Informe o primeiro numero:")
            Leia(Operando1)
            Escreval("Informe o segundo numero:")
            Leia(Operando2)
              Escolha Sua_Opcao
                 Caso " + "
```

```
                    Proc_Somar
                  Caso "-"
  . . . . . . . . . . . . . . . . . . . . . . . . . . . . . . . . . . . . .
  Fimalgoritmo
```

Agora, vamos juntar todas as sub-rotinas do algoritmo Calculadora Aritmética em uma única sub-rotina de cálculo, transferindo os comandos de seleção que estão no corpo principal do programa para dentro dessa sub-rotina.

```
algoritmo "Calculadora_Aritmetica"

Var
  Sua_Opcao, Parar : Caractere
  Operando1, Operando2 : Real

Procedimento Calcular
Var
  Resultado : Real
Inicio
  Escolha Sua_Opcao
    Caso " + "
          Resultado := Operando1 + Operando2
    Caso "-"
          Resultado := Operando1 - Operando2
    Caso "*"
          Resultado := Operando1 * Operando2
    Caso "/"
          Resultado := Operando1 / Operando2
  FimEscolha
  Escreval("Resultado = ",Resultado:6:2)
FimProcedimento

inicio
  . . . . . . . . . . . . . . . . . . . . . . . . . . . . . . . . . . . .
      Se (Sua_Opcao <> "F") e (Sua_Opcao <> "f") entao
          Se (Sua_Opcao = " + ") ou (Sua_Opcao = "-") ou
```

```
              (Sua_Opcao = "*") ou (Sua_Opcao = "/")
  entao

              Escreval("Informe o primeiro numero:")
              Leia(Operando1)
              Escreval("Informe o segundo numero:")
              Leia(Operando2)


              Calcular
.........................................
Fimalgoritmo
```

Finalmente, vamos definir parâmetros formais para essa sub-rotina, de forma a torná-la portável, isto é, possibilitar que seja utilizada por outros programas principais sem alterações. Vamos retirar o comando de escrita que está dentro do procedimento e transferi-lo para o corpo principal do algoritmo, pois agora o procedimento irá devolver o resultado da operação através da passagem do parâmetro Resultado, que é uma variável local do procedimento.

A seguir temos as implementações desse algoritmo/programa, em várias linguagens.

 Vamos programar

VisuAlg

```
algoritmo "Calculadora_Aritmetica"

// Função: Le: Opção de cálculo (operação) e dois
numeros reais.
// Executa procedimentos de cálculo e mostra o resultado
// A execução termina quando a opção for = F (Fim)

Var
 Sua_Opcao, Parar : Caractere
 Num1, Num2, Num3 : Real
```

```
Procedimento
Calcular(Operador:Caractere;Operando1,Operando2:Real;
                  Var Resultado:Real)


Inicio


Escolha Operador
    Caso " + "
            Resultado := Operando1 + Operando2
    Caso "-"
            Resultado := Operando1 - Operando2
    Caso "*"
            Resultado := Operando1 * Operando2
    Caso "/"
            Resultado := Operando1 / Operando2
   FimEscolha
FimProcedimento
```

```
Inicio


Sua_Opcao := ""


  Enquanto (Sua_Opcao <> "F") e (Sua_Opcao <> "f") faca
    LimpaTela
    Escreval(" < < Calculadora Aritmetica >>")
    Escreval
    Escreval("Soma...............: +")
    Escreval("Subtração..........: -")
    Escreval("Multiplicação......: *")
    Escreval("Divisão............: /")
    Escreval("FIM................: F")
    Escreval
    Escreval("Escolha uma Opcao..:")
    Leia(Sua_Opcao)
```

```
     Se (Sua_Opcao <> "F") e (Sua_Opcao <> "f") entao
        Se (Sua_Opcao = " + ") ou (Sua_Opcao = "-") ou
           (Sua_Opcao = "*") ou (Sua_Opcao = "/")
entao
           Escreval("Informe o primeiro numero:")
           Leia(Num1)
           Escreval("Informe o segundo numero:")
           Leia(Num2)

           Calcular(Sua_Opcao,Num1,Num2,Num3)
           Escreval("Resultado = ",Num3:6:2)
        senao
           Escreval
           Escreval("Opção Invalida!")
        FimSe
        Escreval
        Escreval(" < < Pressione uma tecla qualquer
        >>")
        Leia(Parar)
     FimSe
   FimEnquanto
fimalgoritmo
```

Pascal

Em relação ao algoritmo em VisuAlg, além da obrigatoriedade da tradução dos comandos em português para os correspondentes em inglês, o programa Pascal abaixo apresenta as seguintes modificações:

a) Declaração de uso do monitor de vídeo – CRT.
b) Declaração do tipo de dado Char.
c) Sintaxe da estrutura de múltiplas escolhas – Caso.
d) Retirada da variável – Parar, pois a linguagem Pascal aceita comando de leitura sem declarar variável receptora do dado digitado.

```
Program Calculadora_Aritmetica;

Uses CRT;
```

```
// Função: Le opção de cálculo (operação) e dois numeros
reais.
// Executa procedimentos de cálculo e mostra o
Resultado.
// A execução termina quando a opção for = F (Fim.)


Var
  Sua_Opcao : Char;
  Num1, Num2, Num3 : Real;


// Procedimento sem entrada ou saída de parâmetros.
// Formata uma tela de entrada de dados

Procedure Tela_Entrada;
Begin


  ClrScr; // limpa tela do monitor de vídeo
  Writeln(' < < Calculadora Aritmetica >>');
  Writeln;
  Writeln('Soma...............: +');
  Writeln('Subtracao..........: -');
  Writeln('Multiplicacao......: *');
  Writeln('Divisao............: /');
  Writeln('FIM................: F');
  Writeln;
  Writeln('Escolha uma Opcao..:');

End; // FimProcedimento Tela entrada de dados
```

```
Procedure Calcular(Operador:Char;
                   Operando1,Operando2:Real;
                   Var Resultado:Real);
Begin
    Case Operador OF
         ' + ' : Resultado := Operando1 + Operando2;
```

```
          '-' : Resultado := Operando1 - Operando2;
          '*' : Resultado := Operando1 * Operando2;
          '/' : Resultado := Operando1 / Operando2;
   End;
End; // FimProcedimento Calcular

Begin
   Sua_Opcao := ' ';

   While (Sua_Opcao <> 'F') and (Sua_Opcao <> 'f') do
     Begin

       Tela_Entrada;
       Gotoxy(22,9); // posiciona cursor em tela
       Readln(Sua_Opcao);

       IF (Sua_Opcao <> 'F') and (Sua_Opcao <> 'f') then
       IF (Sua_Opcao = ' + ') or (Sua_Opcao = '-') or
          (Sua_Opcao = '*') or (Sua_Opcao = '/') then
        Begin
          Writeln('Informe o primeiro numero:');
          Readln(Num1);
          Writeln('Informe o segundo numero:');
          Readln(Num2);
          Calcular(Sua_Opcao,Num1,Num2,Num3);
          Writeln('Resultado = ',Num3:6:2);
        End
        else
     Begin
       Writeln;
       Writeln('Opção Invalida!');
       End;
Writeln;
Writeln(' < < Pressione Enter >>');
Readln;
```

```
End; // FimEnquanto

End. // fimalgoritmo
```

C

Ao contrário das linguagens anteriores, onde as sub-rotinas são implementadas através de Procedimento (*Procedure*) ou Função (*Function*), a linguagem C implementa sub-rotinas através de funções, sendo que o retorno ou não de um ou mais parâmetros depende da forma como os parâmetros são declarados no cabeçalho da sub-rotina.

A sintaxe da declaração de uma função em linguagem C é a seguinte:

```
<tipo_de_dado> <nome_da_função> (tipo_de_dado_parâmetro
nome_parâmetro, ...);
{
    Declaração de variáveis locais;
    Corpo da sub-rotina (comandos);
    Return;
}
```

Neste caso, uma função em C é semelhante a uma função em VisuAlg e Pascal, ou seja, sempre irá retornar um valor.

A declaração de uma função em C, com comportamento semelhante ao procedimento em VisuAlg e Pascal, ou seja, não retornar valores, é a seguinte:

```
void <nome_da_função> (tipo_de_dado_parâmetro nome_
parâmetro, ...)
{
    Declaração de variáveis locais;
    Corpo da sub-rotina (comandos);
    Return;
}
```

```c
#include <stdio.h>
#include <conio.h>
#include <stdlib.h>


int main() // Programa - Cap11_Prog1
{


// definiçao de função para formatar tela de entrada de
dados


    void Tela_Entrada() // ou void Tela_Entrada(Void)
     {
       system("cls");
       printf("\n < < Calculadora Aritmetica >>");
       printf("\n");
       printf("\nSoma.............: +");
       printf("\nSubtracao........: -");
       printf("\nMultiplicacao....: *");
       printf("\nDivisao..........: /");
       printf("\nFIM..............: F");
       printf("\n");
       printf("\nEscolha uma Opcao: ");
     }


// definição da função calculadora


    void Calcular(char Sua_Opcao, float Num1,
                float Num2, float *Num3)
    {
       switch(Sua_Opcao)
         {
            case ' + ' : *Num3 = Num1 + Num2; break;
            case '-' : *Num3 = Num1 - Num2; break;
            case '*' : *Num3 = Num1 * Num2; break;
            case '/' : *Num3 = Num1 / Num2; break;
         }
    }
```

Atenção

Função que não retorna valor deve ser declarada como sendo do tipo VOID. Da mesma forma, função que não recebe parâmetro, opcionalmente, pode conter a palavra VOID entre parênteses, após o nome da função.

```
]
// Programa Principal

    char Sua_Opcao;
    float Num1, Num2, Num3;

    Sua_Opcao = ' ';

    while (Sua_Opcao != 'F' && Sua_Opcao != 'f')
      {
        Tela_Entrada();

        fflush(stdin);
                  // getch - função que lê um
caractere
        Sua_Opcao = getch();
        printf("%c",Sua_Opcao);

        if (Sua_Opcao != 'F' && Sua_Opcao != 'f')
          if (Sua_Opcao == ' + ' || Sua_Opcao == '-' ||
            Sua_Opcao == '*' || Sua_Opcao == '/')
            {
              printf("\n\nInforme o primeiro numero:
");
              scanf("%f", &Num1);
              printf("\nInforme o segundo numero:
");
              scanf("%f", &Num2);

              Num3 = 0;
```

```
            Calcular(Sua_Opcao,Num1,Num2,&Num3);

            printf("\nResultado = %.2f",Num3);

        // _sleep - interrompe execucão por alguns
segundos
            _sleep(5000); }
        else
          {
            printf("\n");
            printf("\nOpcao Invalida!");
          }
      } // Fim do While

printf("\n");
printf("\n");
system("pause"); // system - interrompe a execução até
pressionar ENTER
return 0;
}
```

Em uma função em C, a declaração de um parâmetro de referência deve ser precedida do caractere ", e na chamada da função, no corpo do programa principal, esse parâmetro deve estar precedido do caractere &.

Observe no programa anterior que na chamada da função Calcular, a variável Num3 foi passada para a função como parâmetro de referência (&Num3), e após sua execução o resultado do cálculo ficará contido nessa variável.

Reforçando os conceitos de passagem de parâmetros, neste caso, a variável Num3, por ser passada por referência, terá seu conteúdo alterado dentro da função, mantendo essa alteração no retorno para o programa principal.

A tela mostrada na Figura 11.9 é o resultado da execução do programa, escrito em linguagem C.

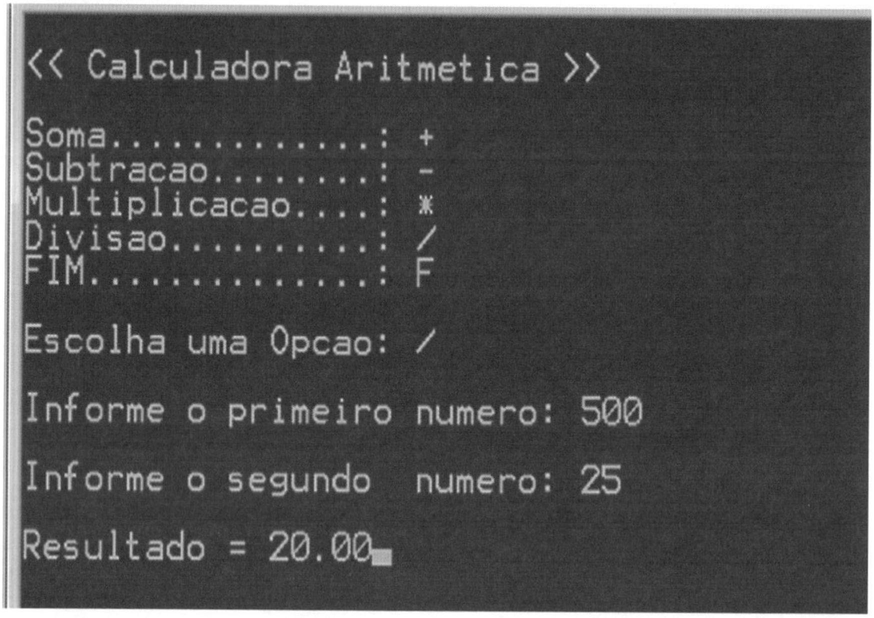

FIGURA 11.9: Tela da calculadora aritmética, desenvolvida em linguagem C

Java

Uma sub-rotina, na linguagem Java, é referenciada como sendo um método. Portanto, a exemplo dos programas anteriores, podemos passar parâmetros para um método em Java.

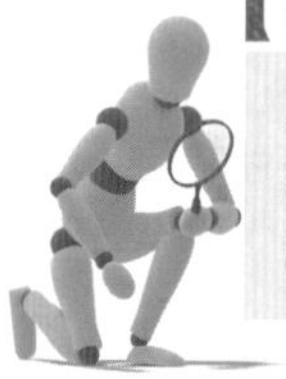

Atenção

A passagem de parâmetro em Java é sempre POR VALOR, ou seja, ao passar uma variável como parâmetro de um método, esta não será alterada, pois sempre será efetuada a cópia dos bits desta variável, para o método.

Portanto, utilizaremos um método semelhante a uma função em Pascal, onde o resultado do cálculo irá retornar no objeto: Calcular (nome do método).

No programa em C anterior, o comando: **system("cls")** é um comando típico de ambiente DOS, usado para limpar a tela do monitor de vídeo a cada ciclo de execução do programa. Considerando que a linguagem Java não foi criada para o desenvolvimento de aplicações no modo console, então não temos um método pronto para limpar uma tela no modo DOS. Dessa mesma forma, não existe comandos para posicionamento de cursor em linha e coluna de tela, como faz o procedimento GOTOXY usado em Pascal.

Diante disso, e considerando que o objetivo do programa que estamos desenvolvendo é simular uma calculadora aritmética, então não usaremos esses procedimentos no programa a seguir.

Vamos à implementação da calculadora aritmética usando a linguagem Java.

```java
import java.util.*;
import java.lang.*;
    // Programa - Calculadora aritmética
public class Cap11_Prog1
{
// definiçao de método (procedimento) para formatar tela
de entrada de dados
    public static void Tela_Entrada()
      {
      System.out.println("\n < < Calculadora Aritmetica
 >>");
      System.out.println("\nSoma.............: +");
      System.out.println("Subtracao........: -");
      System.out.println("Multiplicacao....: *");
      System.out.println("Divisao..........: /");
      System.out.println("FIM..............: F");
      System.out.println("\nEscolha uma Opcao: ");
      }
// definição do método (função) calculadora

    public static float Calcular(char Sua_Opcao, float
 Num1,
                                      float Num2)
      {
      float Num3 = 0;
      switch(Sua_Opcao)
        {
          case ' + ' : Num3 = Num1 + Num2; break;
          case '-' : Num3 = Num1 - Num2; break;
          case '*' : Num3 = Num1 * Num2; break;
          case '/' : Num3 = Num1 / Num2; break;
```

```
            }
        return Num3;
    }


// Programa Principal

public static void main(String[] args)
    {
        String entrada;
        char Sua_Opcao;
        float Num1, Num2, Num3;
        Sua_Opcao = ' ';
        while (Sua_Opcao != 'F' && Sua_Opcao != 'f')
            {
// envia tela para entrada de dados
        Tela_Entrada();
        Scanner entra_dado = new Scanner(System.in);
```

```
// Entra com a Opção de cálculo
        entrada = entra_dado.next();

        Sua_Opcao = entrada.charAt(0);

        if (Sua_Opcao != 'F' && Sua_Opcao != 'f')

          if (Sua_Opcao == ' + ' || Sua_Opcao == '-' ||
              Sua_Opcao == '*' || Sua_Opcao == '/')
              {
        System.out.println("Informe o primeiro numero:
");
            Num1 = entra_dado.nextFloat();
            System.out.println("Informe o segundo
numero: ");
            Num2 = entra_dado.nextFloat();
            System.out.println("\nResultado = " +
                            Calcular(Sua_
```

```
 Opcao,Num1,Num2));
            }
            else
              {
                 System.out.println("\nOpcao
Invalida!");
                 try
                    {
                    Thread.sleep(10000);
                    }
                 catch (Exception e)
                    {
                    System.out.println("\nnenhuma
 exceção");
                    }
              }
            } // Fim do While
      }
}
```

A tela mostrada na Figura 11.10 é o resultado da execução do programa acima, escrito em linguagem Java.

```
General Output
--------------------Configuration: <Default>---

<< Calculadora Aritmetica >>

Soma.............: +
Subtracao........: -
Multiplicacao....: *
Divisao..........: /
FIM..............: F

Escolha uma Opcao:
/
Informe o primeiro numero:
800
Informe o segundo  numero:
50

Resultado = 16.0
```

FIGURA 11.10: Tela da calculadora aritmética, desenvolvida em linguagem Java

PHP

Na linguagem PHP, assim como em C e Java, uma sub-rotina é referenciada como sendo uma função (*function*), portanto, não temos nessa linguagem o procedimento (*procedure*). O que caracteriza uma função é o retorno, ou não, de um valor, ou seja, em C e Java, uma função declarada como VOID é entendida como um procedimento que não retorna um valor.

Em PHP uma função também pode ou não retornar um valor. Conforme o programa abaixo, a função Tela_Entrada pode ser entendida como um procedimento, pois não recebe nem retorna nenhum valor. Agora, a função Calcular já recebe dois parâmetros por referência, e retorna um terceiro (Num3), também por referência.

Note que dentro da função Calcular a variável Num3, que é o resultado da operação e, portanto, a variável que será mostrada no programa "chamador" como Resultado, está declarada como GLOBAL. Isso está relacionado com o Escopo das variáveis em PHP, ou seja, quando uma variável é definida como global, as alterações feitas nela, tanto em sub-rotinas como no programa principal, são mantidas.

Considerando que podemos invocar uma função várias vezes dentro de um programa, e se queremos que uma determinada variável dentro de uma função mantenha seu valor, então temos que declarar essa variável como estática (p. ex.: static Num3).

O entendimento dos conceitos sobre Escopo de Variáveis e o uso de variáveis globais e locais dentro de funções, no contexto da linguagem PHP, é importante devido à característica de definição e uso de variáveis nessa linguagem, conforme estudado no Capítulo 4.

Resumindo, a diferença principal entre variáveis globais, locais e estáticas, em PHP, é:

- Variáveis globais têm valores que se mantêm durante toda a execução do programa, e para usá-las dentro de uma função devemos declará-la com o prefixo: GLOBAL.
- Variáveis locais têm valores que persistem somente dentro da função, e pela duração de sua chamada.
- Variáveis estáticas são variáveis locais cujos valores persistem dentro da função, e permanecem a cada vez que a função é chamada.

```
<html>
<body>

<?php
```

```
// Programa: Calculadora aritmética

 function Tela_Entrada()


    {
      echo(" < BR > < < Calculadora Aritmetica >>");
      echo " < BR > ";
      echo(" < BR> Soma------------: +");
      echo(" < BR > Subtracao-------: -");
      echo(" < BR > Multiplicacao----: *");
      echo(" < BR > Divisao----------: /");
      echo(" < BR > FIM-------------: F");
      echo " < BR > ";
      echo " < BR > ";
      echo("Escolha uma Opcao: ");
    }

 function Calcular($Sua_Opcao, $Num1, $Num2)


    {
       global $Num3;
       $Num3 = 0;
       switch($Sua_Opcao)
        {
           case ' + ' : $Num3 = $Num1 + $Num2; break;
           case '-' : $Num3 = $Num1 - $Num2; break;
           case '*' : $Num3 = $Num1 * $Num2; break;
           case '/' : $Num3 = $Num1 / $Num2; break;
        }

    }



// Programa Principal
    $Sua_Opcao = '*';
    $Ciclo_1 = True;
    $Ciclo_2 = True;
```

```
While ($Sua_Opcao <> 'F' and $Sua_Opcao <> 'f')
    {
        Tela_Entrada();

// Simula dois ciclos de entrada de dados.

        if ($Ciclo_1)
          {
                echo $Sua_Opcao;
             echo(" < BR > Informe o primeiro numero: ");
                $Num1 = 300;
             echo $Num1;
             echo(" < BR > Informe o segundo numero: ");
             $Num2 = 50;
             echo $Num2;
                $Ciclo_1 = False;
          }
        else
                if ($Ciclo_2)
                {
                        $Sua_Opcao = '/';
                    echo $Sua_Opcao;
                    echo(" < BR > Informe o primeiro
                            numero: "); $Num1 = 3000;
                        echo $Num1;
                    echo(" < BR > Informe o segundo
                    numero: ");
                    $Num2 = 50;
                        echo $Num2;
                    $Ciclo_2 = False;
                }
        Calcular($Sua_Opcao, $Num1, $Num2);
        echo (" < BR > < BR > ". "Resultado = ". $Num3);
        echo (" < BR > ");
        if (!($Ciclo_2)) // ! operador de negação NOT
        $Sua_Opcao = 'F'; // Saída do While
```

```
      } // Fim do While
  echo (" < BR > Fim do Cálculo");
?>
</body>
</html>
```

No programa abaixo, a sub-rotina Calcular pode ser entendida como uma função, pois está retornando um valor, conforme caracterizado pelo uso da instrução Return (Return $NUM3) que colocará dentro da variável Calcular (nome da função) o resultado do cálculo efetuado dentro da função.

```
<html>
<body>

<?php

// Programa: Calculadora aritmética

  function Tela_Entrada()
    {
      echo(" < BR > < < Calculadora Aritmetica >>");
      echo " < BR > ";
      echo(" < BR> Soma------------: +");
      echo(" < BR > Subtracao-------: -");
      echo(" < DR > Multiplicacao----: ^");
      echo(" < BR > Divisao----------: /");
      echo(" < BR > FIM-------------: F");
      echo " < BR > ";
      echo " < BR > ";
      echo("Escolha uma Opcao: ");
    }


  function Calcular($Sua_Opcao, $Num1, $Num2)
    {
        switch($Sua_Opcao)
```

```
            {
                case ` + ` : $Num3 = $Num1 + $Num2; break;
                case `-` : $Num3 = $Num1 - $Num2; break;
                case `*` : $Num3 = $Num1 * $Num2; break;
                case `/` : $Num3 = $Num1 / $Num2; break;
            }
         Return $Num3;
     }


// Programa Principal

    $Sua_Opcao = `*`;
    $Ciclo_1 = True;
    $Ciclo_2 = True;
```

```
  While ($Sua_Opcao <> 'F' and $Sua_Opcao <> 'f')
     {
        Tela_Entrada();

// Simula dois ciclos de entrada de dados.

        if ($Ciclo_1)
          {
              echo $Sua_Opcao;
             echo(" < BR > Informe o primeiro numero: ");
              $Num1 = 300;
             echo $Num1;
             echo(" < BR > Informe o segundo numero: ");
             $Num2 = 50;
             echo $Num2;
              $Ciclo_1 = False;
          }
        else
              if ($Ciclo_2)
              {
```

```
                        $Sua_Opcao = '/';
                echo $Sua_Opcao;
                echo(" < BR > Informe o primeiro
numero: ");

                    $Num1 = 3000;
                    echo $Num1;
                echo(" < BR > Informe o segundo numero:
");

                $Num2 = 50;
                    echo $Num2;
                $Ciclo_2 = False;
            }

        Calcular($Sua_Opcao, $Num1, $Num2);

        echo (" < BR > < BR > ". "Resultado = ".
            Calcular($Sua_Opcao, $Num1, $Num2));
        echo (" < BR > ");
        if (!($Ciclo_2))
            $Sua_Opcao = 'F';

    } // Fim do While

   echo (" < BR > Fim do Cálculo");

?>
</body>
</html>
```

A Figura 11.11 mostra a tela resultante da execução dos programas anteriores.

Observe no código que temos duas simulações de cálculo, uma multiplicação e uma divisão, com entradas do numero 1 e 2. Após a execução do segundo ciclo, usamos o operador lógico ! (NOT), para atribuir "F" para a opção, e dessa forma encerramos o "LOOP" criado pela instrução While.

```
<< Calculadora Aritmetica >>

Soma------------: +
Subtracao-------: -
Multiplicacao----: *
Divisao----------: /
FIM------------: F

Escolha uma Opcao: *
Informe o primeiro numero: 300
Informe o segundo numero: 50

Resultado = 15000

<< Calculadora Aritmetica >>

Soma------------: +
Subtracao-------: -
Multiplicacao----: *
Divisao----------: /
FIM------------: F

Escolha uma Opcao: /
Informe o primeiro numero: 3000
Informe o segundo numero: 50

Resultado = 60

Fim do Cálculo
```

FIGURA 11.11: Calculadora aritmética, desenvolvida em linguagem PHP

 Para fixar

Constantemente recebemos dados e informações necessários para as nossas atividades diárias e, mesmo para a nossa vida. Esses dados e informações, segundo nossos critérios, podem ou não se transformar em conhecimento novo.

Segundo a Ciência da Informação, um conhecimento novo é gerado, segundo critérios preestabelecidos, a partir de conhecimentos anteriores, mais as informações recebidas em um determinado momento.

Ainda, segundo essa ciência, existem basicamente dois tipos de conhecimento, o explícito e o tácito e, de maneira bem simplista, podemos dizer que o conhecimento explícito é aquele que está registrado nos mais diversos suportes informacionais (livros, revistas, filmes, DVD, artigos técnicos e científicos etc.) e, portanto, estão externalizados. Já o conhecimento tácito reside na mente do ser pensante, e sua geração depende não somente de dados e informações, mas também de cultura, crenças, costumes, preferências etc., portanto, está internalizado.

Quando construímos algoritmos, usando a técnica da modularização, procuramos dividi-los em blocos menores, e caso esses blocos sejam comuns a outros blocos, podemos construir sub-rotinas e, então, internalizá-las. Esse procedimento, na realidade, está propiciando a externalização do conhecimento tácito.

Os conhecimentos adquiridos neste capítulo habilita-o a pensar problemas e construir soluções. Dentro desse processo você poderá descobrir novas formas de construção de módulos (sub-rotinas) que, dependendo de você, poderão ser externalizados para a comunidade de programadores. Quanto à forma de disponibilizar depende de você, *free* ou *pay-to-use*.

Pense nisso!

Algoritmos no cotidiano

Se você já ouviu, ou mesmo estudou os conceitos sobre Orientação a Objetos (OO), então, sabe que a OO é um paradigma de desenvolvimento de software, que se baseia na utilização de componentes individuais (algoritmos) denominados objetos, que trocam informações entre si, sendo largamente utilizados em programação de computadores para a construção de sistemas complexos. A troca de informação entre objetos é efetuada através da passagem de mensagens (parâmetros).

Os conceitos da OO foram inicialmente aproveitados pela área de programação de computadores, e em seguida pela área de desenvolvimento de sistemas.

Quando surgiu?

Os primeiros estudos e conceitos sobre a OO surgiram na década de 1960 com o intuito de ajudar a diminuir a complexidade de construção e manutenção de software, enfatizando fortemente as unidades discretas (sub--rotinas) de programação lógica e reutilização de software.

Na década de 1990, a linguagem de programação Simula introduziu tais conceitos que ganharam grande evidência na década 1990 através da linguagem C + +, e pela crescente popularidade das interfaces.

No Brasil, até meados da década de 1980 não havia uma comunicação em tempo real, como ocorre atualmente, entre desenvolvedores de sistemas, mesmo porque muitas empresas sequer tinham suas redes (se é que tinham redes) conectadas com o ambiente externo. Essa problemática gerava esforços desnecessários e repetitivos na área de programação de computadores.

Por exemplo, uma rotina comum dentro dos sistemas computadorizados, principalmente das áreas de vendas e finanças, era a construção de programas para imprimir valores por extenso em cheques, duplicatas e outros documentos. A deficiência das comunicações entre desenvolvedores resultava no desenvolvimento repetido, entre eles, de muitas sub-rotinas para esse tipo de impressão. Nessa época era comum encontrar programadores desenvolvendo a mesma rotina que outros já estavam desenvolvendo, e muitas vezes na mesma linguagem de programação.

Outra característica do desenvolvimento de programas nessa época era que o programador desenvolvia seus programas tendo certo conhecimento do usuário desses programas. Em termos de disponibilização de programas, ou mesmo sub-rotinas, às vezes se tinha o impedimento dessa prática por conta de um desenvolvimento focado em um departamento, ou mesmo nas necessidades de um usuário ou grupo de usuários.

Com a evolução das técnicas de programação e das tecnologias da informação e comunicação, começaram a surgir sub-rotinas comuns a diversos programas e sistemas, e que eram disponibilizadas, ou mesmo comercializadas, por seus criadores.

Essa forma, até certo ponto democrática, de desenvolvimento de programas, adotada por programadores ao redor do mundo resultou, atualmente, na disponibilização de componentes (objetos) para programadores que desenvolvem usando as técnicas da OO. Todavia, ainda temos muitas sub-rotinas disponíveis, não só para a POO (programação orientada a objetos), como também para a programação estruturada.

Agora, pense na programação para Internet!

Já imaginou a quantidade de usuários dessa rede mundial? Já imaginou as diferenças entre eles, seja de cultura, costumes, preferências etc.?

Já imaginou quantas empresas, atualmente, estão voltando seus negócios para Internet?

Enfim, já imaginou quantas oportunidades existem e existirão, para os desenvolvedores de programas, sub-rotinas ou mesmo objetos, nesse admirável mundo novo?

Pare e reflita! E se possível empreenda!

Navegar é preciso

Faça uma pesquisa bibliográfica e, também na Internet, sobre bibliotecas de sub-rotinas disponibilizadas por algumas das principais linguagens de programação. Depois, construa uma tabela organizada por linguagem de programação, e as sub-rotinas, sua funcionalidade e como podem ser chamadas por um algoritmo/programa principal. Essa tabela será muito útil quando você estiver programando computadores.

Pesquise na bibliografia, e também na Internet, sobre exercícios que apliquem os conceitos aprendidos neste capítulo.

Pesquise sobre recursividade de algoritmos, e pense em algoritmos que possam aplicar esse conceito.

Acesse o Ambiente de Aprendizagem e navegue pelos links indicados para mais informações a respeito de sub-rotinas.

Se desejar, entre no blog do livro e deixe sua contribuição. Dúvidas, dicas, *feedbacks* são sempre muito bem vindos.

Exercícios propostos

Aplicando os conceitos aprendidos até o momento, construa programas para solucionar os seguintes problemas:

1. Construa uma sub-rotina para determinar se um ano qualquer, no formato AAAA, é bissexto e, em seguida desenvolva um algoritmo/programa, usando essa sub-rotina, que solicite/receba o ano que a pessoa deseja saber se é, ou não, bissexto.

São considerados anos bissextos: todos os anos que sejam múltiplos de 4, mas que não sejam múltiplos de 100, com exceção daqueles que são múltiplos de 400.

Construa uma sub-rotina para validar uma sigla de estado (p. ex.: SP, PR, MG...) e, em seguida, desenvolva um algoritmo/programa, usando essa sub-rotina, que solicite/receba/valide uma sigla do estado.

2. Construa uma sub-rotina que retorne o MDC – máximo divisor comum, de dois números informados (o máximo divisor comum de dois números informados é o maior número que os divide).

3. Construa uma sub-rotina para validar a nota do aluno. Se a nota informada for menor que zero ou maior que 10, retorne um valor booleano = Falso. No algoritmo/programa principal, passe a nota para a função, e enquanto o retorno for = Falso, envie mensagem de erro, solicite/leia a nota novamente, até que a mesma seja informada corretamente.

4. Construa uma função que retorne a resposta para um questionamento qualquer, cuja resposta seja Sim ou Não.

5. Construa uma sub-rotina que receba um número inteiro (cardinal) e transforme-o em números romanos, em seguida desenvolva um algoritmo/programa, usando essa sub-rotina, que solicite/receba o número cardinal e mostre o correspondente em número romano.

A Figura 11.12 mostra uma tabela com exemplos de conversão de números romanos.

I = 1	XX = 20	CCC = 300
II = 2	XXX = 30	CD = 400
III = 3	XL = 40	D = 500
IV = 4	L = 50	DC = 600
V = 5	LX = 60	DCC = 700
VI = 6	LXX = 70	DCCC = 800
VII = 7	LXXX = 80	CM = 900
VIII = 8	XC = 90	M = 1.000
IX = 9	C = 100	MM = 2.000
X = 10	CC = 200	MMM = 3.000

FIGURA 11.12: Conversão de números romanos para arábicos

FONTE: http://www.infoescola.com/matematica/numeros-romanos/

Referências

ARAUJO, E. C. de. *Algoritmos – Fundamento e Prática.* Visual Books, 2007.

ASCENCIO, A. F. G; CAMPOS, E. A. V. *Fundamentos da Programação de Computadores*: algoritmos, Pascal, C/C + + e Java. São Paulo: Longman, 2007.

AVILLANO, I. C. *Algoritmos e Pascal.* 2. ed. Ciência Moderna, 2006.

FEOFILOFF, P. *Algoritmos em Linguagem C.* São Paulo: Campus/Elsevier, 2009.

FORBELLONE, L. V.; EBERSPACHER, H. F. *Lógica de Programação*: a construção de algoritmos e estruturas de dados. São Paulo: Prentice Hall, 2005.

MANZANO, J. A. N. G.; YAMATUMI, W. Y. *Free Pascal: Programação de Computadores.* São Paulo: Érica, 2007.

ZIVIANI, N. *Projeto de Algoritmos com implementações em Pascal e C.* 2. ed. Thomson Pioneira, 2004.

Exercícios adicionais

Resolva os exercícios a seguir, construindo os algoritmos, na linguagem de programação de sua preferência.

1. Considerando que uma tela de computador sob o sistema operacional DOS (tela DOS) contém 24 linhas com 80 colunas cada uma, então elabore um procedimento para preencher inteiramente uma tela com um caractere qualquer passado como parâmetro para esse procedimento.

2. Considerando que uma tela de computador sob o sistema operacional DOS (tela DOS) contém 24 linhas com 80 colunas cada uma, então elabore um procedimento para limpar inteiramente uma tela (mover um espaço para cada coluna).

3. Elabore uma função que retorne número de meses com 31 dias, até o mês passado como parâmetro para a função.

4. Elabore uma função que receba um determinado valor em Graus Fahrenheit, e retorne o valor correspondente em Graus Celsius. A fórmula para conversão de Graus Fahrenheit para Celsius é:

$$\text{Graus Celsius} = 5.0 * (\text{Fahrenheit} - 32) / 9$$

O QUE VEM DEPOIS

Então, gostou da modularização de algoritmos?

Dentro da programação de computadores esse é um assunto tão abrangente e desafiante, que provocou uma mudança de paradigma das linguagens de programação. Foi a partir desses conceitos e técnicas que a programação estruturada evoluiu para a programação orientada a objetos, conforme já mencionamos.

Com todos os conceitos e práticas que você estudou até o capítulo anterior, somado aos deste capítulo, sem dúvida, você poderá construir algoritmos cada vez mais complexos, para solução dos mais variados problemas.

Pense num problema! Abstraia-o e construa um modelo mental para sua solução!

Então, com todo conhecimento adquirido até o momento, estou certo que conseguiu construir esse modelo. Se positivo, então para transformar esse modelo em um programa de computador basta escolher a linguagem de programação de sua preferência e, mãos à obra, comece a construir seu programa.

Se você exercitou a construção de algoritmos/programas, aplicando exaustivamente os conceitos sobre definição e uso de Vetor, e agora está exercitando a definição e uso de sub-rotinas, então irá "tirar de letra" o próximo capítulo, onde estudaremos Strings ou cadeia de caracteres.

Em algumas linguagens de programação a string é considerada um tipo de dado, enquanto que em outras é uma classe, e ainda algumas a entendem como um vetor de caracteres, e assim a tratam. Portanto, é de extrema importância, dentro da programação de computadores, estudar e entender string, principalmente nos dias atuais.

Quer um exemplo? Pense na Internet!

Uma das atividades mais rotineiras das pessoas na Internet é a busca por informações, que geralmente estão em formatos textuais. Então, para atender essa demanda precisamos construir programas que tratem e manipulem strings que é, sem dúvida, a forma como as informações se encontram na rede mundial.

Vamos lá! Comece a ler o próximo capítulo e verá que muitos dos conceitos e práticas sobre o uso de vetores estudados no Capítulo 9 se aplicam na construção de algoritmos usando strings.

Bons estudos!

12

String ou cadeia de caracteres

> *Onde está a sabedoria que perdemos no conhecimento, onde está o conhecimento que perdemos na informação.*
>
> THOMAS STEARNS ELIOT

Uma das formas mais básicas de composição das informações é a cadeia de caracteres, também conhecida como string. Conhecer esta estrutura permite a manipulação das informações que levam ao conhecimento.

OBJETIVOS DO CAPÍTULO

- Identificar, na proposição de um problema, além de dados, que informações devem ser capturadas, processadas, armazenadas e disponibilizadas para uso e, se for o caso, para a geração de conhecimento.
- Abstrair, projetar e construir algoritmos/programas para:
  - Definir e criar variáveis para comportar textos.
  - Manipular essas variáveis, atribuindo, pesquisando e extraindo cadeia de caracteres de seu conteúdo.
  - Obter informação a partir do processamento dessas variáveis.

Para começar

"Se antes as empresas pecavam por falta de informação, hoje elas pecam pelo excesso". Frase dita pelo professor Dr. Raimundo Nonato Macedo dos Santos (na época, coordenador do programa de mestrado, em Ciências da Informação, da PUC de Campinas), naqueles momentos descontraídos, entre uma aula e outra, do curso de pós-graduação em Ciência da Informação.

Essa frase do professor tem uma ligação implícita com o pensamento do poeta T. S. Eliot (1888-1965), cuja frase inicia este capítulo. O que eles querem dizer é que para obter conhecimento, precisamos extraí-los da informação, e que, se estas não forem filtradas, categorizadas, transformadas, armazenadas e disponibilizadas para o "consumo", não passarão de simples dados. Resumindo, precisamos gerenciar a informação.

Hoje muitas empresas estão investindo na construção de DataWarehouse (DW), que são, na expressão do termo, verdadeiros armazéns de dados. Esses programas não guardam somente dados mas, principalmente, informação, e através de algoritmos de mineração de dados consegue-se extrair o conhecimento que está perdido em meio a tantas informações.

Conceitualmente temos que um dado é um fato isolado sem nenhum valor a não ser o seu valor em si, e que uma informação é resultante da relação entre dados (ou mesmo, outra informação), segundo critérios preestabelecidos. Diante disso, podemos inferir que uma informação contém uma "cadeia" de dados correlacionados e inter-relacionados de onde, baseado em um conhecimento anterior, podemos gerar um novo conhecimento.

Se os dados dentro do computador estão armazenados no formato de variáveis simples ou compostas, as informações estão armazenadas em variáveis do tipo string ou cadeia de caracteres. Variáveis desse tipo constituem verdadeiros repositórios de informações, uma vez que podemos armazenar todos os tipos de caracteres dentro dela.

Entender os conceitos relacionados à definição e uso de string, nas diversas linguagens de programação, é um grande passo para deixarmos de pensar em processamento de dados, passando a pensar em processamento de informação e em como extrair delas o conhecimento que tantos almejam, principalmente, as empresas.

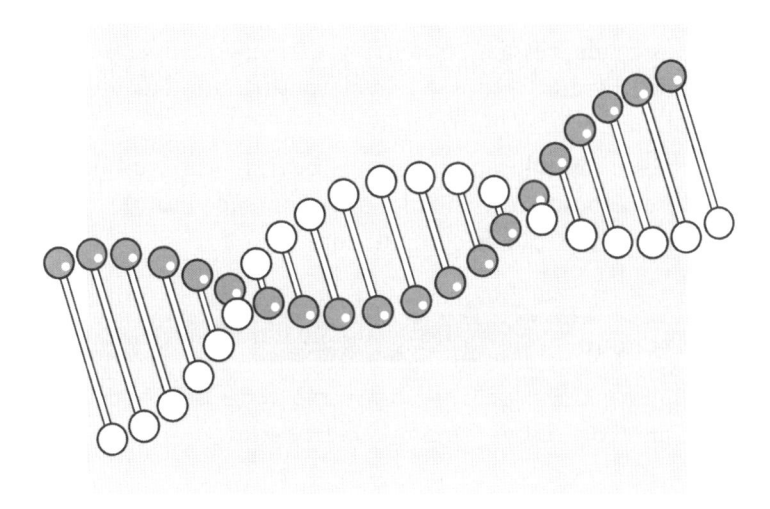

O DNA é como um código secreto de letras que, ao ser decifrado pela célula, produz os componentes que fazem parte do nosso corpo. A figura anterior representa uma cadeia de DNA.

"O DNA é formado por unidades menores chamadas nucleotídeos. Existem 4 tipos de nucleotídeos, representados pelas letras A, C, G e T (veja a figura). A forma como esses nucleotídeos se arrumam é que faz com que os seres vivos sejam diferentes um dos outros. Para ficar mais fácil, veja um exemplo com as letras A, O, M, R. Com estas 4 letras podemos formar as palavras AMOR, ROMA, ORAM, MORA, RAMO. Se uma das letras puder ser repetida, podemos formar ainda as palavras MORRO e AMORA, por exemplo. Observe que usamos as mesmas letras, porém formamos palavras com significados diferentes. A mesma ideia pode ser aplicada para o DNA. Os 4 tipos de nucleotídeos se arrumam de diversas maneiras na molécula de DNA, formando os diferentes seres vivos."

Assim como a cadeia do DNA guarda informações genéticas dos seres vivos, strings são cadeias de caracteres que armazenam dados textuais e, portanto, podem armazenar informações para as mais diversas finalidades.

O conteúdo de uma string pode representar um fato em si, ou uma informação. Por exemplo, se tenho armazenado dentro de uma string a palavra: "15 graus Celsius", isso é um dado ou nome de uma pessoa. Agora, se tenho armazenada, nessa mesma string, a frase: "A temperatura entre ontem e hoje subiu 15 graus Celsius, e está elevando a umidade do ar para 50%", então, agora temos uma informação.

Nesse capítulo, aprenderemos a definir variáveis do tipo string, atribuir valores à mesma, e manipular o seu conteúdo usando linguagem algorítmica e de programação de computador.

Atenção

Em algumas linguagens de programação strings são consideradas tipos de dados, em outras, como o Java, são consideradas classes.

Conhecendo a teoria para programar

Atualmente, a maioria dos mecanismos de busca que conhecemos na Internet funciona de forma bem semelhante, ou seja, digitamos uma palavra ou mesmo uma frase, e em questão de segundos aparecem milhares de "links" com a palavra ou palavras que buscamos.

Esse mecanismo, na realidade, pode ser um simples ou complexo algoritmo de busca, que manipula extensas cadeias de caracteres contidas em milhares de bases de dados na Internet, tentando encontrar aquela informação que foi solicitada. Essas cadeias de caracteres, contidas em textos curtos ou longos, são denominadas strings.

O uso de strings, em programação de computadores, remonta ao início da era do processamento de dados por computadores. Nas primeiras formas de armazenamento de dados, em cartões e fitas perfurados, a digitação de cadeias de caracteres já era visível, porém, essas cadeias eram entendidas como repositórios de dados.

Nos dias atuais, as cadeias de caracteres (strings) armazenam não somente dados, mas principalmente informações e, portanto, a maioria dos processamentos computacionais exige um tratamento mais complexo e apurado de strings. Considerando a importância desse tipo ou classe de dados, construímos este capítulo que tratará da definição e uso de strings, através de exemplos e exercícios.

Em termos de programação de computadores, uma string pode ser um tipo de dado primitivo, uma classe, ou mesmo um tipo criado pelo programador. A string também é denominada "cadeia de caracteres", pois é uma lista linear ou vetor, onde cada elemento desse vetor é um caractere, e o agrupamento deles irá representar uma informação.

Por exemplo, supondo a frase: "Vendas crescem 28% ao mês!"

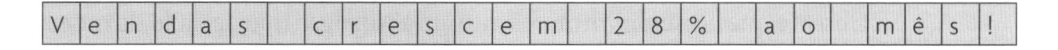

| V | e | n | d | a | s | | c | r | e | s | c | e | m | | 2 | 8 | % | | a | o | | m | ê | s | ! |

Nessa estrutura de dados, temos armazenados 26 caracteres, incluindo os espaços entre palavras, que constituem uma informação.

Papo técnico

12.1

Nas Strings, os caracteres são armazenados da esquerda para a direita.

A partir daqui, iremos mesclar os conceitos sobre string, com exemplos de sua aplicação, através da construção de algoritmos simples. Todavia, no item "VAMOS PROGRAMAR", proporemos e resolveremos um exercício algorítmico, usando string, nas diversas linguagens de programação que estamos utilizando neste livro.

Como exemplo vamos construir, então, um algoritmo em VisuAlg, definindo uma cadeia de caracteres e atribuindo-lhe a frase acima. Em seguida vamos mostrar o conteúdo dessa cadeia ou string.

Conforme mostrado a seguir, o algoritmo é bastante simples.

```
algoritmo "Teste_de_String"
Var
      Str_Frase : Caractere
      Parar : Caractere
inicio
      LimpaTela
      Str_Frase := "Vendas crescem 28% ao mês!"
      Escreval
```

```
      Escreval("Conteudo de Str_Frase --> ",Str_Frase)
      Escreval
      Escreval(" < < Pressione uma tecla qualquer >>")
      Leia(Parar)
fimalgoritmo
```

Observe que nesse algoritmo, escrito em VisuAlg, o tipo de dado da cadeia de caracteres é: CARACTERE, e a atribuição de valores a variável Str_Frase ocorre entre aspas duplas. A Figura 12.1 mostra a tela de saída, resultante da execução desse algoritmo.

FIGURA 12.1: Exemplo de tela VisuAlg

Manipulação de string

Considerando que as cadeias de caracteres são muito utilizadas na programação de computadores, então, a maioria das linguagens de programação disponibilizam sub-rotinas para tratamento de strings. Todavia, como a string é vista como um vetor na maioria das linguagens, então, nada impede o programador de construir suas próprias sub-rotinas, ou mesmo conjunto de instruções no algoritmo/programa principal, para manipular variáveis do tipo string.

Sub-rotinas predefinidas para manipulação de string

A partir deste ponto vamos conhecer algumas sub-rotinas predefinidas, disponíveis nas bibliotecas das linguagens de programação que estamos utilizando para construir nossos exemplos e exercícios. Para cada sub-rotina apresentada, nos quadros a seguir, descreveremos sua sintaxe e funcionalidade, ou seja, o que a sub-rotina faz.

VisuAlg

O Quadro 12.1 contém algumas funções predefinidas, disponíveis no ambiente de programação do VisuAlg.

Quadro 12.1: Algumas sub-rotinas predefinidas em VisuAlg,
para tratamento de strings

Sub-rotina - VisuAlg
Funcionalidade
asc(cadeia:caractere):inteiro
Função que retorna um inteiro com o código ASCII, em decimal, do primeiro caractere contido na cadeia de caractere.
compr(cadeia:caractere):inteiro
Função que retorna um inteiro contendo o comprimento (quantidade de caracteres) da cadeia.
maiusc(cadeia:caractere):caractere
Função que retorna cada caractere da cadeia convertido para maiúsculos.
minusc(cadeia:caractere):caractere
Função que retorna cada caractere da cadeia convertido para minúsculos.
pos(subcadeia,cadeia:caractere):inteiro
Função que retorna um inteiro que indica a posição em que a subcadeia de caractere se encontra dentro da cadeia, ou zero se subcadeia não estiver contida na cadeia.
numpcarac(numero:inteiro ou real):caractere
Função que converte um número inteiro ou real para uma cadeia de caractere.
caracpnum(cadeia: caractere):inteiro ou real
Função que converte uma cadeia de caractere em um número inteiro ou real.
copia(cadeia:caractere;pos,qtdcarac: inteiro):caractere
Função que retorna um valor do tipo caractere contendo uma cópia parcial da cadeia, a partir da posição indicada pela variável pos, com a quantidade de caracteres indicada pela variável qtdcarac. Os caracteres da cadeia são numerados da esquerda para a direita, começando de 1.

O algoritmo a seguir, escrito em VisuAlg, testa a maioria das sub-rotinas e mostra os resultados conforme tela mostrada na Figura 12.2.

```
algoritmo "Teste_de_String"
Var
     Str_Frase : Caractere
     NumReal : real
```

```
        NumInt : inteiro
        Parar : Caractere
inicio
        LimpaTela
        Str_Frase := "Vendas crescem 28% ao mes!"
        Escreval
        Escreval("Conteudo da Str_Frase --> ",Str_Frase)
        Escreval
        Escreval("Copia conteúdo da Str_Frase -->
",copia(Str_Frase,1,6))
        Escreval("Copia conteúdo da Str_Frase -->
",copia(Str_Frase,8,8))
        Escreval("Copia conteúdo da Str_Frase -->
",copia(Str_Frase,16,3))
        Escreval
        Escreval("Código ASC do primeiro caractere da Str_
Frase -- > ",
             asc(Str_Frase))
        Escreval
        Escreval("Quantidade de caracteres contidos na
Str_Frase -- > ",
             compr(Str_Frase))
        Escreval
        Escreval("Converte para maiúsculas o conteúdo de
Str_Frase -- > ",
             maiusc(Str_Frase))
        Escreval
        Escreval("Converte para minúsculas o conteúdo de
Str_Frase -- > ",
             minusc(Str_Frase))
        Escreval
        Escreval("Posição da palavra: crescem - dentro de
Str_Frase -- > ",
             pos("crescem",Str_Frase))
        NumReal := 9876.98
        Escreval
        Escreval("Converte conteúdo de variável numérica
--> ",NumReal,
```

```
                 ", em string --> ",numpcarac(NumReal))
         Str_Frase := "785665"
         Escreval
         Escreval("Converte conteúdo de Str_Frase -->
   ",Str_Frase,
                 ", em numero inteiro ou real --> ",
                 caracpnum(Str_Frase))
         Escreval
         Escreval(" < < Pressione F9 >>")
         pausa
   fimalgoritmo
```

```
Conteudo da Str_Frase --> Vendas crescem 28% ao mes!

Copiando conteúdo da Str_Frase --> Vendas
Copiando conteúdo da Str_Frase --> crescem
Copiando conteúdo da Str_Frase --> 28%

Código ASC do primeiro caractere da Str_Frase -->  86

Quantidade de caracteres contidos na Str_Frase -->  26

Converte para maiúsculas o conteudo de Str_Frase --> VENDAS CRESCEM 28% AO MES!

Converte para minúsculas o conteudo de Str_Frase --> vendas crescem 28% ao mes!

Posição da palavra - crescem - dentro de Str_Frase -->  8

Converte conteúdo de variável numérica -->  9876.98, em string --> 9876.98

Converte conteúdo de Str_Frase --> 785665, em numero inteiro ou real -->  785665

<< Pressione F9 >>

*** Fim da execução.
*** Feche esta janela para retornar ao Visualg.
```

FIGURA 12.2: Tela de saída do algoritmo Teste_de_String, em VisuAlg

Papo técnico

12.2

Para unir string, em VisuAlg, usamos o operador mais (+), que tem o mesmo efeito da função Concat, disponível em Pascal.

Pascal

O Quadro 12.2 contém algumas funções predefinidas, disponíveis na linguagem Pascal, para o tratamento de cadeia de caracteres ou string. Conhecer as sub-rotinas predefinidas nas linguagens de programação que estamos usando são importantes para aumentar a produtividade na construção dos nossos programas.

Quadro 12.2: Algumas sub-rotinas predefinidas em Pascal, para tratamento de strings

Sub-rotina - Pascal
Funcionalidade
concat(cadeia1,cadeia2,...,cadeian:*string*):*string*;
Função que retorna uma *string* resultante da união entre uma ou mais *strings* passadas como parâmetro na função. Se o número de caracteres passados num *string* for maior que 255, esta será truncada em 255.
length(cadeia:*string*):integer;
Função que retorna a quantidade de caracteres contidos em uma *string*.
upcase(caractere:char):char;
Função que retorna o caractere contido no parâmetro convertido para maiúsculo. Observação: Embora a função declare tipo de dado Char, ela funciona também para *String*, que é tratada como cadeia de caracteres.
pos(subcadeia:*string*;cadeia:*string*):byte;
Função que retorna um inteiro que indica a posição em que a subcadeia de caractere se encontra dentro da cadeia, ou zero se subcadeia não estiver contida na cadeia.
copy(cadeia:*string*;pos,qtdcarac:integer):*string*;
Função que retorna um valor do tipo caractere contendo uma cópia parcial da cadeia, conforme posição (pos) e quantidade de caracteres (qtdcarac) predefinidos. Os caracteres da cadeia são numerados da esquerda para a direita, começando de 1.
str(numero:inteiro ou real[:tamanho da cadeia[:decimais]]; cadeia:*string*);
Procedimento que converte o conteúdo de uma variável numérica, do tipo inteiro ou real, para uma cadeia de caractere, inclusive determinando o tamanho da cadeia e quantas casas decimais, no caso de variáveis reais, deverá ter na cadeia.

(Cont.)

Sub-rotina - Pascal
Funcionalidade
val(cadeia: *string*;VAR numero:inteiro ou real;VAR erro:integer);
Procedimento que converte uma cadeia de caractere em um número inteiro ou real. Caso o conteúdo da cadeia não seja numérico, isso será informado pela variável (erro) de retorno de erro. Se o conteúdo dessa variável for diferente de zero, implica que ocorreu um erro de conversão, na posição da cadeia, indicado pelo conteúdo da variável: erro.
insert(cadeiaEntrada:*string*;VAR cadeiaSaida:*string*;posicao:integer);
Procedimento para inserir uma subcadeia de caracteres, em uma cadeia, na posição indicada pela variável: posicao. Se a soma das cadeias for maior que 255, a cadeia de saída será truncada em 255.
delete(VAR cadeia:*string*;posicao,qtdcarac:integer);
Procedimento para retirar um ou mais caracteres de uma cadeia, determinado pela variável: qtdcarac, na posição indicada pela variável: posicao.

Atenção

Os parâmetros passados para as sub-rotinas, no momento da chamada pelo programa "chamador", devem estar separados por vírgulas.

O algoritmo a seguir, em Pascal, utiliza algumas funções e procedimentos predefinidos, contidos no Quadro 12.2.

```
Program Teste_de_String;
Uses CRT;
Var
     Str_Frase : String;
     Str_Frase1 : String;
     Parar : Char;


Begin
     ClrScr;
     Str_Frase := 'Vendas crescem 28% em julho/11' ;
     Str_Frase1 := ', significando aumento de 45% em
relacao ao mês
```

```
                    anterior';
    Writeln('Conteudo da Str_Frase --> ',Str_Frase);
    Writeln('Conteudo da Str_Frase1 --> ',Str_Frase1);
    Writeln;

    Writeln('Copia conteudo da Str_Frase -->
',copy(Str_Frase,1,6));
    Writeln('Copia conteudo da Str_Frase1 --> ',
          copy(Str_Frase1,16,14));
    Writeln;
    Writeln('Concatena Str_Frase + Str_Frase1: ');
    Writeln(concat(Str_Frase,Str_Frase1));
    Writeln;
    Writeln('Quantidade de caracteres da Str_Frase e
Str_Frase1 --> ',
          length(Str_Frase),' - ',length(Str_Frase1));
    Writeln;
    Writeln('Converte p/ maiusculas conteudo de Str_
Frase --> ',
          upcase(Str_Frase));
    Writeln;
    Writeln('Posicao da palavra - julho - na Str_Frase
--> ',
          pos('julho',Str_Frase));
    Writeln;
    Writeln('Posicao da palavra - aumento - na Str_
Frase1 --> ',
          pos('aumento',Str_Frase1));
    Writeln;
    delete(Str_Frase,28,3);
    Writeln('Apaga caracteres - /11 - da Str_Frase -->
',Str_Frase);
    insert('/11',Str_Frase,28);
    Writeln;
    Writeln('Insere caracteres - /11 - na Str_Frase
--> ',Str_Frase);
    Writeln;
    Writeln(' < < Pressione uma tecla qualquer >>');
```

```
       Readln(Parar);

End. // fimalgoritmo
```

A tela mostrada na Figura 12.3 é resultante da execução do programa anterior.

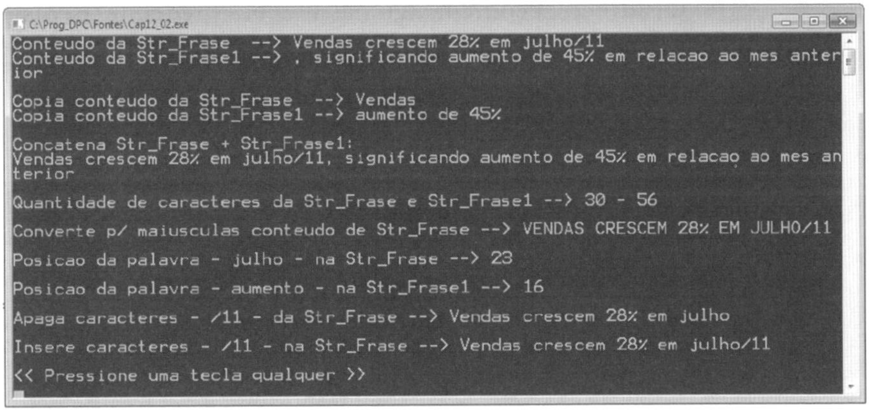

FIGURA 12.3: Tela de saída do algoritmo Teste_de_String, em Pascal

C

Na linguagem de programação C não há um tipo de dado string.

Nessa linguagem uma string é considerada um arranjo (ou vetor) de caracteres (tipo char), sendo que sua manipulação ocorre através do uso de diversas funções de manipulação de strings.

Esse arranjo armazena uma sequência de caracteres do tipo char, cujo último elemento é o caractere: NULL, tipicamente, representado na forma do caractere: '\0', ou simplesmente pelo seu valor 0.

O exemplo abaixo mostra a declaração de uma cadeia de caracteres, em C, a Str_Teste, que comporta até oito caracteres, porém pode receber apenas sete, já que o último caractere está reservado para o NULL.

Considerado a sintaxe em C, mostrada a seguir, inserimos a palavra "Simples", dentro da Str_Teste.

char Str_Teste[8] = {'S', 'i', 'm', 'p', 'l', 'e', 's', '\0'};

O espaço para o caractere '\0' deve ser previsto no momento de dimensionar o tamanho da cadeia (arranjo) de caracteres que será manipulado como uma string.

Outra forma de definir uma cadeia de caracteres, em C, é mostrada no exemplo abaixo.

char Str_Teste[8] = "Simples";

A cadeia Str_Teste contém oito caracteres, porém, está recebendo somente sete, pois o caráter '\0' é, automaticamente, anexado à string pelo compilador.

A definição da cadeia de caracteres, em C, conforme sintaxe abaixo, permite sua manipulação através de comandos de atribuição, leitura, escrita etc., dentro de um programa ou sub-rotina.

char Str_Teste[30];

O Quadro 12.3 contém algumas funções predefinidas, disponíveis na linguagem C, para o processamento de strings.

Quadro 12.3: Algumas sub-rotinas predefinidas em C, para tratamento de strings

Sub-rotina - C
Funcionalidade
int **strlen**(cadeia)
Função que retorna o número de caracteres da armazenado na *cadeia*, não considerando o caractere NULL (/0).
int **strcmp**(cadeia1,cadeia2)
Função que retorna um valor 0 (zero) se as duas cadeias são iguais.
char **strupr**(cadeia);
Função que retorna cada caractere da cadeia convertido para maiúsculos.
char **strlwr**(cadeia);
Função que retorna cada caractere da cadeia convertido para minúsculos.
char **strcat**(cadeia1,cadeia2);
Função que retorna uma cadeia resultante da união entre duas cadeias passadas como parâmetro na função.
char **strcpy**(cadeia1, cadeia2);
Função que copia o conteúdo da cadeia2 para dentro da cadeia1. A cadeia 2 pode ser uma constante.
char **strncpy**(cadeia1,cadeia2,int qtdcarac);
Função que armazena na cadeia1 os primeiros caracteres da cadeia2, cuja quantidade está indicada em qtdcarac. Esse segundo parâmetro (qtdcarac) pode ser uma constante numérica inteira sem sinal. Atenção! O caractere NULL não é armazenado, devendo isto ser feito pelo programa.

(Cont.)

Sub-rotina - C
Funcionalidade
`char strstr(cadeia1,cadeia2);`
Função que verifica se a cadeia2 é subcadeia da cadeia1. Retorna um ponteiro para a primeira posição a partir da qual a cadeia2 ocorre na cadeia1. Retorna NULL se cadeia2 não está contida na cadeia1.
`int atoi(cadeia);    long atol(cadeia);    double atof(cadeia);`
Funções para conversão de números passados como *strings*. As funções acima convertem uma cadeia de dígitos, respectivamente, para os tipos *int*, *long* ou *float*. Essas funções retornam o número (no formato respectivo) correspondente à primeira posição (da esquerda para direita) da cadeia que pode ser convertida. Retorna 0(zero) se esse primeiro caractere da cadeia não for um dígito, ou um dos caracteres + e – (se o primeiro caractere for + ou –, para que haja alguma conversão o segundo deve ser um dígito). Esse procedimento se repete com todos os elementos da cadeia. **Atenção! Essas funções estão na biblioteca stdlib.h.**

Papo técnico

12.3

A maioria das sub-rotinas para o processamento de strings, escrita em C, estão contidas na biblioteca string.h

O algoritmo a seguir, escrito em C, testa algumas funções, predefinidas dessa linguagem, contidas no Quadro 12.3.

```c
#include <stdio.h>
#include <stdlib.h>
#include <string.h>
#include <conio.h>



// Funções predefinidas para manipulação de Strings
```

```c
int main()
{

    char Str_Frase[80] = "Vendas crescem 28% em
julho/11";
    char Str_Frase1[80] = ". Aumento de 18% em relacao
a julho/10.";
    char Str_Resultado[80];


    system("cls");


    printf("Tamanho da cadeia - Str_Frase:
%d",strlen(Str_Frase));
    printf("\n"); // leva o cursor para próxima linha
        printf("\n");


    printf("Comparacao entre cadeias: %d",
        strcmp("Sistema","SisTema"));


    if (strcmp("Sistema","SisTema") != 0)
        printf("\n Cadeias nao sao iguais --> %s %s
%s","Sistema",
            "-","SisTema");
    printf("\n");
    printf("\n");


    printf("Converte para maiusculos a cadeia - Str_
Frase - : %s",
        strupr(Str_Frase));
    printf("\n");
    printf("\n");


    printf("Converte para minusculos a cadeia - Str_
Frase - : %s",
```

```
            strlwr(Str_Frase));
    printf("\n");
    printf("\n");


printf("Concatena Str_Frase + Str_Frase1 - : \n %s",
        strcat(Str_Frase,Str_Frase1));
    printf("\n");
    printf("\n");


    printf("Copia uma constante para Str_Frase: ",
        strcpy(Str_Frase,"Vendas crescem 35% em
agosto/11"));
    printf("%s",Str_Frase);
    printf("\n");
    printf("\n");


printf("Copia 14 primeiros caracteres da Str_Frase p/
Str_Resultado: ",
        strncpy(Str_Resultado,Str_Frase,14));
    printf("%s",Str_Resultado);
    printf("\n");
    printf("\n");


    printf("\n > > > > ");
    system("pause");
    return 0;
}
```

A Figura 12.4 mostra a tela resultante da execução do programa anterior.

```
C:\Prog_DCPP\Fontes\Cap12_C_String_01.exe
Tamanho da cadeia - Str_Frase: 30

Comparacao entre cadeias: 1
 Cadeias nao sao iguais --> Sistema - SisTema

Converte para maiusculos a cadeia - Str_Frase - : VENDAS CRESCEM 28% EM JULHO/11

Converte para minusculos a cadeia - Str_Frase - : vendas crescem 28% em julho/11

Concatena Str_Frase + Str_Frase1 - :
 vendas crescem 28% em julho/11. Aumento de 18% em relacao a julho/10.

Copia uma constante para Str_Frase: Vendas crescem 35% em agosto/11

Copia 14 primeiros caracteres da Str_Frase p/ Str_Resultado: Vendas crescem

>>>> Pressione qualquer tecla para continuar. . .
```

FIGURA 12.4: Tela com resultados dos testes usando strings, em C

Atenção

O sucesso na utilização de sub-rotinas predefinidas, em linguagem C, está relacionado com a indicação correta das bibliotecas dessas sub-rotinas, no início de cada programa que as utilizam.

Java

Um elemento textual em Java pode ser representado de duas formas: caracteres e textos. O tipo de dado CHAR é usado para representar um caractere unitário, enquanto que a representação de uma cadeia de caracteres é feita pela classe string, uma vez que nessa linguagem não temos um tipo de dado para atribuir a uma variável do tipo cadeia de caracteres.

A classe string em Java instancia variáveis cujo conteúdo é qualquer frase ou expressão formada por conjuntos de caracteres, que incluem letras maiúsculas e/ou, minúsculas, caracteres numéricos, sinais de pontuação, e todos os outros caracteres do padrão Unicode.

A classe string, em Java, deriva diretamente da superclasse Object, e implementa as interfaces CharSequence e Serializable. A classe String está contida na biblioteca Java.lang, cuja hierarquia é: java.lang.Object → java.lang.string. Essa classe é final e, portanto, não possui quaisquer subclasses, e não é possível utilizá-la como superclasse para criação de novas classes.

Para operações com textos ou cadeia de caracteres, em Java, temos disponíveis vários métodos (sub-rotinas) dessa classe.

O Quadro 12.4 contém alguns métodos da classe string, disponíveis na linguagem Java.

Quadro 12.4: Algumas sub-rotinas predefinidas em Java, para tratamento de strings

Métodos (Sub-rotina) da classe *String* - Java Funcionalidade
String.charAt(int índice)
Devolve o caractere que está na posição apontada por índice, na *String* (cadeia de caracteres). Os índices em uma *String* vão de zero ao seu tamanho menos um.
String.endsWith("Sufixo")
Verifica se a *String* termina com o conteúdo dado pelo parâmetro Sufixo. Retorna True (verdadeiro) ou False (Falso).
String.startsWith("Sufixo")
Verifica se a *String* começa com o conteúdo dado pelo parâmetro Sufixo. Retorna True (verdadeiro) ou False (Falso).
String.startsWith("Sufixo", índice)
Verifica se a *String* possui o conteúdo dado pelo parâmetro Sufixo, na posição, da *String*, indicada pelo índice. Retorna True (verdadeiro) ou False (Falso).
String.toUpperCase()
Retorna a *String* convertida para letras maiúsculas.
String.toLowerCase()
Retorna a *String* convertida para letras minúsculas.
String.length()
Retorna o tamanho da *String*.
String.IndexOf("SubString")
Retorna a posição (índice) da primeira ocorrência de SubString na *String* . Se SubString não for encontrada retorna -1.
String.lastIndexOf("SubString")
Retorna a posição (índice) inicial, na *String*, da última ocorrência da SubString . Se a SubString não for encontrada retorna -1 .

(Continua)

Quadro 12.4: Algumas sub-rotinas predefinidas em Java, para tratamento de strings *(Cont.)*

Métodos (Sub-rotina) da classe `String` - Java
Funcionalidade
`String.substring(ÍndiceInicial,ÍndiceFinal)`
Retorna uma nova `String` com os caracteres que se encontram entre as posições especificadas pelos parâmetros índices.
`String.replaceAll(SubString1,SubString2)`
Retorna uma `String` resultante da substituição, na *string* corrente, de cada ocorrência da SubString1 pela SubString2.
`String.replaceFirst(SubString1,SubString2)`
Retorna uma `String` resultante da substituição, na *string* corrente, da primeira ocorrência de SubString1 pela SubString2.
`String.equalsIgnoreCase(String1)`
Compara a `String` com a `String1` sem levar em conta a distinção entre caracteres maiúsculos e minúsculos. Retorna True (verdadeiro) ou False (Falso).
`String.compareTo(String1)`
Compara `String` com `String1` e retorna um número positivo se a `String1` for menor, 0 se forem iguais, e um negativo caso contrário.
`String.contains(SubString)`
Retorna verdadeiro se `String` contém a `SubString`.

O algoritmo a seguir, escrito em Java, testa alguns dos métodos da classe string, contidos no Quadro 12.4.

```java
import java.util.*;
import java.lang.*;
public class Cap12_Prog1
{
  public static void main(String[] args)
    {
    String Frase = "Este programa Java deve ser salvo
como
                    ProgX.java.";
        System.out.println("\n" + Frase);
        System.out.println
```

```
        ( "\nNa posição 14 da frase temos a letra: " +
        Frase.charAt( 14 ) ); // Imprime J


    boolean Resposta = Frase.endsWith("java");
    System.out.println("\nA Frase termina com a
palavra: java?: " +
                    Resposta);


    Resposta = Frase.startsWith("java"); // Retorna
True ou False
    System.out.println
        ( "\nA Frase começa com a palavra: java?: " +
        Resposta);


    Resposta = Frase.startsWith("Java",14);


    System.out.println
        ( "\nA Frase começa com a palavra: Java?: " +
        Resposta);


    String Frase1 = Frase; // Manter conteúdo original
da Frase
    System.out.println
        ("\nConverte conteúdo de Frase para
MAIÚSCULOS");
    System.out.println( Frase1.toUpperCase());


    System.out.println
        ( "\nConverte conteúdo de Frase para
minúsculas");
    System.out.println( Frase1.toLowerCase());
```

```
        System.out.println( "\nTamanho da Frase: " +
                        Frase.length( ) );
    System.out.println( "\nPosição da palavra:
Java na Frase: " +
                        Frase.indexOf("Java" ) );
    System.out.println( "\nPosição da palavra:
Java na Frase: " +
                        Frase.indexOf("JAVA" ) );
    System.out.println
        ("\nPosição da palavra: Java na Frase: " +
        Frase.lastIndexOf("." ) );


    Frase1 = Frase.substring(14,44);
    System.out.println
    ("\nPalavras contidas entre as posições 14 e
44 na Frase: " +
    Frase1);


    Frase1 = Frase.replaceAll("ProgX","-----");
    System.out.println
        ( "\nSubstitui a palavra: ProgX, na
Frase, por hífens: " +
        Frase1);


    Frase1 = Frase;
    System.out.println
        ( "\n Frase é igual a Frase1?: " +
        Frase.equalsIgnoreCase(Frase1) );


    System.out.println( "\nCompara Frase com
Frase1: " +
```

```
                                    Frase.
compareTo(Frase1) );
        System.out.println( "\nFrase contém a
palavra: programa: " +
                                    Frase.
contains("programa") );
    }
}
```

A Figura 12.5 mostra a tela resultante da execução do programa.

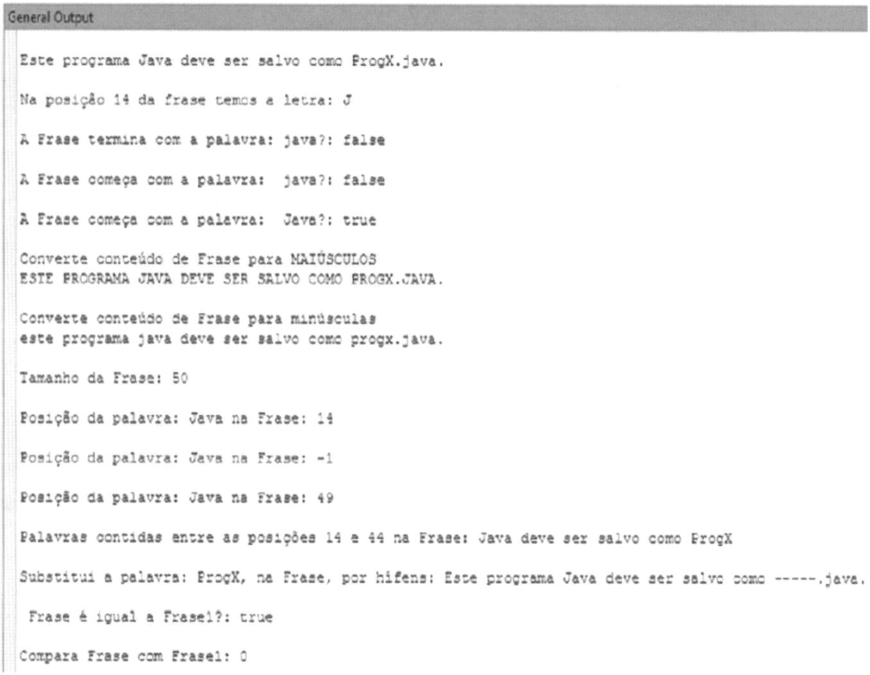

General Output

Este programa Java deve ser salvo como ProgX.java.

Na posição 14 da frase temos a letra: J

A Frase termina com a palavra: java?: false

A Frase começa com a palavra: java?: false

A Frase começa com a palavra: Java?: true

Converte conteúdo de Frase para MAIÚSCULOS
ESTE PROGRAMA JAVA DEVE SER SALVO COMO PROGX.JAVA.

Converte conteúdo de Frase para minúsculas
este programa java deve ser salvo como progx.java.

Tamanho da Frase: 50

Posição da palavra: Java na Frase: 14

Posição da palavra: Java na Frase: -1

Posição da palavra: Java na Frase: 49

Palavras contidas entre as posições 14 e 44 na Frase: Java deve ser salvo como ProgX

Substitui a palavra: ProgX, na Frase, por hifens: Este programa Java deve ser salvo como -----.java.

 Frase é igual a Frase1?: true

Compara Frase com Frase1: 0

FIGURA 12.5: Tela com resultados dos testes usando strings, em Java

PHP

O Quadro 12.5 contém algumas funções predefinidas, disponíveis na linguagem PHP.

Quadro 12.5: Algumas sub-rotinas predefinidas em PHP
para tratamento de strings

Sub-rotina - PHP
Funcionalidade
echo(cadeia1,...,cadeian $var1,...,$varn)
Exibe uma ou mais *strings*, inclusive combinadas com variáveis.
chr(ASCII)
Retorna uma *string* de um único caractere contendo o caractere especificado pelo ASCII.
strpos (cadeia1,cadeia2)
Retorna a posição numérica da primeira ocorrência de cadeia2 dentro de cadeia1
substr (cadeia1, posini [tamstr])
Retorna a parte da cadeia1 especificada pelos parâmetros *posini* e *tamstr*, respectivamente, posição inicial e tamanho da parte da cadeia1 que será retornada.
strstr (cadeia1,cadeia2)
Encontra a primeira ocorrência da cadeia2 na cadeia1 e retorna parte da cadeia1 a partir da primeira ocorrência da cadeia1 até o final.
strtoupper(cadeia1)
Converte conteúdo da cadeia1 para maiúsculos.
strtolower(cadeia1)
Converte conteúdo da cadeia1 para minúsculos.
str_replace(subcadeia1,subcadeia2,cadeia1,contador)
Substitui na cadeia1, o conteúdo da subcadeia1 pelo da subcadeia2. Contador contém o número de substituições.
strlen(cadeia1)
Retorna o tamanho da cadeia1.

(Cont.)

Sub-rotina - PHP
Funcionalidade
strrev(cadeia1)
Retorna a cadeia1 na ordem inversa.
Substr_replace(cadeia1,subcadeia2,posini[tamanho])
Substitui na cadeia1, a *substring* subcadeia2, a partir da posição indicada por *posini* até o tamanho da subcadeia2. Se tamanho não for informado a cadeia1 terminará com a subcadeia2.
ucfirst(cadeia1)
Converte o primeiro caractere da cadeia1 para letras maiúsculas.
ucwords(cadeia1)
Converte o primeiro caractere de cada palavra da cadeia1 para letras maiúsculas.
Str_repeat(cadeia1,numvezes)
Repete cadeia1 o número de vezes especificado em numvezes.

Além das sub-rotinas mostradas no Quadro 12.5, a linguagem PHP disponibiliza algumas funções booleanas, para analisar o conteúdo de uma string, semelhantes àquelas disponíveis na biblioteca cctype (#include <cctype>), da linguagem C. A Tabela 12.1 contém algumas dessas funções booleanas, disponibilizadas na biblioteca da linguagem PHP, que vem habilitada desde a versão 4.2.0 para Windows*.

Papo técnico

12.4

A declaração dessas funções, na linguagem C, é feita substituindo-se o *ctype_* por *is* (p. ex.: isxdigit, ispunct, etc.).

Tabela 12.1: Funções "booleanas" disponíveis em PHP

Função Booleana - PHP	Funcionalidade
ctype_alnum(cadeia1)	Retorna verdadeiro se os caracteres são alfanuméricos. Inclui todos os caracteres especiais, numéricos e letras maiúsculas e minúsculas.
ctype_alpha(cadeia1)	Retorna verdadeiro se os caracteres são apenas alfabéticos, tanto maiúsculos quanto minúsculos.
ctype_cntrl(cadeia1)	Retorna verdadeiro se os caracteres são de controle.
ctype_digit(cadeia1)	Retorna verdadeiro se os caracteres são apenas numéricos.
ctype_graph(cadeia1)	Retorna verdadeiro se os caracteres podem ser impressos. Consideram-se caracteres que podem ser visualizados. Não considera espaços em branco.
ctype_upper(cadeia1)	Retorna verdadeiro se os caracteres são maiúsculos.
ctype_lower(cadeia1)	Retorna verdadeiro se os caracteres são minúsculos.
ctype_print(cadeia1)	Retorna verdadeiro se os caracteres podem ser impressos. Exclui quebras de linhas e outros controles de fluxo de texto.
ctype_punct(cadeia1)	Retorna verdadeiro se é um caractere (como:? , ; . e etc.) que pode ser impresso e não é um espaço em branco, letra ou número.
ctype_space(cadeia1)	Retorna verdadeiro se os caracteres são espaços em branco.
ctype_xdigit(cadeia1)	Retorna verdadeiro se os caracteres representam dígito hexadecimal.

O algoritmo a seguir, em PHP, testa algumas sub-rotinas contidas no Quadro 12.5.

```
<html>
<body>
<?php
$Frase = "Programa PHP para teste de cadeia de
caracteres.";
echo "Frase ==> ",$Frase;
echo " < BR > ";
```

```
echo " < BR > ";
echo "Tamanho da Frase ==> ",strlen($Frase);
echo " < BR > ";
echo " < BR > ";
echo "Posicao da palavra: PHP, na Frase ==>
",strpos($Frase,"PHP");
echo " < BR > ";

echo " < BR > ";
echo "Palavra com 6 letras a partir da posição 27 da
Frase ==> ",
    substr($Frase,27,6);
echo " < BR > ";
echo " < BR > ";
echo "Converte Frase para maiúsculos ==>
",strtoupper($Frase);
echo " < BR > ";
echo " < BR > ";
echo "Converte Frase para minúsculos ==>
",strtolower($Frase);
echo " < BR > ";

echo " < BR > ";
echo "Conteúdo da Frase a partir do caractere: t ==> ",
    strstr($Frase,"t");
echo " < BR > ";

echo " < BR > ";
echo "Substitui todos os 'r' na Frase, por 'X' ==> ",
        str_replace('r','X',$Frase);
    echo " < BR > ";
echo " < BR > ";
echo "Frase na ordem inversa ==> ",strrev($Frase);
echo " < BR > ";

echo " < BR > ";
echo "Frase ==> ",str_repeat($Frase,2);
```

```
echo " < BR > ";
?>
</body>
</html>
```

A Figura 12.6 mostra a tela resultante da execução do programa anterior.

Frase ==> Programa PHP para teste de cadeia de caracteres.

Tamanho da Frase ==> 48

Posicao da palavra: PHP, na Frase ==> 9

Palava com 6 letras a partir da posição 27 da Frase ==> cadeia

Converte Frase para maiúsculos ==> PROGRAMA PHP PARA TESTE DE CADEIA DE CARACTERES.

Converte Frase para minúsculos ==> programa php para teste de cadeia de caracteres.

Conteúdo da Frase a partir do caractere: t ==> teste de cadeia de caracteres.

Substitui todos os 'r' na Frase, por 'X' ==> PXogXama PHP paXa teste de cadeia de caXacteXes.

Frase na ordem inversa ==> .seretcarac ed aiedac ed etset arap PHP amargorP

Frase ==> Programa PHP para teste de cadeia de caracteres.Programa PHP para teste de cadeia de caracteres.

FIGURA 12.6: Tela com resultados dos testes usando strings, em PHP

Você já deve ter percebido, no contexto da programação de computadores, a importância do processamento das cadeias de caracteres ou strings.

Você deve ter observado, também, que a maioria das linguagens disponibilizam sub-rotinas para manipular cadeias de caracteres, sem que haja necessidade de programar linhas e linhas de códigos para isso. Para utilizá-las basta, apenas, entender a funcionalidade delas, conhecer sua sintaxe e de que tipo de dados são os parâmetros que devem ser passados para elas.

A seguir propomos um problema usando strings, para ser solucionado através da construção de um algoritmo/programa. Primeiro vamos representar esse algoritmo na forma simbólica, ou seja, através de um fluxograma, em seguida, vamos escrever programas nas linguagens de programação que estamos estudando, tendo como objetivo solucionar esse problema.

Vamos em frente!

Problema: Dada a frase "Linguagens de alto nível: Pascal e Cobol". Elabore um algoritmo para substituir, por hífens, qualquer palavra dessa cadeia. Solicite/leia a palavra a ser substituída.

Então, vamos pensar o problema e construir um modelo lógico para sua solução, lembrando-se de utilizar as funções predefinidas anteriormente.

Vamos programar

A Figura 12.7 descreve, simbolicamente, o algoritmo para a solução do problema proposto. Essa solução é totalmente linear, e baseia-se no uso de sub-rotinas para manipulação de strings. Todavia, nem todas as linguagens que estamos estudando disponibilizam funções ou mesmo procedimentos já prontos para resolver problemas relativos ao uso de string, portanto, quando não temos essas facilidades, podemos, com os conhecimentos de comandos e estruturas lógicas, resolver o problema escrevendo linhas de código, usando a lógica, conforme mostraremos nos programas desenvolvidos para solução do problema proposto.

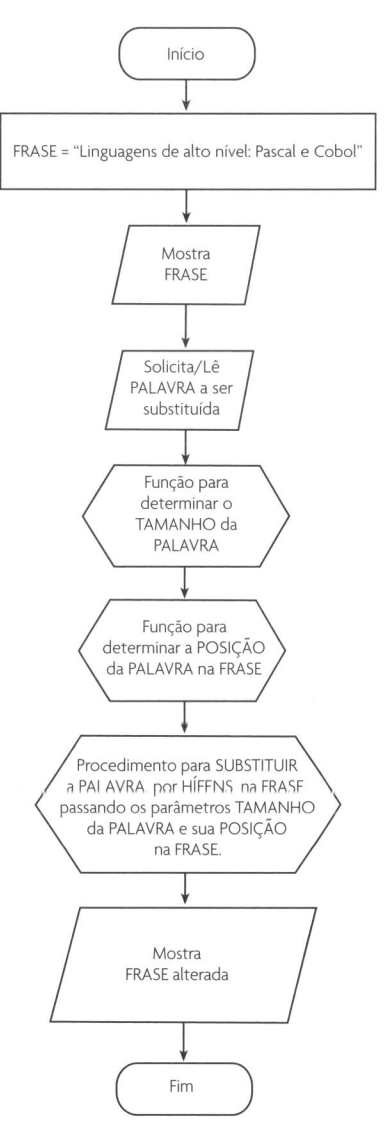

FIGURA 12.7: Fluxograma para substituição de Palavra em Frase

VisuAlg

Considerando que o VisuAlg não disponibiliza muitos recursos para o tratamento de strings, principalmente uma sub-rotina de inserção de caracteres na cadeia, a partir de determinada posição, então, utilizamos, para solução do problema proposto, os conceitos sobre vetor. A seguir o algoritmo contendo uma solução para o problema.

```
algoritmo "Altera_String"
Var
     String1, Resp : caractere
     VetStr : Vetor[1..255] de caractere
     PosStr1, TamStr1, TamResp, IndAux : inteiro
 inicio
   Limpatela
// inicializa a string com a frase
   String1 := "Linguagens de alto nivel: Pascal e Cobol"

// Determina o tamanho da String
   TamStr1 := compr(String1)

// Solicita/recebe a palavra a ser substituida
   Escreval("Qual palavra quer substituir por hifens?")
   Leia(Resp)

// Determina o tamanho da palavra a ser trocada
   TamResp := compr(Resp)

// Recebe a posição dessa palavra dentro da String
   PosStr1 := Pos(Resp,String1)

// Copia caractere por caractere da String para o Vetor
   Para IndAux := 1 ate TamStr1 faca
      VetStr[IndAux] := Copia(String1,IndAux,1)
   FimPara
// Substitui a palavra dentro do vetor
   Para IndAux := PosStr1 ate PosStr1 + TamResp-1 faca
      VetStr[IndAux] := "-"
   FimPara
```

```
// Mostra conteúdo do Vetor com a palavra substituída
por hífens
    Para IndAux := 1 ate TamStr1 faca
      Escreval("Conteudo do Vetor: ",VetStr[IndAux])
    FimPara
    Escreval(" < << Pressione F9 >> > ")
    Pausa
FimAlgoritmo
```

Pascal

O mesmo algoritmo que construímos anteriormente, usando o VisuAlg, foi desenvolvido na linguagem de programação PASCAL, contida no ambiente de desenvolvimento Dev-Pascal, e está mostrado a seguir.

```
Program Altera_String;
Uses Crt;
Var
    String_1 : String;
    Resp : String;
    PosStr1, TamStr1, TamResp, IndAux : byte;
Begin
    ClrScr;
    String_1 := 'Linguagens de alto nivel: Pascal e
Cobol';
    TamStr1 := Length(String_1);
    Writeln('Frase --> ',String_1);
    Writeln;
    Writeln('Qual palavra quer substituir por hifens?');
    Readln(Resp);
    TamResp := Length(Resp);
    PosStr1 := Pos(Resp,String_1);


// A linguagem Pascal, além de possuir mais recursos
para
```

```
// manipulação de strings, também é, sintaticamente, mais
flexível,
// permitindo ao programador manipular essa variável
como se fosse
// um vetor. Veja o destaque abaixo.


     For IndAux := PosStr1 To PosStr1 + TamResp-1 do
            String_1[IndAux] := '-';


// Sabendo-se o tamanho da palavra a ser substituída,
dada pela
// função Length, e a posição dessa palavra dentro da
cadeia, dada
// pela função Pos, então, foi construída uma estrutura
de
// repetição, onde posicionamos no inicio da palavra
dentro da
// cadeia e vamos substituindo por hífens até o tamanho
da palavra a
// ser substituída.
    Writeln;
    Writeln('Conteudo da STR_1 --> ',String_1);
    Writeln;
    Writeln(' < << Pressione uma tecla >> > ');
    Readln;
End.
```

A Figura 12.8 a seguir mostra a tela de saída do programa, em Pascal, onde temos a busca e a substituição da palavra Pascal, por hífens.

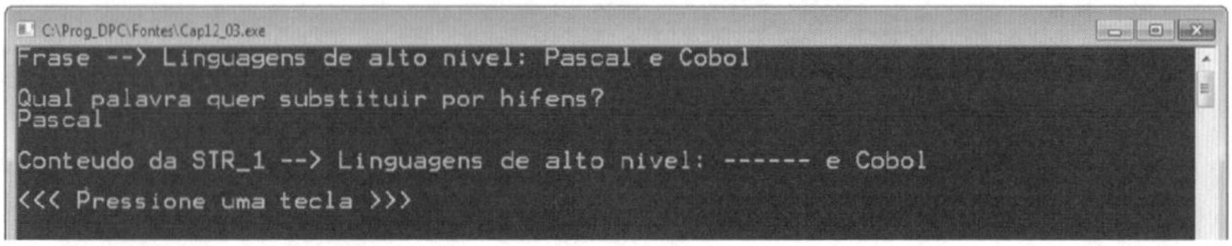

FIGURA 12.8: Tela de saída do programa Altera_String, em Pascal

C

O mesmo algoritmo que construímos acima, usando a linguagem Pascal, e que está mostrado a seguir, foi desenvolvido através da linguagem de programação C, contida no ambiente de desenvolvimento Dev-C + +.

```
// Programa Altera_String


#include <stdio.h>
#include <stdlib.h>
#include <string.h>
#include <conio.h>
// Programa Altera_String
// Teste de Funções predefinidas para manipulação de
strings
// Funções: strstr e strlen


int main()
{


// Na biblioteca de sub-rotinas, da linguagem C, não
temos
// função que retorna a posição de uma sub-cadeia de
// caracteres, dentro de uma cadeia, portanto, a função
abaixo
// (strpos) foi construída para retornar essa posição


int strpos(char *cadeia1, char *cadeia2)
    {
    char *CadeiaAux;
    CadeiaAux = strstr(cadeia1,cadeia2);
    if (CadeiaAux != NULL)
        return(strlen(cadeia1) - strlen(CadeiaAux));
    else
        return (-1);
}
```

```c
char Frase[80] = "Linguagens de alto nivel: Pascal e
Cobol";
      char Resp[80];
      int TamFrase,TamResp,IndAux,Posini;


      system("cls");
      printf("\n");
      printf("Frase Original --> %s",Frase);
            printf("\n");


      printf("\n");
      printf("Qual palavra quer substituir por hifens? ");
      scanf("%s",Resp);


      TamResp = strlen(Resp);
      Posini = (int)strpos(Frase,Resp);

// da mesma forma que fizemos em Pascal, construímos uma
// estrutura de repetição para substituição de
caracteres,
// dentro de uma cadeia, a partir de determinada
posição.
      if (Posini >= 0)
            for (IndAux = Posini;
 IndAux < Posini + TamResp; IndAux + +)
                  Frase[IndAux] = (char)'-';


      printf("\n");
      printf("Frase Alterada --> %s \n",Frase);
      printf("\n");


      printf("\n > > > > ");
      system("pause");
      return 0;

}
```

Analisando esse programa, você deve ter percebido que, mesmo não tendo as sub-rotinas predefinidas que precisamos para a construção de nossos algoritmos/programas, podemos combinar aquelas que temos em mãos, com as estruturas lógicas criadas por nós dentro de nossos códigos, para encontrar a solução do problema.

Para isso basta usar, em todo momento, o raciocínio lógico!

A Figura 12.9 mostra a tela de saída do programa anterior, onde temos a busca e a substituição da palavra Cobol, por hífens.

```
C:\Prog_DCPP\Fontes\Cap12_C_String_02.exe

Frase Original --> Linguagens de alto nivel: Pascal e Cobol
Qual palavra quer substituir por hifens? Cobol
Frase Alterada --> Linguagens de alto nivel: Pascal e -----

>>>> Pressione qualquer tecla para continuar. . .
```

FIGURA 12.9: Tela de saída do programa Altera_String, em C

Java

Considerando o programa a seguir, para substituir uma determinada palavra por hífens, o método: *replaceAll(Resposta,"-")* não é adequado, pois irá substituir todo o conteúdo de Resposta por um único hífen. Portanto, usamos uma lógica, onde primeiro determinamos o tamanho da palavra contida em Resposta, e em seguida criamos um vetor (*Subst_Resp*) com esse tamanho e o preenchemos com hífens.

Como não podemos substituir uma string por uma variável composta (vetor), então usamos o método: *String.copyValueOf(Subst_Resp)*, que converte um vetor de caracteres em uma cadeia de caracteres (string), e obtemos a string Hifens. Finalmente, usando o método: *replaceFirst* substituímos, na Frase, o conteúdo de Reposta por hífens.

O programa em Java para substituir uma palavra dentro de uma frase, por hífens, está demonstrado a seguir.

```
import java.util.*;
import java.lang.*;


// Programa Altera_String
// Teste de métodos predefinidos para manipulação de
strings
```

```java
// Métodos: length, copyValueOf e replaceFirst

public class Cap12_Prog2

{
public static void main(String[] args)
    {
        String Frase = "Linguagens de alto nivel:
 Pascal e Cobol";
        String Resposta,Hifens;
        Integer Tamanho_Resp,Ind;
        Scanner entra_dado = new Scanner(System.
 in);
        System.out.println("\nConteúdo da Frase:
 " + Frase);

        System.out.println("\nQual palavra quer
 substituir por hifens?");
        Resposta = entra_dado.next();

// Obtem o tamanho da string Resposta e salva-o
em Tamanho_Resp

        Tamanho_Resp = Resposta.length();

// Cria um vetor do tamanho da resposta e
preenche-o com hífens

    char [] Subst_Resp = new char [Tamanho_Resp];
    for (Ind = 0; Ind < Tamanho_Resp; Ind + +)
        Subst_Resp[Ind] = '-';

// converte o vetor para string que substituirá a
palavra de Resposta
// na Frase

        Hifens = String.copyValueOf(Subst_Resp);
```

```
// Substitui a Resposta por hifens


        System.out.println(Frase.
 replaceFirst(Resposta,Hifens));
    }
}
```

A Figura 12.10 mostra a tela de saída do programa, onde temos a busca e a substituição da palavra Pascal, por hífens.

```
General Output
    --------------------Configuration: <Default>--------------------

    Conteúdo da Frase: Linguagens de alto nivel: Pascal e Cobol

    Qual palavra quer substituir por hifens?
    Pascal
    Linguagens de alto nivel: ------ e Cobol

    Process completed.
```

FIGURA 12.10: Tela de saída do programa Altera_String, em Java

PHP

No programa a seguir definimos e carregamos um Vetor com hífens ($Vet_Hifens), cujo tamanho é determinado pelo tamanho da palavra a ser substituída dentro da string Frase. Essa lógica permite substituir por hífens, uma palavra de qualquer tamanho. Todavia, a sub-rotina *substr_replace* exige strings como parâmetros, e diante disso, tivemos que usar a sub-rotina *implode*, para converter $Vet_Hifens, em uma string ($Hifens).

A sintaxe da sub-rotina implode é: *implode("separador", Vetor)*. Um separador pode ser uma vírgula, dois pontos, hífen etc., e é colocado dentro da string, separando elemento por elemento do Vetor. Caso não se queira inserir separadores, então declarar um separador vazio (duas aspas), conforme mostrado no programa.

```
<html>
<body>
<?php
```

```php
// Programa Altera_String
// Teste de sub-rotinas PHP, para manipulação de strings
    $Frase = "Linguagens de alto nivel: Pascal e Cobol.";

    echo " < BR > ";
    echo "Frase ==> ",$Frase;
    echo " < BR > ";

    echo " < BR > ";
    echo "Qual palavra quer substituir por hífens?";
    echo " < BR > ";

// Simulando que foi digitada a palavra Pascal

    $Resposta = "Pascal";

// Determina o tamanho da palavra a substituir na Frase

    $Tamanho_Resp = strlen($Resposta);

    echo " < BR > ";
    echo "Substituir a palavra ==> ",$Resposta;
    echo " < BR > ";

// Determina a posição, dentro da Frase, onde começa a
palavra a
// substituir (contida em Resposta).

    $Posini = strpos($Frase,$Resposta);

// Preenche, com hífens, um vetor do tamanho da
Resposta.

    For ($Ind = 0; $Ind < $Tamanho_Resp; $Ind + +)
        $Vet_Hifens[$Ind] = '-';
```

```
// Converte o vetor de hífens em uma String (Hifens)


    $Hifens = implode("",$Vet_Hifens);


// Substitui pela substring Hífens, a palavra contida em
// Resposta, dentro da Frase.


    echo " < BR > ";
    echo "Frase alterada ==> ".
        substr_replace($Frase,$Hifens,$Posini,$Tamanho_
 Resp);
    echo " < BR > ";


?>
</body>
</html>
```

A Figura 12.11 mostra a tela de saída do programa, onde temos a busca e a substituição da palavra Pascal, por hífens.

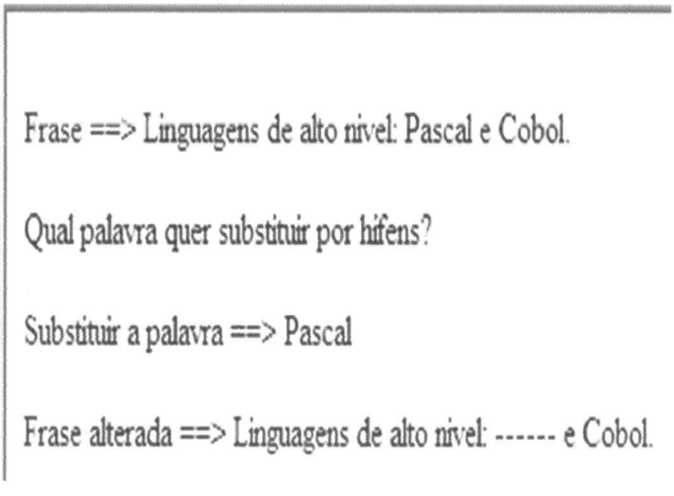

Frase ==> Linguagens de alto nível: Pascal e Cobol.

Qual palavra quer substituir por hifens?

Substituir a palavra ==> Pascal

Frase alterada ==> Linguagens de alto nível: ------ e Cobol.

FIGURA 12.11: Tela de saída do programa Altera_String, em PHP

Para fixar

FIGURA 12.12: Pesquisando uma cadeia de caracteres

Pense em algumas cadeias de caracteres e construa algoritmos/programas para sua manipulação, usando rotinas predefinidas, de acordo com a linguagem de programação que você está usando.

Com esses exercícios você perceberá que, para o problema que você pensou, sempre é possível construir uma solução em qualquer dessas linguagens, porém, muitas vezes você terá que construir sub-rotinas, pois nem sempre encontrará uma predefinida para auxiliá-lo.

Algoritmos no cotidiano

"O Bank of America (BofA) decidiu utilizar um software de data mining e de data warehouse para tornar processos de comercialização e precificação de produtos financeiros, tais como empréstimos garantidos por hipoteca, mais precisos. O data warehouse do BofA é tão grande — para certos clientes, há mais de 300 data points — que as abordagens analíticas tradicionais são inócuas. Para cada mercado, o BofA pode oferecer uma série de pacotes de produtos adaptados ajustando suas tarifas, taxas de juros e outras características. O resultado é um número impressionante de estratégias potenciais para alcançar clientes lucrativos. **Filtrar a enorme quantidade de combinações** exige capacidade **para identificar segmentos de oportunidades** muito sutis.

Dados extraídos do data warehouse foram analisados por software de data mining para descobrir padrões ocultos. O software descobriu, por exemplo, que um certo conjunto de clientes era 15 vezes mais inclinado a comprar um produto de empréstimo de alta margem de lucro. O banco também desejava determinar a sequência de eventos que levavam um cliente a comprar. Alimentaram os parâmetros no software Discovery, da HYPERparallel, e criaram um modelo para encontrar outros clientes. Esse modelo se mostrou tão preciso que descobriu pessoas já na etapa de inscrição e aprovação para o produto de empréstimo. Utilizando esse perfil, foi preparada uma lista final de eventuais clientes qualificados para inscrição. As taxas de resposta do marketing direto resultante excederam em muito os resultados anteriores." (O'Brien, 2006: 143).

Esse case mostra a importância do Data Warehouse, ou grandes armazéns de dados, que guardam além de dados, também informações e conhecimentos, sendo que esses últimos na maioria das vezes estão escondidos no meio dos dados e informações, e somente podem ser obtidos através de complexos algoritmos de mineração de dados utilizando as técnicas do Data Mining.

As ferramentas de mineração de dados, combinadas com as técnicas de processamento analítico on-line (OLAP), possibilitam aos tomadores de decisão nas empresas visualizarem as informações em várias dimensões, e em vários formatos textuais e gráficos. Com isso, essas pessoas podem gerar o conhecimento necessário para a administração das empresas onde atuam.

Atualmente, as grandes empresas desenvolvedoras de software estão voltando os olhos para o emergente mercado dos sistemas de informação baseados em tecnologias DW, OLAP e data mining.

Os algoritmos/programas desenvolvidos no contexto desses sistemas são complexos e utilizam muitas técnicas para processamento de cadeia de caracteres ou string.

Portanto, o assunto que abordamos neste capítulo, além de muito importante também é muito atual. Diante disso, as pessoas como você, que estão interessadas, aprendendo e exercitando programação, devem ficar "antenadas" nesse mercado carente de bons algoritmos/programas de busca de conhecimentos no meio de tantos dados e informações.

Portanto, cabeça no presente e olhos no futuro.

Pense nisso!

Navegar é preciso

Pesquise sobre strings ou mesmo cadeia de caracteres, na bibliografia especializada sobre programação de computadores, ou mesmo na Internet (exemplo na URL: http://msdn.microsoft.com/pt-br/library/aa990613(v=vs.80). aspx), e descubra o universo de sub-rotinas não somente predefinidas nas linguagens, mas também disponibilizadas por muitos programadores e desenvolvedores de sistemas.

Acesse o Ambiente de Aprendizagem e navegue pelos links indicados para mais informações a respeito strings.

Se você tiver alguma dica ou contribuição para nos dar sobre o assunto apresentado neste capítulo, ou mesmo se tiver dúvidas, então acesse o blog do livro, pois seus comentários e *feedbacks* serão sempre muito bem vindos.

Exercícios propostos

1. Elabore um algoritmo para ler/receber, separadamente, o primeiro nome, o nome subsequente, e o sobrenome de uma pessoa, e mostre o seu nome completo.

2. Elabore um algoritmo para solicitar/receber uma data no formato de uma string - DD/MM/AAAA. Mostre essa data no formato numérico - AAA-AMMDD.

3. Elabore um algoritmo para ler/receber nove caracteres numéricos em uma string. Mostre o conteúdo dessa string colocando ponto e vírgulas, respectivamente nas posições inteiras e decimais. Exemplo: Informado: 987654321, mostrado: 9.876.543,21.

4. Elabore um algoritmo para determinar quantas vogais têm dentro de uma determinada frase.

5. Elabore um algoritmo para determinar quantas palavras têm dentro de uma determinada frase.

Referências

ASCENCIO, A. F. G; CAMPOS, E. A. V. *Fundamentos da Programação de Computadores*: algoritmos, Pascal, C/C + + e Java. São Paulo: Longman, 2007.

AVILLANO; Israel, C. *Algoritmos e Pascal*. 2.ed. São Paulo: Ciência Moderna, 2006.

CORMEN,T.H.; LISERSON,C.E.; RIVEST, R.L.; STEIN, C. *Introduction to Algorithms*: a creative approach. Addison Wesley, 1989.

CHOI, W.; KENT A.; *et al. Beginning PHP4 Programando*. Trad. Aldir J. C. C. da Silva e Flávia Cruz. Rev. tec. Ulisses P. Giorgi. São Paulo: Makron Books, 2001.

GARCIA, C. A. *Universidade Delphi*. São Paulo: Digerati, 2005.

MANZANO, J. A. N. G.; YAMATUMI, W. Y. *Free Pascal:* Programação de Computadores. São Paulo: Érica, 2007.

O'BRIEN, James A. *Sistemas de Informação e as Decisões Gerenciais na era da Internet*. Trad. Célio Knipel Moreira e Cid Knipel Moreira. 2. ed., São Paulo: Saraiva, 2006.

SALVETTI, D. G.; BARBOSA, L. M. *Algoritmos*. São Paulo: Makron Books, 1998.

SANTOS, R. R. *Programando em Java 2*: teoria e aplicações. Rio de Janeiro: Axcel Books, 2004.

ZIVIANI, Níveo. *Projeto de Algoritmos com implementações em Pascal e C*. 2. ed., Thomson Pioneira, 2004.

Exercícios adicionais

Resolva os exercícios a seguir, construindo os algoritmos, na linguagem de programação de sua preferência.

1. O valor do ICMS (Imposto sobre Circulação de Mercadorias e Serviços) é calculado sobre o Valor Total de uma Nota Fiscal, aplicando uma alíquota (%) de ICMS que varia de estado para estado da federação. Elabore um algoritmo para calcular e mostrar o ICMS de uma Nota Fiscal, sendo solicitado/informado: o valor total da mercadoria e a Sigla do Estado onde foi emitida a Nota Fiscal.

A seguir tem-se a tabela de alíquotas do ICMS. Portanto, este algoritmo deverá calcular o valor do ICMS somente dos estados constantes nesta tabela. Caso seja informada uma sigla diferente das contidas nessa tabela, nenhum cálculo será efetuado, todavia, deverá ser enviada a mensagem: "Programa não calcula ICMS para o Estado informado!\n\n".

Este algoritmo deverá usar uma Matriz de strings para armazenar a Sigla e o Nome dos estados da tabela.

Atenção! O algoritmo deve permanecer na memória até que a resposta para a pergunta: " Deseja calcular o ICMS da Nota Fiscal (S ou N)?:", seja diferente de 'S'.

Sigla do Estado	Nome do Estado	Alíquota ICMS (%)
MG	Minas Gerais	18
PR	Paraná	18
SC	Santa Catarina	17
SP	São Paulo	18
RJ	Rio de Janeiro	20
RS	Rio Grande do Sul	20

Cálculo do ICM:

Valor do ICMS = Valor Total da Mercadoria * %ICMS / 100

2. Elabore um algoritmo para auxiliar os vendedores de uma loja de Tintas a localizar Produtos (latas de tintas) nas prateleiras do seu estoque, a partir do código do produto informado, pelo teclado.

A tabela de produtos (Latas de Tintas) que a loja comercializa está descrita a seguir. Essa tabela traz o Código e a Descrição do Produto e, também, o número da prateleira onde esse produto se encontra no estoque da loja. Portanto, este algoritmo deverá solicitar/receber o Código do Produto, e mostrar a Descrição (nome) e a sua Localização (Prateleira) no Estoque. Caso seja informado um código de produto diferente daqueles contidos na tabela de produtos, então deverá enviada a mensagem: "Produto não existe no nosso Catálogo de Tintas!".

Este algoritmo deverá usar uma Matriz de strings para armazenar o Código, a Descrição e o Localizador (prateleira) do Produto.

Atenção! O programa deve permanecer na memória até que a resposta para a pergunta: "Deseja Localizar a Lata de Tinta no Estoque (S ou N)?:", seja diferente de 'S'.

Tabela de Produtos

Cód. Produto	C1	C2	C3	C4	C5	C6
Descrição	Azul	Verde	Amarela	Preta	Branca	Cinza
Localizador	P05	P08	P15	P20	P35	P40

3. Uma fábrica de tintas trabalha na sua linha de produção com uma tabela de cores de tons claros e escuros. As cores de tons claros são: Amarelo, Palha, Areia, Creme, Rosa e Opala. As cores de tons escuros são: Preto, Cinza, Vermelho, Azul, Marrom e Esmeralda. Elabore um algoritmo, com uma estrutura que atribua essas cores para uma matriz de strings. Em seguida, mostre qual a cor clara e a cor escura que contêm o maior número de caracteres.

O QUE VEM DEPOIS

Os Capítulos 9 e 10 que estudamos nos deram uma ampla base conceitual e prática sobre a utilização de variáveis compostas na construção de algoritmos/programas. O Capítulo 11 sobre modularização de algoritmos, certamente, abriu novos horizontes para suas empreitadas na área de programação de computadores.

Foram muitas as informações e conhecimentos interessantes até o momento.

Agora você já parou para pensar que todos os algoritmos e, principalmente, os programas que construímos até agora, em nenhum momento gravaram seus resultados em um arquivo em disco, ou mesmo em impressora. Sempre que os executamos, temos os resultados em telas e, em seguida, eles saem da memória do computador.

Bem, nos próximos capítulos você irá aprender a programar usando esses recursos, e vai começar aprendendo a definir e manipular variáveis compostas heterogêneas, mais conhecidas como registros.

Você já deve ter ouvido falar em: registro de cliente, de produto, de veículo, de paciente, enfim, muitos outros registros. Então, esses registros, geralmente, são gravados em arquivos residentes em mídias magnéticas ou mesmo ópticas.

Agora você vai aprender um pouco mais sobre programação de computadores, entrando no campo do armazenamento de dados e informações.

Bons estudos!

13

Registros

> 66 *São conceitos de um objeto em geral, por intermédio dos quais a intuição desse objeto se considera determinada em relação a uma das funções lógicas do juízo.* 99
>
> Immanuel Kant

Podemos facilitar o uso de informações sobre pessoas, produtos, compras etc. agrupando suas informações em uma única estrutura de dados.

OBJETIVOS DO CAPÍTULO

- Identificar e agrupar dados sobre diferentes objetos.
- Criar e utilizar registros de dados.
- Relacionar dados de registros diferentes.

Apresentação (estratégia de motivação)

Como encontrar a informação desejada no meio de tantas outras?

Tanto nós quanto as empresas temos que gerenciar um volume cada vez maior de informações. Vamos pensar primeiro somente nas informações sobre nossos amigos: cada amigo tem seu nome, sobrenome, e-mail (pode também ter vários!), endereço, telefone (e celulares), e muitas outras informações, sendo que muitas delas não estão disponíveis nem nas redes sociais.

Se pensarmos bem, veremos que existem informações (ou atributos) importantes e que são comuns a todos (ou quase todos) os amigos. Acabamos de ver alguns deles, mas podemos querer armazenar mais atributos, como apelido, sexo e idade, por exemplo. Se estivéssemos armazenando informações sobre os filmes que temos em casa, os atributos que gostaríamos de armazenar seriam diferentes (título do filme, diretor, atores principais, gênero e ano, por exemplo).

Assim, para cada objeto, como amigos ou filmes, temos um conjunto de atributos que gostaríamos de nos lembrar. E cada um desses atributos (ou campos) tem um tipo, que pode ser inteiro, real ou string, por exemplo.

Neste capítulo, aprenderemos como faremos para identificar e agrupar os dados sobre diferentes objetos para depois utilizá-los em nossos programas.

Ah, os registros também são adequados para armazenar vários tipos de dados nas redes sociais!

Vamos lá!

Atenção

Cada registro irá armazenar informações sobre um objeto. Assim, se você tiver 200 amigos, irá necessitar de 200 registros de amigos, cada um com um nome, endereço, idade etc. E para armazenar informações sobre filmes você necessitará de outro tipo de registro, com outros atributos.

Para começar

Lembre-se do dia em que você entrou em uma rede social (já fez isso, não é?). Você teve que preencher um cadastro com várias informações suas: informações pessoais (como seu nome e data de nascimento), informações sobre sua formação escolar, sobre seus hábitos e preferências. Procure lembrar-se dos dados preenchidos. Foram muitos!

Suponha que seus dados sejam armazenados em um registro. A seguir, faça uma lista de atributos que você pode ter fornecido à rede social. Para ajudá-lo, as informações foram divididas em categorias, e os primeiros atributos já foram identificados (você pode alterá-los!). Não se esqueça de estabelecer os tipos adequados para armazenar cada atributo.

Informações pessoais:
    nome: STRING [40];
    cidadeOndeMora: STRING [20];
    .

Educação e trabalho:
    :

Atividades e interesses:
    :

Conseguiu identificar muitos atributos? Alguns deles não se encaixaram em nenhuma das categorias acima? Você pode adicionar novas categorias para o seu trabalho ficar mais completo!

Ficou com dúvidas sobre alguns dos atributos? Anote-as e tente saná-las a seguir.

Conhecendo a teoria para programar

Um registro nada mais é que uma reunião de dados sobre um objeto, com o objetivo de facilitar sua organização e uso. Cada um desses dados, também chamados **atributos** ou **campos,** pode também ser outras estruturas de dados como, por exemplo, outros registros. Assim, um registro de um amigo pode ter como atributo sua data de nascimento. A data de nascimento, por sua vez, também pode ser um registro, composto por dia, mês e ano de nascimento. Cada atributo pode ser acessado separadamente e para isso deve possuir um nome, da mesma forma que uma variável.

Lembre-se

Uma estrutura de dados é uma abstração, que tem por objetivo representar o objeto real no computador, de forma a facilitar o armazenamento e a recuperação de dados. Normalmente, quanto mais parecido com o objeto real, melhor é a estrutura de dados escolhida.

Podemos usar registros para criar novos tipos, além de inteiro, real e string, por exemplo. Uma vez definido o novo tipo, poderemos declarar variáveis desse novo tipo. Assim, podemos criar um novo tipo **data**, que é um registro com três campos: dia, mês e ano. Ou então um tipo **amigo**, que pode ser um registro com os dados escolhidos por você.

As definições de tipos não ocupam espaço em memória, e servem apenas para o compilador saber quais atributos compõem cada registro e o tipo de cada atributo (assim ele poderá calcular quantos bytes cada registro ocupará na memória).

Quando declaramos uma variável, entretanto, fazemos com que o compilador reserve memória para armazenar o conteúdo dessa variável. Se a variável for um registro, ele deverá somar os tamanhos de todos os atributos.

Vamos supor a declaração de duas variáveis:

- A variável **contador**, do tipo inteiro, ocupa quatro bytes na figura a seguir (e foi alocada pelo compilador nos endereços de memória 96, 97, 98 e 99). Foi atribuído o valor 5 a ela.
- A variável **amigo1** é um registro com três atributos:
  - **nome**, do tipo string, ocupa 30 bytes e possui o valor "Carol".

- **cidadeOndeMora**, do tipo string, ocupa 20 bytes e possui o valor "São Paulo".
- **Sexo**, do tipo caractere, ocupa 1 byte e possui o valor "F" (feminino).

Assim, o registro **amigo1** ocupa 51 bytes (30 + 20 + 1) e está armazenado nos endereços de memória de 100 a 150.

Quando a variável **contador** for acessada (através de uma operação de leitura ou escrita), serão acessados quatro bytes (tamanho do tipo inteiro) a partir do primeiro byte da variável **contador**, isto é, a partir do endereço de memória 96.

Da mesma forma, quando a variável **amigo1** for acessada, serão acessados 51 bytes (tamanho do registro) a partir do primeiro byte dela, isto é, a partir do endereço 100. Para acessar um atributo, a maior parte das linguagens de programação utiliza um ponto (".") para separar o nome da variável do atributo desejado. Assim, o primeiro atributo da variável **amigo1** (**amigo1.nome**) é acessado a partir do primeiro byte, isto é, do endereço 100. O segundo atributo (**amigo1.cidadeOndeMora**) é acessado a partir do endereço 130 (endereço do primeiro byte do registro – 100 – mais os campos anteriores – 30). Para acessar o terceiro atributo (**amigo1.sexo**), temos que somar os tamanhos de todos os campos anteriores (30 bytes do **nome** mais 20 bytes da **cidadeOndeMora**) ao endereço do primeiro byte do registro, isto é, 100 + 30 + 20. Assim, o campo sexo será acessado no endereço de memória 150. Parece complicado? Pois saiba que essa conta é realizada a cada acesso, de forma muito rápida.

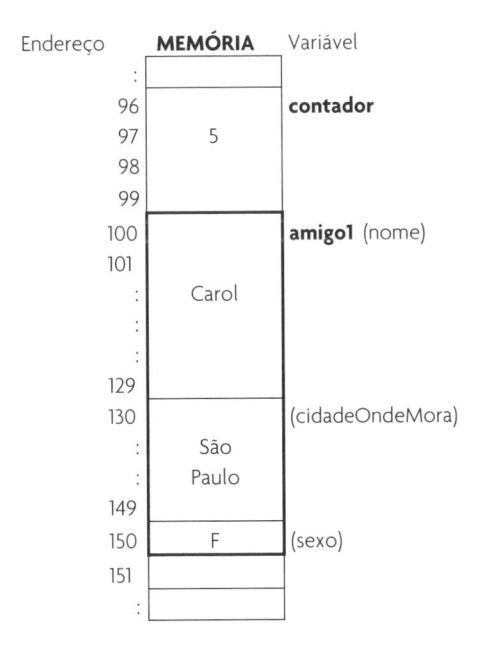

Quando queremos armazenar muitas variáveis do mesmo tipo, podemos usar uma estrutura de dados, como um vetor. Da mesma forma como podemos criar um vetor de inteiros também podemos criar um vetor de amigos! Em cada posição do vetor serão armazenados os dados sobre um amigo. Com um vetor de 100 posições poderemos armazenar até 100 registros de amigos; com um vetor de 200 posições poderemos armazenar dados de até 200 amigos, e assim por diante.

E quando quisermos armazenar vários e-mails ou números de telefones dos amigos? Bem, nesse caso podemos definir o registro com o número máximo de campos que queremos armazenar. Por exemplo, o registro de amigos poderia ter dois campos para e-mails (eMail1 e eMail2, por exemplo), e três campos para telefones (telFixo, telCel1 e telCel2), além dos outros atributos, como nome, cidade e sexo. O inconveniente é que ocuparíamos memória para armazenar todos esses atributos, chamados de multivalorados, mesmo para amigos que não possuem tantos e-mails ou telefones. Caso algum amigo possua mais de dois e-mails ou três telefones também não conseguiríamos armazenar todos. Uma outra alternativa, um pouco mais difícil, seria tirarmos os atributos multivalorados do registro de amigos e criarmos um outro tipo registro para cada atributo multivalorado. Por exemplo, para armazenar os telefones, criaríamos um tipo **telefones** com apenas dois atributos: nome e telefone. Para cada telefone teríamos um registro com o nome do amigo que possui o telefone e o número dele. Um amigo com quatro telefones possuiria quatro registros desse tipo. Pense como faríamos para acessar todos os telefones de um determinado amigo!

Papo técnico

13.1

O atributo, nome do exemplo anterior, também chamado chave, deve ser único (unívoco), pois será usado para acessar os registros com números de telefones daquela pessoa. Por isso, muitos programadores utilizam CPF ou criam um código para cada tipo de objeto (como amigo, cliente ou produto) possuir um identificador único. Quando esse atributo é utilizado em outro registro (de telefones, por exemplo), é denominado chave estrangeira.

Vamos programar

VisuAlg

Não existem registros na linguagem VisuAlg. Vamos imaginar a declaração e o uso de registros nessa linguagem, baseando-nos em sua sintaxe. Possivelmente, no futuro, os criadores de VisuAlg incorporem os registros à linguagem de programação.

Primeiro definiremos um novo tipo, que será um registro que conterá os dados de amigos. Esse registro será composto por três campos: nome, cidade onde mora e sexo. Pense em como alterar esses campos ou inserir novos campos no registro.

```
tipo
      dadosAmigos = registro
                      nome: caractere
                      cidadeOndeMora: caractere
                      sexo: caractere
                      fimregistro
```

Como dissemos anteriormente, os tipos não ocupam espaço em memória. Assim, para armazenar dados, iremos declarar uma variável do tipo dadosAmigos (da mesma forma como declaramos variáveis inteiras ou caracteres, por exemplo). Para armazenar 100 registros com dados dos amigos, declaramos um vetor de 100 posições. Vamos aproveitar para declarar também uma variável inteira, **i**, que usaremos mais tarde.

```
var
      i: inteiro
      amigos: vetor[1..100] de dadosAmigos
```

Agora vamos preencher o vetor com os dados de 100 amigos.

```
para i de 1 ate 100 faca
      leia (amigos[i].nome)
      leia (amigos[i].cidadeOndeMora)
      leia (amigos[i].sexo)
```

A seguir, vamos imprimir apenas os nomes dos amigos do sexo feminino.

```
para i de 1 ate 100 faca
      se amigos[i].sexo = "F" então
escreva (amigos[i].nome)
```

Pascal

Vamos definir o novo tipo **dadosAmigos** como um registro (*record*) com três campos (nome, cidadeOndeMora e sexo).

```
type
      dadosAmigos = record
                    nome: string;
                    cidadeOndeMora: string;
                    sexo: char;
                    end;
```

A variável do tipo **dadosAmigos**, chamada de **amigos** irá armazenar 100 registros com dados dos amigo. Declaramos também uma variável inteira **i**.

```
var
      i: integer;
      amigos: array[1..100] of dadosAmigos;

A seguir, o vetor será preenchido com os dados de 100
amigos.

for i:= 1 to 100 do
      begin
            readln (amigos[i].nome);
            readln (amigos[i].cidadeOndeMora);
            readln (amigos[i].sexo);
end;
```

O trecho de código a seguir imprime apenas os nomes dos amigos do sexo feminino.

```
for i:= 1 to 100 do
     if amigos[i].sexo ='F' then
writeln (amigos[i].nome);
```

C

Em C podemos definir o novo tipo **dadosAmigos** praticamente em qualquer parte do programa. No programa a seguir, definimos o tipo antes da função principal (*main*). Assim como uma variável global, esse novo tipo também será conhecido em todo o programa. É bom saber que os registros em C são chamados de estruturas, e são identificados pela palavra struct. Opcionalmente, poderíamos também ter usado **typedef struct dadosAmigos** na terceira linha, para enfatizar que estamos definindo um novo tipo chamado **dadosAmigos** que é um registro. Mas a palavra *typedef* é opcional para a maior parte dos compiladores.

Como nos exemplos anteriores, o registro (ou estrutura) de amigo contém três campos: nome, cidade onde mora e sexo. Após a definição do tipo **dadosAmigos**, declaramos um vetor chamado **amigos** com 100 registros, onde serão lidos e armazenados os dados de 100 amigos. No final do programa, somente os nomes dos amigos do sexo feminino são impressos.

```
#include <stdio.h>
//Definição do novo tipo dadosAmigos
struct dadosAmigos {
     char nome[30];
     char cidadeOndeMora[20];
     char sexo;
     };
int main()
{
     int i;
// Declaração da variável amigos, que é um vetor com 100
registros do novo tipo
     struct dadosAmigos amigos[100];
     // Leitura dos dados
```

```c
    for (i = 0; i < 100; i + +){
            printf("\n\nDigite o nome:");
            gets(amigos[i].nome);
            printf("\nDigite a cidade:");
            gets(amigos[i].cidadeOndeMora);
            printf("\nDigite o sexo:");
            scanf("%c", &amigos[i].sexo);
            };
    // Impressão dos nomes dos amigos do sexo feminino
    printf("Amigos do sexo feminino:\n");
    for(i = 0;i < 100;i + +)
            if ((amigos[i].sexo = ='F')||(amigos[i].
 sexo = ='f'))
                    printf("Nome: %s\n", amigos[i].nome);
    printf("Digite <ENTER> para terminar");
    getchar();
}
```

Java

```java
import java.io.Console;

/*
 * Em java o conceito de struct é representado por uma
classe.
 */

class DadosAmigo {
     String nome;
     String cidadeOndeMora;
     String sexo;
}

public class CadastroAmigos {
```

```
    public static void main(String[] args){

    //Instância que representa os dados de um amigo
    DadosAmigo amigo =new DadosAmigo();

    //Array que armazena informações de vários amigos
    DadosAmigo[] amigos = new DadosAmigo[100];

    //Obtém uma instancia do console [Windows (CMD),
Linux (Terminal)]
    Console console = System.console();

    //Mensagem
    System.out.println(" ------------- CADASTRO DE
AMIGOS -------------");

    //Variável que armazena a quantidade de amigos
cadastrados
    int contadorCadastro;

    for(contadorCadastro = 0 ; contadorCadastro < 100
; contadorCadastro + +){

        String nome = console.readLine("%s","\n
Digite seu nome : ");
        //Armazena o nome no objeto amigo
(DadosAmigo)
        amigo.nome = nome;

        String cidade = console.readLine("%s","\n
Digite nome da sua cidade : ");
        //Armazena a cidade no objeto amigo
(DadosAmigo)
        amigo.cidadeOndeMora = cidade;

        String sexo = console.readLine("%s","\n
Digite [M] Masculino ou [F] Feminino : ");
        //Armazena o sexo no objeto amigo
(DadosAmigo)
        amigo.sexo = sexo;
```

```java
            //Salva o amigo no array de amigos
            amigos[contadorCadastro] = amigo;

            //Cria uma nova instância de amigo
            amigo = new DadosAmigo();

            String desejaContinuar = console.
readLine("%s","\n Deseja cadastrar mais amigos [S] ou
[N] ? : ");

            //Se o usuário digitar N ou n o comando break
sai do loop e o programa continua a execução
    if(desejaContinuar.equalsIgnoreCase("n")){
            break;
        }

    }

    //Quantidade de amigos que foi armazenado no array
    System.out.println("\n \n Quantidade de amigos
cadastrados : " + contadorCadastro + 1);

    for(int contadorImprssao = 0 ;
contadorImprssao < contadorCadastro ;
contadorImprssao + +){

        System.out.println("\n Nome :
" + amigos[contadorImprssao].nome);

        System.out.println("\n Cidade :
" + amigos[contadorImprssao].cidadeOndeMora);

        System.out.println("\n Sexo :
" + amigos[contadorImprssao].sexo);
        }
    }
```

PHP

As linguagens apresentadas acima são executadas a partir de um terminal instalado no sistema operacional, que aloca um espaço de memória para a execução do programa. PHP é uma linguagem interpretada que é executada no servidor e renderiza o conteúdo processado no navegador.

Agora vamos criar uma simples página HTML para fazer o cadastro dos amigos.

```html
<html>
<head>
<title > Cadastro de amigos < /title>
</head>
<body>

<form action = "salvo.php" method = "post">

    <table>
    < tr>
      < td> <label > Nome : < /label> </td>
      < td> <input name = "nome" type = "text"> </td>
    < /tr>
    < tr>
      < td> <label > Cidade : < /label> </td>
      < td> <input name = "cidade" type = "text"> </td>

    < /tr>
    < tr>
      < td> <label > Sexo : < /label> </td>
      < td> <input name = "sexo" type = "text"> </td>
    < /tr>
    </table>

    < input type = "submit" value = "Salvar">
</form>

</body>
</html>
```

Veja que no código HTML existe quatro tags <input / > , três delas com dois atributos cada uma. Trata-se da *name* que armazena os dados digitados e o tipo (*type*) que informa qual é o tipo de dado que esse campo aceita.

```
<input name = "nome" type = "text">
<input name = "cidade" type = "text">
<input name = "sexo" type = "text">
```

A quarta *tag* <input /> não precisa do atributo *name* para armazenar dados, mas precisa do tipo informando que essa *tag* vai ser um botão com o valor *submit*, e um atributo chamado valor (*value*) que mostra um texto no botão.

```
<input type = "submit" value = "Salvar">
```

A tag <form /> é a responsável em pegar os valores de cada variável *name* e enviar para algum arquivo processar os dados. Esse arquivo é informado pelo atributo ação (*action*) na *tag*.

```
<form action = "salvo.php" method = "post">
```

Vamos criar um objeto DadosAmigo com os atributos iguais dos exemplos anteriores, você se lembra ?

Vamos lá então!

```
<?php
session_start();

class DadosAmigo{
     var $_nome;
     var $_cidade;
     var $_sexo;
     public function __construct($_nome,$_cidade,$_
sexo){
           $this- > _nome = $_nome;
           $this- > _cidade = $_cidade;
           $this- > _sexo = $_sexo;
```

```
        }
    }

$_dadosAmigo = new DadosAmigo($_POST['nome'],$_
POST['cidade'],$_POST['sexo']);


$_SESSION["DadosAmigos"][] = $_dadosAmigo;


?>
```

Sempre que o botão Salvar for pressionado, os dados de cada campo serão enviados para o arquivo salva.php, que recebe os dados pela função $_POST. Essa função é responsável por pegar os dados de cada campo e armazenar na função $_SESSION que representa um espaço reservado de memória no navegador para guardar qualquer tipo de informação.

```
$_dadosAmigo = new DadosAmigo($_POST['nome'],$_
POST['cidade'],$_POST['sexo']);


$_SESSION["DadosAmigos"][] = $_dadosAmigo;
```

No mesmo arquivo salva.php vamos adicionar código HTML misturado com *pop* para renderizar os dados salvos na função $_SESSION.

```
<html>
<head>
<title > Cadastro de amigos < /title>
</head>
<body>


    <table>
        <thead>
        <tr>
          < td> <label > Salvo com sucesso < /label> </td>
        </tr>
```

```
        </thead>

    < ?php
for($i = 0;$i < count($_SESSION["DadosAmigos"]);$i + +)
{ ?>

    <tr>
        < td> <label > Nome : < /label> </td>
        < td> <?php echo $_SESSION["DadosAmigos"]
 [$i]- > _nome;?> </td>
    < /tr>
    < tr>
        < td> <label > Cidade : < /label> </td>
        < td> <?php echo $_SESSION["DadosAmigos"]
 [$i]- > _cidade;?> </td>
    < /tr>
    < tr>
        < td> <label > Sexo : < /label> </td>
        < td> <?php echo $_SESSION["DadosAmigos"]
 [$i]- > _sexo;?> </td>
    < /tr>
    < ?php }?>
    </table>

    <a href = "index.html" > Voltar < /a>
</form>

</body>
</html>
```

É possível ainda adicionar código PHP junto com HTML. Para isso é necessário inserir a *tag* <? php >. Veja o exemplo a seguir:

```
<?php
for($i = 0;$i < count($_SESSION["DadosAmigos"]);$i + +){
?>
    < tr>
        < td> <label > Nome : < /label> </td>
```

```
      < td> <?php echo $_SESSION["DadosAmigos"]
 [$i]- > _nome;?> </td>
      < /tr>
      < tr>
         < td> <label > Cidade : < /label> </td>
         < td> <?php echo $_SESSION["DadosAmigos"]
 [$i]- > _cidade;?> </td>
      < /tr>
      < tr>
         < td> <label > Sexo : < /label> </td>
         < td> <?php echo $_SESSION["DadosAmigos"]
 [$i]- > _sexo;?> </td>
      < /tr>
<?php }?>
```

Depois que o comando *for* terminar de iterar sobre os dados, clique no botão Voltar e faça um novo cadastro. Você verá que os dados anteriores ficaram salvos na memória. Feche o navegador e veja o que acontece.

Para fixar

Pesquise em diferentes redes sociais (como Orkut e Facebook) quais são os dados armazenados sobre cada pessoa, declarando um ou mais registros que poderiam armazenar essas informações.

Pense também em um sistema de comércio eletrônico. Os dados armazenados sobre os clientes seriam os mesmos das redes sociais? E que dados poderiam compor os registros dos produtos de uma loja virtual de equipamentos eletrônicos?

Algoritmos no cotidiano

Com certeza você já ouviu falar ou até mesmo já usou sistemas de gerenciamento de **bancos de dados relacionais**: Oracle, Sybase, DB2, SQL Server, MySQL e tantos outros. Boa parte das empresas tem nos bancos de dados uma parte fundamental que auxilia no gerenciamento dos dados e atividades da empresa e também na tomada de decisões.

Pois bem, esses bancos de dados são formados por **tabelas**, que por sua vez são formadas por registros. Assim, em última análise, os bancos de dados são coleções de registros.

A forma de organizar os dados nos registros, ou seja, escolher os campos que cada registro terá, é um dos temas importantes na teoria de bancos de dados, chamada de **normalização de dados**. A normalização de dados tem como objetivo minimizar o espaço utilizado pelos dados, além de garantir a integridade e confiabilidade das informações.

Navegar é preciso

Acesse o Ambiente de Aprendizagem e navegue pelos links indicados para mais informações a respeito de registros.

Não deixe de ver o link *Para saber mais!* Lá existem mais informações.

Exercícios propostos

1. Defina um registro para armazenar datas, incluindo o tipo de cada campo.

2. Defina registros para pessoas, para as seguintes aplicações:
- Amigos, para armazenar informações sobre os seus amigos.
- Alunos, para sua escola ou universidade.
- Clientes, para uma loja de comércio eletrônico (*e-commerce*).
- Funcionários, para um estabelecimento comercial.

3. Defina registros para estas outras aplicações:
- Livros, para um sistema de controle de bibliotecas.
- Produtos, para um *pet shop*.

4. Agora escreva funções, usando a linguagem de programação de sua preferência para:
- Calcular e retornar a idade de uma pessoa, a partir da data atual e da data de nascimento dela.
- Imprimir os nomes dos clientes que fazem aniversário em um determinado mês, considerando que você já definiu os registros de cliente (exercício anterior) e armazenou seus dados em um vetor.

Referências

LANGSAM, A.; TENENBAUM, Y.; AUGENSTEIN, M. *Estruturas de Dados Usando C*. São Paulo: Pearson, 2005.

WIRTH, N. *Algoritmos e Estruturas de Dados*. Rio de Janeiro: LTC, 1989.

Exercícios adicionais

Resolva os exercícios a seguir, construindo os algoritmos, na linguagem de programação de sua preferência.

1. Defina um registro para armazenar datas, incluindo o tipo de cada campo.

2. Defina registros para pessoas, para as seguintes aplicações:

    a. Amigos, para armazenar informações sobre os seus amigos.

    b. Alunos, para sua escola ou universidade.

    c. Clientes, para uma loja de comércio eletrônico (*e-commerce*).

    d. Funcionários, para um estabelecimento comercial;

3. Defina registros para estas outras aplicações:

    a. Livros, para um sistema de controle de bibliotecas.

    b. Produtos, para um pet shop.

4. Agora escreva funções, usando a linguagem de programação de sua preferência para:

    a. Calcular e retornar a idade de uma pessoa, a partir da data atual e da data de nascimento dela.

    b. Imprimir os nomes dos clientes que fazem aniversário em um determinado mês, considerando que você já definiu os registros de cliente (exercício anterior) e armazenou seus dados em um vetor.

5. Você quer desenvolver um aplicativo (app) para facilitar a adoção de animais abandonados e para isso precisa armazenar dados sobre os animais e sobre pessoas interessadas. Para isso:

    a. Defina um registro para os animais. Pense nas características dos pets que você precisa armazenar para que as pessoas possam identificar se têm ou não interesse neles.

    b. Defina um registro para as pessoas interessadas. Use raciocínio semelhante para que o sistema possa realizar "matches" bons, isto é, associar características compatíveis entre os pets e os possíveis adotantes.

6. Agora escreva funções que realizem esses "*matches*". Você pode levar em conta, por exemplo:

    a. Verifique se a espécie do pet interessa ao adotante. Algumas pessoas preferem cães, outras preferem gatos. Seu app tratará também de outras espécies de animais?

    b. Será que a raça do pet é compatível com o adotante? Algumas pessoas moram em casa, outras em apartamento (chácara,...) e talvez cachorros de raças grandes, por exemplo, não seriam adequadas para serem criados em apartamentos pequenos.

    c. Qual a idade do pet e dos membros da família interessada? Será que são compatíveis?

d. Verifique se há outros pets na residência e se pode haver incompatibilidade. Gatos com aves ou roedores pequenos, por exemplo, podem ser incompatíveis.

e. O pet necessita de cuidados especiais? Será que podem ser supridos? Esses cuidados podem demandar muito tempo ou dinheiro do adotante.

f. Verifique se os registros são capazes de armazenar todas as informações necessárias. Reveja-os e insira novos atributos se for necessário.

O QUE VEM DEPOIS

Neste capítulo, vimos a importância dos registros e como eles podem nos auxiliar a manipular informações relacionadas. Estamos trabalhando cada vez mais com estruturas de dados mais complexas e que nos permitirão desenvolver sistemas mais complexos de forma organizada e eficaz.

Existe ainda um tipo de variável muito poderoso, que permite o desenvolvimento de sistemas muito mais flexíveis e eficientes. São os ponteiros.

Ponteiros

> ❝ *Deveis reconhecê-los em seus frutos.* ❞
>
> João Calvino

Às vezes devemos seguir pistas para obter dados.

**OBJETIVOS
DO CAPÍTULO**

- Compreender o que são ponteiros e como eles podem fornecer acesso a dados.
- Criar e utilizar ponteiros.
- Identificar em quais situações é adequado usar ponteiros.

Você já pensou se as setas de trânsito apontassem o sentido oposto?

Quando queremos ir a algum lugar e temos indicações de como chegar lá, a viagem pode ficar bem mais fácil, rápida e segura. As indicações podem vir de amigos que nos explicam o caminho, através de mapas, GPS, placas de trânsito e tantas outras formas.

Carteiros também precisam conhecer os endereços dos destinatários para fazerem suas entregas, todos precisamos de endereços de e-mail para recebermos nossas correspondências eletrônicas e até os computadores precisam de endereços (IP) para se comunicarem com o mundo.

Os computadores possuem muitos endereços de memória com informações as mais diversas. Imagine que um computador com 8 GB (gigabytes) de memória RAM possui 8 bilhões de endereços de um byte cada! Deve ser muito difícil encontrar as informações desejadas no meio de tantos dados, e isso só acontece porque cada informação (ou na verdade cada byte) possui um endereço diferente.

Aqui entram os ponteiros. Os ponteiros são variáveis, como muitas que já utilizamos. A diferença é que ao invés de armazenarem informações como verdadeiro, falso, o nome ou idade de uma pessoa, os ponteiros armazenam os endereços de memória onde essas variáveis estão armazenadas.

Vamos ver como isso funciona?

Para começar

Nos seus primeiros programas, você declarou e usou variáveis, não é? Certo, e continua usando! Você já pensou o que ocorre na memória do computador quando você declara a variável, atribui um valor a ela e depois lê esse valor?

Vamos supor que haja três variáveis inteiras no seu programa: **x**, **y** e **z**. Suponha que o compilador alocou (armazenou) a variável **x** no endereço 200 da memória, a variável **y** no endereço 204 e a variável **z** no endereço 208. Veja que estamos supondo que esse compilador utiliza quatro bytes para armazenar cada variável inteira.

O programa:

- atribui o valor 2 à variável **x** ("x = 2");
- atribui o valor 3 à variável **y** ("y = 3");
- atribui o valor de x mais o valor de y à variável **z** ("z = x + y").

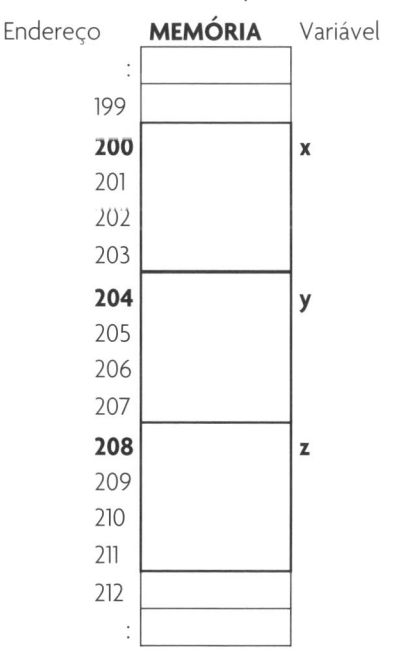

Você consegue seguir os comandos acima e preencher a memória? Muito fácil, não é? Fazendo isso, percebemos que quando atribuímos um valor a uma variável (como "x = 2"), o valor (2) é inserido nos **endereços de memória** da variável **x**. Quando lemos variáveis (p. ex.: x para calcular x + y, lemos o **conteúdo** que está armazenado na memória.

Vamos agora criar as novas variáveis **px**, **py** e **pz**, que contêm os valores 200, 204 e 208, respectivamente. Em outras palavras, **px** contém o **endereço** da variável **x**, **py** contém o **endereço** da variável **y** e **pz** contém o **endereço** da variável **z**. Vejamos como a memória ficou.

Endereço	MEMÓRIA	Variável
:		
149		
150		**px**
151	200	
152		
153		
154		**py**
155	204	
156		
157		
158		**pz**
159	208	
160		
161		
162		
:		
199		
200		**x**
201	2	
202		
203		
204		**y**
205	3	
206		
207		
208		**z**
209	5	
210		
211		
212		
:		

Por fim, vamos supor que, para saber o endereço de uma variável, temos um novo operador (comando): **&** e para saber o conteúdo de um endereço temos o operador *.

Assim:

- x = 2
- &x = 200
- px = 200
- *px = 2

Percebeu o mecanismo? Pense então nos valores das seguintes expressões:

- x + y
- px + py
- *px + *py
- z + pz
- z + *pz
- 2* (*px + *py)
- *x

Ficou em dúvida nos últimos itens? Bem, vamos estudar um pouco mais a fundo para resolvê-las e descobrir quando será útil utilizar ponteiros. Afinal, **px**, **py** e **pz** são **ponteiros**, às vezes também chamados de **apontadores**!

Conhecendo a teoria para programar

Um ponteiro é uma variável que armazena um endereço de memória. E por que usar ponteiros se podemos acessar as variáveis através do nome delas ao invés do endereço, o que é muito mais prático? Boa pergunta! Vamos então continuar o nosso estudo sobre ponteiros, voltando um pouco aos procedimentos e funções.

Os **parâmetros** que passamos para as funções (ou procedimentos) são copiados na memória a cada vez que a função é executada. Há duas formas de passar parâmetros: **por valor** (quando é feita uma cópia do valor do parâmetro) ou **por referência** (quando o endereço do parâmetro, ou seja, um ponteiro para ele é copiado). A diferença é que a variável que passamos como parâmetro não sofre alterações na função quando for passada por valor; e sofre alteração quando for passada por referência.

Vamos imaginar que no programa principal haja duas variáveis, **x** e **y**. Como no exemplo anterior, **x** está armazenada no endereço 200 e seu conteúdo é 2. A variável **y** está armazenada no endereço 204 e vale 3. As variáveis **x** e **y** vão ser passadas como parâmetro para um procedimento. Assim, essa função vai receber dois parâmetros. Vamos chamá-los de **pval** e **pref** (o primeiro passaremos por valor e o segundo por referência). Dentro do procedimento **teste** vamos alterar os dois parâmetros e ver o que acontece.

Assim, o programa:

- atribui o valor 2 à variável **x** ("x = 2");
- atribui o valor 3 à variável **y** ("y = 3");
- podemos ver a memória na figura a seguir, parte (A);
- chama o procedimento **teste** passando **x** por valor e **y** por referência ("teste(x,&y)").

O procedimento **teste** possui os parâmetros **pval** e **pref**. Como primeiro parâmetro vai receber o **valor de x** e como segundo parâmetro vai receber um **ponteiro para y**, ou seja, o endereço de y. A parte (B) da figura a seguir mostra as cópias feitas quando a função é chamada. Observe que desenhamos uma seta que sai de **pref** e segue até **y**. Isso porque **pref** contém o endereço de **y**, ou em outras palavras **pref** é um **ponteiro** para **y**.

O procedimento teste:

- incrementa **pval** ("pval= pval +1");
- incrementa **pref** ("*pref= *pref +1");
- termina sua execução, retornando ao programa principal.

Quando o procedimento **teste** termina a sua execução, seus parâmetros são desalocados (removidos) da memória. O conteúdo da memória, mostrado na parte (C) da figura mostra que a variável **x** continua valendo 2, pois foi passada por valor. A variável **y** teve seu valor alterado de 3 para 4 pelo procedimento **teste**, pois foi passado um ponteiro para ela.

Observe que quando acessamos o conteúdo de **pref** (representado por *****pref**), estamos acessando o conteúdo da posição de memória 204, ou seja, a variável **y**!

Em muitas linguagens de programação, estruturas que podem ser grandes como strings, vetores, matrizes e registros são **sempre** passadas por referência para procedimentos e funções. Isso é feito para que não seja necessário copiar todos os dados desses parâmetros grandes a cada chamada. Assim, muitas vezes não usamos o operador de endereço (**&**) na passagem desses parâmetros, nem o operador de conteúdo (*) dentro do procedimento ou função.

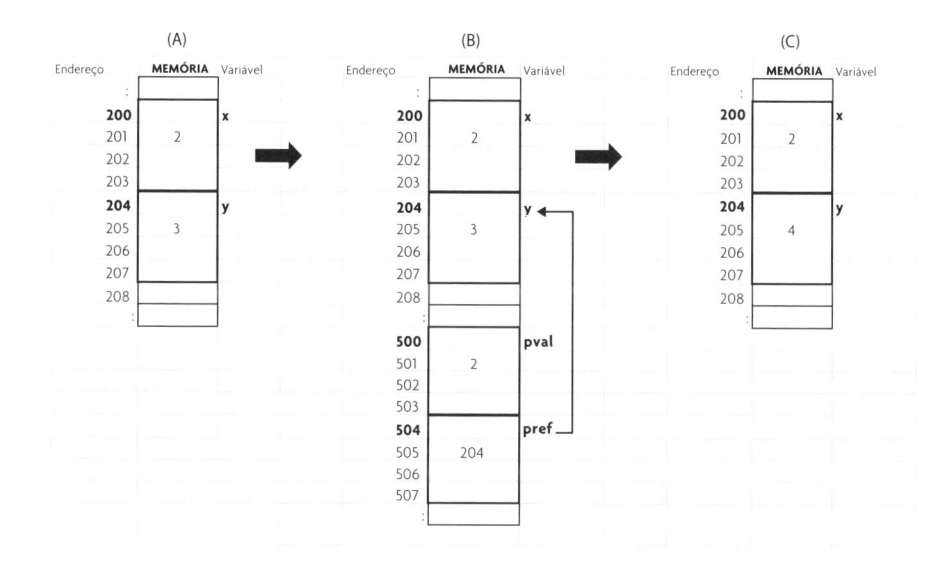

Além disso, os ponteiros são fundamentais na criação das **estruturas de dados dinâmicas**, que são aquelas onde não precisamos definir a quantidade máxima de elementos, como nos vetores ou matrizes. Dentre as estruturas de dados dinâmicas, temos as **listas ligadas**, **árvores** e **grafos**.

Lembre-se

Existe um ponteiro especial, chamado de ponteiro nulo, que serve para indicarmos que aquele ponteiro não está armazenando o endereço de nenhuma variável. É sempre bom inicializarmos nossos ponteiros com o valor do ponteiro nulo para evitarmos acessar posições de memória imprevisíveis (pelo menos até ficarmos mais familiarizados com o uso dos ponteiros). Algumas linguagens de programação já inicializam os ponteiros com o valor nulo.

Vamos programar

VisuAlg

É possível passar parâmetros por referência em VisuAlg, que é feito colocando-se a palavra reservada **var** antes dos parâmetros passados por referência. No entanto, VisuAlg ainda não prevê o uso ponteiros de outras formas. Assim, vamos adotar a seguinte convenção: vamos utilizar o símbolo ^ para denotar endereço, e **nulo** para identificar o ponteiro nulo. Usamos os mesmos símbolos usados na linguagem Pascal, da qual VisuAlg é derivada.

Primeiro vamos definir o procedimento **teste**, que incrementa o valor de dois parâmetros, um passado por valor (**pval**) e outro por referência (**pref**).

```
procedimento teste (pval:inteiro; var pref:inteiro)
inicio
   pval <- pval + 1
   pref <- pref + 1
fimprocedimento
```

No programa principal, teremos três variáveis: **x** e **y** inteiras, e a variável **pont** que conterá o endereço de uma variável inteira (endereço de **x** ou **y**). Ou seja, **pont** será um ponteiro para inteiro.

```
var
   x, y : inteiro
   pont: ^inteiro
```

No programa principal, vamos inicializar nossas variáveis e depois executar o procedimento **teste**.

```
inicio
x <- 2
y <- 3
pont <- nulo
escreval("valor da variável nula em VisuAlg:", pont)
pont^ <- y
escreval("valor de pont:", pont," e de pont^:", pont^);
teste (x,y)
escreval("Novo valor de x:", x, " e de y:", y)
escreval("valor de pont:", pont," e de pont^:", pont^);
fimalgoritmo
```

Pascal

Em Pascal, a passagem de parâmetros por referência é indicada pela presença da palavra reservada **var** antes do parâmetro. O ponteiro nulo é chamado de **nil**. No procedimento **teste** passamos o parâmetro **pval** por valor e o parâmetro **pref** por referência.

```pascal
procedure teste (pval:integer; var pref:integer)
begin
   pval:= pval + 1;
   pref:= pref + 1;
end;
```

No programa principal, vamos inicializar nossas variáveis e depois executar o procedimento **teste**.

```pascal
begin
x:= 2;
y:= 3;
writeln("valor da variável nula em Pascal:", pont)
pont^:= y;
writeln("valor de pont:", pont," e de pont^:", pont^);
teste (x,y);
writeln("Novo valor de x:", x, " e de y:", y);
writeln("valor de pont:", pont," e de pont^:", pont^);
end.
```

Atenção

Na linguagem Pascal, os ponteiros são automaticamente inicializados como nulos (nil). Por isso não precisamos inicializar os ponteiros quando quisermos que eles sejam nulos.

C

Em C, quando queremos passar um parâmetro por referência, escrevemos explicitamente que queremos passar seu endereço (através do operador **&**). Ao receber esse parâmetro, a função ou procedimento o recebe com o operador de conteúdo (*). Dentro do procedimento ou função, sempre que queremos acessar (ler ou escrever) o valor do parâmetro, também dizemos explicitamente que iremos acessar seu conteúdo (novamente através do operador *).

```
void teste (int pval, int *pref)
{
    pval + +;
    (*pref) + +;
}
```

No programa principal, inicializaremos o ponteiro **pont** como nulo (**NULL**) e verificaremos que em C os ponteiros nulos valem zero. A variável **pont** receberá o endereço da variável **x** antes da chamada do procedimento **teste**. O programa verifica e imprime os valores e endereços das variáveis **x** e **y**, antes e após a execução do procedimento **teste**, além do valor, endereço e conteúdo do ponteiro **pont**.

```
int main()
{
    int x, y, *pont = NULL;
    printf("valor do ponteiro nulo em C = %d\n\n",
    pont);
    x = 2;
    y = 3;
    pont = &x;
    printf("x = %d, y = %d, endereco.x = %d,
endereco.y = %d\n\n", x, y, &x, &y);
    printf("pont = %d, endereco.pont = %d, conteudo.
pont = %d\n\n", pont, &pont, *pont);
    teste(x, &y);
    printf("x = %d, y = %d, endereco.x = %d,
endereco.y = %d\n", x, y, &x, &y);
    getchar();
}
```

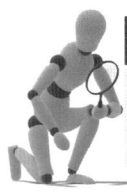

Atenção

Os compiladores C não inicializam os ponteiros e assim é mais seguro inicializá-los com NULL, pelo menos até dominarmos melhor o uso deles.

Java

```java
public class Referencia {

 String conteudo;

/*
* No método main, inicializamos as variáveis "refA" e "refB" com o
* endereço de um objeto na mémória.
* Os objetos contêm uma variável chamada "conteúdo", que recebeu um valor
* cada uma.
* O termo "ponteiro" conhecido em C não é utilizado em Java, mas para
* variáveis que são do tipo de um objeto e não variáveis primitivas, existe
* o conceito de referência – uma variável faz uma referência ou tem uma
* referência para um objeto na memória.
* Quando passamos as duas variáveis para o método recebeValores.
* Nesse caso, refA.conteudo passa a ter uma referência para o mesmo
* contéudo de refB.conteudo.
*/

    public static void main(String[] args) {

        Referencia refA = new Referencia();
        refA.conteudo = "referencia A";

        Referencia refB = new Referencia();
        refB.conteudo = "referencia B";

        System.out.println("Valor da variáveis refA: " + refA.
conteudo + " e refB: " + refB.conteudo);
```

```
              refA.trocaDeValores(refB, refA);
              System.out.println("Valor da variáveis refA: " + refA.
      conteudo + " e refB: " + refB.conteudo);


          }


      public void recebeValores(Referencia refA, Referencia refB){


              refA.conteudo = refB.conteudo;


          }


  }
```

PHP

A seguir temos a função trocaValor, que altera os valores de seus dois parâmetros, incrementado-os. No trecho em seguida, vemos a atribuição de valores para **x** e **y** e a impressão de seus valores, antes e após a chamada de trocaValor.

```
<?php

function trocaValor($pval, &$pref){
 $pval + +;
 $pref + +;

}

$x = 2;

$y = 3;

$pont =& $x;

echo "X = $x, Y = $y \n\n";

echo "pont = ". $pont. "\n";

trocaValor($x, &$y);

echo "X = $x, Y = $y \n\n";

?>
```

Para fixar

Pesquise qual é o tamanho dos ponteiros utilizados pelo seu compilador. Para isso, talvez você possa usar funções que retornam esse tamanho (como o *sizeof* em C) ou procurar no manual do compilador. Verifique também em que endereço de memória eles são alocados quando declarados em contextos diferentes, como, por exemplo, variáveis globais, locais e como parâmetros de funções.

Algoritmos no cotidiano

Como sabemos, ponteiros são variáveis que contêm endereços, ou seja, endereços de memória. Se os ponteiros tiverem 32 bits, eles poderão armazenar 2^{32} endereços de memória, ou seja, 4G endereços. Se em cada endereço tivermos 1 byte, com 32 bits, podemos endereçar uma memória de até 4GB. Para podermos acessar mais de 4GB de memória é necessário termos ponteiros (ou endereços) com mais de 32 bits. Esta é uma das principais razões para a transição de instalações de 32 bits para 64 bits.

Até o início da década de 1990, a maior parte dos sistemas computacionais trabalhava com 16 bits. Isso significa que podiam endereçar no máximo 2^{16} endereços de memória, ou 64KB. Isso mesmo! Pode parecer incrível, mas em cerca de 20 anos nossas memórias RAM típicas passaram de 64KB para 4GB. Com 64 bits conseguimos endereçar 2^{64} endereços de memória, ou seja, aproximadamente 16 mil petabytes (na verdade, 16 EB – exabytes). Hoje pode parecer absurdo que um dia teremos tanta memória RAM. Isso era exatamente o que pensavam os usuários de cerca de 20 anos atrás. Se o aumento da capacidade de processamento e armazenamento dos computadores continuarem no mesmo ritmo, nós viveremos essa transição e daremos risadas da época em que tínhamos "apenas" 4GB de memória RAM!

Dica

Os tamanhos dos ponteiros têm muita influência na computação. No armazenamento de arquivos, dispositivos como os hard-disks (HDs) são divididos em trilhas e setores, esses tipicamente com 512B. Em sistemas de 32 bits, conseguimos endereçar 2^{32} setores de 512B cada, ou seja, 4GB*512 = 2TB. Para podermos ter HDs maiores que 2TB temos que aumentar o tamanho dos setores ou o tamanho dos ponteiros. Com endereços de 64 bits poderemos ter HDs com até 2^{64} setores de 512B cada, ou seja, 16EB*512. Isso dá aproximadamente 8 milhões de petabytes, ou 8 ZB (zettabytes)!

Navegar é preciso

Acesse o Ambiente de Aprendizagem e navegue pelos links indicados para mais informações a respeito de tipos de ponteiros.

Não deixe de ver o link *Para saber mais!* Lá existem muitas outras informações.

Depois, entre no blog do livro e deixe sua contribuição. Dúvidas, dicas, *feedbacks* são sempre muito bem-vindos.

Exercícios propostos

1. Implemente os exercícios na seção "Para começar". Confira os resultados de saída do programa.

2. Implemente a função **incrementa** e a função **dobra**, que soma 1 e multiplica por dois o parâmetro passado a elas por referência. Chame essas duas funções em ordem e quantidade diferentes, passando a elas um parâmetro inteiro. Verifique os resultados obtidos.

3. Defina registros para estas outras aplicações:

- Livros, para um sistema de controle de bibliotecas.
- Produtos, para um *pet shop*.

4. Agora escreva funções, usando a linguagem de programação de sua preferência para:

- Calcular e retornar a idade de uma pessoa, a partir da data atual e da data de nascimento dela.
- Imprimir os nomes dos clientes que fazem aniversário em um determinado mês, considerando que você já definiu os registros de cliente (exercício anterior) e armazenou seus dados em um vetor.

Referências

Langsam, A.; TENENBAUM, Y.; AUGENSTEIN, M. *Estruturas de Dados Usando C*. São Paulo: Pearson, 2005.

WIRTH, N. *Algoritmos e Estruturas de Dados*. Rio de Janeiro: LTC, 1989.

Exercícios adicionais

Resolva os exercícios a seguir, construindo os algoritmos, na linguagem de programação de sua preferência.

1. Implemente os exercícios na seção "Para começar". Confira os resultados de saída do programa.

2. Implemente a função **incrementa** e a função **dobra**, que soma 1 e multiplica por dois o parâmetro passado a elas por referência. Chame essas duas funções em ordem e quantidade diferentes, passando a elas um parâmetro inteiro. Verifique os resultados obtidos.

3. Defina registros para estas outras aplicações:
- Livros, para um sistema de controle de bibliotecas.
- Produtos, para um pet shop.

4. Agora escreva funções, usando a linguagem de programação de sua preferência para:
- Calcular e retornar a idade de uma pessoa, a partir da data atual e da data de nascimento dela.
- Imprimir os nomes dos clientes que fazem aniversário em um determinado mês, considerando que você já definiu os registros de cliente (exercício anterior) e armazenou seus dados em um vetor.

Reveja as funções implementadas nos capítulos anteriores e analise seus argumentos (parâmetros). Certifique-se que os parâmetros que você deseja alterar sejam passados por ponteiros (endereços ou referência) e os parâmetros que você não deseja mudar de valor sejam passados por valor.

Lembre-se que os dados estruturados (vetores, matrizes, *strings* e registros) são sempre passados por ponteiro/referência. Isso porque os parâmetros passados por valor são copiados quando uma função é chamada e a função altera apenas a cópia. Isso não ocorre com os dados estruturados, pois, como podem ser muito grandes, seria ineficiente fazer cópia deles inteiros.

? O QUE VEM DEPOIS

Vimos que manipular ponteiros não é assim tão difícil quanto dizem por aí. Mas agora temos novos desafios.

De nada adianta construirmos sistemas que manipulam cada vez mais dados se todas as vezes que quisermos usá-los tivermos que digitar todos os dados novamente. Imagine se todos os sistemas funcionassem assim. Não precisamos redigitar os dados, pois eles ficam armazenados em **arquivos**. Chegou a hora de trabalhar com eles.

Arquivos

> " *A memória guardará o que valer a pena. A memória sabe de mim mais que eu; e ela não perde o que merece ser salvo.* "
>
> EDUARDO GALEANO

Podemos guardar todos os dados que quisermos, mas podemos optar por guardar apenas os dados úteis para um determinado contexto ou momento específico.

OBJETIVOS DO CAPÍTULO

- Compreender o funcionamento dos arquivos.
- Ler e escrever dados em arquivos.
- Criar e apagar arquivos.

Imagine se toda vez que você quisesse comer algo tivesse que ir ao supermercado.

Todos nós sabemos como é importante poder armazenar coisas para depois usá-las. Da mesma forma, é muito importante armazenar dados e conhecimento. Já pensou se tivéssemos que aprender tudo de novo a cada vez que estudamos um assunto novo?

Armazenamos informações e o conhecimento em nossa memória. Temos dois tipos básicos de memória: a memória de curto e a memória de longo prazo. Quando estudamos na véspera de uma prova, aumentamos as chances de nos lembrarmos de vários dados. Mas alguns deles serão esquecidos em pouco tempo. É porque, grosso modo, eles ficaram armazenados em nossa memória de curto prazo. Quando realmente aprendemos algo e incorporamos ao nosso conhecimento, poderemos nos lembrar desse conhecimento mesmo que se passem vários anos. Isso porque esse conhecimento ficou armazenado em nossa memória de longo prazo.

Nos computadores é muito parecido. Manipulamos informações que ficam armazenadas na memória de curto prazo do computador (a memória RAM). O acesso a ela é muito rápido, mas ela tem tamanho relativamente limitado. E quando desligamos o computador, esses dados são perdidos.

Para manter os dados por longos períodos é necessário armazená-los em um tipo de memória de longo prazo, como os HDs (*hard disks*), SSDs (*solid state disks*) ou pen drives, por exemplo. Os dados são armazenados nesses dispositivos na forma de **arquivos**.

Uma diferença entre nossa memória e a do computador é que, no computador, nós é que decidimos o que será e o que não será armazenado, e por quanto tempo. Não precisamos (e não devemos) armazenar informações inúteis, e podemos armazenar todas as informações que poderemos precisar no futuro.

Saber criar arquivos, inserir e recuperar informações, além de remover arquivos quando eles não forem mais úteis é fundamental para desenvolvermos nossos sistemas.

Portanto, vamos ver como fazer isso.

Dica

Além da memória RAM e da memória secundária (HDs, por exemplo), existem também as memórias cache, que podem ter vários níveis (*Levels*): L1, L2, L3,... Quanto menor o nível do cache, mais rápido ele é, mas também é mais caro e, portanto, menor. As memórias cache servem como memórias de curtíssimo prazo. Se os dados desejados estiverem lá, o acesso será muito mais rápido que na memória RAM (que, por sua vez, é muito mais rápida que os HDs).

Para começar

Todos nós manipulamos arquivos de vários tipos: arquivos com documentos, com planilhas, arquivos de imagens, arquivos de vídeos, arquivos com programas executáveis e tantos outros.

Para a correta localização de um arquivo, o sistema de arquivos utilizado, que usualmente é parte do sistema operacional, deve estar de posse do **nome do arquivo**. O nome do arquivo é composto pelo **caminho** ou *path* (p. ex.: c:\documentos\apostilas\), seu **nome** propriamente dito (p. ex.: apostila1) e sua **extensão** que identifica o tipo de arquivo (p. ex.: .doc). Assim, um exemplo de nome completo de um arquivo seria c:\documentos\apostilas\apostila1.doc. Os arquivos podem possuir outros atributos além do nome, dependendo do sistema operacional. Como exemplo, temos: proprietário, data da criação e da última atualização, tipo e tamanho.

Quando queremos utilizar um arquivo, devemos solicitar ao sistema de arquivos que o abra (se existir) ou crie. Também podemos solicitar ao sistema de arquivos que o apague. Podemos ter que informar se o arquivo será utilizado para leitura, escrita ou ambos. Por vezes temos que informar também se vamos usar um arquivo texto ou um arquivo binário (quando formos ler e escrever apenas caracteres e strings, o arquivo será de texto. Nos outros casos, podemos usá-lo como sendo binário).

Pesquise no seu computador exemplos de nomes de arquivos dos tipos a seguir. Verifique as extensões existentes para cada tipo de arquivo.

- Arquivos texto.
- Arquivos de documentos.
- Arquivos de imagens.
- Arquivos de músicas.
- Arquivos de vídeos.
- Arquivos de programas executáveis.

Que outros tipos de arquivos você conseguiu encontrar?

Conhecendo a teoria para programar

Um arquivo é uma sequência de dados (D1, D2, D3, D4, D5,... DN) terminada por uma marca de fim de arquivo (**EOF**). Esses dados, como sabemos, podem ser caracteres como no caso dos arquivos texto. Podem também ser outros tipos de dados, como registros de clientes ou o que você quiser armazenar.

Para facilitar o acesso ao arquivo, existe um ponteiro que indica qual a próxima posição de onde o arquivo será lido (ou a próxima posição onde escreveremos algo nele). Quando criamos ou abrimos um arquivo, esse ponteiro de posição é colocado no início do arquivo. A figura ilustra isso.

D1	D2	D3	D4	D5		DN	EOF

POSIÇÃO

Sempre que lermos ou escrevermos dados no arquivo, o ponteiro de posição será alterado automaticamente. Assim, se lermos um dado com um byte (como um caractere), o ponteiro será incrementado uma posição. Se lermos um registro, o ponteiro será incrementado o tamanho correspondente ao registro.

Algumas linguagens de programação possuem comandos para posicionar esse ponteiro onde quisermos. Isso pode ser útil quando formos acessar dados aleatoriamente (p. ex.: acessar o registro 5, depois acessar o registro 20, depois o 7,...).

Existem três arquivos especiais: o arquivo padrão de entrada (standard input ou **stdin**), o arquivo padrão de saída (standard output ou **stdout**) e o arquivo padrão de erros (standard error ou **stderr**). Usualmente o arquivo *stdin* é direcionado ao teclado, e os arquivos *stdout* e *stderr* são direcionados ao monitor, mas muitas vezes é possível alterar isso.

Outro ponto importante é fechar o arquivo após usá-lo. Há dois bons motivos para fazer isso: o primeiro é que com isso liberamos recursos para o sistema operacional e o segundo é que fazemos com que informações não salvas fisicamente no arquivo sejam efetivamente escritas nele, evitando problemas em caso de falhas, travamentos ou quedas de energia.

Atenção

A marca de fim de arquivo (EOF) pode ser física ou lógica, dependendo do sistema operacional (ou mais especificamente do sistema de arquivos). Os sistemas mais modernos podem controlar a posição de fim de arquivo através do ponteiro de posição (em qual byte o arquivo está sendo acessado) e do tamanho do arquivo. Quando o ponteiro estiver na posição igual ao tamanho do arquivo será EOF!

Vamos programar

VisuAlg

Na linguagem VisuAlg existe apenas um tipo de arquivo, que pode ser usado apenas para entrada de dados (funcionando assim como **stdin**). Assim, ao invés da leitura de dados funcionar através do teclado, acontece através desse arquivo.

Caso você vá utilizar um arquivo para entrada de dados, deve mencioná-lo na seção de declarações (logo após o nome do programa).

```
Arquivo "teste.txt"
```

O comando anterior abre o arquivo *teste*.txt. Após isso, quando você utilizar o comando leia, a leitura dos dados será feita a partir do arquivo. Se o arquivo não existir, a leitura de dados continuará sendo feita através do teclado. Caso muitas leituras sejam realizadas no arquivo e ele termine, as próximas leituras passam a ser realizadas através do teclado. A linguagem VisuAlg permite que apenas um arquivo por programa seja usado.

Pascal

Para utilizar arquivos em Pascal, é necessário declarar uma variável (ou variáveis), identificando o tipo de arquivo. Você pode utilizar arquivos texto ou arquivos com dados de qualquer tipo, como inteiros, reais, registros, etc.

```
var
arq1: text; /* arquivo texto */
arq2: file of integer; /* arquivo de inteiros */
```

As variáveis *arq1* e *arq2* são chamadas de **descritores de arquivos**. Elas servirão como nome lógico dos arquivos. Mas para isso é necessário associar arq1 e arq2 a dois arquivos reais. O comando para a associação entre o nome físico e o nome lógico dos arquivos é chamado **assign**.

```
assign (arq1, 'ARQUIVO1.TXT');
assign (arq2, 'ARQUIVO2.DAT');
```

A partir daí, todas as vezes que quisermos nos referir ao arquivo **ARQUIVO1.TXT**, usaremos seu nome lógico **arq1**. O mesmo ocorrerá com o arquivo **ARQUIVO2.DAT**, que passaremos a chamar de arq2. Podemos criar arquivos ou usar arquivos já existentes. Podemos também usar os arquivos para leitura ou escrita.

```
rewrite (arq1);
reset (arq2);
```

O comando **rewrite** cria o arquivo *arq1* para uso, ou seja, cria o arquivo *ARQUIVO1.TXT*. Caso esse arquivo já exista, o comando apaga seu conteúdo. Já o comando **reset** abre um arquivo já existente para leitura e escrita. No exemplo, o arquivo *arq2*, ou seja, *ARQUIVO2.DAT* é aberto. Para arquivos texto, é possível usar também o comando **append** no lugar de *reset / rewrite*. Esse comando abre o arquivo para escrita, posicionando o ponteiro de posição no final do arquivo. Isso faz com que os novos dados sejam escritos no final do arquivo.

A leitura e escrita são realizadas através dos comandos **read** e **write**, além de **readln** e **writeln** para arquivos texto. Devemos inserir o descritor do arquivo para identificarmos de qual arquivo iremos ler ou escrever dados. Quando não fizermos isso, estaremos lendo do arquivo *stdin* (teclado) e escrevendo no arquivo *stdout* (monitor). A função que verifica se o arquivo chegou ao fim é **eof** (*end of file*). Ao terminar o uso, devemos fechar os arquivos com o comando **close**.

No trecho de código a seguir, escrevemos uma string no arquivo *arq1* e pulamos uma linha. Depois, lemos vários números inteiros do arquivo *arq2* (estou supondo que a variável inteira **x** foi declarada na seção de variáveis) e os escrevemos no arquivo *stdout* (monitor), até o final do arquivo. Finalmente, fechamos os dois arquivos.

```
writeln(arq1, 'Dados do arquivo:');
while not eof(arq2) do
    begin
    read (arq2, x);
    writeln(x);
end;
close (arq1);
close (arq2);
```

C

Existem muitos comandos e muitos modos de abrir arquivos na linguagem C. Vamos ver o funcionamento através de alguns exemplos, embora existam vários outros comandos para trabalhar com arquivos em C, a maior parte com nomes iniciados pela letra **f** (de **file**, ou arquivo).

Assim como em Pascal, em C também usamos descritores de arquivos. Os descritores de arquivos em C são do tipo **ponteiro para arquivo**. Um ponteiro para arquivo é um ponteiro para informações como nome, *status* e valor do ponteiro de posição do arquivo. O comando para abrir arquivos é chamado **fopen** (*file: open*). Esse comando associa o descritor do arquivo ao arquivo real e já cria ou abre o arquivo.

```
FILE *arq ;
arq = fopen("ARQUIVO.TXT", "w");
```

Nesse exemplo, **arq** é o nome lógico do arquivo, ou seja, seu descritor. Esse descritor é associado ao arquivo *ARQUIVO*.TXT, que é aberto para escrita (**w** = *write*). Quando abrimos um arquivo para escrita, esse arquivo é **criado**. Caso já exista, seu conteúdo será apagado (ou na verdade o arquivo anterior será apagado e outro arquivo com o mesmo nome será criado). Para ler dados de um arquivo, devemos abri-lo para leitura (**r** = *read*).

Se quisermos criar um arquivo e ler informações dele (após escrever, claro!), criamos o arquivo com a opção **w +** . E se quisermos abrir um arquivo já existente e também escrever nele, abrimos com a opção **r +** .

No exemplo a seguir tentamos abrir o arquivo *ENTRADA.TXT* para leitura e escrita. Caso ele não exista, o comando **fopen** retornará o ponteiro nulo para indicar que houve um erro. Nesse caso, executamos novamente o comando **fopen** desta vez para criar o arquivo, permitindo escritas e leituras nele.

```
if ((arq = fopen("ENTRADA.TXT","r + ")) == NULL)
    {
    printf("Arquivo nao existente, sera criado\n");
    arq = fopen("entrada.txt","w + ");
    }
```

Para trabalhar com arquivos texto (p. ex.: imprimir a saída de um programa em um arquivo ao invés de imprimir na tela), podemos usar os comandos **fprintf** e **fscanf** que funcionam praticamente como os comandos **printf** e **scanf**. A única diferença é que indicamos de qual arquivo iremos ler ou escrever.

```
// imprime no arquivo o valor da variável nome, que é
string.
fprintf(arq, "Valor da string: %s\n", nome);

// lê do arquivo um número e armazena na variável
inteira contador.
fscanf(arq,"%d", &contador);
```

Quando quisermos ler e escrever registros em um arquivo (p. ex.: se quisermos fazer um arquivo com registros de amigos), há dois comandos muito úteis: **fread** e **fwrite**, que leem e escrevem um ou mais registros no arquivo, sem precisar se preocupar com a leitura ou escrita de cada campo de dados.

```
// Declaração global
struct reg_amigo {
    char nome[30];
    int telefone;
    char email[20];
    };

// Na função principal (main)
struct reg_amigo dados;

arq = fopen("entrada.txt","r + "));
while (!feof(arq))
    {
    fread(&dados,sizeof(struct reg_amigo), 1, arq);
    if (!feof(arq))
        printf("Insercao do registro %s\n",dados.nome);
    }
```

O comando **fread** lê do arquivo *arq* 1 unidade do tamanho do registro reg_amigo (sizeof(struct(reg_amigo))). Assim, se esse tipo de registro tiver 54 bytes, por exemplo, o comando **fread** lerá uma unidade de 54 bytes do arquivo *arq* e armazenará as informações na variável **dados**. O campo nome do registro lido será impresso na tela. Esse trecho de código será executado até encontrar o final do arquivo (**feof** = file: end of file). Para escrever registros no arquivo *arq*, usamos o comando **fwrite** de forma similar:

```
fwrite(dados,sizeof(struct reg_amigos),1,arq);

Para fechar o arquivo, usamos o comando fclose.

fclose (arq);
```

Alguns modos para abrir arquivos:

Modo	Descrição
r	Abre um arquivo texto para leitura.
w	Cria um arquivo texto para escrita.
a	Insere informações no final de um arquivo texto (append). O append faz com que o ponteiro de posição do arquivo seja posicionado no final do arquivo.
rb	Abre um arquivo binário para leitura.
wb	Cria um arquivo binário para escrita.
ab	Insere informações no final de um arquivo binário.
r+	Abre um arquivo texto para leitura e escrita.
w+	Cria um arquivo texto para leitura e escrita.
a+	Cria ou insere informações no final de um arquivo texto.
r + b	Abre um arquivo binário para leitura e escrita.
w + b	Cria um arquivo binário para leitura e escrita.
a + b	Insere informações no final de um arquivo binário ou lê.

Alguns comandos para manipular arquivos:

Comando	Descrição
fopen()	Abre um arquivo.
fclose()	Fecha um arquivo.
putc()	Escreve um caractere em um arquivo.
fputc()	O mesmo que putc().
getc()	Lê um caractere de um arquivo.
fgetc()	O mesmo que getc().
fseek()	Posiciona o ponteiro de posição em um byte específico.
fprintf()	Faz o mesmo que o printf(), usando um arquivo.
fscanf()	Faz o mesmo que o scanf(), usando um arquivo.
feof()	Retorna **TRUE** (verdadeiro) se o final do arquivo foi encontrado.
rewind()	O ponteiro de posição é posicionado no início do arquivo.
fflush()	Descarrega um arquivo, isto é, se houver dados no buffer, esses dados são escritos no arquivo.
remove()	Apaga um arquivo.
ferror()	Retorna **TRUE** (verdadeiro) se ocorreu algum erro.

Java

```java
import java.io.File;
import java.io.FileReader;
import java.io.FileWriter;
import java.io.IOException;

public class Arquivos {
    public static void main(String[] args) throws
    IOException{

/*
*File (arq) - representação abstrata de nomes de caminhos de
arquivos e
*diretórios.
*File não é usado para ler o ou escrever dados, propriamente;
é usado para
*trabalhar em um nível mais alto, como criar arquivos vazios,
procurar por
*arquivos, apagar arquivos, criar diretórios e trabalhar com
caminhos.
*
*No exemplo abaixo, passamos um caminho para classe File,
depois
*verificamos se esse arquivo existe. Se não existir, criaremos
um, e caso
*já exista esse arquivo, a classe File carrega o arquivo para
a memória e
*a variável arq faz uma referência a esse arquivo carregado.
*
*Obs: Com o método isDirectory() conseguimos saber se esse
caminho
*representa um diretório e com isFile() verificamos se é um
arquivo.
*/

    File arq = new File(«/home/user/Desktop/arquivo.txt»);

    //O método exists() retorna true caso consiga encontrar o
    arquivo
```

```java
        if(!arq.exists()){
                //Cria um arquivo vazio
                arq.createNewFile();
        }
/*
*Com o arquivo carregado em memória, utilizaremos a classe
FileWrite para
*escrever os dados no arquivo. A classe FileWriter abre o
arquivo para
*escrita.
*/

        FileWriter arqWrite = new FileWriter(arq);

        arqWrite.write(«Meu primeiro teste»);

        arqWrite.flush();
        arqWrite.close();

        //Define a quantidade de bytes a serem lidos no arquivo.
        char[] in = new char[50];

        /*
        *A classe FileReader abre o arquivo para leitura.
        */
        FileReader arqReader = new FileReader(arq);

        //Lê o arquivo
        arqReader.read(in);

        //imprime no console os dados
        for(char c : in){
                System.out.println(c);

        }

        arqReader.close();
 }


}
```

PHP

```php
<?php
// Leitura de um arquivo com dados separados por
tabulação
class reg_amigo {
    var $nome;
    var $telefone;
    var $email;

    function __construct($nome, $telefone, $email){
        $this- > nome = $nome;
        $this- > telefone = $telefone;
        $this- > email = $email;
    }

    function __toString(){
    $str = $this- > nome. "\t". $this- > telefone
."\t". $this- > email;

    return $str;
    }
}


$arq = @fopen("entrada.txt", "r + ");

/*
Abre o arquivo em modo de escrita e retorna um handler
(descritor).
Se o arquivo já existir, apaga seu conteúdo e posiciona
o ponteiro no início. Senão, tenta criar um novo
arquivo.
*/

if (!$arq){
    $arq = fopen("entrada.txt", "w + ");
    fwrite($arq, "NOME\t0000-0000\tEMAIL\n");
```

```php
        fflush($arq); // força a liberação do buffer
        fseek($arq, 0); // posiciona o ponteiro no começo
do arquivo
}
while ($line = fgets($arq)){
    $line = explode("\t", $line);
    if (count($line) == 3){
            $nome = $line[0];
            $telefone = $line[1];
            $email = $line[2];

            $dados = new reg_amigo($nome, $telefone,
$email);

            echo "Insercao do registro ". $dados- > nome.
"\n";
    }else{
            echo "Linha fora do padrao\n";
    }
}

fwrite($arq, $dados);

fclose($arq);
?>
```

Para fixar

Busque na internet mais detalhes sobre os arquivos padrão (**stdin**, **stdout** e **stderr**). Procure também saber se é possível redirecionar a entrada e saída de dados na sua linguagem de programação/ambiente computacional (ou seja, ler os dados de outro dispositivo que não seja o teclado e escrever dados em outro dispositivo que não seja o monitor, usando os comandos de leitura e escrita padrões).

Se for possível, como isso pode ser feito?

Algoritmos no cotidiano

Um sistema de arquivos é responsável por armazenar e recuperar informações guardadas na forma de arquivos.

Um dos sistemas de arquivos mais conhecidos é o Sistema de Arquivos do Google (o GFS – *Google File System*). Ele pode ser considerado um dos fatores de sucesso da empresa, por suportar o acesso simultâneo de inúmeros usuários de todo o mundo, recuperando informações rapidamente. Assim, o GFS proporciona segurança e confiabilidade, disponibilidade e bons tempos de resposta aos usuários, alta tolerância a falhas e consistência às informações que são replicadas no sistema.

Ao contrário do que se imagina, ele é constituído por computadores de pequeno porte (estima-se que mais de um milhão de microcomputadores compõem atualmente o GFS), processando algumas dezenas de petabytes por dia. Os computadores são divididos basicamente em mestres (*masters*) e servidores (*chunkservers*). As requisições de arquivos são enviadas aos mestres que obtêm os endereços dos arquivos, através de seus identificadores (chamados de *chunk handles*). Através desses identificadores é possível acessar os arquivos físicos. Cada arquivo possui pelo menos três réplicas (cópias) em locais diferentes para dar maior segurança e disponibilidade aos dados. Quando você acessa e altera alguma informação, essa alteração é automaticamente disseminada para as cópias, mantendo a consistência entre elas.

Navegar é preciso

Acesse o Ambiente de Aprendizagem e navegue pelos links indicados para mais informações a respeito de arquivos.

Não deixe de ver o link *Para saber mais!* Lá existem muitas outras informações.

Depois, entre no blog do livro e deixe sua contribuição. Dúvidas, dicas, *feedbacks* são sempre muito bem vindos.

Exercícios propostos

Sabemos que é possível ler e escrever dados em um arquivo. Faça um programa que leia dois valores inteiros de um arquivo **entrada.txt**, some os dois valores e imprima a soma no arquivo de saída **saída.txt**.

Após ter conseguido fazer isso, modifique o programa para que ele leia vários pares de números no arquivo de entrada e imprima a soma no arquivo de saída. Ele deve fazer isso até encontrar os valores 0 0 (zero zero) no arquivo de entrada.

Referências

LANGSAM, A.; TENENBAUM, Y.; AUGENSTEIN, M. *Estruturas de Dados Usando C.* São Paulo: Pearson, 2005.

WIRTH, N. *Algoritmos e Estruturas de Dados.* Rio de Janeiro: LTC, 1989.

Exercícios adicionais

Resolva os exercícios a seguir, construindo os algoritmos, na linguagem de programação de sua preferência.

1. Sabemos que é possível ler e escrever dados em um arquivo. Faça um programa que leia dois valores inteiros de um arquivo **entrada.txt**, some os dois valores e imprima a soma no arquivo de saída **saída.txt**.

2. Após ter conseguido fazer isso, modifique o programa para que ele leia vários pares de números no arquivo de entrada e imprima a soma no arquivo de saída. Ele deve fazer isso até encontrar os valores 0 0 (zero zero) no arquivo de entrada. Conseguiu? Ótimo!

3. Faça agora dois arquivos: um com os registros dos pets do exercício proposto no Capítulo 13 e outro com os registros dos adotantes. Armazene os dados do seu aplicativo em arquivos de registros para poder usar os dados futuramente. Use os algoritmos da Seção Vamos Programar para auxiliá-lo nessa tarefa!

O QUE VEM DEPOIS

Ufa! Estudou bastante até aqui, não foi? Quantos assuntos e quantos obstáculos houve para vencer, não é? Tenho certeza que você já venceu muitos até aqui! Agora é hora de consolidar todo esse conhecimento no desenvolvimento de sistemas. Mãos à obra!

Aplicações e estudo de caso

> **“** *Pensamentos sem conteúdo são vazios, intuições sem conceitos são cegas... Somente quando se unificam, pode surgir o conhecimento.* **”**
>
> IMANUEL KANT

Unindo informação, bom senso, intuição e experiência, podemos desenvolver sistemas úteis e eficazes.

OBJETIVOS DO CAPÍTULO

- Visualizar a aplicação dos conceitos dos capítulos anteriores.
- Projetar sistemas simples visando sua implementação computacional.
- Vislumbrar outras aplicações.

De que adianta conhecer todos os ritmos e as notas musicais se você não praticar?

É fundamental conhecer os conceitos, pois com eles podemos vislumbrar possibilidades e restrições de seu uso. Podemos imaginar como combiná-los com outros conceitos, criando estruturas conceituais ainda mais poderosas. Podemos ainda analisar quando esses conceitos podem (ou devem) ser usados, e quando seu uso não seria adequado.

Mas no nosso mundo prático, quase sempre queremos pôr em prática os conceitos adquiridos, experimentar, usar e criar com eles.

Assim, precisamos conhecer as notas musicais e os ritmos para tocar ou compor músicas com um violão ou outro instrumento musical. Precisamos conhecer os instrumentos de um carro e a legislação de trânsito para podermos dirigir automóveis, aumentando nossa autonomia e independência. Precisamos conhecer as regras do jogo e treinar bastante para praticar e competir em um esporte.

Da mesma forma, precisamos conhecer os conceitos de programação, treinar usando esses conceitos para podermos desenvolver bons projetos e sistemas.

E agora que já conhecemos um bom número de conceitos, estudados nos capítulos anteriores, podemos treinar um pouco mais, projetar e desenvolver alguns sistemas (às vezes chamados de aplicações).

Isso pode ser muito legal, além de útil. Desenvolver nossas primeiras aplicações pode abrir caminhos e nos dar experiência para desafios cada vez maiores.

Então vamos lá!

Para começar

Já estudamos vários tópicos até aqui (itens 1 a 14). Cada um deles é adequado para representar ou resolver um tipo de problema ou situação (itens A a N). Você consegue associar cada item à situação onde é adequado utilizá-lo?

1. Expressões aritméticas.
2. Expressões lógicas.
3. Tipos de dados.
4. Estrutura sequencial.
5. Estrutura condicional.
6. Estrutura de repetição.
7. Vetores.
8. Strings.
9. Matrizes.
10. Procedimentos.
11. Funções.
12. Registros.
13. Ponteiros.
14. Arquivos.
A. Quero armazenar vários dados sobre o mesmo objeto.
B. Quero armazenar nomes em uma única variável.
C. Preciso fazer um cálculo usando vários dados.
D. Quero fazer várias vezes o mesmo cálculo e, além disso, reusar o código que já programei.
E. Vou passar parâmetros para uma função, e quero que as alterações dos valores deles continuem valendo no programa.
F. Só vou fazer algum processamento se os dados tiverem alguma propriedade.
G. Preciso definir qual tipo de informação vou armazenar.
H. Preciso armazenar vários dados do mesmo tipo.

I. Vou fazer as mesmas ações para vários dados.

J. Vou fazer várias ações, uma após a outra.

K. Preciso armazenar os dados para usá-los posteriormente.

L. Preciso testar várias condições para saber se devo executar algo.

M. Quero fazer várias vezes as mesmas ações e, além disso, reusar o código que já programei.

N. Preciso armazenar vários dados do mesmo tipo e dividi-los por tempo, pessoa ou coluna, por exemplo.

Ficou confuso para associar alguns dos itens? Qual seria o motivo? Que outros problemas ou situações você poderia identificar e também associar aos itens anteriores?

 ## Conhecendo a teoria para programar

Todos nós queremos desenvolver bons sistemas computacionais. Mas o que cada um quer dizer com "bom" sistema? Poderia ser um sistema útil para suas necessidades ou para as necessidades de uma empresa, por exemplo. Poderia ser um sistema que ajudasse um grupo de pessoas, uma comunidade ou uma ONG. Poderia ser um sistema que permitisse uma maior integração com os amigos, clientes ou colegas de profissão. Poderia ser um sistema inédito que despertasse a atenção de todos e tornasse seu criador um novo milionário (ou bilionário!).

Poderíamos também pensar em um "bom" sistema como sendo um sistema rápido (ou seja, **eficiente**), que desse as respostas aos usuários em um tempo adequado às suas necessidades e anseios. Ou "apenas" um sistema que executasse de forma correta o que tínhamos em mente para ele (ou seja, um sistema **eficaz**). Poderia ser um sistema que pudesse ser executado em computadores com diferentes sistemas operacionais, em vários tipos de equipamentos móveis, ou seja, em várias plataformas (um sistema **portável**). Poderia ser um sistema resistente a falhas e ataques (um sistema **tolerante a falhas e seguro**). Poderia ainda ser um sistema com o qual pudéssemos contar vinte e quatro horas por dia, sete dias por semana (24x7), um sistema **confiável** e **disponível**. Ou um sistema pensado e desenvolvido para incorporar novas funcionalidades e para um grande aumento de demanda sem perder seu desempenho (**modular** e **escalável**).

Como podemos imaginar, normalmente queremos desenvolver sistemas com um conjunto dessas características. E para isso, devemos pensar um pouco antes de iniciar o seu desenvolvimento. Há várias escolhas que podemos fazer em relação aos tipos e estruturas de dados a serem utilizadas e à estrutura do programa, por exemplo.

Muitas vezes não há apenas uma escolha possível para uma dada situação. No exercício de associar os tópicos estudados com tipos de problemas podemos ter tido algumas dessas dúvidas. Temos algumas estruturas semelhantes ou intimamente relacionadas. Por exemplo, as estruturas condicionais contêm expressões lógicas, que servem para decidir se alguns comandos serão ou não executados. Vetores, matrizes, registros e arquivos podem armazenar um tipo de dados. As funções e procedimentos podem ter parâmetros passados por referência (ou seja, através de ponteiros). Assim, muitas vezes temos que prestar atenção aos detalhes, saber exatamente o que queremos fazer para então descobrirmos como fazer isso. Conhecer os conceitos é muito importante, nossa intuição e experiência também vão nos ajudar muito nessas escolhas.

A seguir, vamos propor alguns exemplos de aplicações, algumas muito simples e outras mais complexas. Você pode desenvolver todos os sistemas ou apenas aqueles que considerar mais interessantes. Mas é importante pensar nas decisões de projeto em todas elas. Em cada uma, vou propor alguns tópicos para refletirmos sobre algumas possibilidades de escolha.

Vamos programar

Normalmente as escolhas que fazemos quanto aos tipos de dados e estruturas de controle (estrutura do programa) não dependem da linguagem de programação utilizada. Vamos discutir diferentes estratégias para o desenvolvimento de sistemas, alguns deles já citados nos capítulos anteriores e que talvez você tenha ficado com vontade de implementar.

1. Um dos principais índices utilizados para verificar se uma pessoa está acima (ou abaixo) do peso ideal é o IMC (Índice de Massa Corporal). Para obtê-lo é necessário dividir o peso (em kg) pela altura (em metros) ao quadrado:

$$IMC = peso / (altura)^2$$

Escreva um programa que leia a altura e o peso do usuário e imprima sua condição de peso, de acordo com a classificação abaixo:

IMC	Diagnóstico
abaixo de 18,5	Abaixo do peso ideal
maior ou igual a 18,5 e menor que 25	Peso ideal
maior ou igual a 25 e menor que 30	Sobrepeso
maior ou igual a 30 e menor que 35	Obesidade grau I
maior ou igual a 35 e menor que 40	Obesidade grau II
maior ou igual a 40	Obesidade grau III

Comentário:

Esta é uma aplicação bastante simples, pois envolve apenas a leitura de dois valores (altura e peso), a realização de cálculos (cálculo do IMC) e impressão na tela do resultado (e diagnóstico). Ainda assim, existem algumas observações e decisões que podem ser tomadas:

- É importante imprimir algo do tipo: "Qual a altura do paciente (em metros)?" e "Qual o peso do paciente (em quilos)?" antes de realizar as leituras dos dados. Os usuários não precisam ter que adivinhar o que você está esperando deles! Você pode também imprimir exemplos de entradas de dados corretas para ajudar os usuários, se achar necessário.

- O sistema pode realizar o cálculo apenas uma vez e ser encerrado, ou pode ficar em um *loop*, lendo alturas e pesos e informando o IMC. Após cada interação, o programa poderia perguntar se o usuário deseja realizar novos cálculos, por exemplo.

- Seria possível aumentar as funcionalidades do programa, como no caso de uso em clínicas ou academias. Como exemplo, o sistema poderia ainda perguntar sobre a idade do paciente e dar dicas nutricionais e de dietas, após consultados os especialistas da empresa.

2. Para corrigir distorções do IMC, que foi criado há cerca de 200 anos, muitos médicos e academias utilizam a percentagem de gordura corporal para identificar situações de sobrepeso e obesidade. Um estudo publicado em março de 2011 pela revista científica *Obesity* propõe uma fórmula simples para calcular a gordura corporal. Eles deram o nome de Índice de Adiposidade Corporal (BAI – Body Adiposity Index) a essa fórmula. Esse novo índice é calculado através da circunferência do quadril (em centímetros) dividido pelo produto da altura (em metros) pela raiz quadrada da altura (de novo, em metros). Depois disso, subtrai-se 18 do resultado. Escreva um programa que

calcule o BAI, que é uma aproximação da percentagem de gordura corporal.

$$BAI = [quadril / (altura * altura^{1/2})] - 18$$

Comentário:

Esta aplicação é bastante parecida com a anterior, e os comentários dela continuam valendo. Além disso:

- Você pode pesquisar percentuais de gordura adequados para cada faixa etária e sexo e imprimir também essas informações para o usuário.
- Nos dois sistemas, experimente digitar altura igual a zero. O que ocorreu? Um dos erros mais graves é dividir um número por zero. Você pode evitar isso verificando se o denominador é diferente de zero antes de realizar a divisão.
- Outras formas de tornar o sistema mais robusto seria ler os dados e avisar o usuário que ele digitou dados inválidos, como, por exemplo, no caso de serem digitadas letras ao invés de números.

3. Implemente um programa que leia uma data composta por três números inteiros (dia, mês e ano). O programa deve imprimir a data no seguinte formato: 12 de março de 2012.

Comentário:

- Você pensou em realizar testes de consistência de dados como na aplicação anterior? No próximo enunciado você vai encontrar algumas dicas para isso.

4. Escreva uma função que verifique se uma data é válida ou não. Para isso, você deve observar quais meses possuem 30 ou 31 dias. Além disso, no caso do dia 29 de fevereiro, é necessário verificar se o ano é bissexto. Todos os anos divisíveis por 400 são bissextos. Para os demais, se forem divisíveis por 100, não são bissextos. Vale lembrar também que só são bissextos os anos divisíveis por 4.

Comentário:

- Você pode inserir novos testes de consistência de dados, dependendo da aplicação onde a função será usada. Por exemplo, se a entrada de data se referir à data de nascimento do usuário, ele não poderia ter nascido no futuro, não é mesmo?

5. Os funcionários de uma empresa receberão aumento de salário no próximo mês. O aumento depende do valor do salário atual. Implemente um programa que leia o valor atual do salário e imprima o valor do salário após o reajuste, que deve obedecer à seguinte regra:

Salário Atual	Reajuste
até R$ 1.000,00	15%
acima de R$ 1.000,00 até R$ 2.200,00	12%
acima de R$ 2.200,00 até R$ 4.000,00	10%
acima de R$ 4.000,00 até R$ 6.000,00	8%
acima de R$ 6.000,00	6%

Comentário:

- Você já reparou nos dados que compõem um *hollerith*, além do valor do salário bruto? Há descontos como INSS e imposto de renda, e acréscimos como salário família, por exemplo. Pesquise como esses valores são calculados e imprima um *hollerith* na tela.

6. Implemente o jogo pedra-papel-tesoura. O jogo deve imprimir vitória, empate ou derrota, conforme a opção que o jogador escolher e a opção que foi sorteada aleatoriamente para o computador. Obs.: pedra ganha de tesoura, que ganha de papel, que ganha de pedra.

Comentário:

- Para implementar esse jogo, você vai precisar de uma função de geração de números pseudoaleatórios ("randômicos"). Pesquise como usar esse tipo de função na linguagem de programação de sua preferência. Após gerar um número randômico para cada jogada, use a função do tipo *mod 3*, que é o resto da divisão por três, para escolher entre pedra, tesoura ou papel.

7. Faça um programa que leia 10 nomes de pessoas e suas respectivas alturas. Calcule a média das alturas e encontre também a maior e menor altura. Opcional: imprima os nomes das pessoas com altura acima da média.

Comentário:

- Você precisa decidir qual estrutura de dados irá utilizar para armazenar os dados. Lembre-se que são dez pessoas, e que para cada uma delas você deverá armazenar o nome e a altura. Uma possibilidade seria utilizar dois vetores: um vetor de strings para armazenar os nomes e um vetor de reais para armazenar as alturas. Outra possibilidade seria usar um vetor de registros, onde cada registro armazenaria todos os dados de cada pessoa!

- É possível ler todos os dados e armazená-los na(s) estrutura(s) de dados escolhida(s) para depois calcular a média e encontrar a maior e a menor altura. No entanto, é possível obter esses valores enquanto os dados são lidos, sem precisar passar novamente por todos os dados.

- Se você for implementar a funcionalidade opcional, será necessário passar de novo pelos dados armazenados, pois antes de ler todos os dados não será possível saber a média das alturas.

8. Suponha o campeonato brasileiro de futebol da série A com 20 times. Os dois times com menor número de pontos serão rebaixados para a série B. Escreva um programa que receba o nome e o número de pontos dos 20 times e verifique quais os dois times com menor número de pontos. O programa deve imprimir a mensagem: **"rebaixados"**, com os nomes dos dois times rebaixados para a série B. Imprima também o nome do time campeão. Considere que não há times com o mesmo número de pontos.

Comentário:

- Você irá precisar de uma estratégia para armazenar os dois times a serem rebaixados (os times com o menor e o segundo menor número de pontos). Suponha que até um determinado instante os menores números de pontos sejam 10 e 15. Se você encontrar um time com 6 pontos (que é ainda menor que 10), 6 pontos passará a ser o menor número de pontos e 10 pontos passará a ser o segundo menor (ou seja, 10 entrará no lugar de 15 e 6 entrará no lugar de 10 pontos). Outra possibilidade: se você encontrar um time com 12 pontos (portanto maior que 10 e menor que 15), 10 continuará sendo o menor número de pontos, mas o segundo menor passará a ser 12.

- Você pode armazenar outros dados sobre cada time, como número de jogos, número de vitórias, gols a favor e contra etc. Assim, poderá implementar critérios de desempate para determinar o time campeão e os rebaixados, quando dois ou mais times tiverem o mesmo número de pontos.

9. Uma pessoa viajando de carro, avião ou trem gostaria de visitar várias cidades e gostaria de saber quantos quilômetros ela terá que percorrer. A tabela a seguir informa as distâncias entre as cidades, em quilômetros:

	Cidade A	Cidade B	Cidade C	Cidade D	Cidade E	Cidade F	Cidade G
Cidade A	0	20	70	25	30	40	60
Cidade B	20	0	50	45	50	15	35
Cidade C	70	50	0	95	100	60	40
Cidade D	25	45	95	0	5	20	35
Cidade E	30	50	100	5	0	15	30
Cidade F	40	15	60	20	15	0	20
Cidade G	60	35	40	35	30	20	0

Assim, a distância da cidade A para a cidade E (30 Km) está na intersecção da linha Cidade A com a coluna Cidade E (e também na intersecção da linha Cidade E com a coluna Cidade A).

Implemente um programa que leia uma sequência de cidades e imprima a distância total a ser percorrida para visitá-las.

Comentário:

- Pense em um critério de parada para o programa. Um exemplo seria usar uma cidade inexistente (como Z, por exemplo). Quando o usuário digitar essa cidade, o programa saberá que o usuário terminou sua consulta de distâncias e imprimirá o resultado. Não se esqueça de informar ao usuário como ele deverá utilizar o programa.

- No caso de trajeto de carro, as distâncias na matriz poderiam refletir as estradas. Como nem todas as cidades são ligadas diretamente às outras, muitas posições da matriz estariam vazias. Para evitar confusão, seria uma boa prática preencher esses espaços (de estradas inexistentes) com um valor que sinalizasse isso (ou seja, uma *flag*) como, por exemplo, o valor -1. Quando o programa se deparasse com esse valor, saberia que não há estradas ligando as cidades daquela linha e coluna.

- É possível incrementar esse programa para que encontre o menor caminho entre duas cidades, como um GPS (*Global Positioning System*). Mas para realizar essa implementação de forma eficiente, é ainda necessário conhecer algumas técnicas de programação mais avançadas.

10. Implemente um programa que leia os dados de seus amigos (como nome, data de nascimento, telefone e e-mail). O programa deverá

imprimir em um arquivo o número de amigos cadastrados e seus nomes. Além disso, junto aos nomes, deverá imprimir as datas de aniversário somente daqueles nascidos no mês *x*, escolhido pelo usuário.

Comentário:

- Se na linguagem de programação escolhida por você houver a opção de escrever em arquivos texto, use essa opção e coloque a extensão ".txt" no arquivo. Assim você poderá visualizar os dados na maioria dos programas de edição de textos.

11. Implemente um programa que manipule registros de alunos, onde cada registro deve conter as seguintes informações: número de matrícula (RA), nome do aluno, sexo, data de nascimento e as notas das 2 provas bimestrais. Supondo que a classe tenha 20 alunos, faça um programa que contenha os itens abaixo:

- ler e armazenar as informações dos 20 alunos da classe;
- calcular a média das notas das provas de cada aluno;
- mostrar o nome dos alunos aprovados e reprovados (para ser aprovado o aluno necessita de média igual ou maior que 5.0);
- mostrar os nomes dos alunos com a maior e menor média.

Comentário:

- Para não ter que digitar todos os dados todas as vezes que você for usar esse programa, crie um arquivo e leia os registros dele antes de iniciar o programa. Antes de finalizar, atualize as informações. Há várias estratégias para isso, como zerar o arquivo antigo e reescrevê-lo.

- Você pode também escrever somente nos registros alterados e acrescentar os novos registros no final do arquivo. Mas o que fazer com os registros apagados? Você pode inserir outros registros em seus lugares, reorganizar todo o arquivo ou somente adicionar um campo ao registro indicando se ele está ou não ativo. Quando for imprimir os registros, não se esqueça de verificar essa *flag* e não imprimir os registros apagados. Você pode ainda inserir uma função de recuperar registros apagados, simplesmente alterando o valor da *flag*.

Estudo de caso

Algumas empresas de comércio eletrônico (*e-commerce* ou *e-business*) são muito conhecidas internacionalmente, como a Amazon e eBay, por exemplo. Uma de suas funcionalidades mais destacadas (e copiadas) é a da recomendação de produtos.

Quando um cliente compra um produto, o sistema armazena sua compra e utiliza essa informação para futuramente recomendar outros produtos que podem potencialmente interessar ao consumidor. O sistema constrói um perfil do cliente (p. ex.: rapaz jovem, aficionado por informática, jogos eletrônicos e esportes aquáticos). Além disso, o sistema cria categorias de clientes com perfis similares (como clientes que gostam de esportes radicais). Os sistemas, chamados de **sistemas de recomendação**, usam as informações de compras anteriores (e atualmente até simples consultas, navegações ou informações de redes sociais) para sugerir outros produtos similares ou das mesmas categorias que os consultados ou já comprados. Sugerem também produtos que clientes com o mesmo perfil costumam se interessar.

A locadora de filmes **Netflix**, fundada em 1997, ficou conhecida por enviar os filmes aos clientes americanos através dos correios. Depois, começou a alugar filmes por *streaming* de vídeo, ou seja, os filmes passaram a ser transferidos via internet para a TV ou computador dos assinantes.

Como as recomendações dos clientes têm grande influência na escolha de produtos por outros clientes, a Netflix propôs-se a pagar um prêmio de 1 milhão de dólares para quem desenvolvesse um sistema muito eficiente de recomendação de filmes (para isso propôs uma metodologia para avaliar a eficácia do sistema). Em setembro de 2009, o prêmio foi entregue e seus resultados têm influenciado o desenvolvimento de sistemas de recomendação até hoje, usando informações como algumas das citadas anteriormente.

Atualmente, a Netflix possui mais de 10 milhões de clientes, expandiu-se para o Canadá e em 2011 anunciou sua expansão para a Europa, começando pela Espanha já em 2012, além de outros continentes, incluindo a América Latina. A empresa é líder na área de aluguel de filmes via internet nos Estados Unidos e, segundo pesquisa da empresa Sandvine de 2011, a Netflix é a maior fonte de tráfego de internet da América do Norte, correspondendo a quase 25% do volume total.

Navegar é preciso

Para saber mais sobre a Netflix, veja pt.wikipedia.org/wiki/Netflix e também en.wikipedia.org/wiki/Netflix.

Acesse o Ambiente de Aprendizagem e navegue pelos links indicados para mais informações sobre aplicações.

Não deixe de ver o link *Para saber mais!* Lá existem mais informações.

Referências

MONROE, D. *Just for You.* Communications of the ACM, v. 52, nº 08, 2009, pp. 15-17.

LANGSAM, A.; TENENBAUM, Y.; AUGENSTEIN, M. *Estruturas de Dados Usando C.* São Paulo: Pearson, 2005.

WIRTH, N. *Algoritmos e Estruturas de Dados.* Rio de Janeiro: LTC, 1989.

O QUE VEM DEPOIS

Bem, cumprimos muitas etapas e pudemos desenvolver várias aplicações.

Existem outros tipos de estruturas de dados, como as chamadas **estruturas de dados dinâmicas**, que podem ser alocadas dinamicamente, isto é, em tempo de execução. Isso significa que não precisamos saber qual será o espaço em memória necessário para armazenar nossos dados. Quando precisarmos dele, basta solicitar.

Construções assim permitirão o desenvolvimento de aplicações mais complexas, e além de conhecê-las, precisaremos desenvolver **técnicas de programação** para melhor utilizá-las.

Mas isso tudo fica para uma próxima etapa!

Glossário

Alocação de memória reserva de memória para o armazenamento de dados. Na desalocação de memória, o espaço antes reservado é liberado e pode ser utilizado para armazenar outros dados.

Apontador o mesmo que ponteiro.

Arquivo conjunto de dados armazenados em dispositivo não volátil, isto é, cujas informações permanecerão disponíveis mesmo após o desligamento do equipamento (computador).

Array ou vetor é uma estrutura de dados, indexada por uma variável denominada índice, e armazena dados de um mesmo tipo. Quando um vetor, com N elementos, é declarado, uma área da memória é reservada para armazenar todos os N elementos do vetor. Essa área de memória é acessada através de um identificador que é o nome do vetor.

Array é um arranjo de elementos de dados, em uma ou mais dimensões. Em linguagem de programação Assembler, um array é representado pelo mnemônico SET. Um array tem sua dimensão especificada pelo atributo dimensão, e seus elementos são referenciados, individualmente, por subscritores ou índices. Em algumas linguagens de programação o array é definido e referenciado com tabelas de dados.

ASCII acrônimo de *American Standard Code for Information Interchange* – trata-se de um conjunto de códigos representando cada um dos caracteres utilizados em processos computadorizados. Inicialmente, a tabela ASCII representava 128 caracteres e para isso utilizava 7 bits. Essa tabela foi estendida para 8 bits e passou a representar mais 128 caracteres, sendo então possível representar letras acentuadas, elementos gráficos e outros símbolos.

Caminho ou path sequência de diretórios (pastas) necessária para acessar um recurso, como um arquivo. Normalmente os diretórios são separados por "/" ou "\", dependendo do sistema de arquivos utilizado.

Campo, membro ou atributo é cada uma das partes de um registro, usadas para armazenar um tipo de informação. Cada campo define uma propriedade do registro, como nome, endereço ou CPF, por exemplo.

Ciência da computação é o estudo dos algoritmos e suas aplicações, bem como das estruturas matemáticas indispensáveis à formulação precisa dos conceitos fundamentais da teoria da computabilidade e da computação aplicada. Desempenha por isso um papel importante na área de ciência da computação, a formalização matemática de algoritmos, como forma de representar problemas decidíveis, isto é, os que são susceptíveis de redução a operações elementares básicas, capazes de serem reproduzidas através de um qualquer dispositivo capaz de armazenar e manipular dados. (WIKIVERSIDADE, 2011). O nome "ciência da computação" geralmente é associado a uma das modalidades de cursos superiores da área de computação e informática. Este curso aborda de maneira aprofundada os conceitos e teorias da computação, dando uma sólida formação em áreas como estruturas de informação, linguagens de programação, desenvolvimento e análise de sistemas. Trabalha essencialmente com software que tem um forte embasamento em fundamentos matemáticos e em cálculo. O estudante de ciência da computação é preparado para resolver problemas reais, aplicando soluções que envolvam computação ou computabilidade.

Computação é a ação ou efeito de computar, segundo o dicionário Houaiss. Cômputo, cálculo, contagem; operação matemática ou lógica realizada por regras práticas preestabelecidas. Ação ou atividade exercida por meio de computadores eletrônicos. Em informática, pode ser definida como a busca de uma solução para um problema, a partir de entradas de dados e seu cômputo realizado por intermédio dos algoritmos. Ao longo da história, a computação foi executada através de diversos mecanismos, com caneta e papel, ou com giz e pedra, ou mentalmente, por vezes com o auxílio de tabelas.

Constante é um local de memória que conterá um valor constante ao longo de toda a execução de um programa.

Data mining é uma técnica que implementa um processo analítico para exploração de grandes quantidades de dados (tipicamente relacionados a negócios, mercado ou pesquisas científicas), geralmente contidos em DW. Processos baseados em Data Mining buscam padrões consistentes e/ou relacionamentos sistemáticos entre dados e informações, validando-os, e aplicando os padrões detectados a novos subconjuntos de dados e informações, resultando na geração de conhecimento.

Data warehouse é uma tecnologia de Banco de Dados, que consiste em modelar e organizar os dados corporativos, principalmente históricos, da melhor maneira e por assuntos, para dar subsídio de informações aos tomadores de decisões das empresas. O DW é um banco de dados paralelo aos sistemas de informação da empresa.

Descritor de arquivo é um identificador lógico utilizado para acessar um arquivo.

DNA São fitas de uma substância química orgânica denominada ácido desoxirribonucleico, que contêm os códigos para a fabricação de todas as proteínas do nosso organismo, determinando todas as características genéticas dos indivíduos, como a cor dos olhos, dos cabelos, da pele, os grupos sanguíneos, a altura etc. (Fonte: http://www.veg11.com.br/site/index.php?option=com_content&view=article&id =62&Itemid=67)

DOS (*Disk Operating System*) sistema operacional que faz principalmente a gestão dos dispositivos de entrada, saída e arquivos. Foi um dos primeiros sistemas operacionais utilizados pelos primeiros computadores compatíveis com os fabricados pela IBM. Atualmente os sistemas operacionais baseados em janelas não mais utilizam o DOS, mas esse recurso é oferecido para a execução de algumas tarefas, em função das facilidades que possui.

Engenharia de software compreende um conjunto de métodos, ferramentas e procedimentos que permitem a construção de um software de forma organizada e sistêmica, resultando num produto confiável e eficiente.

Estrutura de dados é uma abstração, que tem por objetivo representar o objeto real no computador, de forma a facilitar o armazenamento e a recuperação de dados. São tipos de dados construídos a partir da composição e organização de tipos de dados primitivos.

Free Pascal é um compilador de código-fonte aberto (opensource), da linguagem de programação Pascal. O projeto de desenvolvimento do Free Pascal foi desenvolvido, e é coordenado pelo engenheiro elétrico e pesquisador, ph.D. pela Universidade de Erlagen-Nürnberg, Alemanha, Florian Klämpfl, em conjunto com outros pesquisadores e colaboradores. O compilador Free Pascal pode ser obtido no endereço: www.freepascal.org.

Funções resgatando o conceito utilizado em matemática, uma função pode ser considerada uma generalização da noção comum de fórmula matemática. Nesse sentido, pode-se dizer que as funções descrevem relações matemáticas especiais entre dois elementos. Resumidamente, uma função liga um domínio (conjunto de valores de entrada) com um segundo conjunto conhecido como contradomínio ou codomínio (conjunto de valores de saída), de tal forma que um elemento do domínio está associado exatamente a um elemento do contradomínio. Em computação, esse conceito prevalece, e para que dado um conjunto de entradas resulte em um conjunto de saídas, existe a necessidade de implementação dos passos a serem seguidos para que as operações necessárias sejam realizadas. Em outras palavras, existe a necessidade de definição de um algoritmo que, com base nos valores das entradas, fará um conjunto de operações, resultando nos valores de saída.

Um exemplo de função pode ser Quad(x) que apresenta como resultado de saída o quadrado do valor de entrada. A implementação do algoritmo interno a essa função é bem simples, podendo ser a multiplicação do valor de entrada pelo próprio valor da entrada (p. ex.: x * x).

HTML acrônimo de *Hypertext Markup Language* – é uma linguagem de programação de aplicações para a internet.

Identificador nome que uma variável ou constante possui. Permite que uma posição de memória seja referenciada, sem se saber ao certo onde (qual endereço) ela realmente está.

IP ou Protocolo Internet (*Internet Protocol*) conjunto de regras que cuidam principalmente do endereçamento e roteamento de mensagens na Internet.

Iteração significa repetição. Em linguagem algorítmica uma iteração é a repetição de uma instrução ou de um bloco de instruções.

Link pode ser entendido como um atalho, ligação, caminho etc. Segundo a enciclopédia livre Wikipédia, disponível na Internet em: (http://pt.wikipedia.org/wiki/), "a palavra inglesa *link* entrou na língua portuguesa por via de redes de computadores (em especial a Internet), servindo de forma curta para designar as hiperligações do hipertexto." Os hipertextos são arquivos contendo conjunto de informações e links para outros hipertextos. Geralmente estão no formato páginas Web, endereçadas na Internet e desenvolvidas em linguagens de programação de páginas Web, como o HTML, ASP e outras.

MySQL é um sistema de gestão de bases de dados – SGBD e mais utilizado em aplicções web.

Navegador ou *Browser* um navegador é também conhecido com o termo na língua inglesa: *web browser* ou simplesmente *browser*. O termo *browser* vem do verbo *to browse*: olhar páginas de um livro, revista etc., sem um propósito em particular; olhar coisas numa loja sem intenção explícita de compra. Com essa analogia, deu-se o nome de browser (ou navegador) ao programa que possibilita que seus usuários interajam com documentos HTML (em linguagem de hipertexto) hospedados em um servidor Web, de acesso à Internet e naveguem por seus conteúdos (olhem e interajam com seus conteúdos). Os navegadores ou browsers mais conhecidos são: Firefox, Internet Explorer, Chrome e Safari.

OLAP (*Online Analytical Processing*) é uma tecnologia frequentemente utilizada para integrar e disponibilizar informações gerenciais contidas em bases de dados operacionais, sistemas ERP e CRM, sistemas contábeis, e Data Warehouses. Essa tecnologia OLAP surgiu juntamente com os sistemas de apoio à decisão para fazerem a extração e análise dos dados contidos em base de dados, especialmente nos DW. As ferramentas OLAP são usadas em aplicações que os usuários finais têm acesso para extraírem os dados de suas bases com os quais geram relatórios capazes de responder as suas questões gerenciais.

Organização da informação refere-se à aplicação de uma metodologia em um conjunto de informações com a finalidade de classificá-las em determinada ordem. Há várias metodologias clássicas para a organização da informação e cujos algoritmos podem ser encontrados tanto na literatura específica quanto na web. Exemplos de métodos de organização, também chamados de métodos de classificação da informação: seleção, inserção, intercalação, bolha, hash, quicksort.

Orientação a objetos é um paradigma de análise, projeto e programação de sistemas computacionais. Esse paradigma tem como base a composição e interação entre diversas unidades de software chamadas de objetos. A programação orientada a objetos é uma forma especial de programar, mais próximo de como expressaríamos as coisas na vida real do que outros tipos de paradigmas de programação. Com a programação orientada a objetos temos que aprender a pensar as coisas de uma maneira distinta, para escrever nossos programas em termos de objetos, propriedades, métodos e outros conceitos do mundo real.

Ponteiro é uma variável que armazena um endereço de memória. Muitas vezes um ponteiro armazena o endereço de outra variável.

Portugol muitos livros trazem a comparação entre "português estruturado" e "Portugol". Na verdade, Portugol foi o nome dado a uma linguagem de programação algorítmica interpretada, desenvolvida pelo Instituto Politécnico de Tomar para auxiliar as aulas dos cursos de graduação nas disciplinas iniciais de programação de computadores. Devido ao seu sucesso, e por se assemelhar aos algoritmos computacionais na língua inglesa (com a devida tradução), passou a ser um sinônimo de "português estruturado". Assim, pode-se dizer que Portugol é uma pseudo-linguagem, criado para demonstrar o uso de algoritmos.

Recuperação trata-se de métodos para se encontrar uma determinada informação num conjunto de dados classificados ou não. Quando o conjunto não está classificado, só há uma forma de encontrar uma determinada informação que é analisar os dados do conjunto de um em um, começando do início e seguindo para o fim do conjunto, até encontrar o que se deseja. Para um conjunto organizado, há formas mais rápidas de se encontrar o que se deseja e há algoritmos já existentes para isso. Um método bastante conhecido é o da busca binária.

Registro é uma estrutura de dados que contém vários valores sobre o mesmo elemento. Esses valores são denominados campos, membros ou atributos e, assim como as variáveis, possuem nomes e tipos.

Run Time Error tipo de erro que ocorre durante a execução de um programa. Esse tipo de erro provoca a parada imediata da execução de um programa.

Seguro resistente a ameaças e ataques.

Sintaxe é a construção gramatical do comando.

Sistema confiável capaz de funcionar de forma adequada, de acordo com suas especificações.

Sistema disponível pode ser utilizado em todos os momentos em que seja necessário.

Sistema eficaz atinge seus objetivos.

Sistema eficiente realiza o processamento rapidamente. O conceito de ser rápido é relacionado com os requisitos de cada aplicação.

Sistema escalável pode comportar crescimento, como, por exemplo, aumento na demanda.

Sistema modular dividido em partes que, se necessário, podem ser alteradas separadamente.

Sistema portável pode ser portado ("transportado") para outras plataformas, mantendo suas características de funcionamento.

Sistema tolerante a falhas mantém seu funcionamento, ou parte dele, em caso de falhas, que podem ser de *hardware*, *software* ou comunicação.

Teste de integridade uma vez analisado cada módulo, passa-se aos testes que verificam se as relações entre eles estão corretas.

Teste de sistema são testes finais para verificar se esse novo software executará corretamente no ambiente real onde será implantado. Isto é, ao substituir um programa antigo ou compor uma nova aplicação num ambiente já existente é necessário saber se ele, além de executar corretamente, não afetará outros programas que já estão em funcionamento sem problemas.

Teste de unidade testes que verificam se cada parte de um programa - módulo - está correta.

Teste de validação testes para assegurar que o programa atende o que foi especificado no início do projeto. Essa fase é normalmente feita junto com a pessoa que encomendou o software. Ela irá verificar se o programa faz o que foi pedido.

Tipo de dado caracterização de uma variável quanto ao dado que tal posição de memória poderá armazenar. Diz respeito à quantidade, em bytes ou bits, que será reservada na memória. Por exemplo: para um tipo de dado inteiro será reservado 2 bytes na memória, enquanto que para um tipo de dado lógico será reservado apenas 1 byte.

URL acrônimo de *Uniform* (ou *Universal*) *Resource Locator* – é o nome dado ao endereço ou caminho que localiza uma página ou um site na internet, um arquivo.

Variável segundo o dicionário Houaiss, variável é aquilo que pode variar, é sujeito a variação ou mudanças; mutável. Em matemática, trata-se de um símbolo que representa qualquer um dos elementos ou valores existentes em um conjunto. Pode também representar a quantidade que pode assumir qualquer um dos valores de um conjunto de valores. Também é conhecida como "incógnita". Em informática, essa ideia matemática é retomada e acrescida e um local ou posição de armazenamento que contém um tipo de dados que podem ser modificados ao longo da execução do programa, podendo assumir um de muitos valores em um conjunto de dados predefinidos pelo tipo de dados estipulado.